AF544432

Jörg Becker

Bürgermeister Wirtschaftsförderung Standortzukunft gestaltbar machen

Inspirierende KI-Gespräche

IMPRESSUM

Bürgermeister Wirtschaftsförderung
Standortzukunft gestaltbar machen
Inspirierende KI-Gespräche

Von Jörg Becker

Verlag:
BoD · Books on Demand GmbH, In de Tarpen 42,
22848 Norderstedt, bod@bod.de
Druck:
Libri Plureos GmbH, Friedensallee 273,
22763 Hamburg

ISBN: 978-3-8699-2053-5

www.beckinfo.de
www.rheinmaingeschichten.de
www.derStandortbeobachter.de

Zum Inhalt:

Praxisnah und zukunftsorientiert

- Das Buch zeigt Bürgermeistern, Kommunalpolitikern und Wirtschaftsförderern konkrete Wege, wie sie ihren Standort aktiv gestalten können – mit neuen Technologien, KI und innovativen Strategien.

Inspirierende KI-Gespräche als Denkanstoß

- Durch fiktive oder reale Gespräche mit einer KI werden neue Perspektiven aufgezeigt, die über klassische Wirtschaftsförderung hinausgehen.

Digitalisierung und KI verständlich erklärt

- Gerade für Entscheidungsträger ohne technischen Hintergrund wird verständlich, welche Chancen KI für Wirtschaft, Verwaltung und Standortentwicklung bietet.

Konkurrenzfähigkeit von Städten und Gemeinden stärken

- Angesichts von Globalisierung, demografischem Wandel und Fachkräftemangel hilft das Buch, den Standort mit zukunftsweisenden Konzepten wettbewerbsfähig zu halten.

Konkrete Handlungsempfehlungen

- Neben Inspirationen gibt es auch pragmatische Ansätze für Förderprogramme,

Start-up-Ökosysteme und digitale Infrastruktur.

Das heißt, es geht um:

Zukunft der Stadt: KI, Wirtschaft und Innovation für Bürgermeister

Standortentwicklung 4.0: Wie KI die Wirtschaftsförderung verändert

KI-Strategien für Kommunen: Erfolgreiche Wirtschaftsförderung im digitalen Zeitalter

Bürgermeister der Zukunft: Standortpolitik mit KI und neuen Technologien

Die smarte Kommune: Wie KI die Wirtschaftsförderung revolutioniert

Von der Vision zur Umsetzung: Wirtschaftsförderung mit KI neu denken

Salve,
Nichts ist mehr so wie es war
wenn wir einmal die allgegenwärtige KI fragen würden……

Die wichtigsten Wettbewerbsfaktoren und Wirtschaftstrends für deutsche Standorte?

Die Wettbewerbsfähigkeit deutscher Standorte wird von mehreren Faktoren und globalen Wirtschaftstrends beeinflusst.

Wettbewerbsfaktoren für deutsche Standorte

1. **Innovationskraft und Technologie:**
    - Deutschlands Stärke in Forschung und Entwicklung, insbesondere in Schlüsselbranchen wie Automobil, Maschinenbau, Chemie, und erneuerbaren Energien, ist ein zentraler Wettbewerbsvorteil.
    - Förderung von KI, Digitalisierung und Industrie 4.0.
2. **Infrastruktur:**
    - Effiziente Logistik, ein engmaschiges Verkehrsnetz und eine stabile Energieversorgung bieten Standorten einen Vorteil.
    - Herausforderungen bestehen jedoch bei der Digitalisierung der Infrastruktur (z. B. Breitbandausbau).

3. **Fachkräfte:**
    - Hohe Qualifikation der Arbeitskräfte, starke duale Ausbildung und exzellente Universitäten.
    - Demografie und Fachkräftemangel könnten langfristig die Verfügbarkeit qualifizierter Arbeitskräfte einschränken.
4. **Stabilität und Rechtssicherheit:**
    - Deutschland bietet ein stabiles politisches und rechtliches Umfeld sowie verlässliche Vertragsbedingungen, was Unternehmen Planungssicherheit gibt.
5. **Nachhaltigkeit und Klimaschutz:**
    - Umweltstandards und die Förderung von grünen Technologien sind Wettbewerbsvorteile, insbesondere für internationale Investoren.
6. **Steuer- und Abgabensystem:**
    - Im internationalen Vergleich oft als hohe Belastung empfunden, was die Attraktivität beeinträchtigen kann.
    - Starke finanzielle Anreize durch Subventionen und Forschungsförderung kompensieren dies teilweise.

Wirtschaftstrends mit Einfluss auf deutsche Standorte

Dekarbonisierung und Energiewende:

- Deutschland treibt den Umstieg auf erneuerbare Energien voran, was Investitionen in grüne Technologien und Energiespeicher fördert.
- Steigende Energiepreise könnten die Wettbewerbsfähigkeit belasten.

Globalisierung vs. Deglobalisierung:

- Während Deutschland von globalen Handelsbeziehungen profitiert, führen geopolitische Spannungen zu einer Neuausrichtung von Lieferketten (z. B. „Friendshoring“).

Digitalisierung und KI:

- Einsatz von KI und Automatisierung verändert Produktionsprozesse und Geschäftsmodelle.
- Deutschland muss bei der digitalen Transformation aufholen, um international wettbewerbsfähig zu bleiben.

Demografischer Wandel:

- Alterung der Bevölkerung beeinflusst die Verfügbarkeit von Arbeitskräften und die Nachfrage nach Produkten und Dienstleistungen.

Reshoring und Regionalisierung:

- Nach den Erfahrungen der Pandemie und geopolitischer Unsicherheiten setzen Unternehmen verstärkt auf regionale Produktionsnetzwerke, was deutsche Standorte stärken kann.

EU-Regulierungen:

- Harmonisierung von Standards und Vorschriften innerhalb der EU stärkt die Integration, kann jedoch für Unternehmen bürokratische Belastungen mit sich bringen.

Start-up-Kultur und Entrepreneurship:

- Wachsende Start-up-Szene, insbesondere in Städten wie Berlin und München, trägt zu Innovationsdynamik bei.

Die zukünftige Wettbewerbsfähigkeit Deutschlands hängt maßgeblich davon ab, wie flexibel Standorte auf diese Trends reagieren und welche Rahmenbedingungen Politik und Unternehmen gemeinsam gestalten.

KI Ende

Ohne ein Roboter zu sein, könnte man als Mensch vielleicht meinen:

Fiktive Dialoge - ein paar Stunden Intensivcoaching
Denkanstöße
Wissensmanagement
Storytelling
Content
Inspiration
Diskurs
DecisionSupport
Gehirntraining - wenn es gut werden soll
Verstehen lernen
Vernetzt denken
Potenziale ausschöpfen
Komplexität reduzieren
Gestaltbar machen
Wissen transferieren
Proaktiv agieren

Executive Coaching
Denkstudio für strategisches Wissensmanagement

Standortprozesse sind komplex und werden von zahlreichen, manchmal nur schwer oder nur indirekt wahrnehmbaren Faktoren beeinflusst, die gelegentlich nicht vorhergesehene oder einkalkulierte Konsequenzen mit sich bringen.

Unmöglich, dies alles ohne transparenzschaffende Hilfen zu überschauen und quasi nur „aus dem Bauch" zu steuern. Die Elemente aller Standortphänomene sind Standortfaktoren, gewissermaßen die Ursprungsmaterie, aus der sich das aktuelle Geschehen ergibt.

Es kommt darauf an, diese komplexen Elementarteile und Energien des Standortes ausfindig zu machen, genau zu lokalisieren, möglichst detailliert quantifizierbar zu machen und die vielfältigen Wirkungs- und Kräftebeziehungen untereinander offenzulegen.

Beschreibung des Standort-Umfeldes. Hierzu gehören folgende Unterpunkte:

a) Bürgermeister definiert im Detail, welcher Bereich, welche Funktionen des Standortes durch eine Analyse mit daraus entwickelter Standortbilanz abgedeckt werden sollen *(Bilanzierungsbereich).*

b) Bürgermeister stellt eine aktuelle Bestandsaufnahme (Status Quo) des *aktuellen Geschäftsumfeldes* zusammen (z.B. SWOT- Analyse, Benchmarking).

c) Bürgermeisterstellt alle Unterlagen über eine für den Standort für die weitere Zukunft verfolgte *Vision* (= Leitbild des Standortes) zusammen.

d) Bürgermeister stellt Ausarbeitungen über *Strategie* zusammen, die verfolgt werden sollen, um die Vision, das Leitbild des Standortes auch in die Praxis umsetzen zu können.

Über Punkt a) sollte von Beginn an Klarheit bestehen, die Punkte b) bis d) können auch parallel zu späteren Schritten erarbeitet oder falls nicht anders möglich, später ergänzt werden.

Grundlage und Voraussetzung für eine praktische Umsetzung ist eine möglichst vollständige Identifizierung und klare Strukturierung aller in Frage kommender Standortfaktoren. Vorgeschlagen wird hierzu eine Aufteilung und Abgrenzung nach Geschäftsprozessen, Erfolgs-faktoren, Humanfaktoren, Strukturfaktoren und Beziehungsfaktoren. Auf diesem Weg würde erarbeitet:

Identifizierungssystematik für Standortfaktoren, -prozesse. Hierzu gehören folgende Unterpunkte:

Entwurf, Abstimmung der Inhalte und Erhebungsziele, u.a.
Erhebungsbogen für interne Zwecke der Eigenbildanalyse einsetzbar machen
Erhebungsbogen für externe Zwecke der Fremdbildanalyse einsetzbar machen

Aufbau des Erhebungsbogen als Vorbereitung für die spätere Erstellung einer Standortbilanz vorbereiten

Wirtschaftsförderung stellt alle Angaben zu abgefragten Standortfaktoren und -prozessen zusammen:
interne Angaben = Eigenbildanalyse,
externe Angaben, falls verfügbar = Fremdbildanalyse
Wirtschaftsförderung erstellt detaillierte Beschreibungen der identifizierten Standortfaktoren, -prozesse und –erfolgsfaktoren

Salve,
Nichts ist mehr so wie es war

wenn wir einmal die allgegenwärtige KI fragen würden……

Beschreibe Instrumente und Modelle, die einem Bürgermeister für die Ausschöpfung seiner Standortpotenziale zur Verfügung stehen

Ein Bürgermeister hat eine Vielzahl von Instrumenten und Modellen zur Verfügung, um die Standortpotenziale seiner Gemeinde optimal auszuschöpfen. Diese lassen sich in strategische, finanzielle, rechtliche, kommunikative und innovative Kategorien unterteilen. Hier eine Übersicht:

Strategische Instrumente

- **Standortanalysen**: Mithilfe von SWOT-Analysen (Stärken, Schwächen, Chancen, Risiken) oder GIS-Systemen können spezifische Potenziale und Herausforderungen des Standorts identifiziert werden.

- **Integrierte Stadtentwicklungskonzepte (ISEK)**: Ein strategischer Leitfaden zur mittel- und langfristigen Entwicklung von Stadt und Gemeinde, der alle relevanten Akteure einbindet.
- **Regionale Kooperationen**: Zusammenarbeit mit umliegenden Gemeinden oder Städten, um gemeinsame Ressourcen zu nutzen (z. B. Infrastruktur, Tourismusförderung).
- **Clusterbildung**: Förderung von Schwerpunkten in spezifischen Branchen (z. B. Technologie, Kultur, Landwirtschaft) zur Profilierung des Standorts.

Finanzielle Instrumente

- **Fördermittelmanagement**: Nutzung von EU-, Bundes- oder Landesmitteln für Infrastruktur, Digitalisierung oder soziale Projekte.
- **Public-Private-Partnerships (PPP)**: Zusammenarbeit mit der Privatwirtschaft, um Großprojekte wie Einkaufszentren oder Verkehrsknotenpunkte zu realisieren.
- **Steuerpolitik**: Anpassung von Gewerbesteuersätzen, um Unternehmen anzulocken oder zu halten.
- **Haushaltsplanung**: Gezielte Investitionen in Bereiche wie Bildung, Verkehr oder Freizeitangebote.

Rechtliche und planerische Instrumente

- **Bauleitplanung**: Entwicklung von Flächennutzungs- und Bebauungsplänen zur gezielten Steuerung von Wohn- und Gewerbegebieten.

- **Städtebauförderung**: Nutzung von Programmen wie „Soziale Stadt“ oder „Stadtumbau“.
- **Wirtschaftsförderungsmaßnahmen**: Rechtliche Rahmenbedingungen schaffen, um Bürokratie für Unternehmen zu reduzieren.
- **Klimaschutz- und Umweltkonzepte**: Integration von Nachhaltigkeitsaspekten in die Stadtplanung.

Kommunikative und partizipative Instrumente

- **Bürgerbeteiligung**: Durchführung von Bürgerforen, Workshops oder Online-Plattformen, um die Bevölkerung einzubinden.
- **Imagekampagnen**: Aufbau eines positiven Standortimages durch gezielte Kommunikation, z. B. über Social Media oder PR-Maßnahmen.
- **Netzwerkpflege**: Aufbau und Pflege von Netzwerken mit Unternehmen, Bildungsinstitutionen und anderen Städten.
- **Veranstaltungen**: Organisation von Messen, Kulturfestivals oder Sportevents, um die Attraktivität des Standorts zu steigern.

Innovative und digitale Modelle

- **Smart City Konzepte**: Integration digitaler Technologien zur Verbesserung von Mobilität, Energieversorgung und Bürgerdiensten.
- **Big Data und KI**: Nutzung von Datenanalysen und KI-gestützten Prognosen, um Trends zu erkennen und Entscheidungen zu treffen.

- **Nachhaltige Mobilität**: Förderung von Fahrradwegen, ÖPNV und Elektromobilität.
- **Gründungsförderung**: Bereitstellung von Coworking-Spaces, Inkubatoren oder Innovationszentren.

Monitoring und Evaluierung

- **Kennzahlenbasierte Steuerung**: Einführung von Key Performance Indicators (KPIs), um den Erfolg von Maßnahmen zu messen.
- **Benchmarking**: Vergleich mit ähnlichen Gemeinden, um Best Practices zu identifizieren.
- **Bürgerfeedback**: Regelmäßige Umfragen, um die Zufriedenheit der Bevölkerung zu bewerten.

Ein Bürgermeister sollte diese Instrumente flexibel kombinieren, um sowohl kurzfristige Ergebnisse zu erzielen als auch eine nachhaltige Entwicklung zu gewährleisten. Wichtiger Erfolgsfaktor ist die Einbindung aller relevanten Akteure, von Bürgern bis hin zu Unternehmen.

KI Ende

Ohne ein Roboter zu sein, könnte man als Mensch vielleicht meinen:

Fiktive Dialoge - ein paar Stunden Intensivcoaching

Denkanstöße

Wissensmanagement

Storytelling

Content
Inspiration
Diskurs
DecisionSupport
Gehirntraining - wenn es gut werden soll
Verstehen lernen
Vernetzt denken
Potenziale ausschöpfen
Komplexität reduzieren
Gestaltbar machen
Wissen transferieren
Proaktiv agieren

Executive Coaching
Denkstudio für strategisches Wissensmanagement

Entwicklung Grundgerüst für spätere Standortbilanz:

Aufgrund der identifizierten Faktoren und Prozesse soll für den Standort die Struktur seiner Bilanzierung entwickelt werden. Dies beinhaltet eine detaillierte Vorstellung darüber, was anschließend bewertet, gemessen und in seinen Wirkungsbeziehungen analysiert werden soll.

Bewertungsbogen für Standortfaktoren und –prozesse. Hierzu gehören folgende Unterpunkte:

a) Festlegung eines Bewertungsschemas nach Quantität, Qualität, Systematik

b) Entwurf, Abstimmung Bewertungsbogen
c) Bürgermeister koordiniert Ablauf und Durchführung der internen Bewertungen
d) Erfassung der durch die Wirtschaftsförderung bereit gestellten Bewertungen im Grundgerüst der Standortbilanz

Ermittlung der Wirkungsstärke zwischen Standortfaktoren. Hierzu gehören folgende Unterpunkte:

a) Entwurf, Abstimmung eines Bewertungs- und Erfassungschemas für Wirkungsstärken
b) Bürgermeister koordiniert Ablauf und Durchführung der internen Bewertung von Wirkungsstärken
c) Erfassung der Bewertungen im Grundgerüst der Standortbilanz

Ermittlung der Wirkungsdauer zwischen Standortfaktoren. Hierzu gehören folgende Unterpunkte:

a) Entwurf, Abstimmung eines Bewertungs- und Erfassungsschemas für Wirkungsdauer
b) Wirtschaftsförderung koordiniert Ablauf und Durchführung der internen Bewertung von Wirkungsdauer
c) Erfassung der Bewertungen im Grundgerüst der Standortbilanz

Vorläufige Analyse-Diagramme für den Standort. Hierzu gehören folgende Unterpunkte:

a) Erstellung von vorläufigen *Standort-Portfolios* nach Qualität, Quantität, Systematik/Nachhaltigkeit von Standortfaktoren/-prozessen
b) Erstellung von vorläufigen *Diagrammen nach dem Ampelprinzip,* mit denen auf einen Blick erkennbar gemacht werden soll, welche Faktoren mit welchen Merkmalen im grünen, gelben oder roten Bereich liegen
c) Erstellung von vorläufigen *Standort-Potentialanalysen*, mit denen auf einen Blick erkennbar gemacht werden soll, welche Faktoren analysiert werden sollten, ein Eingreifen erfordern oder stabilisiert werden sollten.

Vorläufige graphische Wirkungsnetze für Standortfaktoren. Hierzu gehören folgende Unterpunkte:

a) Bürgermeister definiert, welche Standortfaktoren vorrangig auf ihre Wirkungsbeziehungen (Stärke und Dauer) untereinander hin analysiert und dargestellt werden sollen
b) Erstellung graphische Wirkungsnetze der Standortfaktoren gemäß Pkt. a).

Salve,
Nichts ist mehr so wie es war

wenn wir einmal die allgegenwärtige KI fragen würden……

Beschreibe ein fiktives Gespräch zwischen einem Bürgermeister und seinem Wirtschaftsförderer zur Erstellung von Potentialanalysen für den Standort, mit denen auf einen Blick erkennbar gemacht werden soll, welche Faktoren analysiert werden sollten, ein Eingreifen erfordern oder stabilisiert werden sollten.

Fiktives Gespräch: Bürgermeister und Wirtschaftsförderer

Bürgermeister (BM): Guten Morgen, Herr Schröder! Wie steht es um unsere Vorbereitungen zur Standortentwicklung? Wir müssen sicherstellen, dass wir die Attraktivität unserer Stadt nicht nur halten, sondern ausbauen. Ich denke, es wird Zeit für eine systematische Potenzialanalyse.

Wirtschaftsförderer (WF): Guten Morgen, Herr Bürgermeister! Das sehe ich genauso. Eine Potenzialanalyse könnte uns helfen, die Stärken, Schwächen und Chancen unseres Standorts strukturiert zu identifizieren. Ich schlage vor, dass wir mit einem mehrdimensionalen Ansatz arbeiten.

BM: Mehrdimensional? Erklären Sie mir das bitte.

WF: Natürlich. Wir betrachten den Standort aus mehreren Perspektiven: Wirtschaft, Infrastruktur, Bildung, Lebensqualität und Nachhaltigkeit. Diese Dimensionen bilden die Grundlage für die Analyse.

BM: Klingt logisch. Aber wie stellen wir sicher, dass die Ergebnisse greifbar und praxisnah sind?

WF: Hier habe ich ein Konzept entworfen. Für jede Dimension erstellen wir eine Ampelübersicht:

- **Grün** bedeutet stabile Faktoren, die wir lediglich pflegen müssen.
- **Gelb** weist auf Handlungsbedarf hin – hier sollten wir eingreifen, bevor Probleme entstehen.
- **Rot** zeigt kritische Punkte, die sofortige Maßnahmen erfordern.

BM: Das gefällt mir. Welche Faktoren würden wir beispielsweise bei der Wirtschaft analysieren?

WF: Hier könnten wir die Branchenvielfalt, die Anzahl der Neuansiedlungen, Arbeitslosenquote, Gewerbesteuereinnahmen und Innovationspotenziale betrachten. Ein Beispiel: Wenn wir sehen, dass unsere Gewerbeflächen knapp werden, bekäme dieser Punkt eine gelbe oder rote Markierung.

BM: Verstanden. Und wie sieht es bei der Lebensqualität aus?

WF: Da könnten wir auf Faktoren wie Wohnraumverfügbarkeit, Kultur- und Freizeitangebote, medizinische Versorgung und öffentliche Sicherheit achten. Ein attraktiver Standort zieht schließlich nicht nur Unternehmen, sondern auch Fachkräfte an.

BM: Sehr gut. Und wie dokumentieren wir all das?

WF: Ich schlage ein Dashboard vor, das regelmäßig aktualisiert wird. Hier könnten wir Trends sichtbar machen und direkt erkennen, wo wir erfolgreich sind und wo nicht. Ich würde auch externe Experten einbeziehen, um die Analysen zu validieren.

BM: Das klingt durchdacht. Wie gehen wir konkret vor?

WF: Der erste Schritt ist eine Datensammlung. Parallel könnten wir Workshops mit Vertretern aus Wirtschaft, Verwaltung und Bürgerschaft organisieren. Das sorgt für ein breites Meinungsbild. Danach erstellen wir die Analyse und entwickeln eine Handlungsempfehlung.

BM: Hervorragend, Herr Schröder. Starten Sie sofort mit der Planung. Ich möchte in sechs Monaten erste Ergebnisse sehen.

WF: Wird gemacht, Herr Bürgermeister!

BM: Und Herr Schröder, wenn Sie sich an die Arbeit machen, denken Sie bitte daran: Diese Analyse wird unser Kompass für die nächsten Jahre. Sie muss gründlich, aber auch visionär sein.

WF: Absolut, Herr Bürgermeister. Das Ziel ist klar: Unsere Stadt auf die Überholspur bringen!

KI Ende

Ohne ein Roboter zu sein, könnte man als Mensch vielleicht meinen:

Denkanstöße
Wissensmanagement
Storytelling
Content
Inspiration
Diskurs
DecisionSupport
Gehirntraining - wenn es gut werden soll
Verstehen lernen
Vernetzt denken
Potenziale ausschöpfen
Komplexität reduzieren
Gestaltbar machen
Wissen transferieren
Proaktiv agieren

Executive Coaching
Denkstudio für strategisches Wissensmanagement

Meist ist es recht selten so, als ob über dem Standort ein Schleier von alles verhüllenden Standortfaktoren und undurchsichtigen Erfolgsgeheimnissen läge. Vielmehr ist es allzu oft ein eher lückenhaftes Netz an nur unvollständig oder in ihrer Wirkungsbeziehung untereinander gänzlich unbekannten Faktoren und Prozesse. D.h. oft ist das eigentliche Standortgeschehen kaum für Schlüsselpersonen vor Ort und noch weniger für Außenstehende wie beispielsweise dringend benötigte Investoren durchschaubar, geschweige denn anhand einer transparenten Darstellung auch quantitativ nachvollziehbar.

D.h. je nach einer der vielfältigen Standortfragen richtet man den Blick bzw. die Analyse immer nur auf einige hierzu herausgepickte Aspekte, lässt alles Andere außen vor oder überlässt es anderen Paralleluntersuchungen, -gutachten und -programmen. Die Begründung und Rechtfertigung hierfür klingen immer gleich oder ähnlich: andere Vorgehensweisen sind zu kompliziert, nicht machbar, zu aufwendig, nicht praktikabel usw. Ein in der Sache weiterführender, innovativer methodischer Ansatz kann in einer umfassenden Standortbilanzierung bestehen. D.h., alle in Frage kommenden Standortfaktoren zu identifizieren, in eine Ordnung und Relation zu bringen und dann einem einheitlichen Bewertungsprozess sowie einem Messprozess mit jeweils darauf zugeschnittenen Indikatoren und Kennzahlen zuzuführen.

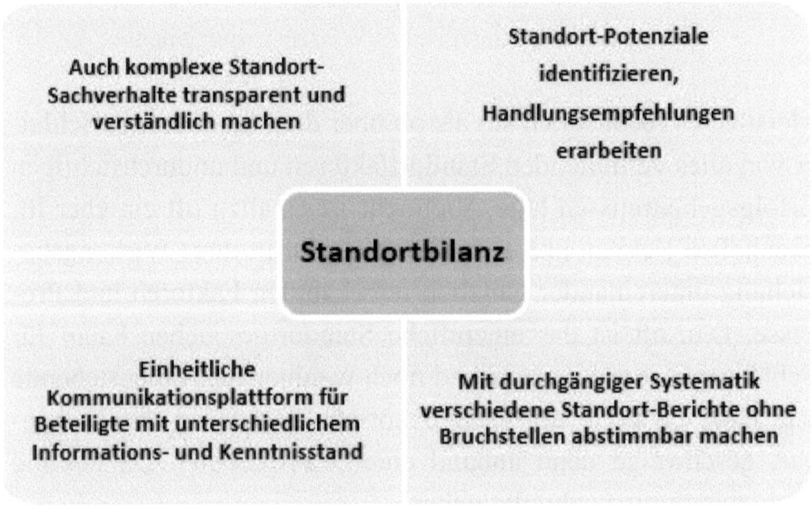

Auch komplexe Standort-Sachverhalte transparent und verständlich machen

Standort-Potenziale identifizieren, Handlungsempfehlungen erarbeiten

Standortbilanz

Einheitliche Kommunikationsplattform für Beteiligte mit unterschiedlichem Informations- und Kenntnisstand

Mit durchgängiger Systematik verschiedene Standort-Berichte ohne Bruchstellen abstimmbar machen

Eine Grundlage hierfür soll mit den drei Schwerpunkten

- Identifizieren den Standortfaktoren
- Bündeln von Standortfaktoren (Bildung Cluster)
- Gewichten von Standortfaktoren

erarbeitet werden.

Gemeinsamer Nenner der Standortfaktoren

Je nachdem, wer jeweils befragt wird, hat oft unterschiedliche Standortfaktoren in seinem Blickfeld oder vertritt eine andere Ansicht, welche hiervon für ihn nun wichtig oder weniger wichtig sind. Die größte Unterschiedslinie dürfte dabei zwischen Innen- und Außenansichten des Standortes verlaufen. D.h. zwischen bereits vor Ort befindlichen Einwohnern und Firmen, die sich tagtäglich mit der Alltagspraxis des Standortes konfrontiert sehen und für die manchmal auch schon beim ersten Hinsehen nur als Kleinigkeiten erscheinende Standortfaktoren von immenser Bedeutung sein können. Und jenen, die wie beispielsweise die meisten Ansiedlungsinteressierten zunächst quasi nur aus der Vogelperspektive von außen oder oben auf einen Standort schauen und „innere" Faktoren und mehr unter der Oberfläche verlaufende Wirkungsbeziehungen noch gar nicht richtig wahrnehmen können bzw. nur eine geringe Aufmerksamkeit schenken.

Auch innerhalb eines Standortes ist die Wahrnehmung von Standortfaktoren kaum einheitlich. Zu differenziert sind nicht nur die Interessen, sondern auch die Wahrnehmungsbilder. Um nur einige der wichtigsten Gruppen zu nennen: zum einen sind da die Standort-Verantwortlichen mit ihren unterschiedlichen Verwaltungsfunktionen und politischen bzw. kommunalpolitischen Ansichten und Meinungen. Bestimmt nicht weniger wichtig wird die mit Abstand zahlenmäßig größte Gruppe durch die Einwohnerschaft mit ihren unterschiedlichen sozialen und altermäßigen Gruppierungen gebildet. Und die Haushalte des Standortes werden zu großen Teilen von den vor Ort tätigen Gewerbesteuerzahlern getragen. Allein aus diesen Beispielen wird deutlich, welche Schwierigkeiten auftreten können, eine klare Aussage darüber zu treffen, was ein Standort ist und (noch schwieriger) was ein Standort will.

Eine genaue und übereinstimmende Definition dessen, was unter dem jeweiligen Standort zu verstehen ist, dürfte am einfachsten bei seiner räumlichen Abgrenzung zu erreichen sein. Denn die rein geographischen Grenzen lassen sich meist eindeutig, transparent nachvollziehbar und damit zweifelsfrei bestimmen. Bei weiteren Standortfaktoren wird die Sachlage schon komplizierter.

Alles zuvor Gesagte ändert jedoch nichts an der Notwendigkeit, über das Instrument der Standortfaktoren einen gemeinsamen Nenner finden zu müssen. Erst Standortfaktoren machen einen Standort nicht nur fühl- und erlebbar, sondern geben dem Standort auch ein Bild, das nicht nur vor Ort, sondern auch nach außen gegenüber Dritten vermittelbar ist. Viele der vermeintlich nur „gefühlten“ Tatbestände können über Standortfaktoren eine auch transparent nachvollziehbare Quantität erhalten.

SALVE,

Nichts ist mehr so wie es war………………..

Bürgermeister Standortmanagement - Welche Handlungsspielräume hat ein Standort, um seine Potenziale auszuschöpfen?

Handlungsspielräume eines Standorts

Infrastruktur und Erreichbarkeit

Verkehrsanbindung: Optimierung von Straßen, ÖPNV, Flughäfen, Bahnanbindungen, Logistikzentren.
Digitale Infrastruktur: Breitbandausbau, Glasfasernetz, Mobilfunkabdeckung.

Ansiedlung von Unternehmen

Bereitstellung von Gewerbeflächen und attraktiven Immobilien.
Steuerliche und finanzielle Anreize für Neuansiedlungen.
Förderung lokaler Netzwerke und Innovationscluster.

Fachkräftegewinnung und Bildung

Kooperationen mit Hochschulen, Schulen und Bildungsträgern.
Förderung dualer Ausbildungsmodelle und Weiterbildungsmöglichkeiten.
Attraktive Arbeits- und Lebensbedingungen für Fachkräfte schaffen.

Innovations- und Technologieförderung

Förderung von Start-ups und technologieorientierten Unternehmen.
Aufbau von Innovationszentren, Inkubatoren und Forschungsnetzwerken.
Digitalisierung der ansässigen Unternehmen.

Standortimage und Vermarktung

Markenbildung des Standorts als **attraktiv, modern, und wirtschaftsfreundlich**.

Internationale und nationale Werbung für Investoren und Fachkräfte.

Lebensqualität und Umwelt

Verbesserung der sozialen Infrastruktur (z.B. Gesundheit, Freizeit, Kultur).

Nachhaltigkeit fördern: Klimaschutzprogramme, CO_2-Neutralität.

Wohnraumangebot optimieren (preiswert & bedarfsgerecht).

Aufgaben der Wirtschaftsförderung

Erstellung eines langfristigen **Standortentwicklungskonzepts** mit klaren Zielen.

Kooperation mit Politik, Verwaltung und Unternehmen zur Umsetzung von Maßnahmen.

Monitoring und Analyse von Standortpotenzialen und Trends.

Unternehmensservice und Ansiedlungsmanagement

Proaktive Akquise von Unternehmen und Investoren.

Bereitstellung von Gewerbeflächen, Immobilien und Fördermitteln.

Unterstützung bei Genehmigungsverfahren und bürokratischen Hürden.

Innovations- und Technologieförderung

Förderung von **Forschungs- und Entwicklungsprojekten (F&E)**.
Aufbau von Netzwerken zwischen Unternehmen, Wissenschaft und Forschungseinrichtungen.
Finanzierungsmöglichkeiten für Start-ups und KMUs anbieten.

Fachkräftebindung und -gewinnung

Zusammenarbeit mit Bildungseinrichtungen zur Fachkräftesicherung.
Initiativen zur Gewinnung internationaler Fachkräfte.
Attraktivitätssteigerung des Standorts für Familien und Talente.

Standortmarketing und Imageaufbau

Entwicklung einer **positiven Standortmarke** mit klarer Positionierung.
Teilnahme an Messen, Events und Netzwerktreffen.
Öffentlichkeitsarbeit durch digitale Kanäle und Kampagnen.

Nachhaltige Entwicklung und Klimaschutz

Unterstützung von Unternehmen bei der Umsetzung von Nachhaltigkeitszielen.
Initiativen für **Energieeffizienz, Kreislaufwirtschaft und CO_2-Reduktion**.
Förderung von Smart-City- und Green-Tech-Projekten.

Netzwerkbildung und Kooperation

Moderation von Kooperationen zwischen Unternehmen, Wissenschaft und Politik.
Aufbau von branchenspezifischen Clustern und Plattformen.
Regelmäßige Dialoge mit Stakeholdern zur Bedarfsanalyse.

Schlüssel zum Erfolg

Um seine Potenziale auszuschöpfen, benötigt ein Standort:
Klare strategische Ziele,
Handlungsfähige Wirtschaftsförderungen,
Enges Zusammenspiel zwischen Politik, Wirtschaft und Gesellschaft,
Einen Fokus auf **Innovation, Fachkräfte und nachhaltige Entwicklung**.

Ein Bürgermeister und seine Wirtschaftsförderung agieren dabei als **Treiber und Vermittler**, um die Handlungsspielräume zu nutzen und den Standort wettbewerbsfähig zu positionieren.

KI Ende

Fiktive Dialoge - ein paar Stunden Intensivcoaching

Denkanstöße

Wissensmanagement

Storytelling

Content

Inspiration

Diskurs
DecisionSupport
Gehirntraining - wenn es gut werden soll
Verstehen lernen
Vernetzt denken
Potenziale ausschöpfen
Komplexität reduzieren
Gestaltbar machen
Wissen transferieren
Proaktiv agieren

Executive Coaching
Denkstudio für strategisches Wissensmanagement

Im Vorfeld einer Standortanalyse sind u.a. folgende Fragen zu klären: welche Chancen und Risiken beeinflussen das Geschehen am Standort? Welche aktuellen Entwicklungen im Geschäftsumfeld (z.B. neue Wettbewerber, neue Technologien, neue Gesetze) gibt es? Wie sieht der Markt für potentielle, zukünftige Investoren, Arbeitskräfte aus? Wie ist die Wettbewerbssituation im Vergleich mit anderen Standorten? Welche Chancen gibt es, um sich am Markt zu verbessern?

Welche Risiken liegen im Geschäftsumfeld, die den Standort negativ beeinflussen können? Wie sind die technologischen Rahmenbedingungen? Gibt es politische Rahmenbedingungen, die beachtet werden müssen? Wie sieht das soziale Umfeld am Standort aus? Wie ist die aktuelle Konjunkturlage? Mit der Beschreibung des Geschäftsumfeldes wird der Blick über Standortgrenzen hinaus gelenkt. Was dort vorgeht, beeinflusst die Entwicklungsmöglichkeiten/-chancen des eigenen Standortes mindestens ebenso stark wie alles, was innerhalb der Standortgrenzen selbst geschieht. Anschauliches Beispiel dafür, dass der "6er im Lotto = Gewinn einer Ansiedlung" selten direkt vor der eigenen Haustür zu finden sein dürfte.

Eine der Hauptursachen, warum komplizierte, da an vielen Stellen miteinander vernetzte Sachverhalte des Standortes bislang so wenig sicht- und greifbar gemacht werden, liegt in der komplizierten Bewertung und Messung immaterieller sogenannter „weicher" Faktoren begründet. Es geht darum, anhand von immateriellen Faktoren eine Marktposition zu erobern. Die richtige Positionierung basiert nicht ausschließlich auf materiellen oder immateriellen Standorteigenschaften, sondern auch auf der Zielrichtung, d.h. dem Finden der richtigen Zielgruppe.

Wenn die Wirtschaftsförderung Bemühungen auf bestimmte Segmente konzentriert, ist es leichter, spezifische Anforderungen von Investoren zu verstehen und sich hierauf einzustellen. Dies erhöht die Erfolgsaussichten. Insbesondere fehlt vielfach noch ein in sich schlüssiges Konzept bzw. Instrument, mit dem sich alle Einzelkomponenten des Standortkapitals vollständig und mit einheitlicher Systematik abbilden lassen.

Salve,
Nichts ist mehr so wie es war

wenn wir einmal die allgegenwärtige KI fragen würden……

Auch innerhalb eines Standortes ist die Wahrnehmung von Standortfaktoren kaum einheitlich. Zu differenziert sind nicht nur die Interessen, sondern auch die Wahrnehmungsbilder. Beschreibe einen Meinungsbildungsprozess, den der Bürgermeister zwischen den Verantwortlichen mit ihren unterschiedlichen Verwaltungsfunktionen und politischen bzw. kommunalpolitischen Ansichten und Meinungen. moderieren muss.

Der Meinungsbildungsprozess, den ein Bürgermeister moderieren muss, um eine Einigung über die Wahrnehmung und Bewertung von Standortfaktoren zu erzielen, ist ein komplexes Zusammenspiel verschiedener Schritte. Die Moderation erfordert sowohl diplomatisches Geschick als auch strategisches Vorgehen, um die unterschiedlichen Perspektiven und Interessen in Einklang zu bringen. Hier ist ein möglicher Ablauf:

1. Vorbereitung und Analyse

- **Identifikation der Akteure:** Erfassen aller relevanten Beteiligten, z. B. Vertreter der Wirtschaftsförderung, Stadtentwicklung, Umweltbehörden, Sozialpolitik und lokale politische Parteien.

- **Interessen und Positionen:** Sammlung der jeweiligen Ansichten und Prioritäten, z. B. wirtschaftliches Wachstum versus Umweltschutz.
- **Definition der Zielsetzung:** Klare Festlegung des Ziels des Prozesses, z. B. Entwicklung eines einheitlichen Maßnahmenplans zur Verbesserung von Standortfaktoren.

2. Einberufung eines Forums

- **Transparenz schaffen:** Organisation eines ersten Treffens, bei dem alle relevanten Akteure ihre Standpunkte darlegen können.
- **Einheitliche Informationsbasis:** Bereitstellung von Daten und Fakten zu Standortfaktoren, um eine gemeinsame Diskussionsgrundlage zu schaffen.

3. Moderierte Diskussion

- **Neutralität wahren:** Der Bürgermeister fungiert als neutrale Instanz, die die Diskussion leitet, ohne eigene Positionen aufzuzwingen.
- **Strukturierte Meinungsäußerung:** Jeder Beteiligte erhält Zeit, seine Sichtweise darzustellen, um Gleichberechtigung sicherzustellen.
- **Identifikation von Konfliktpunkten:** Herausarbeiten von Bereichen, in denen Meinungsverschiedenheiten bestehen.

4. Konsensfindung

- **Prioritäten definieren:** Gemeinsames Festlegen der wichtigsten Standortfaktoren und deren Gewichtung.
- **Kompromisslösung entwickeln:** Verhandlungsprozesse anstoßen, um Lösungen zu finden, die möglichst viele Interessen berücksichtigen.
- **Abstimmung:** Entscheidungen demokratisch oder konsensbasiert herbeiführen.

---

5. Umsetzungsplanung

- **Verantwortlichkeiten klären:** Zuweisung von Aufgaben an die jeweiligen Verwaltungsbereiche oder politischen Gremien.
- **Zeitplan festlegen:** Erstellung eines konkreten Zeitplans für die Umsetzung der beschlossenen Maßnahmen.

6. Evaluation und Nachjustierung

- **Regelmäßige Überprüfung:** Fortlaufende Bewertung der Maßnahmen und ihrer Wirkung.
- **Anpassung:** Nachjustierung bei neuen Entwicklungen oder sich verändernden Rahmenbedingungen.

Durch eine strukturierte und partizipative Moderation kann der Bürgermeister die divergierenden Interessen in einen gemeinsamen Handlungsrahmen überführen. Der Schlüssel liegt in der

Schaffung eines transparenten Prozesses, der auf gegenseitigem Respekt und einer sachorientierten Diskussion basiert.

KI Ende

Fiktive Dialoge - ein paar Stunden Intensivcoaching

Denkanstöße

Wissensmanagement

Storytelling

Content

Inspiration

Diskurs

DecisionSupport

Gehirntraining - wenn es gut werden soll

Verstehen lernen

Vernetzt denken

Potenziale ausschöpfen

Komplexität reduzieren

Gestaltbar machen

Wissen transferieren

Proaktiv agieren

Executive Coaching

Denkstudio für strategisches Wissensmanagement

Standorte sind auch nicht an sich einfach gut oder schlecht. Vielmehr sind sie geeignet oder nicht geeignet. Dieser Zustand lässt sich am besten durch Vergleiche verschiedener Standorte, d.h. die Relation ihrer Eigenschaften zueinander, feststellen. Diese Vergleichbarkeit, d.h. die Brücke zwischen verschiedenen Standorten oder die Brücke intern zwischen Sektoren und Segmenten eines Standortes, lässt sich am schnellsten, einfachsten und übersichtlichsten über Standort-faktoren herstellen.

In den nächsten Jahren wird es zwischen Standorten zu weiteren Verschiebungen kommen, d.h. es wird dabei nicht nur Gewinner sondern auch Verlierer geben. Dabei wird zwischen den Kommunen der Wettbewerb um begehrte Gewerbesteuerzahler noch mehr zunehmen. Für die Standortwahl werden die ertragsunabhängigen Faktoren noch stärker als bisher ins Gewicht fallen. Ohne ein auf Standortfragen geeichtes Verfahren geraten die politisch und fachlich Verantwortlichen in Gefahr, ein so komplexes und vernetztes Gebilde wie einen Standort mit allen seinen Besonderheiten wie im Blindflug steuern zu müssen.

Liste der Standortfaktoren

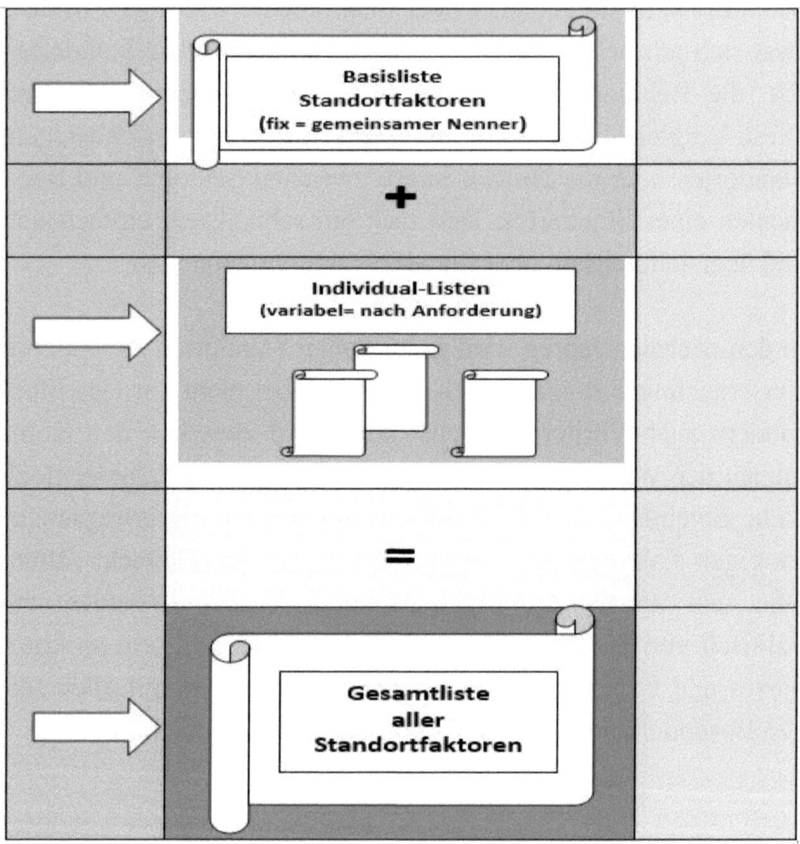

Obiger Grafik folgend wird zunächst damit begonnen, eine Liste mit allen für den Standort in Frage kommenden Faktoren aufzustellen. Bei dieser Liste geht es noch nicht darum, zwischen wichtigen und weniger wichtigen Standortfaktoren zu unterscheiden, sondern zunächst nur um Vollständigkeit jener Faktoren, die später auch einmal standortübergreifend vergleichbar gemacht werden können oder sollen. Dies wäre dann der kleinste gemeinsame Nenner. In der Regel sollten hierfür solche Faktoren gewählt werden, für die später auch umfassendere Bewertungen und Zeitreihen möglich sind. Besonders geeignet sind Standortfaktoren, für die entweder bereits interne Kennzahlen ermittelt und dokumentiert werden oder aber Indikatoren von außenstehenden Organisationen oder Institutionen bereitgestellt werden.

Die Liste der Standortfaktoren sollte mit größtmöglicher Sorgfalt und nicht nur als lästige Pflichtübung angefertigt werden. Ein Hauptgrund hierfür ist darin zu sehen, dass die Liste auch als festes Fundament für die später darauf aufbauende Entwicklung einer Standortbilanz verwendet werden sollte. In einem durchgängig in sich abstimmfähigen System bilden Standortfaktoren das Trägerwerk für alle nachfolgenden Analysen und Auswertungen. Ändert oder ergänzt man hieran nachträglich einzelne Bausteine, so müssen bei Einhaltung des Gebots der Abstimmfähigkeit diese Veränderungen meist arbeitsaufwendig durch das gesamte System hindurch bewerkstelligt werden. Auch die Aussagefähigkeit von Zeitreihenvergleichen würde gestärkt, wenn man sich einmal auf eine Liste von Standortfaktoren einigt und diese dann über die Zeitachse hinweg möglichst lange konstant halten kann.

Salve,
Nichts ist mehr so wie es war

wenn wir einmal die allgegenwärtige KI fragen würden……

Standort- und Citymarketing: Im Bereich aktiver Ansprache (Akquisition externer Unternehmen) hat das Internet als "Pull-Medium" Nachteile und ist in seiner Reichweite oft nicht genug zielgruppengenau. Daraus folgt, dass weiterhin auch sämtliche klassischen Marketinginstrumente und Push-Medien eingesetzt werden. Zum Beispiel die Diskussion eines Bürgermeisters mit einer Expertenrunde zu diesem Thema

Bürgermeister: „Meine Damen und Herren, unsere Stadt hat viele Vorteile: eine gute Infrastruktur, ein lebenswertes Umfeld und eine wachsende Wirtschaft. Doch wir stehen im Wettbewerb mit anderen Städten, die ebenso um Unternehmen und Investoren werben. Wie können wir unser Standortmarketing verbessern und dabei das Zusammenspiel von klassischen und digitalen Methoden nutzen?“

Experte für Digitalmarketing: „Herr Bürgermeister, das Internet ist heute ein unverzichtbarer Kanal, gerade wenn es darum geht, Reichweite zu erzielen. Doch ich stimme zu: Es ist ein Pull-Medium, das in erster Linie darauf setzt, dass Interessenten aktiv nach Informationen suchen. Gerade wenn wir gezielt Unternehmen ansprechen wollen, reicht das oft nicht aus. Wir brauchen also Push-Strategien, die gezielte Aufmerksamkeit erzeugen – etwa durch personalisierte Ansprache oder Präsenz auf Fachmessen."

Bürgermeister: „Das sehe ich ähnlich. Doch wie können wir sicherstellen, dass unsere Botschaften die richtigen Unternehmen erreichen? Unsere Ressourcen sind begrenzt, und wir wollen Streuverluste vermeiden."

Experte für klassisches Marketing: „Hier kommen die klassischen Instrumente ins Spiel: Zum Beispiel eine direkte Ansprache über Handelskammern, gezielte Briefe oder Einladungen an Entscheider in relevanten Branchen. Auch Kooperationen mit überregionalen Wirtschaftsförderungen sind wichtig. Push-Medien wie Fachzeitschriften, Sponsoring bei Branchenevents oder gezielte Anzeigenkampagnen können ebenfalls hilfreich sein."

Experte für Wirtschaftsförderung: „Darüber hinaus hat Ihr Amt, Herr Bürgermeister, eine zentrale Funktion. Als Repräsentant der Stadt können Sie durch persönliche Besuche bei Unternehmen, Netzwerktreffen und Präsentationen auf Messen ein authentisches Bild unserer Standortvorteile vermitteln. Solche Begegnungen schaffen Vertrauen, das keine Website allein bieten kann."

Bürgermeister: „Das klingt plausibel. Doch wie können wir sicherstellen, dass unser Ansatz nachhaltig ist und wir nicht nur kurzfristige Erfolge erzielen?"

Experte für strategisches Marketing: „Ein integriertes Konzept ist hier entscheidend. Digitale und klassische Maßnahmen müssen Hand in Hand gehen. Die digitale Präsenz – etwa eine gut optimierte Website, Social-Media-Kampagnen oder gezielte Online-Werbung – sollte die Basis bilden. Darauf aufbauend können persönliche Kontakte und klassische Kanäle gezielt für Abschlüsse genutzt werden. Wichtig ist, dass wir regelmäßig evaluieren, welche Maßnahmen erfolgreich sind."

Bürgermeister: „Das überzeugt mich. Es klingt, als ob ich als Bürgermeister eine zentrale Rolle dabei spiele, unser Standortmarketing nach außen zu tragen. Wie kann ich meine Funktion hier am besten ausfüllen?"

Experte für Öffentlichkeitsarbeit: „Ihre Rolle ist essenziell, Herr Bürgermeister. Sie sind nicht nur das Gesicht der Stadt, sondern auch ein Schlüsselakteur bei der Beziehungspflege. Persönliche Gespräche, die Teilnahme an Events oder sogar direkte Videoansprachen in Social Media verleihen dem Standortmarketing eine authentische und menschliche Note. Zugleich sind Sie auch intern der Treiber, der die verschiedenen Abteilungen – Wirtschaftsförderung, Öffentlichkeitsarbeit und Marketing – an einen Tisch bringt."

Bürgermeister: „Vielen Dank für diese Einblicke. Ich sehe meine Aufgabe nun klarer: Ich werde unser Marketingteam dabei unterstützen, klassische und digitale Ansätze zu kombinieren, und gleichzeitig aktiv auf Unternehmen zugehen. Lassen Sie uns die nächsten Schritte planen!"

KI Ende

Fiktive Dialoge - ein paar Stunden Intensivcoaching

Denkanstöße

Wissensmanagement

Storytelling

Content

Inspiration

Diskurs

DecisionSupport

Gehirntraining - wenn es gut werden soll

Verstehen lernen

Vernetzt denken

Potenziale ausschöpfen

Komplexität reduzieren

Gestaltbar machen

Wissen transferieren

Proaktiv agieren

Executive Coaching

Denkstudio für strategisches Wissensmanagement

Bei den Überlegungen zur Liste der Standortfaktoren muss nicht an einem Nullpunkt begonnen werden. Jeder, der sich bereits mit Standortfragen befasst hat, wird dabei auch auf eine Reihe von Standortfaktoren gestoßen sein. Standortfaktoren werden zudem immer wieder in einer Vielzahl unterschiedlicher Veröffentlichungen angesprochen, analysiert und diskutiert. Ohne Anspruch auf Richtigkeit und Vollständigkeit werden nachfolgend als Demo-Beispiel eine Reihe solcher möglichen Standortfaktoren angeführt:

Potenzieller Standortfaktor	In die Liste aufnehmen ?		Bemerkungen
	JA	NEIN	
Logistikeinrichtungen	X		
Verfügbare Industrieflächen	X		
Preise für Industrieflächen	X		
Innovationsmanagement		X	
Aufwand und Dauer von Bewilligungsverfahren	X		
Potenzial qualifizierte Arbeitskräfte	X		
Image, Attraktivität	X		
Stabilität, Berechenbarkeit, Verlässlichkeit Kommunal-politik		X	
Standort SWOT-Analyse		X	
Standort-Leitbild		X	
Zugang zu Risikokapital		X	
Weiterbildungsmöglichkeiten		X	
Haushaltslage (Verschuldung, Finanzkraft)	X		
Tagungs-, Kongress-, Seminar-veranstaltungen		X	
Ausstellungen, Konzert-, Fest-veranstaltungen	X		
Messen		X	

Potenzieller Standortfaktor	In die Liste aufnehmen ?		Bemerkungen
	JA	NEIN	
Standort-Strategie		X	
Wirtschaftsförderung – Bestandspflege	X		
Wirtschaftsförderung – Akquisition	X		

Auf einen Blick gesehen würde die Darstellung der Standortfaktoren auf einem Computer-Bildschirm zunächst lediglich den Eindruck eines mehr oder weniger übersäten Sternenhimmels mit seiner verwirrenden Unübersichtlichkeit vermitteln:

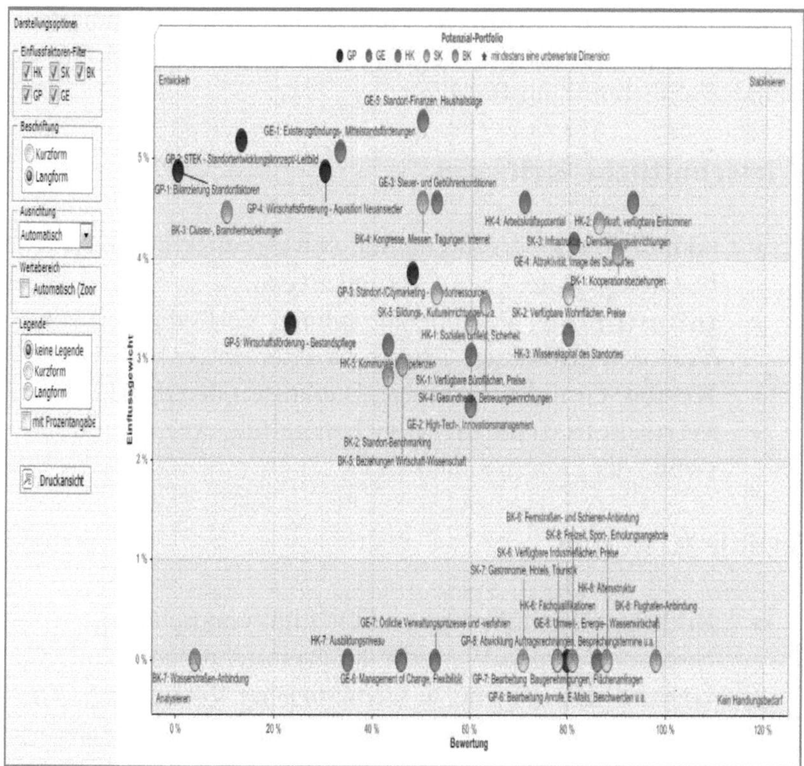

Salve,

Nichts ist mehr so wie es war

wenn wir einmal die allgegenwärtige KI fragen würden……

Nach welchen Kriterien sollte ein Bürgermeister Standortfaktoren sortieren, klassifizieren und gruppieren?

Ein Bürgermeister sollte Standortfaktoren nach klar definierten Kriterien sortieren, klassifizieren und gruppieren, um fundierte Entscheidungen für die Entwicklung und Attraktivität der Gemeinde zu treffen. Zum Beispiel:

Wirtschaftliche Kriterien

- **Arbeitsmarkt**: Verfügbarkeit von Arbeitskräften, Arbeitslosenquote, Qualifikationsniveau.
- **Infrastruktur**: Verkehrsanbindung, Verfügbarkeit von Versorgungsdiensten (Strom, Wasser, Internet).
- **Kosten**: Grundstückspreise, Baukosten, Betriebskosten.
- **Wirtschaftsstruktur**: Branchenvielfalt, Anzahl und Größe der Unternehmen.

Soziale Kriterien

- **Bildung**: Verfügbarkeit und Qualität von Schulen, Hochschulen und Weiterbildungseinrichtungen.
- **Gesundheit**: Zugang zu medizinischer Versorgung, Anzahl und Qualität von Krankenhäusern und Arztpraxen.

- **Wohnqualität**: Verfügbarkeit und Qualität von Wohnraum, Lebenshaltungskosten.
- **Sicherheit**: Kriminalitätsrate, Polizeipräsenz.

Ökologische Kriterien

- **Umweltqualität**: Luft- und Wasserqualität, Lärmbelastung.
- **Grünflächen**: Verfügbarkeit und Pflege von Parks und Erholungsgebieten.
- **Nachhaltigkeit**: Maßnahmen zur Förderung erneuerbarer Energien, Abfallmanagement.

Kulturelle und Freizeitkriterien

- **Kulturangebot**: Verfügbarkeit von Theatern, Museen, Kinos und anderen kulturellen Einrichtungen.
- **Freizeitmöglichkeiten**: Sporteinrichtungen, Freizeitparks, Veranstaltungen.
- **Soziale Infrastruktur**: Verfügbarkeit von Gemeinschaftszentren, Vereinen und sozialen Diensten.

Politische und rechtliche Kriterien

- **Verwaltungseffizienz**: Bürokratische Hürden, Genehmigungsverfahren.
- **Förderprogramme**: Verfügbarkeit von staatlichen Fördermitteln und Subventionen.
- **Rechtssicherheit**: Stabilität der rechtlichen Rahmenbedingungen.

Vorteile der Klassifizierung und Gruppierung

- **Übersichtlichkeit**: Eine klare Strukturierung der Standortfaktoren erleichtert die Analyse und Entscheidungsfindung.
- **Priorisierung**: Wichtige Faktoren können identifiziert und priorisiert werden, um gezielte Maßnahmen zu entwickeln.
- **Transparenz**: Eine transparente Darstellung der Kriterien schafft Vertrauen bei Bürgern, Investoren und anderen Stakeholdern.
- **Effizienz**: Durch die systematische Bewertung und Gruppierung können Ressourcen effizienter eingesetzt werden.

Durch die Anwendung dieser Kriterien kann ein Bürgermeister die Standortfaktoren systematisch bewerten und fundierte Entscheidungen zur Förderung der Standortentwicklung treffen.

KI Ende

Ohne ein Roboter zu sein, könnte man als Mensch vielleicht meinen:

Fiktive Dialoge - ein paar Stunden Intensivcoaching

Denkanstöße

Wissensmanagement

Storytelling

Content
Inspiration
Diskurs
DecisionSupport
Gehirntraining - wenn es gut werden soll
Verstehen lernen
Vernetzt denken
Potenziale ausschöpfen
Komplexität reduzieren
Gestaltbar machen
Wissen transferieren
Proaktiv agieren
Executive Coaching
Denkstudio für strategisches Wissensmanagement

SMART - Ziele sollten SMART (spezifisch, messbar, erreichbar, relevant und zeitgebunden) sein.

Die Eignung eines Standortes zeigt sich weder dem nach ihm Suchenden noch dem bereits vor Ort Ansässigen immer schon auf den ersten Blick. Suchende und Ansässige benötigen zu ihrer Sicherheit eine möglichst genaue und transparente Vermessung des Standortes. Die politisch und fachlich Verantwortlichen eines Standortes sollten bestmögliche Hilfen und Informationen bieten, um Interessenten wie Ansässigen oft existenzbestimmende Standortentscheidungen soweit als nur möglich zu erleichtern. Beide Gruppen sollten ihrerseits die möglichen Instrumente und Arbeitshilfen nutzen, um sich selbst ein genaues Bild von der Gesamtbilanz des Standortes zu machen. Bereits aus frei verfügbaren Daten lässt sich eine vorläufige Standortvermessung vornehmen.

Hilfreich kann eine Vor-Sortierung der ermittelten Standortfaktoren nach gewissen Ähnlichkeiten und übereinstimmenden Merkmalen sein:

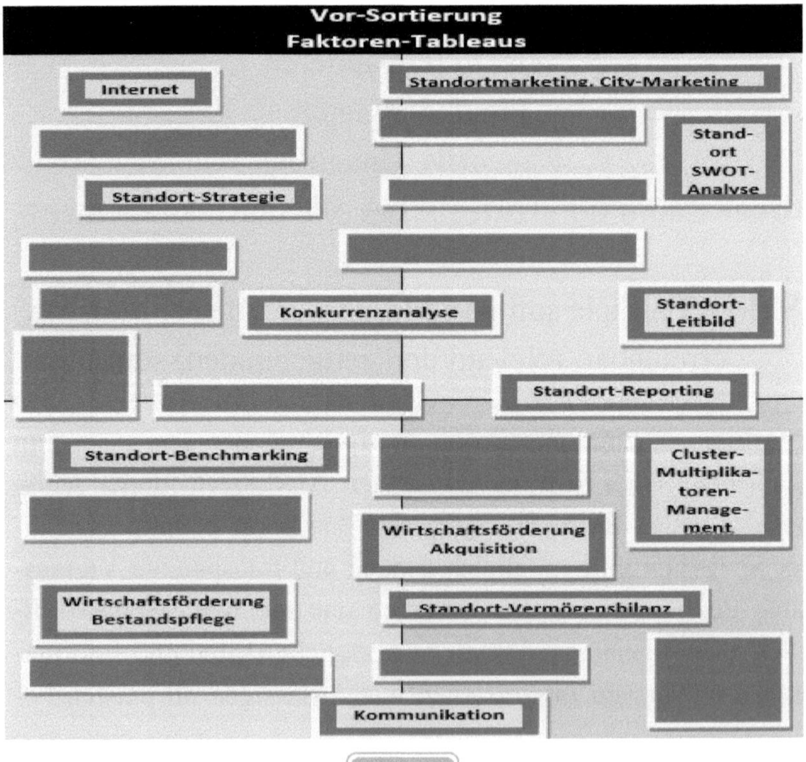

Eine Vermessung auf Basis einer Standortbilanz könnte u.a. folgende Punkte umfassen:
Sinn und Zweck der Standort-Vermessung
Interessengruppen für umfassende Vermessungen des Standortes
Zukunftssicherung der Kommune mit Marketing der Standortqualitäten
Den Standort auf den Prüfstand stellen, denn Standortentscheidungen binden längerfristig wertvolles Kapital

Der richtige Standort ist lebenswichtig für Existenzgründungen. Kommunen und Unternehmen brauchen gleichermaßen geeignete Standort-Vermessungsverfahren, es geht um:
Prüfliste der Dringlichkeit von Vermessungen
Arbeitsprogramm für die Standort-Vermessung
Definition und Gewichtung Faktoren-Cluster
Identifikation und Gewichtung Einzelfaktoren
Bewertung Standortfaktoren
Fragen, bewerten, begründen
Einzelbewertungen nach Prozenten oder Punkten
Bewertungsformulare für Geschäftsprozesse
Bewertungsformulare für Erfolgsfaktoren
Bewertungsformulare für Humanfaktoren
Bewertungsformulare für Strukturfaktoren
Bewertungsformulare für Beziehungsfaktoren
Verwendung von Standort-Indikatoren
Beispiele für extern verfügbare Standort-Faktoren
Beispiele für intern verwendbare Standort-Faktoren

Standort-Vergleiche und -Benchmarking
Erfassen der Wirkungsbeziehungen
Fazit der Standort-Vermessung
Bildung Standortfaktoren-Cluster
Mehrere Standortbewertung-Dimensionen
Gewichtete Standortfaktoren
Verknüpfung der Standortfaktoren
Generierung von Standortempfehlungen
Eigen- und Fremdbild des Standortes
Standortprofil-Diagramm
Standortportfolio nach Bewertungsdimensionen
Standort-Ampeldiagramm
Standortfaktor-Wirkungsnetz
Standortpotenzial-Portfolio
Übersichtlichkeit und Transparenz
Leicht verständliche Darstellung
Einheitlicher Aufbau
Durchgängig bruchfreie Systematik und Abstimmung
Zahlenorientierte Denkweise
Vollständigkeit
Zusammenfassung Vorgehen und Nutzen

Umsetzung von Qualitätsprofilen in 4-Feld-Portfolios

An dieser Stelle sollte man einmal einen kurzen Blick auf die Qualitätsprofile des Standortes werfen Da sich hierbei die Darstellung in Form von Portfolios in der Praxis bewährt hat, sollte diese auch hier vielleicht Anwendung finden. Man könnte somit über den Quadranten des Portfolios bereits auf einen ersten Blick erkennen, in wie etwa die Eigenschaften eines Standortfaktors bewertet wurden und somit hinsichtlich möglicher Maßnahmen einzuordnen wären. Dabei lassen sich Portfolios auch Schritt für Schritt herauf- bzw. herunter zoomen. Auf diese Weise hätte man bereits zusätzlich auch Hinweise auf Güte- und Prüfkriterien für die Mittelstandorientierung der Kommunalverwaltung.

Salve,
Nichts ist mehr so wie es war

wenn wir einmal die allgegenwärtige KI fragen würden……

Ein Bürgermeister sollte die Einwohnerschaft frühzeitig und effektiv in die geplanten Maßnahmen zur Standortentwicklung einbeziehen, indem er verschiedene Ansätze und Methoden nutzt, um eine breite Beteiligung und Mitwirkung zu fördern. Zum Beispiel:

Öffentliche Informationsveranstaltungen

- **Bürgerforen und Versammlungen**: Regelmäßige öffentliche Treffen, bei denen die Pläne und Projekte vorgestellt und diskutiert werden. Dies bietet den Bürgern

die Möglichkeit, Fragen zu stellen und ihre Meinungen zu äußern.
- **Workshops und Arbeitsgruppen**: Spezifische Themenworkshops, bei denen Bürger aktiv an der Entwicklung von Ideen und Lösungen mitarbeiten können.

Digitale Plattformen und Online-Beteiligung

- **Online-Umfragen und Abstimmungen**: Nutzung von Online-Tools, um Meinungen und Feedback von Bürgern zu sammeln. Dies ermöglicht eine breite Beteiligung, unabhängig von Zeit und Ort.
- **Beteiligungsplattformen**: Einrichtung von Online-Plattformen, auf denen Bürger Vorschläge einreichen, diskutieren und bewerten können.

Transparente Kommunikation

- **Informationskampagnen**: Regelmäßige und transparente Kommunikation über die geplanten Maßnahmen und deren Fortschritt durch Newsletter, soziale Medien und lokale Medien.
- **Bürgerbüros und Anlaufstellen**: Einrichtung von Anlaufstellen, an denen Bürger Informationen erhalten und ihre Anliegen vorbringen können.

Einbindung von Interessengruppen

- **Zusammenarbeit mit Vereinen und Organisationen**: Einbeziehung von lokalen Vereinen, Organisationen und Interessengruppen, um deren spezifische Perspektiven und Bedürfnisse zu berücksichtigen.

- **Jugend- und Seniorenräte**: Einrichtung von speziellen Gremien für Jugendliche und Senioren, um deren Interessen gezielt zu vertreten.

Partizipative Planungsprozesse

- **Bürgerhaushalte**: Einbindung der Bürger in die Budgetplanung, indem sie über die Verwendung von Teilen des Haushalts mitentscheiden können.
- **Planungswerkstätten**: Gemeinsame Entwicklung von Planungsentwürfen und Konzepten mit Bürgern und Experten.

Feedback- und Evaluationsmechanismen

- **Kontinuierliches Feedback**: Einrichtung von Mechanismen, um kontinuierlich Feedback von Bürgern zu erhalten und dieses in die Planung und Umsetzung einfließen zu lassen.
- **Evaluationsprozesse**: Regelmäßige Überprüfung und Bewertung der Maßnahmen unter Einbeziehung der Bürger, um Anpassungen und Verbesserungen vorzunehmen.

Durch diese Ansätze kann ein Bürgermeister sicherstellen, dass die Einwohnerschaft frühzeitig und umfassend in die Standortentwicklung einbezogen wird. Dies fördert nicht nur die Akzeptanz und Unterstützung der Maßnahmen, sondern trägt auch dazu bei, dass die Bedürfnisse und Wünsche der Bürger berücksichtigt werden.

KI Ende

Ohne ein Roboter zu sein, könnte man als Mensch vielleicht meinen:

Fiktive Dialoge - ein paar Stunden Intensivcoaching

Denkanstöße

Wissensmanagement

Storytelling

Content

Inspiration

Diskurs

DecisionSupport

Gehirntraining - wenn es gut werden soll

Verstehen lernen

Vernetzt denken

Potenziale ausschöpfen

Komplexität reduzieren

Gestaltbar machen

Wissen transferieren

Proaktiv agieren

Executive Coaching

Denkstudio für strategisches Wissensmanagement

SMART - Ziele sollten SMART (spezifisch, messbar, erreichbar, relevant und zeitgebunden) sein.

Bündeln der Standortfaktoren

Grundzüge der Segmentierung

Die Wegstrecke, die zwischen beispielsweise Wirtschaftsförderung und Standortmarketing liegt, ist verschwindend klein. In der Praxis sind beides eng miteinander verbundene Geschwister mit dem gleichen Ziel, nämlich einen Standort nach vorne zu bringen und seine Potenziale zum Wohle seiner Bewohner bestmöglich auszunutzen und zur Geltung zu bringen.

Ganz ähnlich verhält es sich unter räumlicher Betrachtungsweise mit der Stellung zwischen Standortmarketing und dem allgemeinen Marketing im wirtschaftlichen Umfeld der Unternehmen. In beiden Fällen haben wir es auch hier mit Märkten und Zielgruppen zu tun. Vergleichbar den Unternehmen, die ihre Produkte und Dienstleistungen auf Märkten anbieten und dabei unterschiedliche Zielgruppen von Nachfragern, Interessenten und Kunden im Blickfeld haben müssen, sind Standorte darauf angewiesen, den unterschiedlichen Interessenlagen verschiedener Zielgruppen wie beispielsweise denen von Einwohnern, sozialen Gruppen, ortsansässigen Firmen, ansiedlungsinteressierten Unternehmen und Investoren Rechnung tragen zu müssen.

Um sich besser auf zielgruppenspezifische Anforderungen einstellen zu können, bedient sicn das Marketing der Unternehmen mit Verfahren der Segmentierung seit langem der Bildung von homogenen Zielgruppen, um möglichst zielgenau operieren zu können. Insofern erscheint es angebracht, sich auch im Zusammenhang mit Fragen der Wirtschaftsförderung und Standortentwicklung mit aus dem Marketing der Unternehmen stammenden Grundzügen der Segmentierung vertraut zu machen.

Rasterung von Standort-Aktionsfeldern

Märkte wie auch Standorte sind keine monolithischen Blöcke, sondern bestehen aus einer Vielzahl von unterschiedlichen Segmenten. Es kommt darauf an, dass ein Unternehmen respektive ein Standort in seinen eigenen Marktsegmenten über genügend Ressourcen und Potenziale verfügt, um erfolgreich sein zu können. Die Segmentierung eines Zielmarktes, d.h. die genaue Definition und Abgrenzung des Aktionsfeldes ist ein grundlegendes Planungselement für die Zukunft.

Im Vordergrund der Segmentierung steht immer die möglichst detaillierte Kundenanalyse. Wer als Kunde zu betrachten und dementsprechend zu behandeln ist, zählt im Marketing der Unternehmen mehr oder weniger zu den alltäglichen Selbstverständlichkeiten. Nicht ganz so selbstverständlich dürfte dies im Bereich und Handeln eines Standortes sein. Ganz abgesehen davon, dass die Zielgruppen eines Standortes im Normalfall nur sehr viel unschärfer definiert sein dürften, könnte in manchen Fällen auch bezweifelt werden, ob überhaupt eine Erkenntnis und Bereitschaft darüber genügend gereift und ausgebildet ist, dass man den unterschiedlichen Interessengruppen eines Standortes überhaupt einen Kundenstatus zusprechen will.

Genauso wie der Markt letztlich bestimmte Verhaltensweisen von Unternehmen erzwingen kann, wird sich auch auf der verantwortlichen Standortebene über kurz oder lang der Zwang verstärken, wenn nicht aus eigener Erkenntnis und Einsicht heraus, dann doch den Gesetzen des Marktes folgend, sich diesem Kundengedanken und den damit verbundenen Marketinginstrumenten zu öffnen.

Segmentierung des Standortumfeldes:

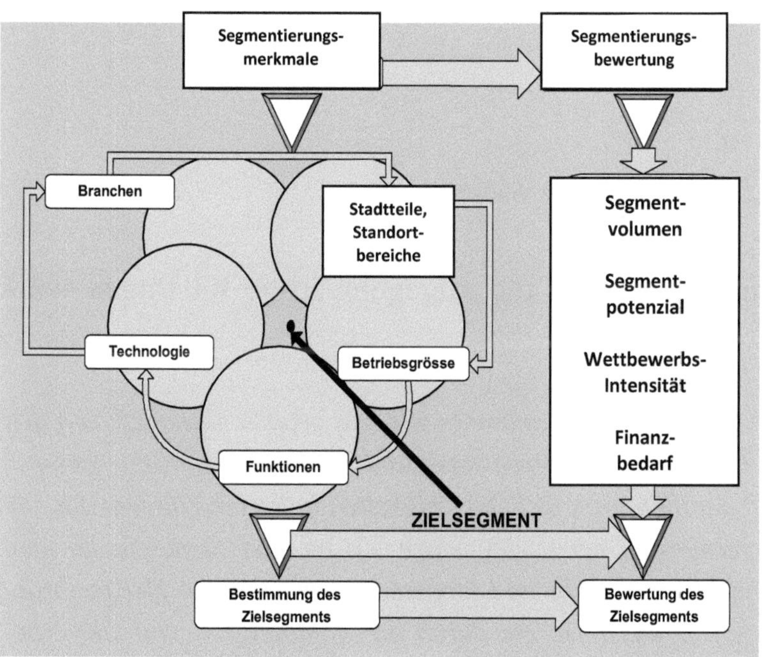

Die Rasterung der Kundengruppen eines Standortes erhöht die Transparenz und ermöglicht das Erkennen von Potenzialen. Aufgabe der Segmentierung ist die Bildung von Zielgruppen mit

- einer weitgehend homogenen Problemlandschaft
- weitgehend homogenen Nutzenvorstellungen
- Auflösung heterogener Strukturen, d.h. Zerlegung des Marktes in homogene Teilgruppen
- Analyse von Segmentierungsmerkmalen zur Beschreibung des strategischen Handlungsspielraums
- Segmentbewertung zur -auch quantitativen- Bestimmung der Attraktivität des jeweiligen Markt-/ Standortsegmentes

Salve,
Nichts ist mehr so wie es war

wenn wir einmal die allgegenwärtige KI fragen würden……

Der Haushalt des Standortes wird zu großen Teilen oft von den vor Ort tätigen Gewerbesteuerzahlern getragen. Allein dadurch wird deutlich, welche Schwierigkeiten auftreten können, d.h. ein Bürgermeister muss eine klare Vision und Strategie für den Standort entwickeln und kommunizieren, um die Herausforderungen zu meistern, die durch die Abhängigkeit von Gewerbe-

steuerzahlern entstehen können. Hier sind einige Schritte, die er unternehmen kann:

Analyse der aktuellen Situation: Der Bürgermeister sollte eine umfassende Analyse der wirtschaftlichen Lage des Standorts durchführen, einschließlich der wichtigsten Gewerbesteuerzahler und ihrer Branchen. Dies hilft, die Abhängigkeiten und potenziellen Risiken zu identifizieren.

Zukunftsvision entwickeln: Basierend auf der Analyse sollte der Bürgermeister eine klare Vision für die Zukunft des Standorts entwickeln. Diese Vision sollte realistisch, aber auch ambitioniert sein und die langfristigen Ziele und Prioritäten des Standorts widerspiegeln.

Stakeholder einbeziehen: Es ist wichtig, die wichtigsten Interessengruppen, einschließlich der Bürger, Unternehmen und politischen Entscheidungsträger, in den Entwicklungsprozess einzubeziehen. Dies fördert Transparenz und Akzeptanz und stellt sicher, dass die Vision breit unterstützt wird.

Strategische Planung: Der Bürgermeister sollte einen detaillierten strategischen Plan erstellen, der die Schritte und Maßnahmen beschreibt, die erforderlich sind, um die Vision zu erreichen. Dies kann Investitionen in Infrastruktur, Bildung, Innovation und andere Bereiche umfassen, die das wirtschaftliche Wachstum und die Diversifizierung fördern.

Kommunikation und Transparenz: Eine klare und kontinuierliche Kommunikation ist entscheidend. Der Bürgermeister sollte regelmäßig über Fortschritte, Herausforderungen und Erfolge berichten und sicherstellen, dass die Bürger und Unternehmen über die Entwicklungen informiert sind.

Flexibilität und Anpassungsfähigkeit: Die wirtschaftliche Landschaft kann sich schnell ändern. Daher sollte der Bürgermeister flexibel und anpassungsfähig bleiben, um auf neue Herausforderungen und Chancen reagieren zu können.

Durch diese Schritte kann der Bürgermeister eine klare Aussage darüber treffen, was der Standort ist und was er in Zukunft erreichen will, und gleichzeitig die Abhängigkeit von einzelnen Gewerbesteuerzahlern verringern.

KI Ende

Ohne ein Roboter zu sein, könnte man als Mensch vielleicht meinen:

Fiktive Dialoge - ein paar Stunden Intensivcoaching

Denkanstöße

Wissensmanagement

Storytelling

Content

Inspiration

Diskurs

DecisionSupport

Gehirntraining - wenn es gut werden soll

Verstehen lernen
Vernetzt denken
Potenziale ausschöpfen
Komplexität reduzieren
Gestaltbar machen
Wissen transferieren
Proaktiv agieren

Executive Coaching
Denkstudio für strategisches Wissensmanagement
SMART - Ziele sollten SMART (spezifisch, messbar, erreichbar, relevant und zeitgebunden) sein.

In der Standortpolitik müssen differenziert angesprochen und behandelt werden, beispielweise:

- Groß- und Kleinunternehmen
- „Neu-Gründer" und „Alt-Eingesessene"
- Produktions- und Dienstleistungsfirmen
- Selbständige und abhängig Beschäftigte
- Alte und Junge
- Einheimische und Einwohner mit Migrationshintergrund
- Hochqualifizierte und Geringqualifizierte
- Alleinstehende und Familien

Vielleicht müssen im Standortbereich die Segmente nicht bis auf kleinste Merkmalseinheiten hin unterschieden werden. Trotzdem gilt auch hier, dass eine Standortpolitik umso erfolgreicher gestaltet werden kann, je zielgenauer und trennschärfer die einzelnen Segmente eines Standortes auf spezifische Bedürfnisse und Anforderungen hin ausgerichtet werden können. In einem sich anschließenden Kompetenz-Check können die aus der Segmentierung gewonnenen Profile den eigenen Fähigkeiten gegenübergestellt werden.

Standortfaktoren mit gleichen oder ähnlichen Eigenschaften werden zu einer Klasse, einem Segment, d.h. zu einem Cluster zusammengefasst, unähnliche Standortfaktoren gehören demnach zu verschiedenen Clustern. Aufgrund der hohen Anzahl kombinatorischer Möglichkeiten: schon bei nur drei Standortfaktoren gibt es bereits fünf Kombinationsmöglichkeiten (1.: alle sind ähnlich, 2.: alle sind unähnlich sowie 3. - 5.: jeweils zwei Standortfaktoren sind sich ähnlich, während der dritte ein eigenes Cluster bildet), bei zehn Standortfaktoren gibt es bereits 115. 975 Möglichkeiten, bei 71 Standortfaktoren wird die Anzahl Möglichkeiten durch eine 75-stellige Zahl (4,08 x 10 74) dargestellt.

Die Analyse hat das Ziel, einen möglichst hohen Grad von Homogenität im Cluster herzustellen: bei gleichzeitig größtmöglicher Differenzierung zu anderen Clustern. D.h. die jeweilige Anwendung wird mit Hilfe einer Ähnlichkeitsfunktion, die die Ähnlichkeit zweier Standortfaktoren beschreibt, modelliert. Danach wird nach der richtigen Zuordnung eines Standortfaktors aufgrund seiner Eigenschaften zur definierten Klasse gefragt. Man abstrahiert von Transaktionen auf Standortfaktoren x, y....... einer Faktorenmenge (F = Population) mit Eigenschaften (M = Merkmalen), die entweder für einen Faktor gelten oder nicht gelten. Allgemein werden Eigenschaften durch Variable beschrieben mit jeweils bestimmten Ausprägungen (Werte) beschrieben. Diese Faktormenge muss nun in einer Weise zerlegt werden, indem ähnliche Objekte in dieselbe Menge und unähnliche Faktoren in verschiedene Mengen, nämlich die Cluster, gebracht werden.

D.h. mit der Clusteranalyse können Elemente (Fälle) so in Gruppen gebündelt werden, dass einerseits die Gruppen in sich möglichst homogen sind, andererseits die Unterschiede zwischen den Gruppen möglichst hoch (heterogen) sind. Damit können im Standortmarketing Kundentypologien, d.h. Marktsegmente auf der Basis nachfragerelevanter Merkmale gebildet werden.

Salve,
Nichts ist mehr so wie es war

wenn wir einmal die allgegenwärtige KI fragen würden……

Kommunikationsunterstützung für komplexe Zusammenhänge: die Kommune steht in einem scharfen Wettbewerb, in dem sie langfristig nur durch einen gezielten Einsatz sämtlicher Instrumente und Kompetenzen bestehen kann. Ein professioneller Einsatz der Standortökonomie kann für einen Bürgermeister aus mehreren Gründen zu einem kritischen Erfolgsfaktor werden:

1. **Wettbewerbsvorteil**: Durch eine gezielte Standortanalyse und -entwicklung kann die Kommune ihre Stärken und Schwächen besser verstehen und gezielt Maßnahmen ergreifen, um sich von anderen Kommunen abzuheben. Dies kann Investitionen anziehen und die lokale Wirtschaft stärken.
2. **Ressourceneffizienz**: Ein professioneller Ansatz ermöglicht es, Ressourcen effizienter zu nutzen. Durch fundierte Entscheidungen können Projekte und Initiativen besser geplant und umgesetzt werden, was zu Kosteneinsparungen und einer höheren Effektivität führt.
3. **Attraktivität für Unternehmen und Fachkräfte**: Eine gut entwickelte Standortökonomie macht die Kommune attraktiver für Unternehmen und Fachkräfte. Dies kann zu einer höheren Ansiedlungsrate von Unternehmen und einer besseren Verfügbarkeit von qualifizierten Arbeitskräften führen, was wiederum die wirtschaftliche Entwicklung fördert.
4. **Nachhaltige Entwicklung**: Durch die Berücksichtigung ökonomischer, ökologischer und sozialer Aspekte kann eine nachhaltige Entwicklung der Kommune sichergestellt werden. Dies trägt nicht nur zur Lebensqualität der

Bürger bei, sondern auch zur langfristigen Stabilität und Attraktivität des Standorts.

5. **Bürgerbeteiligung und Akzeptanz**: Ein professioneller Einsatz der Standortökonomie kann auch die Bürgerbeteiligung fördern. Durch transparente und fundierte Entscheidungsprozesse können die Bürger besser eingebunden und deren Akzeptanz für Projekte und Maßnahmen erhöht werden.
6. **Innovationsförderung**: Eine gezielte Standortökonomie kann Innovationen fördern, indem sie Rahmenbedingungen schafft, die Kreativität und Unternehmertum begünstigen. Dies kann zu neuen Geschäftsideen und einer dynamischen Wirtschaftsentwicklung führen.

Insgesamt kann ein professioneller Einsatz der Standortökonomie dazu beitragen, die Wettbewerbsfähigkeit der Kommune zu steigern, die Lebensqualität der Bürger zu verbessern und eine nachhaltige wirtschaftliche Entwicklung zu fördern.

KI Ende

Ohne ein Roboter zu sein, könnte man als Mensch vielleicht meinen:

Fiktive Dialoge - ein paar Stunden Intensivcoaching

Denkanstöße

Wissensmanagement

Storytelling

Content
Inspiration
Diskurs
DecisionSupport

Gehirntraining - wenn es gut werden soll

Verstehen lernen
Vernetzt denken
Potenziale ausschöpfen
Komplexität reduzieren
Gestaltbar machen
Wissen transferieren
Proaktiv agieren

Executive Coaching

Denkstudio für strategisches Wissensmanagement

SMART - Ziele sollten SMART (spezifisch, messbar, erreichbar, relevant und zeitgebunden) sein.

Makro- und Mikrosegmentierung

Während in der Makrosegmentierung eine strategisch relevante Auswahl des zu bearbeitenden Marktausschnitts (Zielgruppe) getroffen wird, wird mit Hilfe der Mikrosegmentierung festgelegt, welche Zielpersonen innerhalb der vorher definierten Zielgruppe angesprochen werden sollen.

Mit Hilfe einer Makrosegmentierung kann eine segmentspezifische Charakterisierung potenzieller Zielgruppen u.a. nach folgenden Kriterien erfolgen:

- vertikale Märkte (Branchen)
- horizontale Märkte (Funktionen)
- räumliche Märkte (Stadtteile, Standort-Bereiche)
- Betriebsgröße (große, mittlere, kleine Unternehmen)
- Technologie (z.B. Fertigungsart, Fertigungstiefe u.a.)

Vorrangiges Ziel für die Mikro-Segmentierung ist:

- mit maßgeschneiderten Konzepten für den Standort attraktive Potenziale erobern
- durch die Zusammenfassung eines homogenen Leistungsprogramms für speziell definierte und abgegrenzte Geschäftsfelder Planungsbereiche transparenter und differenzierter steuerbar gestalten.

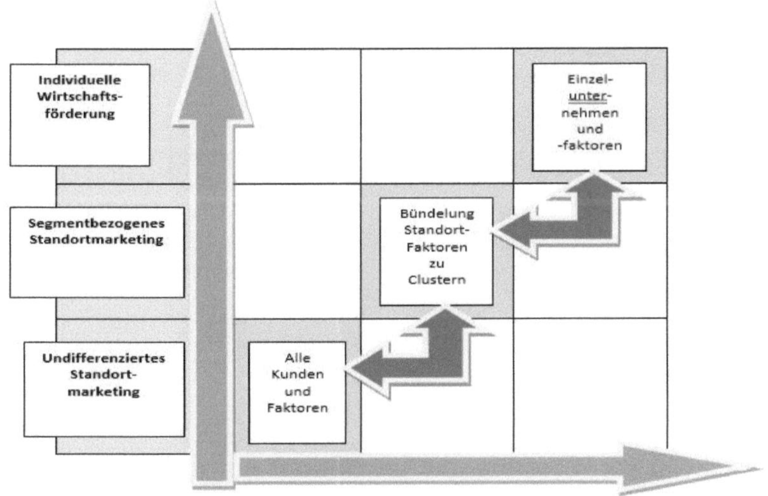

Cluster mit Standortfaktoren können bereits auf einer noch sehr hohen Detaillierungsstufe gebündelt und dann stufenweise weiter zu höher aggregierten Clustern verdichtet werden:

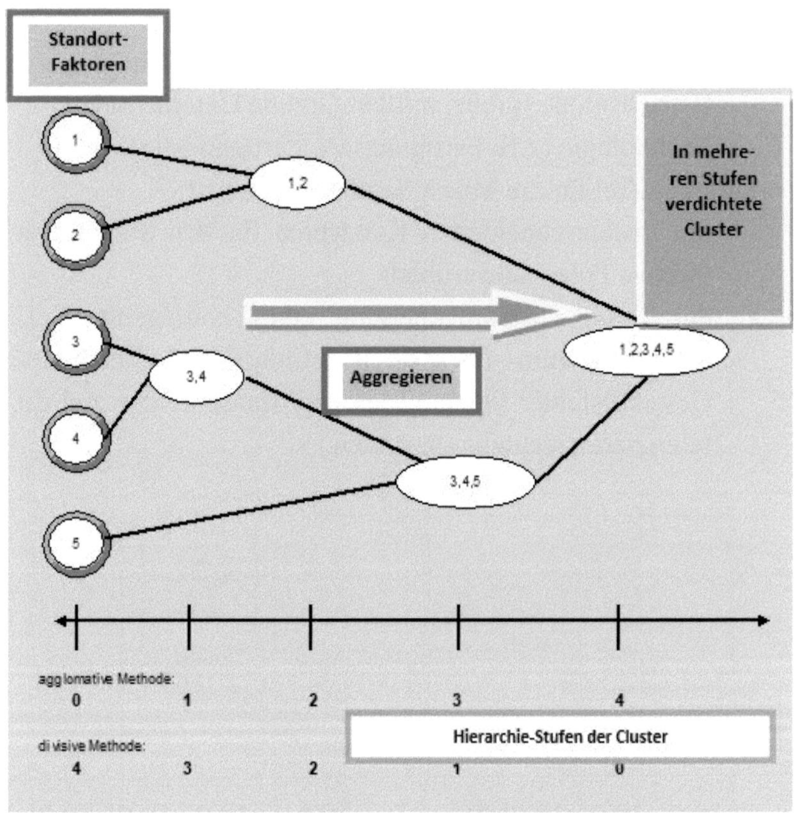

Ausgehend von Clustern, die jeweils nur einen der zu klassifizierenden Standortfaktoren enthalten, werden die verbleibenden

Faktoren sukzessive denjenigen Clustern zugeordnet, zu deren Zentrum sie den geringsten Abstand aufweisen. D.h. mit der Clusteranalyse können Elemente (Fälle) so in Gruppen gebündelt werden, dass

- einerseits die Gruppen in sich möglichst homogen sind,
- andererseits die Unterschiede zwischen den Gruppen möglichst hoch (heterogen) sind.

Besondere Segmentierungspotenziale liegen darin, sich stärker mit den Gegebenheiten des wirtschaftlichen Standort-Umfeldes auseinanderzusetzen, anstatt ausschließlich aus der eigenen Welt und Sicht der Dinge heraus zu agieren. Die Segmentierung sollte dabei in einen regelmäßig zu durchlaufenden Regelkreis einmünden:

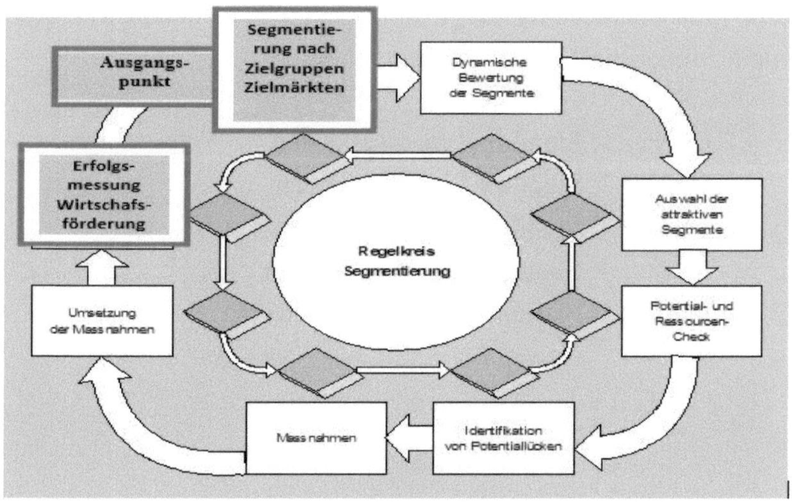

Damit können im Standortmanagement Kundentypologien, d.h. möglichst zielgenau Marktsegmente gebildet werden. Mit Hilfe von Segmentierungsverfahren können die wichtigsten Kriterien und Stärken einzelner Geschäftsfelder herausgearbeitet werden. Analog lassen sich auch unterschiedliche Standortstrategien entwickeln, d.h.:

- für jedes Segment können bestimmte Normstrategien unterlegt werden, nach denen unterschiedliche Aktivitäten entwickelt werden
- in Verbindung mit derart aufgebauten Segmenten lassen sich direkte Planungsvorgaben ableiten sowie Hinweise für differenzierte Maßnahmen gewinnen

In der nachfolgenden Grafik werden im Hinblick auf eine später daraus zu entwickelnde und aufzubauende Standortbilanz nunmehr fünf Cluster aufgezeigt, in die einzelnen Standortfaktoren hinein zugeordnet werden können, nämlich:

- Cluster 1: Standort-Prozessfaktoren
- Cluster 2: Standort-Erfolgsfaktoren
- Cluster 3: Standort-Humanfaktoren
- Cluster 4: Standort-Strukturfaktoren
- Cluster 5: Standort-Beziehungsfaktoren

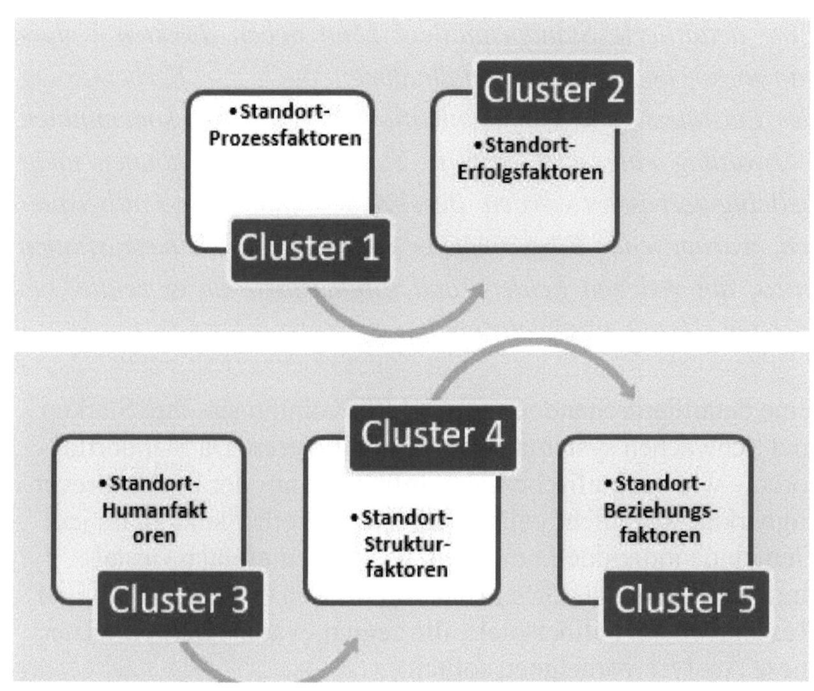

Salve,
Nichts ist mehr so wie es war

wenn wir einmal die allgegenwärtige KI fragen würden……

Eine detaillierte Standortanalyse kann neben direkten Unterstützungs- und Marketingmaßnahmen auch zur Verbesserung der Leistungs- und Kommunikationsfähigkeit der kommunalen Verwaltung eingesetzt werden. Standortfaktoren können nicht beliebig verbessert werden. Beschreibe anhand von Fallbeispielen, warum jeder Bürgermeister deshalb für sich herausfinden muss, auf welchen Feldern und Einflussfaktoren er relativ am meisten Gestaltungsspielraum hat.

Eine detaillierte Standortanalyse hilft Kommunen, ihre Stärken und Schwächen systematisch zu identifizieren. Da Standortfaktoren – wie geografische Lage, Infrastruktur oder Fachkräfteverfügbarkeit – oft nicht vollständig kontrollierbar sind, muss jede Gemeinde individuell bewerten, wo sie den größten Gestaltungsspielraum hat. Dies hängt von lokalen Gegebenheiten und Ressourcen ab. Fallbeispiele, die zeigen, warum Bürgermeister diese Analyse vornehmen sollten:

Beispiel: Ländliche Gemeinde – Fokus auf Lebensqualität

Eine kleine Gemeinde im ländlichen Raum hat begrenzte industrielle Ansiedlungsmöglichkeiten, da sie weit von großen Verkehrsachsen entfernt ist. Die Standortanalyse zeigt jedoch, dass die Region landschaftlich attraktiv ist und bereits über eine gute Grundversorgung (Schulen, medizinische Versorgung) verfügt. **Gestaltungsspielraum:** Der Bürgermeister entscheidet, den Schwerpunkt auf „Lebensqualität“ zu legen. Mit gezielten Maßnahmen wie dem Ausbau von Freizeitmöglichkeiten, der Förderung regenerativer Energieprojekte und der Unterstützung für Homeoffice-Arbeitsplätze wird die Attraktivität für Familien und Pendler erhöht.

Beispiel: Industriestadt – Fokus auf Fachkräfte

Eine Stadt mit starker Industrie hat Schwierigkeiten, ausreichend Fachkräfte zu gewinnen. Die Standortanalyse identifiziert Probleme in der Verfügbarkeit von bezahlbarem Wohnraum und einer attraktiven Innenstadtgestaltung.
Gestaltungsspielraum: Der Bürgermeister konzentriert sich auf die Entwicklung von Wohnbauprojekten und die Belebung der Innenstadt durch Kultur- und Freizeitangebote. Diese Maßnahmen schaffen ein attraktiveres Umfeld für Fachkräfte und wirken direkt auf die Wettbewerbsfähigkeit der ansässigen Unternehmen.

Beispiel: Tourismusregion – Fokus auf Infrastruktur

Eine touristisch geprägte Stadt hat Potenzial, mehr Besucher zu gewinnen. Die Standortanalyse zeigt, dass der öffentliche Nahverkehr in der Region unzureichend ausgebaut ist und viele Besucher von überfüllten Parkplätzen abgeschreckt werden.
Gestaltungsspielraum: Der Bürgermeister fördert den Ausbau eines effizienten Shuttle-Systems und modernisiert die Infrastruktur, wie z. B. Wanderwege und digitale Informationsangebote. Diese Maßnahmen steigern die Aufenthaltsqualität und erhöhen die touristischen Einnahmen.

Fazit

Ein Bürgermeister kann nicht alle Standortfaktoren optimieren. Eine gezielte Analyse hilft jedoch, den Fokus auf diejenigen Felder zu legen, die mit den verfügbaren Mitteln am effektivsten beeinflusst werden können. Wichtig ist eine klare Priorisierung und eine langfristige Strategie, um nachhaltige Verbesserungen zu erreichen.

KI Ende

Ohne ein Roboter zu sein, könnte man als Mensch vielleicht meinen:

Fiktive Dialoge - ein paar Stunden Intensivcoaching

Denkanstöße

Wissensmanagement

Storytelling

Content

Inspiration

Diskurs

DecisionSupport

Gehirntraining - wenn es gut werden soll

Verstehen lernen

Vernetzt denken

Potenziale ausschöpfen

Komplexität reduzieren
Gestaltbar machen
Wissen transferieren
Proaktiv agieren

Executive Coaching
Denkstudio für strategisches Wissensmanagement
SMART - Ziele sollten SMART (spezifisch, messbar, erreichbar, relevant und zeitgebunden) sein.

Der Schlüsselfaktor für die Zukunft ist ein proaktives Change Management, d.h. die Bereitschaft zur Veränderung von Spielregeln. Dazu kommt die Qualität der Umsetzung durch eine gezielte Förderung von Menschen bzw. deren Fähigkeiten und abgeleitet daraus in Strukturen, Systeme und Prozesse. Es genügt nicht, nur besser zu sein: ohne herausragende Antizipations- und Reaktionsfähigkeit ist vieles fraglich. Vielmehr müssen die Grundrichtungen und Konzepte mit dem festen Willen zur positiven Veränderung (nicht nur zur Verbesserung!) gezielt verfolgt und mit gestalterischem Denken genutzt werden.

Auswertungsgrundlage Standortfaktoren-Tableau

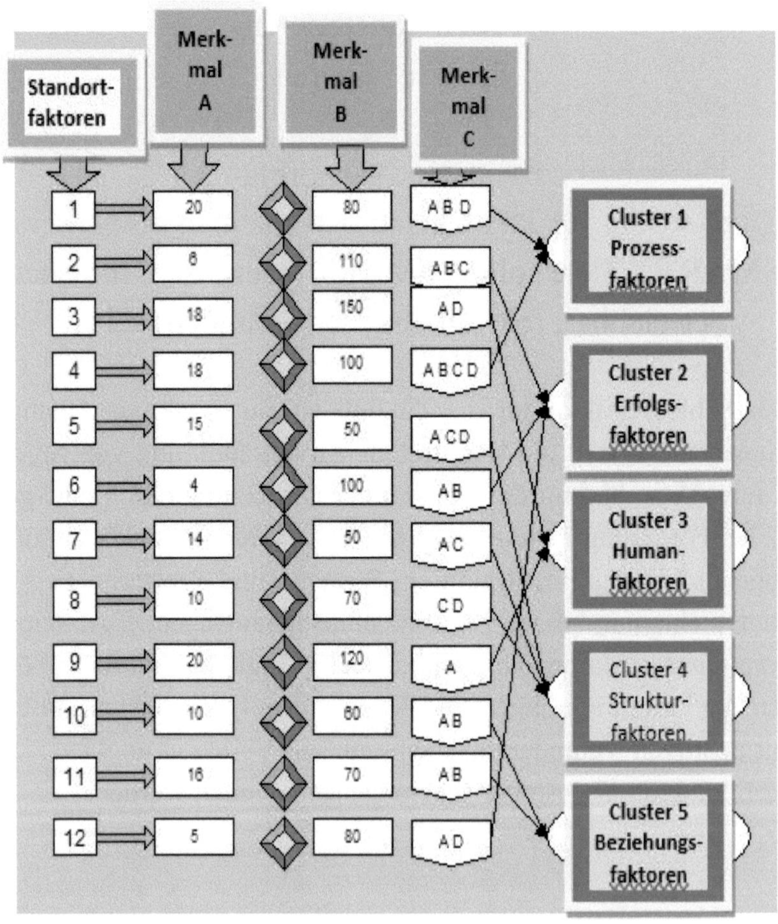

Die Produktzyklen haben sich verkürzt, die Wertschöpfungsketten werden immer vernetzter, Ziele sind u.a.:

Verankerung der schnellen Leistungsbereitschaft

Suche nach zeitorientierten Wettbewerbsfaktoren für die Planungsunterstützung
organisatorische Planung hin zu beweglichen und am Markt direkt messbaren Leistungseinheiten
Vereinfachung der Planungs- und Konsensprozesse auf der Entscheidungsebene
Verkürzung der Zyklen für Produkt- und Verfahrensinnovationen
Flexibilisierung der Produktion
Konzentration auf Leistungsschwerpunkte
Bürokratieabbau des Gründungsprozesses

In Deutschland existiert eine Vielzahl von administrativen Informations-, Melde- und Genehmigungsverfahren, welche die Gründer, teils abhängig von der Art ihres Gründungsvorhabens durchlaufen müssen. Bei dem gegenwärtig von einem Existenzgründer zu bewältigenden Formularkrieg hat dieser für die Behörden sage und schreibe um die 1.400 Datenfelder beizubringen. Mittlerweile ist dieser volkswirtschaftlich unsinnige Aufwand an vielen Stellen erkannt worden. Und was darüber hinaus noch positiver anzumerken ist: es werden konkrete Maßnahmen zum Abbau dieser Bürokratiebremsen vorgesehen.

Im Auftrag des Bundesministeriums für Wirtschaft und Technologie BMWI wurde seitens der Firma Evers-Jung ein „Leitmodell zur Optimierung der formalen Existenzgründungsverfahren in Deutschland“ erarbeitet. Die Ergebnisse gehen Hand in Hand mit Zielen der kommunalen Wirtschaftsförderung. Die nachfolgenden Ausführungen beziehen sich daher zu großen Teilen auf die Ergebnisse dieser Studie (Vgl. BMWi-Veröffentlichung). Im Rahmen der Studie wurde ein optimierter Datensatz entwickelt, mit dem alle notwendigen Datenfelder einer Unternehmensgründung erfasst werden können.

Die allgemeine Entwicklung ist gekennzeichnet durch weltweite Vernetzung durch Massenmedien, Image und Kommunikation als Erfolgsfaktoren, zunehmende Veränderungsgeschwindigkeit, Potentialausschöpfung über schnelle Kommunikation, Schlüsselrolle der Medien für Unternehmensperspektiven. Die Entwicklung neuer Informationstechniken hat unsere Welt schneller gemacht, was zeitnahe Anpassungen erfordert.

Aus dieser Entwicklung folgt:
Zukunftsorientierung: der rein vergangenheitsorientierte Umgang mit Steuerungsinformationen bietet keine ausreichende Basis für die Zukunftssicherung
Komplexitätsreduktion: erfordert aktive Unterstützung durch Analyseprozesse
Szenarien: die Fähigkeit, alternative Szenarien interaktiv zu modellieren, ermöglicht die Simulation von optionalen Zukunftsstrategien
Soft Facts: Neben Kennzahlen ist auch die Integration von „weichen" Informationen notwendig
Volatilität des Umfeldes als Herausforderung:

Nicht nur in vergangenheitsbezogenen Daten denken, sondern Szenario- und Sensitivitätsanalysen nutzen.

Salve,
Nichts ist mehr so wie es war

wenn wir einmal die allgegenwärtige KI fragen würden……

Ein Bürgermeister betrachtet die ansässige Kreativwirtschaft aus verschiedenen Perspektiven, da diese Branche viele Vorteile für die Stadt oder Gemeinde bietet. Zum Beispiel Blickwinkel, die ein Bürgermeister einnimmt:

Wirtschaftliche Perspektive

- **Arbeitsplätze und Wertschöpfung**: Die Kreativwirtschaft schafft Arbeitsplätze und trägt zur lokalen Wirtschaft bei, sowohl direkt als auch durch Spillover-Effekte in anderen Branchen (z. B. Gastronomie, Tourismus).
- **Unternehmensgründungen**: Viele kreative Branchen fördern Existenzgründungen, was die wirtschaftliche Dynamik der Region stärkt.
- **Steuereinnahmen**: Die wirtschaftliche Aktivität der Kreativwirtschaft generiert Einnahmen für die Kommune, die in öffentliche Projekte reinvestiert werden können.

Innovationsperspektive

- **Impulsgeber für andere Branchen**: Kreative Unternehmen inspirieren traditionelle Industrien und fördern Innovationen, z. B. durch neue Designansätze oder digitale Anwendungen.
- **Zukunftsfähigkeit der Stadt**: Die Kreativwirtschaft hilft dabei, den Standort modern und wettbewerbsfähig zu halten, insbesondere im Hinblick auf technologische und gesellschaftliche Trends.

Stadtentwicklungs- und Standortperspektive

- **Attraktivität der Stadt**: Kreative Unternehmen und Projekte machen die Stadt lebendig und ziehen neue Bewohner, Talente und Touristen an.
- **Revitalisierung von Quartieren**: Kreativquartiere oder kulturelle Veranstaltungen können Stadtteile aufwerten, Leerstände füllen und den sozialen Zusammenhalt stärken.
- **Imageaufwertung**: Eine florierende Kreativwirtschaft stärkt das Ansehen der Stadt als innovativer, moderner und kulturell reicher Standort.

Soziale Perspektive

- **Integration und Vielfalt**: Kreative Projekte fördern gesellschaftliche Integration und bieten Plattformen für den Austausch unterschiedlicher Bevölkerungsgruppen.

- **Lebensqualität**: Ein reiches kulturelles Angebot erhöht die Lebensqualität für Einwohner und macht die Stadt attraktiver.

Netzwerk- und Kooperationsperspektive

- **Partnerschaften mit Unternehmen und Institutionen**: Die Kreativwirtschaft bietet Möglichkeiten für Kooperationen zwischen Kommune, Hochschulen und Unternehmen, etwa durch gemeinsame Kultur- oder Innovationsprojekte.
- **Förderprogramme**: Ein Bürgermeister kann durch gezielte Förderungen (z. B. Bereitstellung von Räumen oder finanzielle Anreize) die Kreativwirtschaft stärken und deren Entwicklung lenken.

Langfristige Perspektive

- **Jugendförderung**: Die Kreativwirtschaft bietet jungen Menschen Perspektiven vor Ort, was Abwanderung verhindern kann.
- **Nachhaltigkeit**: Kreative Branchen entwickeln oft nachhaltige Konzepte, die auch der Stadtentwicklung zugutekommen, etwa durch umweltfreundliches Design oder soziale Innovationen.

Ein Bürgermeister sieht in der Kreativwirtschaft nicht nur einen Wirtschaftsfaktor, sondern eine Chance, die Stadt wirtschaftlich, kulturell und sozial zu bereichern. Sie wird oft als Schlüssel zur

Entwicklung einer zukunftsfähigen und lebenswerten Stadt wahrgenommen.

Die Kreativwirtschaft zählt zu den wichtigen Standortfaktoren. Sie trägt zur Entstehung zukunftsfähiger Arbeitsplätze bei, verbessert die Attraktivität von Städten und Regionen als Wirtschaftsstandorte und stärkt regionale Innovationssysteme. Die Kultur- und Kreativwirtschaft fördert vor Ort direkt die Ansiedlung von Unternehmen aller Branchen und steigert deren Anziehungskraft für gut ausgebildete Fachkräfte[2].
Die Kultur als Wirtschaftszweig hat ebenfalls einen hohen Stellenwert. Sie wird als Querschnittsbranche betrachtet, die traditionelle Bereiche mit modernen Formen verbindet. Unternehmen machen ihre Wahl für oder gegen eine Region oft vom dortigen kulturellen Umfeld abhängig, was den Stellenwert der Branche und der darin tätigen Erwerbspersonen verdeutlicht[3].

Die Kreativwirtschaft umfasst eine Vielzahl von Branchen und Aktivitäten, die sich mit der Schaffung, Produktion und Verbreitung von kreativen und kulturellen Gütern und Dienstleistungen beschäftigen. Dazu gehören Bereiche wie Architektur, Buch- und Verlagswesen, Design, Werbung, Film und Fotografie, Musikwirtschaft, Radio und TV, Software und Games sowie der Markt für darstellende Kunst[1].

In Deutschland beschäftigt die Kultur- und Kreativwirtschaft insgesamt rund 1,2 Millionen Erwerbstätige[2]. Sie ist ein bedeutender Wirtschaftszweig, der nicht nur zur Schaffung von Arbeitsplätzen beiträgt, sondern auch Innovationen fördert und die Attraktivität von Städten und Regionen steigert.

Ein interessanter Aspekt der Kreativwirtschaft ist, dass sie oft als Wiege neuer, innovativer Arbeits- und Kooperationsformen wie Design Thinking, Coworking, Crowdfunding und Crowdsourcing gilt[3]. Diese Methoden finden mittlerweile auch in anderen Branchen Anwendung und tragen zur Weiterentwicklung der Wirtschaft bei.

Salve,
Nichts ist mehr so wie es war

wenn wir einmal die allgegenwärtige KI fragen würden……

Das Medium Standortbilanz steigert die Servicequalität der Kommune und stellt für den Bürgermeister einen weiteren Kommunikationskanal dar, um die Ressourcen und qualitativen Vorteile des Standortes nach außen zu tragen.

Das Konzept der Standortbilanz ist ein wertvolles Instrument, um die Servicequalität einer Kommune zu steigern und deren Attraktivität zu kommunizieren. Dabei verbindet es auf einzigartige Weise die **Selbst- und Fremdeinschätzung** eines Standortes, was in zweierlei Hinsicht Mehrwert schafft:

Selbstwahrnehmung analysieren

Die Standortbilanz ermöglicht es, die Stärken und Schwächen der eigenen Kommune systematisch zu erfassen und zu bewerten. Dabei werden interne Perspektiven, wie die der Verwaltungsmitarbeiter, des Bürgermeisters und lokaler Stakeholder, berücksichtigt. Ziel ist es, ein realistisches Bild der vorhandenen Ressourcen, Dienstleistungen und Qualitäten zu erstellen. Dieser Prozess der Selbstreflexion hilft dabei, ein kohärentes Selbstbild zu entwickeln und auf Schwachstellen gezielt zu reagieren, um die Servicequalität nachhaltig zu verbessern.

Wahrnehmung durch Investoren hinterfragen

Gleichzeitig analysiert die Standortbilanz die Fremdwahrnehmung der Kommune, insbesondere aus der Sicht potenzieller Investoren, Unternehmer und externer Partner. Hierbei werden die kommunizierten Standortvorteile daraufhin überprüft, ob sie mit den Erwartungen und Bedürfnissen der Zielgruppen übereinstimmen. Dies kann durch Befragungen, Feedback-Analysen oder Benchmarking erfolgen. Der Vergleich der externen Wahrnehmung mit der internen Einschätzung offenbart potenzielle Diskrepanzen und zeigt Ansatzpunkte für gezielte Kommunikations- und Entwicklungsmaßnahmen.

Der doppelte Mehrwert

Intern: Die Selbstanalyse fördert ein besseres Verständnis der eigenen Stärken und Schwächen und leitet Maßnahmen zur Verbesserung der Servicequalität ein.

Extern: Die Fremdeinschätzung liefert wichtige Impulse, um die Attraktivität des Standorts für externe Zielgruppen gezielt zu steigern und eine authentische, überzeugende Standortkommunikation zu etablieren.

Indem eine Standortbilanz die interne Selbstwahrnehmung mit der externen Fremdwahrnehmung kombiniert, bietet sie eine solide Grundlage für strategische Entscheidungen. Sie ermöglicht es dem Bürgermeister, den Standort nicht nur optimal nach außen zu präsentieren, sondern auch langfristig dessen Wettbewerbsfähigkeit und Servicequalität zu sichern.

KI Ende

Ohne ein Roboter zu sein, könnte man als Mensch vielleicht meinen:

Fiktive Dialoge - ein paar Stunden Intensivcoaching

Denkanstöße

Wissensmanagement

Storytelling

Content

Inspiration

Diskurs

DecisionSupport

Gehirntraining - wenn es gut werden soll

Verstehen lernen
Vernetzt denken
Potenziale ausschöpfen
Komplexität reduzieren
Gestaltbar machen
Wissen transferieren
Proaktiv agieren

Executive Coaching
Denkstudio für strategisches Wissensmanagement
SMART - Ziele sollten SMART (spezifisch, messbar, erreichbar, relevant und zeitgebunden) sein.

Nicht das Erkennen von Veränderungen, sondern die hierauf zu treffenden Entscheidungen und vor allem deren zu langsames Umsetzen können zum Problem werden. Das Hüten einer immer weiter verfeinerten Controlling-Toolbox hilft nicht, wenn nicht gleichzeitig Status quo, Geschäftsmodell und Instrumente ständig hinterfragt und überdacht werden.

Zentrales Ansinnen ist beispielsweise auch eine Reduzierung des administrativen Aufwands im Rahmen von Existenzgründungen. Dass an dieser Stelle noch erhebliche Produktivitätsreserven auszuschöpfen sind, zeigt sich allein durch die Tatsache, dass die Anzahl der von einem Existenzgründer für die Behörden zu bearbeitenden Datenfelder von etwa 1.400 um gut 90 % auf etwas über 100 abbaufähig wäre, wobei die Datenanforderungen stark vom jeweiligen Gründungsvorhaben abhängen.

Auch wenn die kommunale Wirtschaftsförderung den Umfang dieser Datenanforderungen nicht selbst bestimmen kann, wäre dieses Leitmodell für sie eine wichtige Lektüre, um für detailliert analysierte Prozessabläufe überlegen zu können, an welchen Stellen auch auf lokaler Ebene Hilfestellungen angeboten werden könnten.

Verlust an Kontrolle über geistige Modelle und Erwartungen

Bei werbefinanzierten Geschäftsmodellen im Internet geht es um verdeckte Erhebung von Daten, die als Währung genutzt werden (Shoshana Zuboff, Prof. Harvard Business School). Die Instrumente des Data Mining haben sich geradezu explosionsartig vermehrt: massenhaft anfallende Daten werden mit Geschwindigkeiten durchsucht und analysiert, an die vor nicht allzu langer Zeit fast niemand zu denken wagte.

Nutzer haben die Kontrolle darüber verloren, selbst zu entscheiden, was sie geheim halten wollen: dafür haben sich andere solche Rechte der Privatsphäre angeeignet, ohne zu fragen oder gar zu zahlen. Neue Geschäftsmodelle umfassen nicht nur digitale, sondern auch reale Menschen, verändern Lebensweisen und entziehen sich gewohnten geistigen Modellen und rationalen Erwartungen.

Vom Data Mining vollzieht sich in Form von Reality Mining ein lautloser Übergang zur Analyse ganzer Lebensmuster realer Menschen. Die solche neuen Realitäten schaffen, Macht ausüben und damit ihr Geld verdienen, können sie selbst in kleinsten Stücken vermarkten und die eigentlichen Eigentümer der Datenrechte nicht nur enteignen, sondern sie auch kontrollieren oder gar manipulieren.

Salve,
Nichts ist mehr so wie es war

wenn wir einmal die allgegenwärtige KI fragen würden……

Ein Bürgermeister steht vor der Herausforderung, komplexe und unübersichtliche Zusammenhänge des Standortes so aufzubereiten, dass sie für den Entscheidungsprozess auf lokaler Ebene genutzt werden können. Diese Aufgabe ist entscheidend, da Entscheidungen in einer Kommune nicht nur auf rationalen Fakten beruhen, sondern auch stark durch soziale und kommunikative Prozesse geprägt sind. Viele Aspekte laufen auf einer sozialen und emotionalen Ebene ab. Zum Beispiel:

Förderung von Verständlichkeit und Akzeptanz

- **Komplexitätsreduktion**: Viele Zusammenhänge, wie wirtschaftliche Daten, infrastrukturelle Planungen oder soziale Herausforderungen, sind schwer zu durchdringen. Der Bürgermeister muss diese so verständlich aufbereiten, dass sie für unterschiedliche Zielgruppen – von Ratsmitgliedern über Bürger bis hin zu Investoren – nachvollziehbar werden.
- **Vorteil**: Verständlichkeit schafft Akzeptanz und Vertrauen, was besonders bei kontroversen Themen entscheidend ist.

Unterstützung sozialer und emotionaler Entscheidungsprozesse

- **Emotionale Resonanz**: Entscheidungen vor Ort sind häufig durch soziale Dynamiken und emotionale Bewertungen geprägt. Ein Bürgermeister muss daher nicht nur die sachlichen Fakten liefern, sondern auch die emotionalen und sozialen Implikationen aufzeigen.
- **Beispiel**: Ein Infrastrukturprojekt mag rational sinnvoll erscheinen, könnte jedoch soziale Widerstände hervorrufen, wenn es bestimmte Bevölkerungsgruppen belastet.

Integration unterschiedlicher Perspektiven

- **Partizipation fördern**: Entscheidungen in einer Kommune erfordern die Einbindung verschiedener Stakeholder, wie Bürger, Wirtschaft und politische Vertreter. Der Bürgermeister muss daher Informationen so aufbereiten, dass sie verschiedene Perspektiven berücksichtigen und

Brücken zwischen unterschiedlichen Interessen schlagen.

- **Vorteil**: Die Förderung von Dialog und Konsensbildung erhöht die Qualität und Nachhaltigkeit von Entscheidungen.

Unterstützung strategischer Planung

- **Langfristige Perspektive**: Komplexe Zusammenhänge müssen nicht nur für kurzfristige Entscheidungen aufbereitet werden, sondern auch in die langfristige Entwicklung der Kommune eingebettet sein.
- **Vorteil**: Strategische Klarheit hilft dabei, Ressourcen effizient einzusetzen und den Standort nachhaltig zu stärken.

Vermittlung durch effektive Kommunikation

- **Rolle als Moderator**: Ein Bürgermeister ist nicht nur ein Entscheidungsträger, sondern auch ein Moderator und Vermittler. Die Fähigkeit, Informationen anschaulich und zielgruppengerecht zu präsentieren, ist entscheidend, um Konflikte zu lösen und Konsens zu erreichen.
- **Emotionale Intelligenz**: Die Einbettung von Zahlen und Fakten in eine narrative Struktur hilft, die emotionale Ebene anzusprechen und die Relevanz der Themen zu unterstreichen.

Aufbau von Vertrauen in der Kommune

- **Transparenz und Glaubwürdigkeit**: Eine verständliche und ausgewogene Aufbereitung komplexer Themen schafft Vertrauen in die Entscheidungsprozesse und stärkt die Legitimität der Entscheidungen.
- **Vorteil**: Dies erhöht die Bereitschaft der Bürger und anderer Akteure, Entscheidungen mitzutragen und aktiv an ihrer Umsetzung mitzuwirken.

Die Aufgabe, komplexe Zusammenhänge so aufzubereiten, dass sie in einem sozial und emotional geprägten Umfeld genutzt werden können, ist zentral für die Rolle des Bürgermeisters. Sie erfordert eine Kombination aus analytischen Fähigkeiten, strategischem Denken und emotionaler Intelligenz. Nur durch eine transparente, verständliche und empathische Kommunikation können Entscheidungen getroffen werden, die nachhaltig und breit akzeptiert sind.

KI Ende

Ohne ein Roboter zu sein, könnte man als Mensch vielleicht meinen:

Storytelling
Content
Inspiration
Diskurs
DecisionSupport

Gehirntraining - wenn es gut werden soll

Verstehen lernen
Vernetzt denken
Potenziale ausschöpfen
Komplexität reduzieren
Gestaltbar machen
Wissen transferieren
Proaktiv agieren

Executive Coaching
Denkstudio für strategisches Wissensmanagement
SMART - Ziele sollten SMART (spezifisch, messbar, erreichbar, relevant und zeitgebunden) sein.

Detaillierte Untersuchungen haben ans Licht befördert, dass sich die Belastung mit Gründungskosten aufgrund von Wege- und Wartezeiten nochmals nahezu verdoppelt. Das müsste nun wirklich nicht sein. Bei GmbH-Gründungen wurde eine für die Ableistung der formalen Verfahren durchschnittlich benötigte Zeitdauer von ein bis zwei Wochen ermittelt, die durchschnittliche

Kostenbelastung wurde zwischen 700 und 900 Euro (ohne Zeitkosten) festgestellt.

Zu diesen Zahlen ist anzumerken, dass sie auf Modellannahmen beruhen, die von optimal informierten Gründern und der vollständigen Verfügbarkeit aller im Prozess notwendigen Unterlagen vor dem Start des administrativen Gründungsprozesses ausgehen. Da diese Annahmen kaum ein Abbild der täglichen Praxis sein dürften ist davon auszugehen, dass die durchschnittliche Abwicklung von formalen Verfahren einer Existenzgründung eher bei zwei bis drei Wochen liegt. Für die Gründer lassen sich daraus Entlastungspotentiale von bis zu 70 % ableiten.

Beispielsweise haben sich die Verfahren der Registereintragung bei allen registerpflichtigen Gründungsvorhaben als zeitaufwendigster Prozessschritt herausgestellt. Die Prozesskette bei der Weiterleitung von Daten aus der Gewerbeanzeige hat sich als fehleranfällig erwiesen. Daher können weitere Rationalisierungspotentiale bei einer medienbruchfreien Datenweitergabe von den kommunalen Gewerbeämtern an zeitlich nachgelagerte Stellen wie Finanzamt, Berufsgenossenschaften u.a. vermutet werden. In dem angesprochenen Leitmodell wurden als grundsätzliche Typen von administrativen Verfahren identifiziert.
Oberstes Ziel ist und bleibt es, die gesetzlich notwendigen Kontakte des Gründers mit der Verwaltung zu reduzieren. Die Akteure auf kommunaler und regionaler Ebene, d.h. insbesondere auch die Wirtschaftsförderung können dazu beitragen, dass einzelne Verwaltungsschritte zusammengefasst werden und eine

möglichst medienbruchfreie Einlieferung von verwaltungsseitig verlangten Daten ermöglicht wird. Im Rahmen administrativer Melde- und Genehmigungsverfahren sind folgende Gesetze zu beachten:

- Gewerbeordnung (GewO) für die Gewerbeanmeldung
- Abgabenordnung (AO) für die steuerliche Erfassung
- Sozialgesetzbuch (SGB) für alle Meldeverfahren der Sozialversicherungsträger
- Handwerksordnung (HWO) für die Eintragung in die Handwerksrolle

In diesen Bundesgesetzen wird u.a. festgelegt, in welchem Umfang der Gründer Daten beizubringen hat, welche Zeiträume hierfür gel-ten und welche Formerfordernisse dabei einzuhalten sind.

Durch Verzahnung verschiedener Eingabeverfahren und –stellen können Wege und Wartezeiten auf Formulare bzw. Antworten der Institutionen eingespart werden. Neben Zeit- und Kostenerleichterungen für den Gründer könnte dabei auch für die Verwaltung selbst eine verbesserte Datenqualität erreicht werden.

Die Verzahnung verschiedener Eingabeverfahren und -stellen ist ein zentraler Ansatz, um Verwaltungsprozesse effizienter zu gestalten. **Lösungsmöglichkeiten**, die sowohl den Gründern als auch der Verwaltung zugutekommen:

Einführung eines zentralen Online-Portals

Beschreibung: Ein einheitliches digitales Portal ermöglicht es Gründern, alle notwendigen Formulare, Anträge und Informationen an einem Ort zu finden und einzureichen.
Vorteile: Reduzierung von physischen Behördengängen, direkte Weiterleitung der Daten an zuständige Stellen, automatisierte Statusupdates.
Technologie: Single Sign-On (SSO), digitale Signaturen, Cloud-basierte Datenbankintegration.

Nutzung eines einheitlichen Datensatzes (Once-Only-Prinzip)

Beschreibung: Daten, die einmal erhoben wurden, können zwischen verschiedenen Behörden geteilt und wiederverwendet werden.
Vorteile: Kein mehrfaches Ausfüllen von Formularen, Vermeidung von Redundanzen und Erhöhung der Datenkonsistenz.
Technologie: Sichere Schnittstellen (APIs), dezentrale Datenspeicherung mit Datenschutzvorgaben (z. B. DSGVO-konform).

Integration intelligenter Assistenten und Chatbots

Beschreibung: KI-gestützte Assistenten können Gründern bei der Auswahl und beim Ausfüllen von Formularen helfen sowie häufig gestellte Fragen beantworten.
Vorteile: Zeitersparnis für Gründer und Entlastung der Verwaltung durch weniger direkte Anfragen.
Technologie: Natürliche Sprachverarbeitung (NLP), Machine Learning für personalisierte Empfehlungen.

Automatisierte Prüfung und Weiterleitung von Eingaben
Beschreibung: Formulare können direkt bei der Eingabe auf Vollständigkeit und Plausibilität geprüft und anschließend automatisch an die zuständige Stelle weitergeleitet werden.
Vorteile: Vermeidung von Rückfragen, schneller Bearbeitungsprozess.
Technologie: Validierungssoftware, Workflow-Automatisierung.

Bereitstellung mobiler Anwendungen
Beschreibung: Apps bieten eine bequeme Möglichkeit, Anträge und Dokumente auch unterwegs einzureichen.
Vorteile: Erhöhte Zugänglichkeit, besonders für vielbeschäftigte Gründer.
Technologie: Cross-Plattform-Entwicklung (z. B. Progressive Web Apps).

Digitale Identitätslösungen und elektronische Unterschriften
Beschreibung: E-IDs und eSignaturen ermöglichen eine sichere Authentifizierung und rechtlich bindende Unterschriften in digitalen Prozessen.
Vorteile: Effizienzsteigerung und Entfall von Papierprozessen.
Technologie: Blockchain-basierte Identitätslösungen, zertifizierte Signatursoftware.

Zusammenarbeit mit Wirtschaft und Verbänden
Beschreibung: Die Kooperation mit Kammern, Gründerzentren und anderen Institutionen kann Informationen bündeln und Prozesse optimieren.

Vorteile: Bessere Unterstützung für Gründer durch abgestimmte Maßnahmen.
Technologie: Gemeinsame Datenplattformen und Netzwerke.

Bürgerzentren als hybride Anlaufstellen
Beschreibung: Physische Bürgerzentren könnten als Schnittstellen für digitale Prozesse dienen, etwa durch Unterstützung bei digitalen Anträgen oder Scandiensten.
Vorteile: Inklusion von Menschen mit begrenztem Zugang zu digitalen Ressourcen.

Diese Lösungen tragen nicht nur zur Reduktion von Wartezeiten und Kosten bei, sondern verbessern auch die Datenqualität und Transparenz in Verwaltungsprozessen, was langfristig das Vertrauen in die Institutionen stärkt.

Salve,
Nichts ist mehr so wie es war

wenn wir einmal die allgegenwärtige KI fragen würden……

Der Schlüsselfaktor für die Zukunft ist ein proaktives Changemanagement, d.h. die Bereitschaft zur Veränderung von Spielregeln.

Proaktives Changemanagement bedeutet für einen Bürgermeister in seiner Rolle als Leader der Kommune und Wirtschaftsförderer, aktiv und vorausschauend auf Veränderungen zu reagieren und diese bewusst zu gestalten. Dabei geht es nicht nur um Anpassung an äußere Rahmenbedingungen, sondern darum, neue Spielregeln zu definieren und umzusetzen, die den Standort zukunftsfähig machen. Im Detail bedeutet dies:

Visionär handeln:

Der Bürgermeister muss eine klare Vision für die Entwicklung der Kommune entwickeln und kommunizieren. Diese Vision sollte gesellschaftliche Trends wie Digitalisierung, Nachhaltigkeit und demografischen Wandel berücksichtigen.

Er muss in der Lage sein, diese Vision überzeugend zu vermitteln, um Akzeptanz und Unterstützung bei Bürgern, Unternehmen und politischen Akteuren zu schaffen.

Netzwerke und Kooperationen fördern:

Ein Bürgermeister sollte strategische Allianzen mit lokalen Unternehmen, Start-ups, Bildungseinrichtungen und anderen Kommunen aufbauen, um Synergien zu schaffen.

Interkommunale Zusammenarbeit und internationale Partnerschaften können dazu beitragen, innovative Ansätze und Ressourcen zu mobilisieren.

Agilität in Verwaltungsprozessen:

Die kommunale Verwaltung muss flexibler, digitaler und effizienter werden. Der Bürgermeister sollte den digitalen Wandel aktiv vorantreiben und sicherstellen, dass die Verwaltungsstrukturen anpassungsfähig sind.

Er sollte Prozesse hinterfragen und optimieren, um auf Veränderungen schneller reagieren zu können.

Bürgernähe und Partizipation:

Proaktives Changemanagement erfordert, die Bürger aktiv in Entscheidungsprozesse einzubeziehen, etwa durch Bürgerforen, digitale Plattformen oder Beteiligungsverfahren.

Ein Bürgermeister sollte als Vermittler auftreten, um Ängste vor Veränderungen zu adressieren und den Dialog zu fördern.

Innovation und Wirtschaft fördern:

Als Wirtschaftsförderer sollte der Bürgermeister Bedingungen schaffen, die Innovationen begünstigen, z. B. durch Investitionen in Infrastruktur, Forschung und Bildung.

Förderprogramme, Gründerzentren und Anreize für nachhaltige und zukunftsorientierte Unternehmen sind Schlüsselinstrumente.

Nachhaltigkeit als Leitprinzip:

Eine langfristige Perspektive ist entscheidend: Maßnahmen sollten nicht nur kurzfristig Erfolg bringen, sondern auch auf die Nachhaltigkeit von Ressourcen, Umwelt und gesellschaftlichem Zusammenhalt abzielen.

Führung durch Vorbild:

Der Bürgermeister muss selbst als proaktiver Leader auftreten, der Veränderungsbereitschaft vorlebt.

Offenheit für neue Ideen, Mut zu unpopulären Entscheidungen und ein konsequentes Handeln sind unerlässlich, um als glaubwürdiger Veränderer wahrgenommen zu werden.

Ein proaktiver Bürgermeister gestaltet die Zukunft seiner Kommune aktiv mit, statt auf äußere Umstände lediglich zu reagieren. Dabei verbindet er strategisches Denken mit der Fähigkeit, Veränderungen konstruktiv und nachhaltig umzusetzen.

KI Ende

Ohne ein Roboter zu sein, könnte man als Mensch vielleicht meinen:

Fiktive Dialoge - ein paar Stunden Intensivcoaching

Denkanstöße

Wissensmanagement

Storytelling

Content

Inspiration

Diskurs

DecisionSupport

Gehirntraining - wenn es gut werden soll

Verstehen lernen

Vernetzt denken

Potenziale ausschöpfen

Komplexität reduzieren

Gestaltbar machen

Wissen transferieren

Proaktiv agieren

Executive Coaching

Denkstudio für strategisches Wissensmanagement

SMART - Ziele sollten SMART (spezifisch, messbar, erreichbar, relevant und zeitgebunden) sein.

„Empfehlungssysteme gehen entweder vom Kunden oder von den Dingen aus, die verkauft werden sollen“, sagte Wirtschaftsförderin Steffi Köhler.

„Das heißt?“, fragte Fitness Trainerin Melanie Wierer.

„Okay, also wird beispielsweise Produkt A oft zusammen mit Produkt B aber nie zusammen mit C verkauft, wird dem nächsten Kunden, der Produkt A kauft automatisch auch Produkt B angeboten.“

„Echt?“

„Ja, wenn ich es doch sage. Solche relativ einfachen, aber nicht besonders zielgenauen produktbasierten Empfehlungssysteme brauchen keine Nutzerprofile und sind gleich beim ersten Besuch eines neuen Kunden anwendbar."

„Und wie?"

„Algorithmen berechnen Empfehlungen indem sie Kundengruppen mit ähnlichem Kaufverhalten bilden, um dem einen anzubieten was die anderen interessant fanden."

„Anhand welcher Daten denn?"

„Solche kollaborativen Systeme sind personalisiert, liefern also unter Umständen jedem Einzelnen eine andere Empfehlung, benötigen dazu aber auch Daten über die Kunden."

„Und konkret wie?"

„Hybride Systeme kombinieren produktbasierte und kollaborative Systeme und nehmen an Daten, was sie bekommen können. Da menschliche Verhaltensweisen kompliziert sind, gibt es immer ein Rauschen in den Daten"

„Kaum hat man meine Interessen geortet, haben sich diese vielleicht schon wieder geändert."

„Um den wirklichen Interessen auf die Spur zu kommen versuchen die Entwickler auch Umwege: explizit geäußerte Vorlieben fließen ebenso in die Empfehlung ein wie aus der Psychologie übernommene Persönlichkeitsmodelle oder statistische Auswertungen großer Datenmengen, die Korrelationen aufzeigen."

„Die man aber nicht verstehen muss, um sie nutzen zu können".

„Nicht unbedingt, es geht um so etwas wie kontinuierliche Spurenauslese und Indizienwissenschaft."

„Also?"

„Eine zentrale Größe bei Empfehlungen ist auch das Vertrauen: sei es unter Freunden, beim Gespräch mit einem Verkäufer oder in der Interaktion mit einer Maschine."
„Falls die immer klügeren Empfehlungssysteme uns davon überzeugen könnten, sie wüssten ohnehin immer besser, was gut für uns ist, könnten wir uns die Mühe, einen eigenen Geschmack und eigene Bedürfnisse zu entwickeln, eigentlich sparen."
„Stimmt, Querköpfe würden dann die Algorithmen nur irritieren."

Existenzgründung im Wirkungsfeld des Standortes

Bei aller euphorischen Aufbruchstimmung, dass in Zukunft für die Existenzgründer alles vielleicht etwas einfacher, schneller und auch kostengünstiger gehen könnte, bleibt es ein zentrales Anliegen dieses Buches, für das gesamte Geschehen nie den übergeordneten Zusammenhang, d.h. die dynamischen Wirkungsbeziehungen innerhalb der Standortfaktoren, aus den Augen zu verlieren. Damit soll der zu Beginn eröffnete Kreis des durchgängigen Systems einer Standortbilanz an dieser Stelle auch wieder geschlossen werden.

Für die Wirtschaftsförderung als Business Enabler bleiben Existenzgründungen ein Standortfaktor unter mehreren (Vgl. Demo-Beispiel). Es kommt darauf an zu erkennen, an welchen Stellen sich möglicherweise positive Hebeleffekte nutzen lassen und welche Position Existenzgründungen im Potentialbild des Gesamt-Standortes einnehmen. Denn Aktivitäten, die von der kommunalen Wirtschaftsförderung für Existenzgründer geleistet werden, stehen nicht isoliert für sich allein im Raum. Vielmehr können sich daraus nicht zu unterschätzende positive Nebenwirkungen auf andere Standortfaktoren ergeben. Die intensive Arbeit mit Existenzgründern macht die kommunale Verwaltung fit für Aufgaben, die für die weitere Entwicklung des Standortes entscheidend sind. Als naheliegend ist dabei besonders an die Akquisition von Investoren und Ansiedlungs-Interessenten zu denken. Was im Hinblick auf für sich gesehen zunächst klein erscheinenden Existenzgründer als weniger dringend erscheinen mag kann ein unverzichtbarer Warmlauf für das Anwerben von Gewerbesteuerzahlern sein, bei dem sich die Wirtschaftsförderung möglichst keine Blößen oder Nachlässigkeiten mehr leisten sollte.

Salve,
Nichts ist mehr so wie es war

wenn wir einmal die allgegenwärtige KI fragen würden……

Die Qualität der Umsetzung durch gezielte Förderung von Menschen und deren Fähigkeiten ist für das Umfeld eines Standortes von entscheidender Bedeutung. Zum Beispiel:

Wirtschaftliche Entwicklung: Durch die Förderung von Fähigkeiten und Talenten der Einwohner kann der Bürgermeister die wirtschaftliche Entwicklung des Standortes vorantreiben. Qualifizierte Arbeitskräfte ziehen Unternehmen an, was zu mehr Arbeitsplätzen und einem höheren Wohlstand führt.

Soziale Kohäsion: Wenn Menschen gefördert und ihre Fähigkeiten anerkannt werden, steigt das Gemeinschaftsgefühl. Dies führt zu einer stärkeren sozialen Kohäsion und einem harmonischeren Zusammenleben.

Innovationskraft: Ein Standort, der in die Fähigkeiten seiner Einwohner investiert, wird innovativer. Menschen mit den richtigen Fähigkeiten und der Unterstützung durch Strukturen, Systeme und Prozesse können neue Ideen entwickeln und umsetzen, was zu einem dynamischen und zukunftsorientierten Umfeld führt.

Lebensqualität: Die gezielte Förderung von Menschen trägt zur Verbesserung der Lebensqualität bei. Wenn Menschen ihre Fähigkeiten entfalten können, sind sie zufriedener und gesünder, was sich positiv auf das gesamte Umfeld auswirkt.

Nachhaltigkeit: Durch die Schaffung von Strukturen und Prozessen, die auf die langfristige Förderung von Fähigkeiten abzielen, wird die Nachhaltigkeit des Standortes gestärkt. Dies bedeutet, dass der Standort auch in Zukunft wettbewerbsfähig und attraktiv bleibt.

Insgesamt ist die gezielte Förderung von Menschen und deren Fähigkeiten durch den Bürgermeister und die daraus abgeleiteten Strukturen, Systeme und Prozesse von zentraler Bedeutung für die positive Entwicklung eines Standortes.

KI Ende

Ohne ein Roboter zu sein, könnte man als Mensch vielleicht meinen:

Fiktive Dialoge - ein paar Stunden Intensivcoaching

Denkanstöße

Wissensmanagement

Storytelling

Content

Inspiration

Diskurs

DecisionSupport

Gehirntraining - wenn es gut werden soll

Verstehen lernen

Vernetzt denken

Potenziale ausschöpfen

Komplexität reduzieren

Gestaltbar machen

Wissen transferieren

Proaktiv agieren

Executive Coaching
Denkstudio für strategisches Wissensmanagement

SMART - Ziele sollten SMART (spezifisch, messbar, erreichbar, relevant und zeitgebunden) sein.

Im komplexen Geflecht eines Standortes wirken von Standortfaktor zu Standortfaktor zahlreiche Informationsaustauschbeziehungen mit mehr oder weniger starken Signalweiterleitungen. Diese Wirkungsbeziehungen zwischen den Faktoren eines Standortes sind nicht fest verdrahtet, wie etwa die verlöteten Verbindungen in elektrischen Schaltkreisen. Vielmehr befindet sich ein Standort in ständiger Bewegung und Veränderung. Gleiches gilt für die vielfältigen Netzwerkbeziehungen eines Standortes mit der ihn umgebenden Umwelt.

Dabei soll jeder Standortfaktor jeweils mit allen anderen Faktoren nach aktivem Wirkungseinfluss, passivem Wirkungseinfluss sowie der Dauer, bis eine Änderung in der Faktorenbeziehung wirksam wird, verknüpft und analysiert werden. Es geht u.a. um folgende Fragen: mit welchen Standortfaktoren kommt es zu Wirkungsbeziehungen? wie stark sind jeweils solche Wirkungsbeziehungen? wie lange dauert es, bis die von einem Standortfaktor ausgehenden Wirkungen zu wirken beginnen?

zu Frage 1.: Werden zwischen Standortfaktoren Wirkungsbeziehungen festgestellt, so können diese graphisch mittels Pfeilen angezeigt werden. Dabei zeigt der eingezeichnete Pfeil von dem die Wirkung ausübenden Faktor mit seiner Spitze in Richtung auf denjenigen Faktor, auf den diese Beziehung einwirkt:

zu Frage 2.: wurden zwischen Faktoren Beziehungen festgestellt und mit Hilfe entsprechender Wirkungspfeile angezeigt, so stellt sich die Frage nach der Stärke der jeweiligen Wirkungsbeziehung:

-3 = eher stark negative Wirkung
-2 = negative Wirkung
-1 = eher schwach negative Wirkung
0 = keine Wirkung
+1= eher schwach positive Wirkung
+2= positive Wirkung
+3= eher stark positive Wirkung

In graphischen Wirkungsnetzen wird die Wirkungsstärke mit Hilfe der Pfeil-Dicke angezeigt: dünner Pfeil = schwache Wirkung (positiv oder negativ), dicker Pfeil = starke Wirkung (positiv oder negativ).

zu Frage 3.: es soll zusätzlich erfasst werden, wie lange es dauert, bis die von einem Faktor ausgehende Beziehung bei dem hiervon betroffenen Gegenpart bemerkbar wird und sich die entsprechende Wirkung (schwach, mittel oder stark) zeigt. Hierbei können wiederum verschiedene Stufen angenommen werden.

Salve,
Nichts ist mehr so wie es war

wenn wir einmal die allgegenwärtige KI fragen würden……

Erzähle eine Geschichte über einen Bürgermeister, dem es nicht genügt, nur besser zu sein: ohne herausragende Antizipations- und Reaktionsfähigkeit ist vieles fraglich. Erzähle warum die Grundrichtungen und Konzepte dieses Bürgermeisters mit dem festen Willen zur positiven Veränderung (nicht nur zur Verbesserung!) gezielt verfolgt und mit gestalterischem Denken genutzt werden.

Der Bürgermeister, der die Zukunft neu dachte

In der kleinen Stadt Neustetten herrschte eine ruhige, fast gelassene Atmosphäre. Jahrzehntelang war die Gemeinde ein Musterbeispiel solider Verwaltung. Die Straßen waren sauber, die Schulen gut ausgestattet, und die Wirtschaft wuchs langsam, aber stetig. Doch als Peter Krämer das Amt des Bürgermeisters übernahm, spürte er, dass diese Stabilität trügerisch war.

Die Herausforderung erkennen

Peter war ein Visionär. Ihm genügte es nicht, nur kleine Verbesserungen vorzunehmen. Er wusste, dass die Welt sich schneller veränderte, als Neustetten mit den bisherigen Mitteln Schritt halten konnte. Klimawandel, Digitalisierung, Fachkräftemangel

– diese Herausforderungen waren keine Bedrohungen in ferner Zukunft, sondern drängten sich bereits in den Alltag der Stadt.

„Besser zu sein als gestern reicht nicht aus“, sagte Peter bei seiner Antrittsrede. „Wir müssen unser Denken radikal erneuern, wenn wir nicht nur überleben, sondern florieren wollen.“

Die Grundrichtung setzen: Neustetten 2040

Peter entwickelte eine Vision, die er „Neustetten 2040“ nannte. Dieses Konzept basierte auf drei Grundpfeilern: Nachhaltigkeit, Innovationsförderung und soziale Teilhabe. Seine Ziele waren ambitioniert: Klimaneutralität in 15 Jahren, ein Innovationszentrum für regionale Unternehmen und eine digitale Plattform, die Bürgerbeteiligung neu definieren sollte.

Doch die Vision war nur der Anfang. „Visionen ohne Handlungen sind Träume“, sagte Peter oft. Er wusste, dass Veränderung nicht nur geplant, sondern aktiv gestaltet werden musste.

Der Wille zur positiven Veränderung

Peter stellte sich bewusst gegen den Status quo. Zum Beispiel entschied er, dass die Stadtverwaltung als Vorbild agieren sollte: Alle öffentlichen Gebäude wurden mit Solaranlagen ausgestattet, und die Verwaltung arbeitete papierlos. Diese Maßnahmen waren mehr als Symbolik – sie signalisierten den Bürgern, dass Wandel möglich war, wenn man den Mut hatte, ihn anzupacken.

Die schwierigste Entscheidung traf Peter, als er beschloss, eine alte Industriebrache in ein modernes Quartier mit bezahlbarem Wohnraum, Start-up-Büros und urbanem Grün umzugestalten.

Viele Bürger waren skeptisch und befürchteten, dass die Kosten den Haushalt der Stadt belasten würden. Doch Peter blieb standhaft. „Wenn wir immer nur reparieren, was kaputt ist, werden wir nie etwas Neues schaffen“, erklärte er.

Gestalterisches Denken nutzen

Peter verstand, dass Veränderung nicht allein durch Verordnungen erreicht werden konnte. Er lud Bürger, Unternehmen und Experten ein, gemeinsam kreative Lösungen zu entwickeln. So entstand ein Bürgerpanel, das regelmäßig Ideen einbrachte. Eine Gruppe von Studierenden aus der Region entwarf Konzepte für nachhaltige Mobilität, die später in den Nahverkehr integriert wurden.

Ein Meilenstein war die Einrichtung eines „Zukunftslabors“. Hier konnten lokale Unternehmen und Start-ups Technologien entwickeln, die speziell auf die Bedürfnisse kleiner Kommunen zugeschnitten waren. Peter war überzeugt, dass Innovation nicht nur in Metropolen stattfand, sondern auch in Orten wie Neustetten.

Erfolg durch Entschlossenheit

Fünf Jahre später war Neustetten kaum wiederzuerkennen. Die Stadt war energieautark, die Wirtschaft florierte, und die Bürger identifizierten sich mehr denn je mit ihrer Heimat. Was Peter jedoch am meisten freute, war der veränderte Geist der Stadt. Die Menschen hatten gelernt, dass Veränderung keine Bedrohung war, sondern eine Chance.

„Manchmal muss man alte Spielregeln brechen, um neue Geschichten schreiben zu können", sagte Peter bei der Eröffnung des neuen Innovationsquartiers. Und genau das hatte er getan. Neustetten war nicht nur besser geworden – es war zu einem Vorbild für andere Städte geworden, wie man mit Mut, Weitsicht und Gestaltungswillen die Zukunft formt.

Die Moral der Geschichte

Es reicht nicht, „besser" zu sein, wenn sich die Welt grundlegend wandelt. Ohne herausragende Antizipations- und Reaktionsfähigkeit bleibt vieles fragwürdig. Doch mit klaren Grundrichtungen, einem festen Willen zur positiven Veränderung und gestalterischem Denken kann man nicht nur eine Stadt verändern – sondern auch ihre Zukunft neu definieren.

KI Ende

Ohne ein Roboter zu sein, könnte man als Mensch vielleicht meinen:

Fiktive Dialoge - ein paar Stunden Intensivcoaching

Denkanstöße

Wissensmanagement

Storytelling

Content

Inspiration

Diskurs

DecisionSupport

Gehirntraining - wenn es gut werden soll

Verstehen lernen

Vernetzt denken

Potenziale ausschöpfen

Komplexität reduzieren

Gestaltbar machen

Wissen transferieren

Proaktiv agieren

Executive Coaching

Denkstudio für strategisches Wissensmanagement

SMART - Ziele sollten SMART (spezifisch, messbar, erreichbar, relevant und zeitgebunden) sein.

Umfassende Analysen von Daten sind nichts Neues. Verändert haben sich die Möglichkeiten, Daten zu sammeln, um daraus Erkenntnisse zu gewinnen und diese gewinnbringend zu nutzen. In der Wertschöpfungskette der Daten geht es nicht nur darum, diese zu generieren, sondern man muss diese auch qualifiziert analysieren können.

Daten gibt es an vielen Stellen: ob nun in EXCEL-Tabellen, CRM- oder ERP-Systemen. Die Möglichkeitsräume scheinen nahezu unerschöpflich. Für die Nutzung immer umfangreicher anwachsender Datensammlungen braucht es auch bei einem Startup eine nachhaltig tragfähige Strategie. Ansonsten droht man in der Datenflut zu versinken.

Ganz zu Beginn steht die Frage, was man von den Daten überhaupt zu erfahren wünscht (hofft). Die Auswahl der Daten schließt sich dann an diese Fragestellung nahtlos an. Und man sollte auch bereit und flexibel genug sein, seine Entscheidungen auf den Grundlagen der analysierten Daten auszurichten, Geschäftsmodell und Geschäftsprozesse zu hinterfragen. Wer seinen eigenen Daten nicht traut, wird auch nur schwerlich von ihnen profitieren können. Falls die Daten es notwendig erscheinen lassen, müssen Entscheidungen und Vorstellungen gegebenenfalls auch revidiert werden (können).

Die als Demo-Beispiel für Auswertungen und Diagramme zugrunde gelegten Standortfaktoren:

	Standort-Prozessfaktoren	
GP-1	Standortbilanzierung	
GP-2	Leitbild Standort	
GP-3	Bestandspflege	
GP-4	Ansiedlung	
GP-5	Bearbeitung Standort-Anfragen	
GP-6	Bearbeitung Standort-Beschwerden	
GP-7	Bearbeitung Anträge	
GP-8	Rechnungsabwicklung	
	Standort-Erfolgsfaktoren	
GE-1	Innovationsmanagement	
GE-2	Nähe zu Forschung und Entwicklung	

GE-3	Attraktivität - Image	
GE-4	Unternehmensfreundliche Kommunalverwaltung	
GE-5	Existenzgründungshilfen	
GE-6	Mittelstandförderung	
GE-7	Haushaltslage – Finanzieller Handlungsspielraum	
GE-8	Kommunale Steuerkonditionen, Gebühren, Abgaben	
	Standort-Humanfaktoren	
HK-1	Ausbildung – Professional Development	
HK-2	Führungs-, Sozialkompetenz, Verhandlungssicherheit	
HK-3	Fachkompetenzen - Expertenwissen	
HK-4	Auslandserfahrungen - Branchenwissen	
HK-5	Fremdsprachenkenntnisse	
HK-6	Projektmanagementkompetenzen	
HK-7	Teamfähigkeit	
HK-8	Regelmäßige Fort- und Weiterbildung	
HK-9	Allgemeinwissen	
	Standort-Strukturfaktoren	
SK-1	Controlling-Tools	
SK-2	Arbeitshilfen-Tools	
SK-3	Wissenbilanz-Tools	
SK-4	Ideensammlung, Erfahrungssicherung	
SK-5	Home Office-, PC-, Fax-Ausstattung u.a.	
SK-6	Internet-Zugang	
SK-7	Fachliteratur, -zeitschriften	
SK-8	Text-, Präsentationsprogramme	
SK-9	Arbeitszimmer	
	Standort-Beziehungsfaktoren	
BK-1	Publikationen	
BK-2	Zielgruppenkontakte	
BK-3	Kontakte zu Kompetenznetzwerken	
BK-4	Mitgliedschaft, Teilnahme in Business Clubs	
BK-5	Ehrenamtliche Engagements	
BK-6	Teilnahme am politischen Leben	
BK-7	Vereinsmitgliedschaften	
BK-8	Teilnahme an Messen und Kongressen	
BK-9	Mitarbeitergespräche, -konferenzen	

Beispiel Crowdsourcing

Um im Startup die eigene Innovationskraft zu entwickeln und zu stärken sind Netzwerke von großem Vorteil. Wobei „Netzwerken“ nichts damit zu tun hat, in Gruppen zusammenzuhocken und Allgemeinplätze auszutauschen. Vielmehr geht es um persönliche Kontakte für Freiräume, in denen neue Ideen entstehen und zu kundenorientierten Lösungen umgesetzt werden können. Beispielsweise durch Kooperationen mit Hochschulen, außeruniversitären Einrichtungen oder auch Unternehmen in Form von geförderten Projekten. Ein Startup sollte nicht dem „Not invented here“-Syndrom verfallen, sondern nach dem Konzept des Crowdsourcing eher Open-Innovation-Ansätze verfolgen. Die digitale Vernetzung überspringt ohnehin räumliche oder nationalen Grenzen.

Salve,
Nichts ist mehr so wie es war

wenn wir einmal die allgegenwärtige KI fragen würden……

Ein Bürgermeister steht oft im Spannungsfeld zwischen den rasch wandelnden Anforderungen seiner Stadt und den Möglichkeiten, diese Veränderungen in sinnvolle und tragfähige Entscheidungen umzusetzen.

Situation:

In einer mittelgroßen Stadt wächst der Druck, den öffentlichen Nahverkehr zu modernisieren, um Klimaziele zu erreichen und die Lebensqualität der Bürger zu verbessern. Der Bürgermeister erkennt frühzeitig, dass der Ausbau von Radwegen, die Förderung von E-Mobilität und die Einführung eines günstigen, flächendeckenden ÖPNV-Tickets essenziell sind. Eine breite Bürgerbefragung bestätigt die Dringlichkeit dieser Maßnahmen.

Problem 1: Entscheidungen treffen

Trotz klarer Erkenntnisse fällt es dem Bürgermeister schwer, konkrete Prioritäten zu setzen. Soll zuerst das ÖPNV-Netz ausgebaut oder der Umstieg auf emissionsfreie Busse forciert werden? Zudem gibt es Interessenkonflikte: Die Geschäftsleute der Innenstadt fürchten Umsatzeinbußen durch weniger Parkplätze, während Umweltschützer auf radikale Veränderungen drängen.

Problem 2: Langsame Umsetzung

Selbst nach der Entscheidung für den Ausbau des ÖPNV verzögert sich die Umsetzung. Gründe sind bürokratische Hürden, langwierige Genehmigungsverfahren und der Widerstand von Anwohnern, die den Lärm und die Baustellen fürchten. Die Fördermittel des Landes werden bewilligt, doch die Stadtverwaltung ist personell überlastet und kann die Projekte nicht zügig planen und umsetzen.

Konsequenzen

- **Frustration in der Bevölkerung:** Bürger und Aktivisten empfinden die politischen Prozesse als zu träge und werfen dem Bürgermeister fehlenden Willen zur Veränderung vor.
- **Verlorenes Vertrauen:** Investoren und Fördermittelgeber zweifeln an der Fähigkeit der Stadt, Projekte effektiv zu realisieren, und könnten sich zurückziehen.
- **Verpasste Chancen:** Die Stadt verliert wertvolle Zeit, um sich als Vorreiter in Sachen Klimaschutz und urbaner Mobilität zu positionieren.

Fazit

Nicht das Erkennen der Probleme oder der Handlungsbedarf sind die eigentlichen Herausforderungen, sondern die Fähigkeit, politische und administrative Prozesse effizient zu steuern und Blockaden aufzulösen. Ein vorausschauendes Krisenmanagement, Mut zu unpopulären Entscheidungen und eine stärkere Einbindung der Bürger könnten den Prozess beschleunigen.

KI Ende

Ohne ein Roboter zu sein, könnte man als Mensch vielleicht meinen:

Fiktive Dialoge - ein paar Stunden Intensivcoaching

Denkanstöße

Wissensmanagement
Storytelling
Content
Inspiration
Diskurs
DecisionSupport
Gehirntraining - wenn es gut werden soll
Verstehen lernen
Vernetzt denken
Potenziale ausschöpfen
Komplexität reduzieren
Gestaltbar machen
Wissen transferieren
Proaktiv agieren

Executive Coaching
Denkstudio für strategisches Wissensmanagement
SMART - Ziele sollten SMART (spezifisch, messbar, erreichbar, relevant und zeitgebunden) sein.

Die Digitalisierung verändert nicht nur die Wirtschaft, sondern auch die Gesellschaft in Zeiten des Internets und der globalen Kommunikation. In der sich weiter entwickelnden Wissensökonomie ist für Digital Natives, d.h. die mit dem Internet aufgewachsene Generation, Nutzen ohnehin wichtiger als Besitzen und Zugang meist wichtiger als Eigentum. In einer Sharing-Logik des Gebens und Nehmens kommt es vor allem auf Leistung, Wissen und Kreativität an. Der Sharing-Trend sucht nach zentralen Nutzenvorteilen, um sich ein Maximum an Optionen zu erschließen. Mit den Megatrends der Globalisierung und Konnektivität entsteht so etwas wie eine Partizipationsgesellschaft mit sich neu bildenden Netzwerken und Strukturen.

Mit Hilfe von graphischen Wirkungsnetzen soll versucht werden, mehr Klarheit in das zeitweise nebulöse „Irgendwie" dieser gegenseitigen Abhängigkeiten und Korrelationen zu bringen. Neben aktiver und passiver Stärke der gegenseitigen Wirkungseinflüsse soll in Form der Wirkungsdauer-Analyse als zusätzliche Komponente der Faktor Zeit einbezogen werden.

Die vier Daten-V´s und analytische Kompetenz

Im Zusammenhang mit dem Umgang und der Nutzung von Daten stehen u.a. folgende Begriffe im Fokus: Volume, Velocity, Variety, Value. Die Analyse von Daten ist kein Selbstzweck, sondern muss Nutzen generieren, es geht um die richtige Mischung von internen mit externen, von strukturierten mit unstrukturierten Daten. Je weniger Daten zur Verfügung stehen desto höher sind die Anforderungen an die analytische Kompetenz. In einer Gemengelage aus unstrukturierten Daten wird viel Kompetenz benötigt, um diese richtig zu interpretieren und in geeigneter Form ins Business zu übersetzen. Business Intelligence heißt vor allem, Daten mit Intelligenz zu interpretieren.

Bevor man versucht, externe Daten aus dem Internet zu analysieren, sollte man zunächst die eigenen Daten genau untersucht und daraus möglichst bereits Erkenntnisse gewonnen haben. Ein Startup sollte dort anfangen zu suchen und zu analysieren, wo Daten den größten Wert und den größten Cashflow haben. Letztlich ist immer der Nutzen entscheidend: für einen Startup ist es nicht unbedingt so entscheidend, ob dieser vor allem mit der Analyse von internen oder externen Daten erzielt wird. Hauptsache ist: die Datenanalyse unterstützt die eigene Strategie sowie das Geschäftsmodell insgesamt.

Es kommt darauf an, erfolgsrelevante Kernfragen zu formulieren, die mit Hilfe einer Datenanalyse nach Möglichkeit beantwortet werden sollen. Die Verbindung aus jemand, der sowohl die IT-Seite als auch das Geschäftsmodell versteht wäre als Idealbesetzung so etwas wie ein „Digital Business Manager“. Mit der Analyse größerer Datenmengen können neue Kausalzusammenhänge erkannt werden, weil sich aus historischen Daten Muster ableiten und für die Entscheidungsunterstützung nutzen lassen. Daten sind nicht nur ein Rohstoff, sondern auch eine Währung der Zukunft. Unzählige Tracking- und Analyseprogrammen verfolgen das Klickverhalten von Nutzern in Netz. Soziale Netzwerke kennen den aktuellen Wohnort ihrer Nutzer, ihr Alter, ihr Geschlecht, ihre Ausbildung, ihre Interessen, ihre Hobbies, ihre Freunde und Bekannten. Werbezielgruppen werden vor allem über Korrelationen, die sich aus persönlichen Daten und Verhalten ergeben, gefunden und definiert.

Bei solchen Wirkungsnetzen geht es zunächst einmal um den Standort als Gesamteinheit. Einzelbereiche und -funktionen werden also nicht isoliert für sich, sondern nur aus ihrem Gesamtzusammenhang heraus betrachtet. Da keiner der Prozess-, Erfolgs-, Human-, Struktur- und Beziehungsfaktoren für sich eine Insel ist, stehen im Rahmen von Hebeleffekten die zwischen ihnen bestehenden Schnittstellen im Blickpunkt. Zwischen Standortfaktoren gibt es eine Vielzahl von sich teilweise überlagernden dynamischen Wirkungsbeziehungen. Auf dieser Ebene kann man eines erreichen: nämlich Anregungen für notwendige Denk- und Entscheidungsprozesse. Solche übersichtlichen Wirkungsnetze erleichtern den Einstieg in Diskussionen und Abstimmungen und können somit als allgemein verstehbare Kommunikationsplattform für Beteiligte mit oft unterschiedlichen Interessenlagen und Informationsständen eingesetzt werden

Salve,
Nichts ist mehr so wie es war

wenn wir einmal die allgegenwärtige KI fragen würden……

Ein Bürgermeister trägt die Verantwortung für den gesamten Standort seiner Stadt oder Gemeinde, der sich aus einer Vielzahl von Einzelbereichen und -funktionen zusammensetzt, wie Wirtschaft, Bildung, Umwelt, Infrastruktur und soziale Belange. Diese Bereiche stehen in komplexen Wechselwirkungen zueinander. Veränderungen oder Entscheidungen in einem Bereich wirken sich häufig auf andere aus – manchmal unmittelbar, manchmal langfristig. Deshalb ist es für einen Bürgermeister entscheidend, diese Wirkungsnetze zu erkennen und zu berücksichtigen. Zum Beispiel:

Wechselwirkungen zwischen den Bereichen

Die Entwicklung einer Stadt ist nicht linear, sondern geprägt von gegenseitigen Abhängigkeiten. Beispielsweise kann die Entscheidung, ein Industriegebiet zu erweitern, kurzfristig Arbeitsplätze schaffen und Steuereinnahmen steigern. Gleichzeitig könnte dies langfristig den Wohnraumdruck erhöhen, den Verkehr belasten und die Umwelt belasten. Ohne eine ganzheitliche Betrachtung drohen negative Nebeneffekte, die den Standort als Gesamteinheit schwächen.

Nachhaltigkeit und Langfristigkeit

Eine isolierte Betrachtung einzelner Funktionen könnte kurzfristige Erfolge bringen, die langfristig aber schädlich für die Gesamtentwicklung sind. Ein Beispiel: Die Förderung von Großinvestoren ohne Berücksichtigung der sozialen Infrastruktur könnte zu einer sozialen Spaltung führen. Nachhaltige Entscheidungen erfordern, dass wirtschaftliche, ökologische und soziale Aspekte im Einklang stehen.

Ressourcennutzung und Prioritätensetzung

Jeder Standort verfügt über begrenzte Ressourcen – sei es finanziell, personell oder räumlich. Ein Bürgermeister muss sicherstellen, dass diese Ressourcen optimal eingesetzt werden, ohne andere wichtige Bereiche zu vernachlässigen. Wenn etwa der Fokus ausschließlich auf den Ausbau von Straßen gelegt wird, könnten andere notwendige Investitionen, etwa in Schulen oder öffentliche Grünflächen, zu kurz kommen.

Bürgerzufriedenheit und Akzeptanz

Die Bürgerinnen und Bürger bewerten den Standort aus ihrer Lebensrealität heraus, die mehrere Bereiche gleichzeitig betrifft: Wohnqualität, Arbeitsplatzsicherheit, Freizeitmöglichkeiten und eine intakte Umwelt. Eine Entscheidung, die einen Bereich stark verbessert, aber andere vernachlässigt, kann Unzufriedenheit und Widerstand hervorrufen.

Attraktivität für Investoren und Fachkräfte

Ein Standort, der durch eine ausgewogene Entwicklung überzeugt, ist attraktiver für Unternehmen und Fachkräfte. Investoren suchen nach einem stabilen Umfeld, in dem Infrastruktur, Lebensqualität und wirtschaftliche Dynamik im Einklang stehen. Fachkräfte wiederum schätzen eine Stadt mit guter Wohnqualität, Bildungsmöglichkeiten und Freizeitangeboten.

Ein Bürgermeister muss die Stadt als lebendiges, komplexes System begreifen, in dem Einzelentscheidungen stets im Kontext des großen Ganzen betrachtet werden. Nur so können nachhaltige und ausgewogene Entscheidungen getroffen werden, die den Standort langfristig stärken und die Lebensqualität aller Bürger verbessern.

KI Ende

Ohne ein Roboter zu sein, könnte man als Mensch vielleicht meinen:

Fiktive Dialoge - ein paar Stunden Intensivcoaching

Denkanstöße

Wissensmanagement

Storytelling

Content

Inspiration

Diskurs

DecisionSupport

Gehirntraining - wenn es gut werden soll

Verstehen lernen

Vernetzt denken

Potenziale ausschöpfen

Komplexität reduzieren

Gestaltbar machen

Wissen transferieren

Proaktiv agieren

Executive Coaching
Denkstudio für strategisches Wissensmanagement

SMART - Ziele sollten SMART (spezifisch, messbar, erreichbar, relevant und zeitgebunden) sein.

„Die einschneidendsten Technologien sind die, die dadurch verschwinden, dass sie sich, von vielen kaum direkt wahrnehmbar, mit unserem Alltag verknüpfen“, sagte Eigenverleger Egon Carstens.

„Und dann gleich so lange, bis sie von diesem nicht mehr zu unterscheiden sind?“, fragte Sylvia.

„Ja, das heißt, Maschinen, die sich in die Umgebung der Menschen einfügen.“

„Anstatt die Menschen zum Eintritt in ihre Umgebung zu nötigen?“ „Ja, die virtuelle Realität simuliert die Welt“.

„Wirklich?“

„Ja wirklich, selbst der ausgeklügelste Prozess für eine Umwandlung von abgeschöpften Daten in Vorhersageprodukte ist immer nur so gut wie der Rohstoff, mit dem man ihn füttert.“

„Und weiter?“

„Die erste Generation von Vorhersageprodukten ermöglichte eine zielgerichtete Online-Werbung.“

„Ja und?“

„Die nächste Stufe definiert sich durch die Qualität der Vorhersageprodukte. Es entbrannte ein Wettbewerb um immer höhere Grade der Genauigkeit.“

„Mit welchem Ziel denn?“

„Dem Ziel: beste Vorhersagen, die an die Genauigkeit unmittelbarer Beobachtungen herankommen sollten. Die rechnergestützten Verfahren sollen sich nunmehr bis hinaus ins richtige Leben erstrecken: auf die Straße, unter Bäume, in die Stadt..“
„Bei dieser Ausweitung in den Alltag von uns Menschen hinein geht es doch eigentlich um unseren Kreislauf, unsere Gespräche am Frühstückstisch, unseren Arbeitsweg, unser Jogging, unseren Kühlschrank, unseren Parkplatz, unser Wohnzimmer und so weiter und so fort.“
„Na klar, es wird nach den intimsten Mustern von Persönlichkeit geschürft.“
„Das heißt, die Abschöpfung der Daten zielt jetzt auch auf Stimmungen und Emotionen, auf Lügen und menschliche Sollbruchstellen?“
„Ja doch, Schicht um Schicht wird das Intimste von Menschen freigelegt und in einer Sturzflut on Datenpunkten den algorithmischen Fließbändern zugeführt.“
„Das ist doch der Horror!“
„Ja, aber nicht zu ändern. Um über allgegenwärtige, automatisierte, rechnergestützte Prozesse den Alltag der Menschen zu durchdringen, bis sie von diesem nicht mehr zu unterscheiden. und damit noch wahrzunehmen sind.“
„Also soll damit doch wohl, ohne nach außen hin sichtbare Konformität, Verhalten produziert werden, das zuverlässig zu erwünschten kommerziellen Ergebnissen führt: eine nahezu perfekte Metamorphose der digitalen Infrastruktur von einem Etwas, das wir haben, zu einem Etwas, das uns hat.“

Salve,
Nichts ist mehr so wie es war

wenn wir einmal die allgegenwärtige KI fragen würden......

Da im Rahmen von Standortgesprächen aus der übergeordneten Sicht eines Bürgermeisters keiner der Prozess-, Erfolgs-, Human-, Struktur- und Beziehungsfaktoren für sich eine Insel ist, stehen für den Bürgermeister im Rahmen von Hebeleffekten die zwischen ihnen bestehenden Schnittstellen im Blickpunkt.

Die Rolle des Bürgermeisters verlangt es, die Stadt als ein Netzwerk zu begreifen, in dem **Prozess-, Erfolgs-, Human-, Struktur- und Beziehungsfaktoren** nicht isoliert betrachtet werden können. Jede dieser Kategorien wirkt auf die anderen ein, und an ihren Schnittstellen entstehen Hebeleffekte, die entscheidend für die Entwicklung des Standorts sind.

Die Bedeutung der Schnittstellen

Prozess- und Erfolgsfaktoren

Prozesse, wie etwa die Planung und Umsetzung städtischer Infrastrukturprojekte, beeinflussen maßgeblich die Erfolgsfaktoren, etwa Wirtschaftswachstum oder Innovationskraft. Wenn Genehmigungsverfahren beschleunigt und Verwaltungsprozesse digitalisiert werden, entstehen positive Hebeleffekte: Unternehmen siedeln sich schneller an, Arbeitsplätze werden geschaffen, und die Wettbewerbsfähigkeit des Standorts steigt.

Human- und Strukturfaktoren

Humanfaktoren, wie die Qualifikation und Zufriedenheit der Bevölkerung, stehen in enger Wechselwirkung mit Strukturfaktoren, beispielsweise Bildungs- und Gesundheitseinrichtungen. Gut ausgebaute Schulen und moderne Krankenhäuser verbessern nicht nur die Lebensqualität, sondern erhöhen auch die Attraktivität des Standorts für Fachkräfte und junge Familien. Umgekehrt profitieren die Strukturen von einer motivierten und gut ausgebildeten Bevölkerung, die sie aktiv nutzt und weiterentwickelt.

Beziehungs- und Erfolgsfaktoren

Die Beziehungen zwischen Verwaltung, Wirtschaft, Bürgern und externen Partnern sind essenziell für den Erfolg des Standorts. Eine vertrauensvolle Zusammenarbeit kann zu Synergien führen: Unternehmen sind eher bereit, in Infrastrukturprojekte zu investieren, wenn sie von der Stadt Unterstützung erfahren. Gleichzeitig schaffen erfolgreiche Projekte Vertrauen und stärken die Beziehungen weiter.

Prozess- und Beziehungsfaktoren

Effiziente Prozesse in der Kommunikation und Entscheidungsfindung fördern die Beziehungen zwischen verschiedenen Akteuren. Regelmäßige Dialogformate, wie Bürgerforen oder Standortgespräche, ermöglichen es, Konflikte frühzeitig zu erkennen und gemeinsam Lösungen zu entwickeln. Dadurch werden komplexe Projekte besser akzeptiert und umgesetzt.

Hebeleffekte an den Schnittstellen

Indem der Bürgermeister die Schnittstellen zwischen diesen Faktoren aktiv gestaltet, kann er Hebeleffekte auslösen:

- **Verbesserung der Standortattraktivität:** Eine Kombination aus effizienter Verwaltung (Prozesse) und gutem Bildungssystem (Struktur- und Humanfaktoren) zieht Investoren und Fachkräfte an.
- **Erhöhung der Innovationskraft:** Die Vernetzung von Unternehmen, Wissenschaft und Verwaltung (Beziehungsfaktoren) schafft ein Umfeld, in dem neue Ideen entstehen und umgesetzt werden.
- **Nachhaltige Stadtentwicklung:** Durch die Verzahnung von ökologischen Strukturen, sozialen Bedürfnissen (Humanfaktoren) und wirtschaftlichen Zielen (Erfolgsfaktoren) entsteht eine ausgewogene und zukunftsfähige Entwicklung.

Fazit

Für den Bürgermeister liegt der Schlüssel zum Erfolg in der Fähigkeit, die Wechselwirkungen zwischen den verschiedenen Faktoren zu verstehen und die Schnittstellen gezielt zu nutzen. Nur so können Synergien entstehen, die den Standort stärken, die Lebensqualität der Bürger erhöhen und die Zukunftsfähigkeit der Stadt sichern.

KI Ende

Ohne ein Roboter zu sein, könnte man als Mensch vielleicht meinen:

Fiktive Dialoge - ein paar Stunden Intensivcoaching

Denkanstöße

Wissensmanagement

Storytelling

Content

Inspiration

Diskurs

DecisionSupport

Gehirntraining - wenn es gut werden soll

Verstehen lernen

Vernetzt denken

Potenziale ausschöpfen

Komplexität reduzieren

Gestaltbar machen

Wissen transferieren

Proaktiv agieren

Executive Coaching

Denkstudio für strategisches Wissensmanagement

SMART - Ziele sollten SMART (spezifisch, messbar, erreichbar, relevant und zeitgebunden) sein.

Entscheidungen werden komplexer

Das Entscheidungsumfeld ist laufenden Veränderungen unterworfen: durch die Globalisierung erweiterte Wirtschaftsräume, durch das Internet neue Interaktions- und Veränderungsdynamiken. Kollektives Wissen und Kundenbeziehungen sind für die Wertentwicklung von Unternehmen wichtiger als materielle Ressourcen (Maschinen, Gebäude u.a.). Durch die multidimensionale Verflechtung zwischen Wirtschaft und Gesellschaft, gibt es immer weniger Ereignisse, die nicht in der einen oder anderen Form auch immer ein Unternehmen (direkt oder indirekt) tangieren würden.

Keine Einzelperson verfügt über genug Wissen, um sämtliche Möglichkeiten einer solchen ungeheuren Komplexität noch sicher verstehen und kontrollieren zu können. Wer aber das umgebende Geschehen nicht mehr vollständig erfassen kann, muss Wissenslücken, Zielkonflikte und Kontrollverluste in Kauf nehmen. Auch die gültigen Rechnungslegungsvorschriften beruhen immer nur auf materiellen Vermögenswerten. Immaterielle Ressourcen sind (anders als klassische Kapitalarten und Bilanzaktiva) nicht monetär bewertbar. Das Intellektuelle Kapital beruht auf dem Wissen und Können, der Kreativität und Kooperationsbereitschaft von Menschen (und ist daher personengebunden). Es gibt keine Besitzrechte an nicht bewertbaren, personengebundenen Ressourcen.

Die traditionellen Planungsmethoden und Management berichte müssen daher auf die neuen Anforderungen des Informations- und Wissenszeitalter hin angepasst und ausgerichtet werden. Hierfür muss ein barrierefreier Austausch erfolgsrelevanter Informationen über funktionale Grenzen hinweg sichergestellt werden. Voraussetzung ist eine genaue und detaillierte Analyse aller zugrunde liegender Ursache-Wirkungs-Beziehungen. Es geht um die Fähigkeit, neues Wissen zu erkennen und zielführend verarbeiten zu können. Je komplexer sich dieses Umfeld darstellt, desto mehr brauchen Entscheidungsträger Horizonte und Handlungsspielräume (kurzfristig Orientierte können leicht Entwicklungen übersehen, die frühzeitige Weichenstellungen erfordern).

Mit Hilfe einer Aktivsumme könnte angezeigt werden, welche Wirkung von einem Faktor auf das Gesamtsystem, also in den Demo-Beispielen hier von dem Business Enabler Wirtschaftsförderung auf den Gesamt-Standort ausgeht. Man erhält Hinweise darauf, welcher Einfluss und Hebeleffekt über einen bestimmten Faktor ausgeübt werden kann.

Das für spätere Potential-Portfolios verwendete Einflussgewicht eines Faktors errechnet sich aus:

- Gesamtsumme aller Einzel-Aktivsummen
- Prozent-Anteil der Aktivsumme eines Einzelfaktors an der Gesamtsumme für alle Faktoren.

Im Zusammenhang mit der fast unübersehbaren Zahl von Wirkungsverknüpfungen zwischen Standortfaktoren kann man sich die Arbeit wesentlich durch die Zuhilfenahme von hierfür zu erstellenden Computerprogrammen erleichtern. Entsprechende Werkzeuge sind verfügbar und müssen daher lediglich in intelligente Anwendungen umgesetzt werden. Als Nebenprodukt könnten beispielsweise auch die beiden folgenden Graphiken abfallen, in denen alle berücksichtigten Standortfaktoren ihrer Wirkungsstärke nach in eine Reihenfolge (entweder auf- oder absteigend) gebracht werden. Würden am Standort die in den Demo-Beispielen des Buches gemachten Annahmen gelten, so könnte man damit auf einen Blick ablesen, welche Aktivwirkungen von einen Business Enabler Wirtschaftsförderer ausgehen können und somit überlegen, mit welchen Maßnahmen man diese Hebeleffekte für den Standort nutzen könnte:

Zum Beispiel könnten in jedem Cluster jeweils acht, d.h. insgesamt 5 * 8 = 40 verschiedene Standortfaktoren berücksichtigt.werden. Als besonders wirkungsstark haben sich dabei folgende Faktoren herausgestellt:

- Fernstraßen-, Schienenanbindung
- Flughafen-Anbindung
- Standortfinanzen, Haushaltslage
- Demographische Struktur
- Attraktivität, Image des Standortes
- High-Tech-, Innovationsförderung
- Kooperationsbeziehungen

- Förderungen für Mittelstand, Existenzgründungen
- Standort-Leitbild und -Entwicklungskonzept

Das Gegenstück wären dann Standortfaktoren, die im Vergleich hierzu eine geringere Wirkung auf andere ausüben würden. Im fiktiven Beispiel wären dies vielleicht folgende Standortfaktoren:

- Umwelt-, Energie- und Wasserwirtschaft
- Steuern, Gebühren, Abgaben
- Verfügbare Büroflächen, Preise
- Kommunale Kompetenzen
- Standort-, City-Marketing
- Wirtschaft-Wissenschaft-Beziehungen
- Gastronomie, Hotels, Touristik
- Bilanzierung Standortfaktoren
- Baugenehmigungen, Flächenanfragen
- Wasserstraßen-Anbindung
- Bezahlung Auftragsrechnungen, Einhaltung Termine
- Bearbeitung Anrufe, E-Mails, Beschwerden

Unabhängig davon, dass es hier nur um Beispiele mit fiktiven Annahmen geht, wären auch im konkreten Anwendungsfall Auswertungen dieser Art nicht immer für alle Zeiten in Stein gehauen. Vielmehr sind erst sie es, die vielleicht ein Überdenken anregen und Hinweise für gegebenenfalls noch vorzunehmende Änderungen liefern. Analog könnten auch Passivsummen ermittelt werden: die

Wirkungsstärken in der vertikalen Spalte eines Faktors zeigen an, wie diesmal umgekehrt ein bestimmter Faktor von einem anderen beeinflusst wird. Wenn man die Einzel-Stärken nunmehr vertikal aufaddiert, erhält man für jeden Faktor eine Passivsumme, die anzeigt, in welchem Ausmaß der betreffende Standortfaktor seinerseits vom Gesamtsystem, d.h. Gesamtstandort abhängt und passiv beeinflusst wird.

Salve,
Nichts ist mehr so wie es war

wenn wir einmal die allgegenwärtige KI fragen würden……

Zwischen Standortfaktoren gibt es eine Vielzahl von sich teilweise überlagernden dynamischen Wirkungsbeziehungen. Auf dieser Ebene sollte ein Bürgermeister zunächst einmal eines erreichen: nämlich Anregungen für notwendige Denk- und Entscheidungsprozesse.

Standortfaktoren sind komplex und beeinflussen sich gegenseitig auf vielfältige Weise. Ein Bürgermeister sollte in der Lage sein, diese Dynamiken zu verstehen und zu nutzen, um die bestmöglichen Entscheidungen für die Gemeinde zu treffen. Dies erfordert nicht nur ein tiefes Verständnis der lokalen Gegebenheiten, sondern auch die Fähigkeit, innovative und zukunftsorientierte Ideen zu entwickeln.

Ein Beispiel könnte die Förderung von nachhaltigen Projekten sein, die sowohl wirtschaftliche als auch ökologische Vorteile bieten. Oder die Schaffung von Anreizen für Unternehmen, sich in der Region anzusiedeln, um Arbeitsplätze zu schaffen und die lokale Wirtschaft zu stärken.

Ein Bürgermeister, der mit den komplexen, sich überlagernden dynamischen Wirkungsbeziehungen zwischen Standortfaktoren konfrontiert ist, muss in erster Linie dafür sorgen, dass in seinem Umfeld ein Klima des **vorausschauenden Denkens und der reflektierten Entscheidungsfindung** entsteht. Um dies zu erreichen, sollte er gezielt Anregungen geben, die Denk- und Entscheidungsprozesse bei verschiedenen Akteuren – von der Verwaltung über die Wirtschaft bis hin zur Zivilgesellschaft – in Gang setzen.

Warum sind Denk- und Entscheidungsprozesse entscheidend?

Die Vielzahl der Standortfaktoren, wie etwa Infrastruktur, Wirtschaft, Bildung, Umwelt und soziale Strukturen, beeinflusst sich gegenseitig in dynamischer Weise. Fehlende oder unkoordinierte Entscheidungen können negative Dominoeffekte auslösen, während gut durchdachte Maßnahmen nachhaltige positive Entwicklungen bewirken können. Ein Bürgermeister muss daher nicht nur die Richtung vorgeben, sondern auch die **Komplexität der Zusammenhänge verständlich machen** und die **Beteiligten zum Mitdenken und Mitentscheiden** motivieren.

Strategien zur Anregung von Denk- und Entscheidungsprozessen

Verständnis für Wirkungszusammenhänge fördern

Der Bürgermeister sollte zunächst die gegenseitigen Abhängigkeiten zwischen den Standortfaktoren sichtbar machen. Dies könnte durch:

- **Visualisierungen wie Wirkungsnetze** geschehen, die zeigen, wie beispielsweise Investitionen in die Bildung die lokale Wirtschaft stärken oder wie der Ausbau von Radwegen die Gesundheit und den Umweltschutz fördert.
- **Workshops und Diskussionsrunden**, in denen Vertreter verschiedener Bereiche ihre Perspektiven und Anliegen austauschen können.

Interdisziplinäre Dialoge anstoßen

Um kreative Lösungen für komplexe Probleme zu finden, müssen Experten aus unterschiedlichen Disziplinen zusammengebracht werden. Ein Bürgermeister kann durch die Einrichtung von **Taskforces oder Runden Tischen** Akteure aus Verwaltung, Wissenschaft, Wirtschaft und Zivilgesellschaft miteinander vernetzen und so neue Perspektiven und Ideen fördern.

Innovationsprozesse ermöglichen

Innovative Denkprozesse entstehen oft durch unkonventionelle Ansätze. Der Bürgermeister kann:

- **Pilotprojekte und Experimente** unterstützen, um neue Ansätze in kleinem Rahmen zu testen und Erkenntnisse für die Gesamtentwicklung zu gewinnen.
- **Wettbewerbe und Ideenbörsen** ins Leben rufen, bei denen Bürger, Unternehmen und andere Akteure Vorschläge für die Standortentwicklung einbringen können.

Partizipation und Transparenz fördern

Eine breite Beteiligung der Bevölkerung schafft Akzeptanz und erhöht die Qualität der Entscheidungen. Anregungen können durch:

- **Bürgerforen und digitale Plattformen** gesammelt werden, auf denen Bürger ihre Meinungen zu geplanten Projekten äußern können.
- **Transparente Entscheidungsprozesse**, bei denen die Gründe für bestimmte Maßnahmen nachvollziehbar dargestellt werden.

Bewusstsein für Langfristigkeit schaffen

Viele Wirkungsbeziehungen entfalten ihre volle Wirkung erst langfristig. Der Bürgermeister sollte betonen, dass nachhaltige Entscheidungen oft Geduld erfordern, und die Akteure dazu ermutigen, über kurzfristige Erfolge hinauszudenken. Dies kann durch:

- **Zielbilder und Visionen für die Zukunft** unterstützt werden, die die langfristigen Vorteile einer strategischen Standortentwicklung illustrieren.

Ein Bürgermeister sollte als **Moderator und Impulsgeber** agieren, der die verschiedenen Akteure zu einer ganzheitlichen Betrachtung der Standortfaktoren anregt. Durch die Förderung von Denk- und Entscheidungsprozessen werden nicht nur nachhaltige Lösungen gefunden, sondern auch die Akzeptanz und Unterstützung für notwendige Veränderungen gestärkt.

KI Ende

Ohne ein Roboter zu sein, könnte man als Mensch vielleicht meinen:

Fiktive Dialoge - ein paar Stunden Intensivcoaching

Denkanstöße

Wissensmanagement

Storytelling

Content

Inspiration

Diskurs

DecisionSupport

Gehirntraining - wenn es gut werden soll

Verstehen lernen

Vernetzt denken

Potenziale ausschöpfen

Komplexität reduzieren

Gestaltbar machen
Wissen transferieren
Proaktiv agieren

Executive Coaching
Denkstudio für strategisches Wissensmanagement
SMART - Ziele sollten SMART (spezifisch, messbar, erreichbar, relevant und zeitgebunden) sein.

Wirtschaftsförderung-Motto: Einfacher gründen

Wiederholt wurde darauf hingewiesen, dass von der Wirtschaftsförderung nichts Unmögliches erwartet wird. Dem Existenzgründer kommt es nicht unbedingt auf Förderungen mit Geld- und Sachmitteln an. Was aber vorausgesetzt werden darf und muss, dass seitens des Standortes alles Mögliche getan (oder unterlassen) wird, um eine Gründung so einfach wie möglich ablaufen zu lassen. Die Betonung liegt also auf e i n f a c h. Dieses Motto der Einfachheit erfordert einen kreativen Prozess, dem sich eine Wirtschaftsförderung als Business Enabler zu stellen hat. Es ist anzustreben, dass ein Gründer mit Unterstützung der Wirtschaftsförderung Zeitersparnisse in der Vorbereitung seiner Gründungsformalitäten realisieren und unnötige Behördenkontakte vermeiden kann

Aus Sicht der Existenzgründer gilt es folgende Aspekte zu beachten (Vgl. BMWi-Leitmodell):

- ein erstes Problem besteht für Gründer bereits darin, herauszufinden, welche Verfahren für sein Gründungsvorhaben überhaupt relevant sind
- Verwaltungsprozesse und -sprache stellen für viele Gründer eine Hemmschwelle dar
- Der Umfang der im Zusammenhang mit den formalen Gründungsverfahren abzugebenden Daten sollte minimiert werden
- Alle formalen Verfahren sollten möglichst gebündelt gehandhabt werden können (z.B. konsolidierter Datensatz)
- Viele Probleme und Verzögerungen werden durch fehlerhafte Daten verursacht. Entsprechend sind geeignete Maßnahmen notwendig, um die Datenqualität zu erhöhen
- Kaum ein Gründer ist in der Lage, alle formalen Anforderungen eigenständig, ohne eine persönliche Unterstützung durch einen qualifizierten Ansprechpartner zu erledigen.

Die Anzahl und Bandbreite von Initiativen zur Unterstützung und Vereinfachung der Formalitäten bei Unternehmensgründungen hat zugenommen, besonders aktiv sind die Kammern (HWKs und IHKs). Aber auch das Leistungsspektrum vieler Kommunen reicht von der Bereitstellung von Online-Formularen, über die Wahrnehmung von Wegweiserfunktionen in der Behördenlandschaft bis hin zu Beratungsangeboten. Online-Angebote sollen dem Gründer eine bessere Orientierung hinsichtlich der Umsetzung seines Gründungsvorhabens und den damit verbundenen rechtlichen Verfahrensanforderungen ermöglichen.

Durchgeführte Fallstudien haben ein eindeutiges Ergebnis gezeitigt: grundsätzlich gäbe es eine Vielzahl von Ansatzpunkten zur Optimierung der formalen Verfahren der Existenzgründung. Insbesondere könnte zwischen den relevanten Akteuren eine intensive regionale und/oder lokale Kooperation im Sinne einer möglichst einfachen Abwicklung der formalen Gründungsprozesse eingegangen werden. Gemeinsame Plattform hierfür könnte die Etablierung eines einheitlichen harmonisierten Daten- und Prozessmodells sein. Ein weiterer Kernpunkt könnte gemäß Studie des BMWi eine Leitidee sein, nach der formale Gründungsverfahren in Service-Punkten wie beispielsweise bei Handwerkskammer, Gewerbeamt und IHK gebündelt werden. Unabhängig von dem genauen Wo und Wie sollen solche Service-Punkte Gründer bei der korrekten Eingabe von Daten unterstützen.

Idealerweise könnte dies alles dort vonstattengehen, wo auch eine allgemeine Gründungsberatung stattfindet. Wobei man wieder bei der Wirtschaftsförderung als Business Enabler angelangt wäre. Direkt vor Ort könnte bereits hier eine Vorprüfung der in der Bringschuld des Gründers liegenden Daten vorgenommen und diese anschließend an nachgelagerte Institutionen weitergeleitet werden.

Bei entsprechenden personellen und technischen Ressourcen hätten Gründer die Möglichkeit, sich bei einer zentralen Anlaufstelle zu allen Fragen der formalen Unternehmensgründung zu informieren und beraten zu lassen. Viele der für einen Gründer relevanten Verfahren ließen sich damit quasi aus einer Hand abwickeln. Die persönliche Betreuung des Gründers könnte bereits von den ersten Schritten an erfolgen. Die Arbeit des Business Enablers könnte durch ein externes, zentralisiertes Wissensmanagementsystem über die rechtlichen Rahmenbedingungen von Unternehmensgründungen unterstützt werden.

In einem Formularcenter könnten Adressen, Ansprechpartner, Merkblätter und sonstige Informationsmaterialien hinterlegt werden, mit denen folgende administrative Gründungsverfahren unterstützt werden könnten:

- Eintragung bei der Handwerkskammer
- Gewerbeanzeige
- Anmeldung beim Finanzamt
- Anmeldung bei der Berufsgenossenschaft
- Benachrichtigung des Rentenversicherungsträgers
- Anmeldung bei der Arbeitsagentur
- Anmeldung bei den tariflichen Sozialkassen
- Antrag auf Mitgliedschaft bei der zuständigen Innung und/oder dem zuständigen Fachverband

Als Business Enabler könnte die Wirtschaftsförderung dazu beitragen, sich in diesem Zusammenhang gegebenenfalls stellende organisatorische, rechtliche und technische Umsetzungsfragen zu klären. Beispiele für mancherorts bereits erfolgreiche Projekte sind Gründeragenturen oder One-Stop-Shops, die als erste Anlaufstellen mit umfangreichen Informations- und Beratungsangeboten zur Verfügung stehen. Im Rahmen eines Erstgespräches kann dem Gründer bereits ein fester Ansprechpartner zur Seite gestellt werden, der für ihn als Führer durch den „Behördendschungel“ fungiert. Hier kann ein Antragsteller im direkten Gespräch alles Erforderliche erfahren. Fehlende Daten und Unterlagen lassen sich meist innerhalb kurzer Zeit über diesen direkten Draht klären und nachreichen.

Nicht zuletzt ergibt sich für den Gründer ein wesentlicher Vorteil durch mehr Planungssicherheit. Denn die One-Stop-Agency informiert genau darüber, welche Auflagen erfüllt werden müssen, damit ein Antragsteller sicher sein kann, dass keine Behörde im Nachhinein noch zusätzliche Anforderungen stellen wird. Als Idealbild funktioniert eine Agency wie eine Steckdose, in die der Gründer einen Stecker steckt, um alle ihn betreffenden Verwaltungsprozesse in Gang zu setzen. Hierfür braucht er weder Kenntnisse über die Behördenstruktur noch muss er sich Gedanken über das „Wie“ seines Antrages machen. Ohne verstaubtes Amtsdeutsch macht die Agency sein Vorhaben zu dem ihren und stellt ihm einen Ansprechpartner zur Seite, der ihn telefonisch oder im direkten Gespräch auf dem Laufenden hält.

Die Wirtschaftsförderer vor Ort können sich dadurch verdient machen, den „Behördendschungel“ zu lichten und alles ihnen nur Mögliche zu unternehmen, dass aufwendige Genehmigungsverfahren beschleunigt, transparent und zeitlich kalkulierbar gestaltet werden. Wer sich intensiv und gründlich auf eine Gründung vorbereitet hat, darf nicht durch administrative Abläufe ausgebremst werden. Die Wirtschaftsförderung der Kommune sollte Strukturen schaffen, die Gründern an den Schnittstellen zur Verwaltung zuarbeiten und sie damit entlasten können.

Alles dies fällt nicht vom Himmel und manche ohnehin personell unterbesetzte Wirtschaftsförderung wird sich vor allem in kleinen und mittleren Kommunen die Frage stellen, ob und wie dies überhaupt zu schaffen wäre. Für den Standort als Ganzes gesehen lohnt es sich allemal. Um dieses Statement aber auch belegen und in allen Einzel-Details abklopfen zu können, sollte in diesem Buch der Weg über die Einbettung der Wirtschaftsförderung in eine umfassende Standortbilanz aufgezeigt werden. Denn diese wäre eine allseits nutzbare Kommunikationsplattform, mit der die beteiligten Wirkungsfaktoren mit allen ihren dynamischen Beziehungen, Rückkoppelungseffekten, Quantitäten, Qualitäten und Potentialen in transparent nachvollziehbarer Weise im ganzheitlichen Zusammenhang dargestellt werden können.

Salve,
Nichts ist mehr so wie es war

wenn wir einmal die allgegenwärtige KI fragen würden……

Übersichtliche **Wirkungsnetze** sind ein wirkungsvolles Werkzeug, das ein Bürgermeister bei Standortgesprächen nutzen kann, um die Komplexität der Themen zu reduzieren und eine klare, strukturierte Grundlage für Diskussionen und Entscheidungen zu schaffen. Diese Netze bieten nicht nur einen visuellen Zugang zu den **Zusammenhängen zwischen verschiedenen Standortfaktoren**, sondern fungieren auch als **gemeinsame Kommunikationsplattform** für die beteiligten Akteure.

Vorteile von Wirkungsnetzen in Standortgesprächen

Förderung des gemeinsamen Verständnisses

Wirkungsnetze zeigen auf einfache Weise, wie unterschiedliche Faktoren wie Infrastruktur, Wirtschaft, Bildung oder Umwelt miteinander verknüpft sind. Dies hilft:

- **Komplexe Abhängigkeiten verständlich zu machen**, auch für Akteure ohne fachlichen Hintergrund.
- **Missverständnisse zu vermeiden**, da die Beziehungen und Einflüsse visuell nachvollziehbar sind.

Überbrückung von Interessenskonflikten

In Standortgesprächen treffen oft Akteure mit **unterschiedlichen Zielen und Prioritäten** aufeinander:

- Ein Unternehmen könnte den Ausbau von Gewerbeflächen fordern, während Umweltverbände auf den Erhalt von Grünflächen drängen.
- Wirkungsnetze helfen, die **gemeinsamen Schnittmengen** und mögliche **Kompromisse** sichtbar zu machen, indem sie die Auswirkungen einzelner Maßnahmen auf andere Bereiche verdeutlichen.

Förderung eines faktenbasierten Dialogs

Ein Wirkungsnetz bietet eine **sachliche Grundlage** für Diskussionen, da es auf Daten, Analysen und Szenarien basiert. Es ermöglicht:

- **Objektive Einschätzungen**, welche Maßnahmen kurzfristig oder langfristig welche Effekte haben könnten.
- **Vermeidung emotionaler Debatten**, da die Diskussion auf der Basis klarer Zusammenhänge und Fakten geführt wird.

Erleichterung von Entscheidungsfindungen

Ein Bürgermeister kann das Wirkungsnetz nutzen, um:

- **Handlungsoptionen und ihre Konsequenzen transparent zu präsentieren**.

- **Prioritäten zu setzen**, indem besonders einflussreiche Faktoren (Hebelpunkte) hervorgehoben werden.

Inklusion unterschiedlicher Informationsstände

Da nicht alle Beteiligten denselben Wissensstand oder Zugang zu Informationen haben, hilft das Wirkungsnetz, eine **einheitliche Informationsbasis** zu schaffen. Es erlaubt:

- **Nachvollziehbare Erklärungen**, warum bestimmte Maßnahmen notwendig sind.
- **Einbindung aller Beteiligten**, unabhängig von ihrer Expertise.

Gestaltung eines Wirkungsnetzes als Kommunikationsplattform

Ein Wirkungsnetz sollte:

- **Übersichtlich und klar strukturiert** sein, z. B. mit farblichen Markierungen für verschiedene Faktoren (z. B. Wirtschaft, Umwelt, Soziales).
- **Wechselwirkungen** mit Pfeilen und Symbolen verdeutlichen (z. B. positive, negative oder neutrale Einflüsse).
- **Dynamische Szenarien** ermöglichen, z. B. durch die Darstellung, wie sich eine Veränderung in einem Bereich auf andere auswirkt.
- **Interaktiv** sein, etwa durch digitale Visualisierungen, die in Präsentationen oder Workshops eingesetzt werden können.

Wirkungsnetze sind für den Bürgermeister ein wertvolles Instrument, um Standortgespräche produktiver zu gestalten. Sie fördern ein gemeinsames Verständnis, erleichtern die Kommunikation zwischen Akteuren mit unterschiedlichen Interessen und unterstützen faktenbasierte Entscheidungsprozesse. Dadurch schaffen sie die Grundlage für eine kooperative und nachhaltige Standortentwicklung.

KI Ende

Ohne ein Roboter zu sein, könnte man als Mensch vielleicht meinen:

Fiktive Dialoge - ein paar Stunden Intensivcoaching

Denkanstöße

Wissensmanagement

Storytelling

Content

Inspiration

Diskurs

DecisionSupport

Gehirntraining - wenn es gut werden soll

Verstehen lernen

Vernetzt denken

Potenziale ausschöpfen

Komplexität reduzieren
Gestaltbar machen
Wissen transferieren
Proaktiv agieren

Executive Coaching
Denkstudio für strategisches Wissensmanagement

SMART - Ziele sollten SMART (spezifisch, messbar, erreichbar, relevant und zeitgebunden) sein.

Demo-Beispiel zu für Auswertungen und Diagramme angenommene, rein fiktive Bewertungen. Als Anhaltspunkte dienen die nachfolgenden Bewertungsstufen:

0 %	*Die Quantität/Qualität/Systematik des Standortfaktors kann nicht sinnvoll ermittelt werden oder ist nicht ausreichend vorhanden*
30 %	*Die Quantität/Qualität/Systematik des Standortfaktors ist teilweise ausreichend*
60 %	*Die Quantität/Qualität/Systematik des Standortfaktors ist meistens ausreichend*
90 %	*Die Quantität/Qualität/Systematik des Standortfaktors ist immer (absolut) ausreichend*
120 %	*Die Quantität/Qualität/Systematik des Standortfaktors ist besser oder höher als erforderlich.*

Faktor Nr.	Bewertung Quantität	Bewertung Qualität	Bewertung Systematik
GP-1	88%	92%	70%
GP-2	90%	88%	85%

GP-3	**90%**	**85%**	**75%**
GP-4	**5%**	**90%**	**0%**
GP-5	**50%**	**40%**	**10%**
GP-6	**40%**	**40%**	**5%**
GP-7	**60%**	**45%**	**10%**
GP-8	**20%**	**10%**	**0%**
GE-1	**90%**	**90%**	**90%**
GE-2	**90%**	**90%**	**85%**
GE-3	**90%**	**90%**	**90%**
GE-4	**90%**	**90%**	**90%**
GE-5	**90%**	**90%**	**90%**
GE-6	**95%**	**95%**	**90%**
GE-7	**85%**	**95%**	**90%**
GE-8	**70%**	**70%**	**75%**

Faktor Nr.	Bewertung Quantität	Bewertung Qualität	Bewertung Systematik
HK-1	**90%**	**90%**	**85%**
HK-2	**98%**	**96%**	**80%**
HK-3	**88%**	**90%**	**70%**
HK-4	**90%**	**90%**	**90%**
HK-5	**50%**	**50%**	**80%**
HK-6	**60%**	**60%**	**80%**
HK-7	**85%**	**90%**	**90%**
HK-8	**40%**	**90%**	**100%**

Faktor Nr.	**Bewertung Quantität**	**Bewertung Qualität**	**Bewertung Systematik**
SK-1	**88%**	**90%**	**82%**
SK-2	**85%**	**80%**	**75%**
SK-3	**90%**	**88%**	**70%**
SK-4	**30%**	**90%**	**70%**
SK-5	**100%**	**80%**	**90%**

SK-6	100%	90%	90%
SK-7	30%	90%	30%
SK-8	100%	100%	50%
SK-9	100%	100%	100%
BK-1	90%	95%	0%
BK-2	5%	4%	50%
BK-3	50%	90%	30%
BK-4	0%	0%	50%
BK-5	0%	0%	10%
BK-6	0%	0%	50%
BK-7	30%	80%	50%
BK-8	20%	60%	60%
BK-9	50%	50%	80%

Klärung von Standort-Grundsatzfragen

Bevor für einen Standort ei9n umfassendes Diagramm- und Auswertungspaket entwickelt und zusammengestellt werden kann, sollte Klarheit über einige Grundsatzfragen geschaffen werden. Hierzu gehören beispielsweise auch Antworten auf folgende Fragen:

- Erfüllt der Standort die Mindestkriterien des jeweiligen Anforderungsprofils?
- Was macht das Besondere dieses Standortes aus und wie ist dieses Besondere zu bewerten?
- Welche dynamischen Beziehungen wirken zwischen einzelnen Standortfaktoren? Mit welcher Zeitdauer werden diese Beziehungen wirksam? D.h., wie sieht das Innenleben des Standortes hinter seiner Fassade aus? Kann

der erste Eindruck mit detaillierten Fakten untermauert werden?

- Welches Gewicht sollte aus individueller Sicht einem bestimmten Standortfaktor gegeben werden?
- Ist für die Beurteilung eines Faktorenwertes dessen absolute Größe oder eher die Relation der Werte zueinander von größerer Bedeutung?

SWOT-Standortfragen:

	Opportunities Standort-Chancen:	**Threats Standort-Risiken:**
Strengths Standort-Stärken:	*SO-Strategien Stärken-Chancen Strategien:*	*ST-Strategien Stärke-Risiko Strategien:*
Weaknesses Standort-Schwächen:	*WO-Strategien Schwäche-Chance Strategie:*	*WT-Strategien Schwäche-Risiko Strategie:.*

Es gibt unzählige Standortstudien und –Monitore. Jede Kommunalverwaltung sowie jedes ortsansässige, ansiedlunginteressierte oder extistenzgründende Unternehmen muss für sich selbst herausfinden, ob damit alle individuellen Zwecke, Ziele und Anforderungen abgedeckt werden können. Nach dem Studium und der Auswertung vieler solcher Standort-Berichte haben sich einige Kernfragen herauskristallisiert, zu denen die entsprechenden Antworten Hinweise geben können, ob die verfügbaren Informationsunterlagen für eventuelle Standortentscheidungen ausreichend sind. Entscheidend hierfür sind eindeutige Ja-Antworten auf folgende Kernfragen :

- *Vollständigkeit?*
- *Gewichtung?*
- *Relationen und Wirkungsbeziehungen?*
- *Potentiale und Handlungsempfehlungen?*
- *Eigenbild- und Fremdbildvergleiche?*
- *Bewertungen mit verschiedenen Dimensionen?*

Kreuze in einem oder mehreren Nein-Felder der nachfolgenden Frageliste könnten Hinweise auf zusätzlichen Klärungsbedarf anzeigen:

		JA	NEIN
1.	**Vollständigkeit des Standort-Abbildes ?**	☐	☐
	Werden im Rahmen der Standortstudie wirklich alle standortrelevanten Faktoren lückenlos identifiziert und definiert ?	☐	☐
	Wird mit der Studie der Standort mit allen Facetten und individuellen Gegebenheiten realitätsnah und wirklichkeitsgetreu (d.h. auch vollständig) abgebildet ?	☐	☐
2.	**Gewichtung der Standortfaktoren ?**	☐	☐
	Wird im Rahmen der Studie eine einfache Gewichtung aller Einzelfaktoren durchgeführt ?	☐	☐
	Werden in der Studie Standortfaktoren zu Clustern gruppiert und Gewichtungen innerhalb der Cluster vorgenommen ?	☐	☐
	Werden in der Studie zusätzlich die Faktoren-Cluster nochmals für sich gewichtet (mehrstu-	☐	☐

	fige Gewichtung) ?		
3.	**Relationen und Wirkungsbeziehungen ?**	☐	☐
	Werden in der Studie die Bewertungen Standortfaktoren zueinander in Relation gesetzt ?	☐	☐
	Werden in der Studie die zwischen den Standortfaktoren dynamisch wirkenden Beziehungen detailliert erfasst und analysiert ?	☐	☐
	Wird in der Studie die Stärke von Wirkungsbeziehungen interpretiert ?	☐	☐
	Wird in der Studie die Zeitdauer erfasst, mit der sich Änderungen der Standortfaktoren auswirken ?	☐	☐

		JA	**NEIN**
4.	**Anzeige von Ausschöpfungspotentialen ?**	☐	☐
	Werden in der Studie aus der Bewertung von Standortfaktoren mit Blick in die Zukunft gerichtet ausschöpfbare Potentiale angezeigt ?	☐	☐
	Sind in der Studie die angezeigten Potentiale transparent nachvollziehbar und belegt ?	☐	☐
	Werden in der Studie die angezeigten Standort-Potentiale mit Prioritäten und Handlungsempfehlungen unterlegt ?	☐	☐
5.	**Anzeige von Eigenbild- und Fremdbildvergleichen ?**	☐	☐
	Wird in der Studie eine Bewertung der Standortfaktoren aus Sicht der Standortverantwortlichen (Kommunalverwaltung) vorgenommen ?	☐	☐
	Wird in der Studie eine Bewertung der Standortfaktoren aus Sicht der ortsansässigen Fir-	☐	☐

	men vorgenommen ?		
	Wird in der Studie eine Bewertung der Standortfaktoren aus Sicht von Ansiedlungsinteressenten und Existenzgründer vorgenommen ?	☐	☐
6.	**Mehrdimensionale Bewertung ?**	☐	☐
	Werden in der Studie gleiche Standortfaktoren nach jeweils unterschiedlichen Dimensionen (z.B. Quantität, Qualität, Systematik) bewertet ?	☐	☐

Salve,
Nichts ist mehr so wie es war

wenn wir einmal die allgegenwärtige KI fragen würden……

Zur Darstellung und rechnerischen Bewertung von zuvor definierten **Standort-Geschäftsprozessen** kann ein Bürgermeister auf verschiedene **Modelle und Methoden** zurückgreifen. Diese Modelle bieten strukturierte Ansätze, um Prozesse transparent darzustellen, ihre Effizienz zu bewerten und fundierte Entscheidungen zu treffen. Zum Beispiel:

Business Process Model and Notation (BPMN)

Beschreibung:

BPMN ist ein Standard zur grafischen Darstellung von Geschäftsprozessen. Es ermöglicht eine klare Visualisierung der Prozessschritte, Akteure und Interaktionen.

Anwendung durch den Bürgermeister:

- **Darstellung von Genehmigungsverfahren**: Ein BPMN-Diagramm kann den Ablauf eines Bauantragsprozesses von der Einreichung bis zur Genehmigung darstellen.
- **Optimierung des Bürgerservices**: Prozesse wie die Beantragung von Personalausweisen oder Bauplänen können visualisiert und vereinfacht werden.

Bewertung:

- Durch Laufzeitanalysen und Identifikation von Engpässen können Verbesserungen vorgeschlagen werden, z. B. durch den Einsatz digitaler Tools oder die Reduzierung von Bearbeitungsstufen.

Kosten-Nutzen-Analyse (KNA)

Beschreibung:

Die Kosten-Nutzen-Analyse ist ein Modell zur Bewertung von Projekten oder Prozessen anhand monetärer und nicht-monetärer Kriterien.

Anwendung durch den Bürgermeister:

- **Neubau eines Stadtparks**: Die Kosten für Bau, Pflege und Instandhaltung werden den erwarteten Nutzen gegenübergestellt, wie gesteigerte Lebensqualität, erhöhte Immobilienwerte und Umweltvorteile.
- **Digitalisierung der Stadtverwaltung**: Vergleich der Investitionskosten für Software mit der erwarteten Effizienzsteigerung und Zeitersparnis.

Bewertung:

- Rechnet sich das Projekt innerhalb eines definierten Zeitraums? Welcher Nutzen ist auch nicht-monetär zu erwarten (z. B. Imagegewinn)?

Simulation und Szenarioanalyse

Beschreibung:

Simulationen und Szenarioanalysen zeigen, wie sich bestimmte Entscheidungen oder Veränderungen in Geschäftsprozessen auswirken.

Anwendung durch den Bürgermeister:

- **Verkehrsfluss-Optimierung**: Mithilfe von Simulationssoftware kann die Wirkung von Ampelschaltungen oder neuen Radwegen auf den Verkehr in der Stadt getestet werden.

- **Einführung eines ÖPNV-Tickets**: Szenarien könnten zeigen, wie sich unterschiedliche Preismodelle auf die Nutzung des öffentlichen Nahverkehrs auswirken.

Bewertung:

- Die Simulation liefert konkrete Daten zu möglichen Verbesserungen oder Risiken, die in Entscheidungsprozesse einfließen können.

Balanced Scorecard (BSC)

Beschreibung:

Die Balanced Scorecard ist ein strategisches Management-Tool, das die Leistung eines Prozesses anhand von vier Perspektiven bewertet: Finanzen, Kunden, interne Prozesse und Lernen/Innovation.

Anwendung durch den Bürgermeister:

- **Bewertung eines Standortmarketings**: Wie effektiv sind die Marketingmaßnahmen in Bezug auf Investorenakquise (Finanzen), Zufriedenheit der Bürger (Kunden), Effizienz der Verwaltung (interne Prozesse) und Innovationsfähigkeit (Lernen/Innovation)?

Bewertung:

- Schwachstellen in einzelnen Bereichen werden sichtbar, und gezielte Maßnahmen zur Verbesserung können entwickelt werden.

SWOT-Analyse (Strengths, Weaknesses, Opportunities, Threats)

Beschreibung:

SWOT analysiert die Stärken, Schwächen, Chancen und Risiken eines Prozesses oder Projekts.

Anwendung durch den Bürgermeister:

- **Standortentwicklung für Gewerbeflächen**: Stärken könnten die Nähe zu Autobahnen und vorhandene Infrastruktur sein, Schwächen der Fachkräftemangel, Chancen die Ansiedlung innovativer Start-ups und Risiken der Wettbewerb durch Nachbarstädte.

Bewertung:

- Die SWOT-Analyse hilft, strategische Entscheidungen zu treffen, indem sie Risiken minimiert und Chancen maximiert.

Fallbeispiele

1. **Effizienzsteigerung in der Verwaltung**:
   - Modell: BPMN zur Visualisierung der Bearbeitungszeiten.
   - Bewertung: Kosten-Nutzen-Analyse zur Investition in eine digitale Aktenverwaltung.
2. **Ausbau des ÖPNV**:
   - Modell: Szenarioanalyse zur Wirkung neuer Buslinien auf Pendlerströme.

    - Bewertung: Balanced Scorecard zur Bewertung der Kundenzufriedenheit und finanziellen Tragfähigkeit.
3. **Förderung von Nachhaltigkeitsprojekten**:
    - Modell: SWOT-Analyse zur Identifikation von Chancen und Risiken bei der Einführung von Solarparks.
    - Bewertung: Kosten-Nutzen-Analyse zur Gegenüberstellung von Investitionskosten und Energieeinsparungen.

Fazit

Mit diesen Modellen kann ein Bürgermeister nicht nur die Transparenz und Nachvollziehbarkeit von Standort-Geschäftsprozessen erhöhen, sondern auch fundierte, datenbasierte Entscheidungen treffen. Dies schafft Vertrauen bei den Beteiligten und stärkt den Standort nachhaltig.

KI Ende

Ohne ein Roboter zu sein, könnte man als Mensch vielleicht meinen:

Fiktive Dialoge - ein paar Stunden Intensivcoaching

Denkanstöße

Wissensmanagement

Storytelling

Content
Inspiration
Diskurs
DecisionSupport
Gehirntraining - wenn es gut werden soll
Verstehen lernen
Vernetzt denken
Potenziale ausschöpfen
Komplexität reduzieren
Gestaltbar machen
Wissen transferieren
Proaktiv agieren

Executive Coaching
Denkstudio für strategisches Wissensmanagement
SMART - Ziele sollten SMART (spezifisch, messbar, erreichbar, relevant und zeitgebunden) sein.

Bewertung der definierten Standort-Geschäftsprozesse

Beispielsweise Planung, Kontrolle, Messung, Bewertung, Dokumentation von Standortfaktoren. Standortentwicklungskonzept und -leitbild. Standort-/Citymarketing – Vermarktung von Standortressourcen. Wirtschaftsförderung – Akquisition, Kontakte mit ansiedlungsinteressierten Firmen. Wirtschaftsförderung – Bestandspflege, Zufriedenheitsmessung ortsansässiger Firmen.

Wird der Standort zur Förderung des Fremdenverkehrs, des lokalen Einzelhandels u.a. attraktiv präsentiert und mit seinen Vorzügen akzentuiert in Szene gesetzt?
gibt es ein ausgebautes Citymarketing?
gibt es im Internet eine auf relevante Zielgruppen punktgenau ausgerichtete Präsenz?
ist bekannt, auf welche Standortfaktoren Unternehmen besonders achten und Wert legen?
wird ein virtueller Marktplatz genutzt, um allen örtlichen Unternehmen (z.B. Arztpraxen, Handwerksbetriebe ohne eigene Homepage) eine Basisdarstellung zu ermöglichen?
werden Unternehmen mit eigener Internet-Präsenz durch Links in den Internetauftritt des Standortes eingebunden?
wird ein Gewerbemonitor durchgeführt, um in regelmäßigen Abständen die Standortzufriedenheit und Loyalität der ortsansässigen Firmen zu ermitteln?

1
Bewertung o.a. Standort-Geschäftsprozesse nach Quantität
2
Bewertung o.a. Standort-Geschäftsprozesse nach Qualität
3
Bewertung o.a. Standort-Geschäftsprozesse nach Systematik/Nachhaltigkeit der Weiterentwicklung

Salve,
Nichts ist mehr so wie es war

wenn wir einmal die allgegenwärtige KI fragen würden……

Die Bewertung von **Erfolgsfaktoren eines Standortes** mit Hilfe der **Business Process Model and Notation (BPMN)** erfolgt, indem die relevanten Prozesse visualisiert und analysiert werden. BPMN bietet eine klare und standardisierte Möglichkeit, Geschäftsprozesse darzustellen, die mit den Erfolgsfaktoren eines Standorts verbunden sind, wie z. B. wirtschaftliche Effizienz, Innovationsfähigkeit, Infrastruktur, und Lebensqualität.

Vorgehensweise zur Bewertung mit BPMN

Identifikation der Erfolgsfaktoren

Zunächst werden die zentralen Erfolgsfaktoren des Standorts definiert. Beispiele:

- **Wirtschaftliche Attraktivität**: Schnelligkeit und Transparenz von Genehmigungsverfahren.
- **Lebensqualität**: Zugänglichkeit von sozialen und kulturellen Einrichtungen.
- **Infrastruktur**: Effizienz des öffentlichen Nahverkehrs.
- **Nachhaltigkeit**: Umweltfreundlichkeit von Bauprojekten.

Prozessmodellierung mit BPMN

Die mit den Erfolgsfaktoren verbundenen Prozesse werden in BPMN-Diagrammen abgebildet, z. B.:

- **Genehmigungsverfahren für Unternehmen**: Visualisierung der einzelnen Schritte, von der Antragstellung bis zur finalen Genehmigung.
- **Bürgeranliegen im Rathaus**: Darstellung des Ablaufs von der Einreichung eines Antrags bis zur Bearbeitung und Rückmeldung.

Analyse von Schwachstellen und Engpässen

Das BPMN-Diagramm ermöglicht eine detaillierte Analyse der Prozessschritte:

- Wo entstehen Verzögerungen (z. B. durch Rückfragen oder mangelnde Kapazitäten)?
- Welche Schritte sind unnötig komplex und könnten vereinfacht werden?
- Wie hoch ist die Bearbeitungszeit einzelner Aufgaben?

Bewertung der Effizienz und Effektivität

Anhand der visualisierten Prozesse können die Erfolgsfaktoren bewertet werden:

- **Zeitliche Effizienz**: Wie lange dauert der Prozess im Durchschnitt?
- **Ressourceneinsatz**: Welche Kosten oder personellen Ressourcen werden benötigt?

- **Kundenzufriedenheit**: Wie gut wird der Prozess aus Sicht der Unternehmen oder Bürger angenommen?

Simulation und Optimierung

BPMN ermöglicht die Simulation von Prozessen, um verschiedene Szenarien zu testen, z. B.:

- Was passiert, wenn ein digitaler Workflow eingeführt wird?
- Wie verändert sich die Effizienz, wenn bestimmte Aufgaben parallel statt sequentiell bearbeitet werden?

Fallbeispiel: Bewertung des Erfolgsfaktors „Effiziente Verwaltung“

Schritt 1: Prozessmodellierung

Der Prozess „Baugenehmigung“ wird mit BPMN dargestellt:

- **Startpunkt**: Antragstellung durch einen Bauherren.
- **Zwischenschritte**: Prüfung durch verschiedene Abteilungen (z. B. Bauamt, Umweltamt).
- **Endpunkt**: Erteilung oder Ablehnung der Genehmigung.

Schritt 2: Analyse

- Identifikation von Engpässen, z. B. längere Wartezeiten bei der Prüfung durch das Umweltamt.

- Bewertung der Durchlaufzeit und Anzahl der Rückfragen.

Schritt 3: Optimierung

- Einführung einer digitalen Plattform zur besseren Koordination zwischen Abteilungen.
- Parallelisierung von Prüfprozessen zur Zeitersparnis.

Ergebnis

Die Optimierung des Prozesses steigert die Geschwindigkeit und Transparenz, was den Erfolgsfaktor „Effiziente Verwaltung" stärkt und die Standortattraktivität erhöht.

Fazit

Mit BPMN kann ein Bürgermeister die Erfolgsfaktoren eines Standorts präzise bewerten, Schwachstellen identifizieren und gezielt Optimierungen vornehmen. Die visuelle Darstellung fördert das Verständnis aller Beteiligten und ermöglicht faktenbasierte Entscheidungen für eine nachhaltige Standortentwicklung.

KI Ende

Ohne ein Roboter zu sein, könnte man als Mensch vielleicht meinen:

Fiktive Dialoge - ein paar Stunden Intensivcoaching

Denkanstöße
Wissensmanagement
Storytelling
Content
Inspiration
Diskurs
DecisionSupport
Gehirntraining - wenn es gut werden soll
Verstehen lernen
Vernetzt denken
Potenziale ausschöpfen
Komplexität reduzieren
Gestaltbar machen
Wissen transferieren
Proaktiv agieren

Executive Coaching
Denkstudio für strategisches Wissensmanagement
SMART - Ziele sollten SMART (spezifisch, messbar, erreichbar, relevant und zeitgebunden) sein.

Bewertung der definierten Standort-Erfolgsfaktoren
Beispielsweise Existenzgründungshilfen, Mittelstandförderungen, Beratungshilfen, regionale Förderprogramme des Standortes. Nähe zu Forschung und Entwicklung, High-Tech-

Strategien, Innovationsmanagement. Standortbezogene Kostenfaktoren (Energie, Hebesätze, Gebühren u.a.). Attraktivität, Image

Rahmenbedingungen des Standortes. Standort-Finanzen/-Entwicklungspotenziale/-Handlungsspiel-räume/-Risiken. (gibt es Hinweise, Links auf Förderdatenbanken?
gibt es relevante Linkes zu Verbänden, IHK, Bund, Ländern?
gibt es praktische Hilfen für ansässige Firmen und potentielle Ansiedlungswillige?
gibt es lokale Förderhilfen/-mittel?
gibt es Start-up-Beratungen, Business-Angels?
werden interaktive Werkzeuge (z.B. Marketing-, Finanzplaner) zur Verfügung gestellt?
gibt es Forschungs- und Entwicklungskooperationen?
wird die Zusammenarbeit zwischen Wirtschaft und Wissenschaft angeregt, gefördert?
gibt es eine steuerliche Konkurrenz zu benachbarten Standorten?
gibt es innerhalb des Ballungsraumes eine starke Differenzierung der Steuersätze?
haben wir sehr gute Kenntnisse über die Konkurrenzsituation des Standortes?
wird versucht, mögliche Aktivitäten von Standortkonkurrenten zu antizipieren?
wird untersucht bzw. ist bekannt: warum wächst der Standort (Globaleffekte, Struktureffekte, Regionaleffekte)?

Ist die Kommunalpolitik zuverlässig, sind politische Entscheidungen zu Rahmenbedingungen des Standortes berechenbar? gibt es Einflüsse von Zufälligkeiten?

1
Bewertung o.a. Standort-Erfolgsfaktoren nach Quantität
2
Bewertung o.a. Standort-Erfolgsfaktoren nach Qualität
3
Bewertung o.a. Standort-Erfolgsfaktoren nach Systematik/ Nachhaltigkeit der Weiterentwicklung

Salve,
Nichts ist mehr so wie es war

wenn wir einmal die allgegenwärtige KI fragen würden……

Bewertung des Humankapitals eines Standorts mithilfe einer Simulation und Szenarioanalyse

Das **Humankapital** eines Standorts umfasst die Fähigkeiten, Kenntnisse, und Produktivität der dort ansässigen Arbeitskräfte. Simulationen und Szenarioanalysen bieten die Möglichkeit, die Auswirkungen von Veränderungen auf das Humankapital zu bewerten und fundierte strategische Entscheidungen zu treffen.

Vorgehensweise bei der Simulation und Szenarioanalyse

a) Definition der Zielparameter

- Welche Aspekte des Humankapitals sollen bewertet werden?
    - Verfügbarkeit von Fachkräften
    - Qualifikationsniveau der Arbeitskräfte
    - Innovationsfähigkeit
    - Weiterbildung und Umschulung

b) Erstellung eines Basismodells

Ein Simulationsmodell wird erstellt, das den aktuellen Zustand des Humankapitals und seine Wechselwirkungen mit anderen Standortfaktoren abbildet. Wichtige Eingabedaten sind:

- Bildungsniveau der Bevölkerung
- Arbeitslosenquote
- Anzahl der Berufspendler
- Zugang zu Weiterbildungsangeboten

c) Entwicklung von Szenarien

Es werden verschiedene Szenarien definiert, um mögliche Entwicklungen zu simulieren, z. B.:

- **Szenario 1: Einführung neuer Ausbildungsprogramme**
  Simuliert wird, wie sich eine verstärkte Förderung von

technischen Berufen auf die Verfügbarkeit von Fachkräften in der Industrie auswirkt.

- **Szenario 2: Zuwanderung qualifizierter Arbeitskräfte**
  Analysiert wird, wie sich ein Anstieg der Zuwanderung auf die Innovationskraft und das Wirtschaftswachstum auswirkt.
- **Szenario 3: Abwanderung junger Talente**
  Betrachtet wird, welche Auswirkungen die Abwanderung junger Fachkräfte auf die langfristige wirtschaftliche Entwicklung hat.

d) Bewertung der Ergebnisse

Die Simulation liefert quantitative Ergebnisse (z. B. Veränderung der Arbeitslosenquote, Produktivitätssteigerung) sowie qualitative Erkenntnisse (z. B. verbesserte Innovationsfähigkeit). Die Szenarien werden verglichen, um die besten Handlungsoptionen zu identifizieren.

Fallbeispiel 1: Fachkräftemangel in der Industrie

Ein Bürgermeister möchte den Fachkräftemangel in der lokalen Industrie bewerten und beheben.

- **Simulation**: Modellierung des zukünftigen Arbeitskräftebedarfs in der Industrie basierend auf aktuellen und geplanten Investitionen.
- **Szenarioanalyse**:
  - Szenario 1: Einführung dualer Ausbildungsprogramme.

- Szenario 2: Förderung der Zuwanderung ausländischer Fachkräfte.
    - Szenario 3: Zusammenarbeit mit Hochschulen zur gezielten Förderung technischer Studiengänge.
- **Ergebnis**: Das Szenario mit der höchsten langfristigen Wirkung auf die Verfügbarkeit qualifizierter Fachkräfte wird priorisiert.

Fallbeispiel 2: Förderung von Weiterbildung und Digitalisierung

Ein Standort plant, seine Arbeitskräfte auf den digitalen Wandel vorzubereiten.

- **Simulation**: Analyse der aktuellen Weiterbildungsquote und ihrer Auswirkung auf die Produktivität.
- **Szenarioanalyse**:
    - Szenario 1: Einführung von E-Learning-Angeboten für Unternehmen.
    - Szenario 2: Förderung von Weiterbildungszentren durch öffentliche Mittel.
    - Szenario 3: Subventionen für Unternehmen, die Mitarbeitende digital weiterbilden.
- **Ergebnis**: Identifikation des Szenarios, das die Produktivität und Innovationsfähigkeit am stärksten steigert.

Fallbeispiel 3: Abwanderung und Alterung der Bevölkerung

Ein Bürgermeister möchte die Auswirkungen der demografischen Entwicklung auf den Standort bewerten.

- **Simulation**: Prognose der Bevölkerungsentwicklung und deren Auswirkungen auf die Arbeitsmarktsituation.
- **Szenarioanalyse**:
    - Szenario 1: Attraktivitätssteigerung für junge Familien durch bessere Kinderbetreuung und Freizeitangebote.
    - Szenario 2: Förderung von Heimarbeitsmodellen, um Berufspendler zurückzugewinnen.
    - Szenario 3: Maßnahmen zur Verlängerung der Erwerbstätigkeit älterer Arbeitnehmer.
- **Ergebnis**: Entscheidung für eine Strategie, die Abwanderung stoppt und das Arbeitskräfteangebot stabilisiert.

Fazit

Simulation und Szenarioanalyse ermöglichen eine fundierte Bewertung des Humankapitals eines Standorts, indem sie die Folgen unterschiedlicher Maßnahmen quantifizieren und visualisieren. Sie helfen dem Bürgermeister, langfristige Strategien zu entwickeln, die das Qualifikationsniveau und die Verfügbarkeit von Arbeitskräften verbessern und so die Wettbewerbsfähigkeit des Standorts sichern.

KI Ende

Ohne ein Roboter zu sein, könnte man als Mensch vielleicht meinen:

Fiktive Dialoge - ein paar Stunden Intensivcoaching

Denkanstöße
Wissensmanagement
Storytelling
Content
Inspiration
Diskurs
DecisionSupport
Gehirntraining - wenn es gut werden soll
Verstehen lernen
Vernetzt denken
Potenziale ausschöpfen
Komplexität reduzieren
Gestaltbar machen
Wissen transferieren
Proaktiv agieren

Executive Coaching
Denkstudio für strategisches Wissensmanagement
SMART - Ziele sollten SMART (spezifisch, messbar, erreichbar, relevant und zeitgebunden) sein.

Bewertung der definierten Standort-Humankapitalfaktoren

Beispielsweise Einwohnerstruktur, soziales Umfeld, Sicherheit. Kaufkraft, verfügbares Einkommen, Konsumverhalten. Intellektuelles Wissenskapital, Kompetenznetzwerke. Arbeitskräftepotential, vor Ort verfügbare Fachqualifikationen. eGovernment, kommunale Kompetenzen/Verwaltungsprozesse.

Gibt es Initiativen, die es Menschen erleichtern, vor Ort Familie und Beruf miteinander zu verbinden?`
wird eine Betreuung angeboten, die sowohl qualitativ als auch von den Zeiten her maßgeschneidert ist, um eine Berufstätigkeit mit Kindern zu vereinbaren?
bezüglich der 3-T-Standortfaktoren Technologie, Talent, Toleranz: gibt es am Standort ein offenes, kreatives Umfeld?
liegen aktuelle Kaufkraftkennziffern zum verfügbaren Einkommen vor?
gibt es Informationen zum Konsumverhalten am Standort?
wird das vorhandene Wissen des Standortes in einer Datenbank oder regelmäßigen Treffen zum Wissensaustausch zusammengeführt?
werden am Standort verfügbare Kernkompetenzen gesichert, z.B. durch das Denken in Netzwerken?
werden Kompetenzen in Netzwerken gebündelt?
sind am Standort in ausreichender Anzahl fachlich qualifizierte Mitarbeiter verfügbar?
gibt es Auswertungen über den Ausbildungsstand der Arbeitskräfte als Voraussetzung für die Innovationsfähigkeit des Standortes?
gelingt es, im Rahmen der Kommunikationsstrategie des Standortes, auch Arbeitgeberqualitäten zu platzieren?
können Genehmigungsverfahren elektronisch medienbruchfrei abgewickelt werden?
gibt es das virtuelle Rathaus unabhängig von Öffnungszeiten?

1
Bewertung o.a. Standort-Humankapitalfaktoren nach Quantität
2
Bewertung o.a. Standort-Humankapitalfaktoren nach Qualität
3
Bewertung o.a. Standort-Humankapitalfaktoren nach Systematik/Nachhaltigkeit der Weiterentwicklung

Salve,
Nichts ist mehr so wie es war

wenn wir einmal die allgegenwärtige KI fragen würden……

Bewertung des Strukturkapitals eines Standorts mit Hilfe einer Balanced Scorecard (BSC)

Das **Strukturkapital** eines Standorts umfasst alle systemischen und organisatorischen Rahmenbedingungen, die eine effektive Nutzung von Humankapital und anderen Ressourcen ermöglichen. Dazu zählen beispielsweise die Infrastruktur, Verwaltungsstrukturen, Innovationsnetzwerke, und technologischer Entwicklungsstand. Die **Balanced Scorecard (BSC)** ist ein strategisches Management-Tool, das sich hervorragend eignet, um die Leistungsfähigkeit des Strukturkapitals aus verschiedenen Perspektiven zu bewerten und zu steuern.

Aufbau der Balanced Scorecard für das Strukturkapital

Die BSC betrachtet vier zentrale Perspektiven, die speziell für die Bewertung des Strukturkapitals angepasst werden können:

a) Finanzielle Perspektive

Bewertet die Kosten und finanziellen Ressourcen, die für den Aufbau und die Wartung des Strukturkapitals benötigt werden.

Mögliche Kennzahlen:

- Investitionsvolumen in Infrastrukturprojekte (z. B. Straßen, Breitbandnetze)
- Betriebskosten für öffentliche Einrichtungen
- Fördermittel für technologische Innovationen

b) Prozessperspektive

Untersucht die Effizienz und Qualität der Abläufe und Systeme, die das Strukturkapital betreffen.

Mögliche Kennzahlen:

- Dauer von Genehmigungsverfahren
- Effizienz der Verkehrslogistik (z. B. durchschnittliche Pendelzeiten)
- Verfügbarkeit und Qualität von IT-Systemen in der Verwaltung

c) Kundenperspektive (Bürger und Unternehmen)

Erfasst die Wahrnehmung und Zufriedenheit der Bürger und Unternehmen mit dem Strukturkapital des Standorts.

Mögliche Kennzahlen:

- Zufriedenheit der Unternehmen mit der Standortinfrastruktur
- Bürgerzufriedenheit mit öffentlichem Nahverkehr und Verwaltung
- Anzahl neuer Unternehmensansiedlungen pro Jahr

d) Lern- und Innovationsperspektive

Fokussiert auf die Fähigkeit des Standorts, sich an neue Anforderungen anzupassen und technologische Innovationen zu fördern.

Mögliche Kennzahlen:

- Anzahl der Innovationsprojekte und Kooperationen mit Hochschulen
- Verfügbarkeit von Forschungs- und Entwicklungszentren
- Weiterbildungsprogramme für digitale Kompetenzen in der Verwaltung

Vorgehensweise zur Bewertung des Strukturkapitals mit der BSC

Schritt 1: Ziele definieren

Für jede Perspektive werden konkrete, messbare Ziele festgelegt.
Beispiel:

- Finanzielle Perspektive: Reduzierung der Kosten für Verwaltungsprozesse um 10 % in den nächsten zwei Jahren.
- Prozessperspektive: Verkürzung der Bearbeitungszeit von Bauanträgen um 20 %.

Schritt 2: Kennzahlen auswählen und messen

Zu jedem Ziel werden passende Kennzahlen definiert und regelmäßig erhoben.
Beispiel:

- Anzahl abgeschlossener Bauanträge pro Monat.
- Prozentsatz der Bürger, die digitale Behördendienste nutzen.

Schritt 3: Ergebnisse analysieren und bewerten

Die gesammelten Daten werden analysiert, um die Leistungsfähigkeit des Strukturkapitals zu bewerten. Schwächen oder Engpässe werden sichtbar.

Schritt 4: Strategische Maßnahmen ableiten

Auf Basis der Ergebnisse werden Maßnahmen zur Optimierung des Strukturkapitals entwickelt.
Beispiel: Einführung eines Online-Portals zur digitalen Beantragung von Baugenehmigungen, um Prozesse zu beschleunigen.

Fallbeispiel 1: Verkehrsinfrastruktur verbessern

Ziele:

- Verkürzung der durchschnittlichen Pendelzeiten um 15 %.
- Steigerung der Nutzung öffentlicher Verkehrsmittel um 10 %.

Maßnahmen:

- Investitionen in den Ausbau von Fahrradwegen.
- Einführung eines Echtzeit-Informationssystems für den ÖPNV.

Ergebnisse:
Durch regelmäßige Erhebung der Kennzahlen kann überprüft werden, ob die Maßnahmen die gewünschten Effekte erzielen.

Fallbeispiel 2: Digitale Verwaltung etablieren

Ziele:

- Erhöhung der Nutzung digitaler Verwaltungsdienste um 30 %.

- Reduzierung der Bearbeitungszeit für Anträge um 25 %.

Maßnahmen:

- Einführung eines benutzerfreundlichen Bürgerportals.
- Schulung der Verwaltungsmitarbeiter in digitalen Tools.

Ergebnisse:
Die Balanced Scorecard zeigt, ob die Digitalisierung zu höherer Effizienz und Zufriedenheit führt.

Fazit

Die Balanced Scorecard ermöglicht eine umfassende Bewertung des Strukturkapitals eines Standorts, indem sie finanzielle, organisatorische, soziale und innovative Aspekte integriert. Sie hilft dem Bürgermeister, strategische Maßnahmen gezielt zu steuern, die Standortattraktivität zu erhöhen und langfristig eine nachhaltige Entwicklung zu gewährleisten.

KI Ende

Ohne ein Roboter zu sein, könnte man als Mensch vielleicht meinen:

Fiktive Dialoge - ein paar Stunden Intensivcoaching

Denkanstöße

Wissensmanagement

Storytelling
Content
Inspiration
Diskurs
DecisionSupport
Gehirntraining - wenn es gut werden soll
Verstehen lernen
Vernetzt denken
Potenziale ausschöpfen
Komplexität reduzieren
Gestaltbar machen
Wissen transferieren
Proaktiv agieren

Executive Coaching
Denkstudio für strategisches Wissensmanagement
SMART - Ziele sollten SMART (spezifisch, messbar, erreichbar, relevant und zeitgebunden) sein.

Bewertung der definierten Standort-Strukturkapitalfaktoren

Beispielsweise Dichte, Zustand des Wege- und Leitungsnetzes, Gewerbeflächen, Versorgungseinrichtungen, Schulen, Kindergärten, Bildungs- und Kultureinrichtungen, Gesundheitseinrichtungen, Sport- und Freizeitanlagen, Naherholungsgebiete u.a.

Sind bei Gewerbeimmobilien die aktuellen Leerstandquoten bekannt?
wird zwischen strukturellem Leerstand und zyklischen Angebotsüberhängen differenziert?
sind die Anforderungen von Bestandsmietern mit sich ändernden Flächenanforderungsprofilen bekannt, werden diese umfassend betreut?
wie ist das Verhältnis zwischen zusätzlichem Bedarf an Wohnungen zu neu gebauten Wohnungen?
werden neue Wohnungen durch Nachverdichtungen im Bestand oder nach neuem Baurecht errichtet?
gibt es Projekte für Mehrgenerationen-Häuser, Senioren-Wohngemeinschaften u.a.?
gibt es Verbundlösungen, in denen betreutes Wohnen, ambulante Dienste, stationäre Pflege, Reha-Einrichtungen über alle Pflegestufen miteinander verzahnt arbeiten?
richtet sich der Standort proaktiv auf demographische Entwicklungen ein?
wird auf Gefahren der ethnischen und sozialen Gettobildung geachtet?
wird das Knowhow von Stadtentwicklungsgesellschaften intensiv genutzt?
werden Verfahren der privaten Stadtentwicklung eingesetzt?
fungieren Stadtentwicklungsgesellschaften optimal als Scharnier zwischen Verwertungsinteressen von Immobilienbesitzern und städtebaulichen Interessen der Kommune?
gibt es Unter-/Überversorgung mit Einzelhandel?
werden in Innenstadtlage inhabergeführte Geschäfte aufgegeben?
ist eine verbrauchernahe Versorgung gewährleistet?

ist es Ziel, die Nahversorgung zu stärken, d.h. den Einzelhandel dort anzusiedeln, wo die Menschen wohnen?
genügen die Marketing-/ Förderaktivitäten des Standortes den Anforderungen, um Innenstadtlagen zu fördern/unterstützen?
werden Jugendliche beim Übergang ins Berufsleben betreut?
werden Jugendliche auch nach ihrem Schulabschluss betreut?
sind ausreichend Bildungseinrichtungen vor Ort vorhanden?

1
Bewertung o.a. Standort-Strukturkapitalfaktoren nach Quantität
2
Bewertung o.a. Standort-Strukturkapitalfaktoren nach Qualität
3
Bewertung o.a. Standort-Strukturkapitalfaktoren nach Systematik/Nachhaltigkeit der Weiterentwicklung

Salve,
Nichts ist mehr so wie es war

wenn wir einmal die allgegenwärtige KI fragen würden……

Bewertung der Beziehungen eines Standorts mit einer SWOT-Analyse

Die **SWOT-Analyse** (Stärken, Schwächen, Chancen, Risiken) ist ein effektives Instrument, um die Beziehungsqualität eines Standorts systematisch zu bewerten. Beziehungen umfassen Netzwerke zwischen Unternehmen, Verwaltung, Bildungseinrichtungen, Forschungseinrichtungen, Bürgern und externen Partnern. Ziel ist es, strategische Handlungsmöglichkeiten zur Verbesserung der Zusammenarbeit und Positionierung des Standorts zu identifizieren.

Vorgehensweise bei der SWOT-Analyse

a) Stärken (Strengths)

Identifikation der Faktoren, die zu starken Beziehungen beitragen. Beispiele:

- Engagierte lokale Netzwerke von Unternehmen und Institutionen.
- Partnerschaften mit Hochschulen und Forschungszentren.
- Hohe Bürgerbeteiligung in kommunalen Projekten.

b) Schwächen (Weaknesses)

Erfassung von Faktoren, die Beziehungen negativ beeinflussen. Beispiele:

- Mangelnde Kommunikation zwischen Verwaltung und Wirtschaft.
- Fehlende Plattformen für den Austausch von Informationen.
- Geringe Kooperationsbereitschaft zwischen Unternehmen.

c) Chancen (Opportunities)

Ermittlung externer Möglichkeiten zur Stärkung der Beziehungen. Beispiele:

- Förderung regionaler Innovationscluster durch staatliche Programme.
- Ausbau internationaler Partnerschaften und Netzwerke.
- Digitalisierung von Kommunikations- und Verwaltungsprozessen.

d) Risiken (Threats)

Analyse externer Bedrohungen, die Beziehungen schwächen könnten. Beispiele:

- Abwanderung von Schlüsselunternehmen oder Bildungseinrichtungen.
- Politische Spannungen zwischen lokalen Akteuren.
- Wirtschaftliche Krisen, die Investitionen und Kooperationen hemmen.

Fallbeispiel 1: Wirtschaftliche Netzwerke stärken

Ein Bürgermeister möchte die Zusammenarbeit zwischen lokalen Unternehmen fördern.

- **Stärken**:
  - Hohe Dichte an mittelständischen Unternehmen.
  - Bereits existierende Wirtschaftsverbände.
- **Schwächen**:

- Wenig Austausch zwischen etablierten und Start-up-Unternehmen.
    - Fehlende gemeinsame Innovationsplattformen.
- **Chancen**:
    - Förderung durch regionale Innovationsprogramme.
    - Vernetzung mit internationalen Wirtschaftsclustern.
- **Risiken**:
    - Konkurrenz zwischen den Unternehmen, die Kooperation behindert.
    - Mögliche Rezession, die Investitionen reduziert.

Maßnahme: Einrichtung eines Innovationszentrums als physischer und digitaler Treffpunkt für Unternehmen.

Fallbeispiel 2: Beziehungen zur Bevölkerung verbessern

Die Stadtverwaltung möchte das Vertrauen und die Zusammenarbeit mit den Bürgern stärken.

- **Stärken**:
    - Aktive Bürgerinitiativen und hoher ehrenamtlicher Einsatz.
    - Transparente Entscheidungsprozesse in der Kommunalpolitik.
- **Schwächen**:
    - Fehlende digitale Plattformen für Bürgeranliegen.
    - Geringe Beteiligung jüngerer Generationen.

- **Chancen**:
    - Einführung eines Bürgerbeteiligungsportals.
    - Nutzung sozialer Medien zur Erhöhung der Reichweite.
- **Risiken**:
    - Vertrauensverlust durch unzureichende Umsetzung von Bürgerideen.
    - Politische Radikalisierung einzelner Gruppen.

Maßnahme: Einführung eines regelmäßigen Bürgerforums mit digitaler und physischer Teilnahme.

Fallbeispiel 3: Kooperation mit Hochschulen und Forschungseinrichtungen ausbauen

Ein Standort will seine Innovationskraft durch bessere Zusammenarbeit mit akademischen Einrichtungen stärken.

- **Stärken**:
    - Nähe zu renommierten Hochschulen.
    - Bereits bestehende Forschungsprojekte.
- **Schwächen**:
    - Mangelnde Einbindung der Hochschulen in kommunale Projekte.
    - Unzureichende Praxisnähe der Forschung.
- **Chancen**:
    - Nationale Förderprogramme für angewandte Forschung.
    - Aufbau eines regionalen Technologieparks.
- **Risiken**:

- Konkurrenz durch andere Regionen mit besserer Forschungsinfrastruktur.
- Unsicherheiten in der staatlichen Forschungsförderung.

Maßnahme: Einrichtung eines „Transferbüros“ zur besseren Vernetzung von Wissenschaft und Wirtschaft.

Nutzen der SWOT-Analyse

- **Strategisches Verständnis**: Die SWOT-Analyse zeigt klar, wo Beziehungen bereits stark sind und wo Handlungsbedarf besteht.
- **Handlungsempfehlungen**: Die Analyse liefert eine Grundlage für Maßnahmen, um Schwächen zu beseitigen, Chancen zu nutzen und Risiken zu minimieren.
- **Effektive Priorisierung**: Ressourcen können gezielt in Bereiche mit hohem Potenzial für Verbesserungen gelenkt werden.

Fazit

Mit der SWOT-Analyse können die Beziehungen eines Standorts systematisch bewertet werden, um strategische Maßnahmen zur Verbesserung der Zusammenarbeit und Vernetzung zu entwickeln. Sie hilft dem Bürgermeister, eine nachhaltige Standortentwicklung zu fördern und die Attraktivität des Standorts zu erhöhen.

KI Ende

Ohne ein Roboter zu sein, könnte man als Mensch vielleicht meinen:

Fiktive Dialoge - ein paar Stunden Intensivcoaching

Denkanstöße

Wissensmanagement

Storytelling

Content

Inspiration

Diskurs

DecisionSupport

Gehirntraining - wenn es gut werden soll

Verstehen lernen

Vernetzt denken

Potenziale ausschöpfen

Komplexität reduzieren

Gestaltbar machen

Wissen transferieren

Proaktiv agieren

Executive Coaching

Bewertung der definierten Standort- Beziehungskapitalfaktoren

Beispielsweise Logistikanbindungen. Standort-Benchmarking, regionalwirtschaftliche Rahmenbeziehungen. Clusterbildung, überregionaler Standortverbund. Kongresse, Messen, Tagungen, Internet. Beziehungen Wirtschaft zu Wissenschaft.

Verschärft sich durch die Globalisierung die Kluft zwischen Metropole und Standort?
gibt es eine Spezialisierung des Standortes nach Branchen?
gibt es eine Spezialisierung des Standortes nach Funktionen, z.B. Forschungs- und Entwicklungsabteilungen u.a.?
gibt es am Standort Chancen zum Aufbau von Netzwerken, beispielsweise durch räumliche Nähe zwischen Politikern, Managern, Forschern?
hat der Standort die Möglichkeit, die Ausprägung seiner eigenen Standortfaktoren mit anderen Standorten zu vergleichen?
wo steht der eigene Standort im Wettlauf um die klügsten Köpfe und die innovativsten Ideen?
gibt es ein ausgearbeitetes/bereits umgesetztes Konzept für Cluster-Bildung?
sorgt der Standort dafür, dass für Unternehmen bestimmter Zielbranchen besonders gute Rahmenbedingungen hergestellt und Anstöße geliefert werden, damit sich entsprechende Cluster bilden?

finden ansiedlungsinteressierte Firmen über das Internetangebot des Standortes alle benötigten Informationen?
ist das Internetportal so gestaltet, dass es von potentiellen Investoren ohne Einschränkungen als Erstinformationsquelle bei der Standortsuche genutzt wird?

1
Bewertung o.a. Standort-Beziehungskapitalfaktoren nach Quantität
2
Bewertung o.a. Standort-Beziehungskapitalfaktoren nach Qualität
3
Bewertung o.a. Standort-Beziehungskapitalfaktoren nach Systematik/Nachhaltigkeit der Weiterentwicklung

Salve,
Nichts ist mehr so wie es war

wenn wir einmal die allgegenwärtige KI fragen würden……

Standortfaktoren sind Kriterien, die die Attraktivität eines Standorts für Unternehmen, Investoren oder andere Projekte bestimmen. Die Messung dieser Faktoren erfolgt in der Regel durch die Anwendung eines standardisierten Bewertungsverfahrens, beispielsweise mithilfe einer **Scoring-Methode** oder **multikriteriellen Analyse**. Zum Beispiel:

Fallbeispiel: Standortwahl für ein Logistikzentrum

Ziel: Ein Logistikunternehmen möchte ein neues Zentrallager eröffnen und potenzielle Standorte bewerten.

Vorgehen:

1. **Identifikation der relevanten Standortfaktoren**:
   - Verkehrsanbindung (Straße, Schiene, Luft)
   - Nähe zu Lieferanten und Kunden
   - Grundstückskosten
   - Verfügbarkeit von Arbeitskräften
   - Infrastruktur (Strom, Wasser, Internet)
2. **Bewertung der Faktoren**:
   Für jeden potenziellen Standort werden die Faktoren bewertet, z. B. auf einer Skala von 1 (schlecht) bis 10 (sehr gut).
3. **Gewichtung der Faktoren**:
   Da nicht alle Faktoren gleich wichtig sind, erhalten sie unterschiedliche Gewichtungen (z. B. Verkehrsanbindung: 40 %, Grundstückskosten: 25 %).
4. **Scoring und Ranking**:
   - Standort A: 8 (Verkehr) × 0,4 + 6 (Kosten) × 0,25 + … = 7,2
   - Standort B: 7 (Verkehr) × 0,4 + 8 (Kosten) × 0,25 + … = 7,8
     Ergebnis: Standort B ist attraktiver.

Fallbeispiel: Standortentscheidung für ein Start-up im IT-Bereich

Ziel: Ein Start-up sucht einen optimalen Standort für seine Geschäftstätigkeit.

Vorgehen:

1. **Identifikation der relevanten Standortfaktoren**:
   - Nähe zu Universitäten und Forschungseinrichtungen
   - Verfügbarkeit von Büroräumen
   - Lebensqualität (für Mitarbeitende)
   - Netzwerke und Förderprogramme
   - Verfügbarkeit von Fachkräften
2. **Datensammlung und Bewertung**:
   - **Nähe zu Universitäten**: Wie viele Universitäten sind innerhalb von 30 km erreichbar?
   - **Lebensqualität**: Wie hoch ist der Happiness-Index der Region?
3. **Quantitative und qualitative Analyse**:
   - **Quantitativ**: Bewertung durch harte Zahlen (z. B. Mietkosten pro m^2).
   - **Qualitativ**: Expertenbefragungen zu Netzwerkpotenzial.
4. **Gesamtscore und Entscheidung**:
   - Standort X: Gute Universitätsnähe, hohe Mietkosten, gute Lebensqualität.
   - Standort Y: Durchschnittliche Universitätsnähe, niedrige Mietkosten, moderate Lebensqualität. Entscheidung: Je nach Priorität könnte entweder

Standort X (Innovation) oder Y (Kostenfokus) gewählt werden.

Fazit:

Dieses Verfahren ermöglicht eine strukturierte und vergleichbare Bewertung verschiedener Standorte. Die Kombination aus objektiven Daten und subjektiven Einschätzungen führt zu fundierten Standortentscheidungen.

KI Ende

Ohne ein Roboter zu sein, könnte man als Mensch vielleicht meinen:

Fiktive Dialoge - ein paar Stunden Intensivcoaching

Denkanstöße

Wissensmanagement

Storytelling

Content

Inspiration

Diskurs

DecisionSupport

Gehirntraining - wenn es gut werden soll

Verstehen lernen

Vernetzt denken

Potenziale ausschöpfen
Komplexität reduzieren
Gestaltbar machen
Wissen transferieren
Proaktiv agieren

Executive Coaching
Denkstudio für strategisches Wissensmanagement
SMART - Ziele sollten SMART (spezifisch, messbar, erreichbar, relevant und zeitgebunden) sein.

Entwicklung/Festlegung eines geeigneten Mess-Verfahrens

1
Jedem Standortfaktor sollte, wenn möglich, ein passender Indikator zugeordnet werden (ein Indikator ist eine absolute oder relative Kennzahl, die immer gleich berechnet wird). Ein Indikator kann auch mehreren Standortfaktoren zugeordnet werden (wird dann gleich berechnet, aber jeweils individuell interpretiert).

2
Die Bildung von Kennzahlen setzt voraus, dass man sich der Grenzen ihrer Aussagefähigkeit bewusst ist: Kennzahlen sind wegen ihrer mathematischen Formalisierung oft statisch und können daher die Dynamik ablaufender Standortprozesse nicht immer zeitnah abbilden, d.h. sie werden immer nur stichtagbezogene Situationen widerspiegeln können. Ihr wichtigstes Ele-

ment bleibt aber trotzdem ihr Informationscharakter, um auch komplizierte Tatbestände in konzentrierter Form abbilden zu können.

3
Standort-Kennzahlen dürfen daher nicht isoliert betrachtet werden, sondern müssen sich der Gesamtsystematik der Standortfaktoren zu-ordnen lassen und immer aus dieser heraus interpretiert werden. Es kommt darauf, sich für Standort-Indikatoren auf eine möglichst einheitliche Systematik zu einigen.

4
Definition des Indikators

5
Angabe der Berechnungsvorschrift (welche Kennzahlen werden bereits verwendet? liegen bereits Zeitreihen vor?)

6
Angabe der Datenquelle (wie werden Indikatoren erhoben?)

7
Angabe der Maßeinheit (Anzahl, Euro Stück etc.)

8
Ist-Wert

9
Festlegung von Interpretationsrahmen (wann ist ein Wert gut? wann weniger gut? wann schlecht?)

Salve,
Nichts ist mehr so wie es war

wenn wir einmal die allgegenwärtige KI fragen würden……

Die Analyse von **Geschäftsprozessen** eines Standorts erfordert die Identifikation relevanter **Indikatoren**, die die Effizienz, Produktivität und Wirtschaftlichkeit der Prozesse messen. Diese Indikatoren können in verschiedene Kategorien eingeteilt werden:

Wirtschaftliche Indikatoren

Diese messen die finanzielle Leistungsfähigkeit eines Standorts:

- **Umsatz pro Mitarbeiter**: Gibt an, wie effizient die Mitarbeitenden zur Wertschöpfung beitragen.
- **Kostenstruktur**: Verhältnis von Fix- zu variablen Kosten, z. B. Mieten, Energie- und Personalkosten.
- **Return on Investment (ROI)**: Misst die Rentabilität der Investitionen in den Standort.
- **Durchlaufzeiten in der Produktion**: Zeitspanne von der Bestellung bis zur Auslieferung eines Produkts.

Logistische Indikatoren

Diese erfassen die Effizienz der Material- und Warenflüsse:

- **Transportzeit und -kosten**: Zeit und Kosten für die Lieferung von Waren zu Kunden oder die Beschaffung von Rohstoffen.
- **Lagerumschlagshäufigkeit**: Gibt an, wie oft der Lagerbestand innerhalb eines Zeitraums vollständig erneuert wird.
- **Erreichbarkeit von Lieferanten und Kunden**: Entfernung zu wichtigen Partnern, gemessen in Kilometern oder Fahrzeiten.

Arbeitsmarktbezogene Indikatoren

Diese spiegeln die Verfügbarkeit und Qualität von Arbeitskräften wider:

- **Arbeitslosenquote der Region**: Gibt Aufschluss über das Potenzial zur Rekrutierung.
- **Qualifikationsniveau der Mitarbeitenden**: Anteil hochqualifizierter Fachkräfte in der Region.
- **Lohnniveau**: Durchschnittliche Gehälter für relevante Positionen.

Technologische Indikatoren

Diese messen die technologische Infrastruktur und Innovationsfähigkeit:

- **Breitbandgeschwindigkeit und -abdeckung**: Verfügbarkeit schneller und stabiler Internetverbindungen.
- **Anzahl von Patentanmeldungen**: Gibt die Innovationskraft der Region wieder.

- **Investitionen in Forschung und Entwicklung (F&E)**: Anteil des Budgets, der für Innovationen verwendet wird.

Ökologische Indikatoren

Diese bewerten die Umweltfreundlichkeit des Standorts:

- **Energieverbrauch pro Produktionseinheit**: Gibt Auskunft über die Energieeffizienz.
- **CO_2-Emissionen des Standorts**: Gemessen in Tonnen pro Jahr oder pro Produkt.
- **Verfügbarkeit erneuerbarer Energien**: Anteil der Energie aus Wind, Sonne oder Wasserkraft.

Infrastrukturbezogene Indikatoren

Diese erfassen die technische und soziale Infrastruktur:

- **Anbindung an Verkehrsnetze**: Nähe zu Autobahnen, Häfen oder Flughäfen.
- **Verfügbarkeit von Büro- und Produktionsflächen**: Größe, Kosten und Zustand der Immobilien.
- **Versorgungssicherheit**: Zuverlässigkeit bei Energie, Wasser und IT-Diensten.

Kunden- und Marktindizierte Indikatoren

Diese zeigen, wie gut ein Standort auf Kundenbedürfnisse ausgerichtet ist:

- **Kundenzufriedenheit**: Gemessen durch Umfragen oder Net Promoter Score (NPS).
- **Marktdurchdringung**: Anteil der Marktanteile im Vergleich zur Konkurrenz.
- **Nähe zu Zielmärkten**: Erreichbarkeit der wichtigsten Kundenregionen.

Zusammenfassung

Diese Indikatoren bieten eine umfassende Grundlage zur Bewertung der Geschäftsprozesse eines Standorts. Sie können je nach Branche und Unternehmensziel unterschiedlich gewichtet werden, um eine fundierte Standortanalyse durchzuführen.

KI Ende

Ohne ein Roboter zu sein, könnte man als Mensch vielleicht meinen:

Fiktive Dialoge - ein paar Stunden Intensivcoaching

Denkanstöße

Wissensmanagement

Storytelling

Content

Inspiration

Diskurs
DecisionSupport
Gehirntraining - wenn es gut werden soll
Verstehen lernen
Vernetzt denken
Potenziale ausschöpfen
Komplexität reduzieren
Gestaltbar machen
Wissen transferieren
Proaktiv agieren

Executive Coaching
Denkstudio für strategisches Wissensmanagement
SMART - Ziele sollten SMART (spezifisch, messbar, erreichbar, relevant und zeitgebunden) sein.

Indikatoren der definierten Standort-Geschäftsprozesse

1
Analyse bereits verwendeter geschäftsprozessbezogener Indikatoren
2
Zuordnung zusätzlicher (ggf. neu entwickelter) Geschäftsprozess-Indikatoren (z.B. Marketing-Professionalität, Kapazität/Qualität Wifö-Akquisition, Kontaktquote mit potentiellen

Investoren, Quote erfolgreicher Ansiedlungen, Kapazität/Qualität der Wifö-Bestandspflege, Globalzufriedenheit mit dem Standort.)
3
Festlegung einer Berechnungsvorschrift für jeden den Standort-Geschäftsprozessen zugeordneten Indikator
4
Angabe der Datenquelle für die Berechnung des jeweiligen Geschäftsprozess-Indikators
5
Angabe der verwendeten Geschäftsprozess-Indikator- Maßeinheiten
6
Angabe des jeweils ermittelten Geschäftsprozess-Indikator-Ist-Wertes
7
Angabe des Interpretationsrahmens für jeden den Standort-Geschäftsprozessen zugeordneten Indikator
8
Angabe des quantitativen Wertebereiches für jeden den Standort-Geschäftsprozessen zugeordneten Indikator

Salve,
Nichts ist mehr so wie es war

wenn wir einmal die allgegenwärtige KI fragen würden......

Die Erfolgsfaktoren eines Standorts können anhand verschiedener Indikatoren bewertet werden, die in wirtschaftlicher, sozialer und infrastruktureller. Zum Beispiel:

Wirtschaftliche Indikatoren

Diese zeigen die ökonomische Leistungsfähigkeit und Attraktivität des Standorts.

Arbeitsmarkt

- **Arbeitslosenquote**: Niedrige Werte sprechen für einen prosperierenden Standort.
- **Qualifikationsstruktur**: Anteil hochqualifizierter Arbeitskräfte.
- **Lohnniveau**: Gibt Hinweise auf die Wettbewerbsfähigkeit der Unternehmen.

Wirtschaftswachstum

- **Bruttoinlandsprodukt (BIP) pro Kopf**: Maß für die Produktivität der Region.

- **Investitionsquote**: Zeigt das Vertrauen von Unternehmen in die Zukunft des Standorts.

Unternehmensdichte

- Anzahl der Unternehmen pro 1.000 Einwohner: Indikator für die Geschäftstätigkeit und das Innovationspotenzial.

Infrastrukturelle Indikatoren

Diese spiegeln die Verfügbarkeit und Qualität der notwendigen Infrastruktur wider.

Verkehrsanbindung

- **Entfernung zu Autobahnen, Flughäfen und Häfen**: Wichtig für Logistik und Erreichbarkeit.
- **Öffentlicher Nahverkehr**: Verfügbarkeit und Frequenz der Anbindungen.

Kommunikationsinfrastruktur

- **Breitbandabdeckung**: Essenziell für digitale Geschäftsmodelle.
- **Mobilfunknetz**: Verfügbarkeit und Qualität.

Versorgungseinrichtungen

- Energie- und Wasserversorgung: Zuverlässigkeit und Kosten.

- Zugang zu Gewerbeflächen und Bürogebäuden.

Demografische und soziale Indikatoren

Diese beeinflussen die Verfügbarkeit von Arbeitskräften und die Lebensqualität.

Bevölkerungsentwicklung

- **Bevölkerungswachstum oder -rückgang**: Zeigt die Attraktivität des Standorts.
- **Altersstruktur**: Jüngere Bevölkerung bedeutet langfristig mehr potenzielle Arbeitskräfte.

Bildung und Ausbildung

- Anzahl und Qualität von Schulen, Hochschulen und Weiterbildungseinrichtungen.
- **Forschungsinstitute**: Kooperationen mit Unternehmen fördern Innovation.

Lebensqualität

- Verfügbarkeit von Freizeitangeboten, kulturellen Einrichtungen und Gesundheitsversorgung.
- Sicherheit: Kriminalitätsrate als Indikator.

Politisch-rechtliche Indikatoren

Diese beeinflussen die Rechtssicherheit und Investitionsbereitschaft.

Stabilität und Transparenz

- Politische Stabilität und Rechtssicherheit.
- Effizienz der lokalen Verwaltung.

Steuern und Abgaben

- Gewerbesteuer, Körperschaftsteuer und weitere Unternehmensabgaben.
- Förderprogramme und Subventionen.

Regulierung

- Vorschriften im Bereich Umwelt, Bau und Arbeitsschutz.

Marktbezogene Indikatoren

Diese zeigen die Potenziale des Absatzmarkts.

Kaufkraft

- Kaufkraftindex: Gibt Hinweise auf die Konsumfähigkeit der Bevölkerung.
- Durchschnittliches verfügbares Einkommen.

Wettbewerbssituation

- Anzahl der Wettbewerber und Marktanteile.
- Marktzugang für neue Unternehmen.

Exportpotenzial

- Nähe zu internationalen Märkten und Handelswegen.
- Anbindung an Freihandelszonen oder -abkommen.

Zusammenfassung: Erfolgsfaktoren messen und priorisieren

Um die Erfolgsfaktoren eines Standorts umfassend zu bewerten, sollten die oben genannten Indikatoren systematisch erhoben und in einem Scoring-Modell zusammengefasst werden. Dabei können die Indikatoren je nach Branche und Zielsetzung gewichtet werden, um eine fundierte Standortentscheidung zu treffen.

KI Ende

Ohne ein Roboter zu sein, könnte man als Mensch vielleicht meinen:

Fiktive Dialoge - ein paar Stunden Intensivcoaching

Denkanstöße

Wissensmanagement

Storytelling

Content

Inspiration
Diskurs
DecisionSupport
Gehirntraining - wenn es gut werden soll
Verstehen lernen
Vernetzt denken
Potenziale ausschöpfen
Komplexität reduzieren
Gestaltbar machen
Wissen transferieren
Proaktiv agieren

Executive Coaching
Denkstudio für strategisches Wissensmanagement
SMART - Ziele sollten SMART (spezifisch, messbar, erreichbar, relevant und zeitgebunden) sein.

Nach einer anstrengenden Sitzung mit Bürgervertretern ist der Bürgermeister froh, sich in seine Amtsstube zurückziehen zu können und lässt sich erschöpft in seinen Sessel fallen. Erzähle eine Geschichten, welche Gedanken ihm dabei im Kopf herumgehen und wie er darüber nachdenkt, was den Standort seiner Kommune in der Vergangenheit wirklich erfolgreich gemacht hat.

Rein fiktiv erzählt:

Der Bürgermeister und die Wurzeln des Erfolgs

Der schwere Eichenschreibtisch in der Amtsstube wirkte wie ein Bollwerk gegen die Unruhe des Tages. Der Bürgermeister ließ sich in seinen ledernen Sessel sinken und massierte sich die Schläfen. Die Sitzung mit den Bürgervertretern war hitzig gewesen: Forderungen nach besseren Verkehrsverbindungen, klimagerechten Neubauprojekten und der Förderung lokaler Unternehmen hatten seine Gedanken überschattet wie dunkle Wolken.

Während er in die Dunkelheit vor seinem Fenster blickte, kehrte langsam Ruhe ein. Er griff nach der kleinen bronzenen Statue auf seinem Schreibtisch – einem Modell des alten Marktplatzbrunnens. Sie erinnerte ihn daran, wie oft er als Kind hier gespielt hatte. Seine Gedanken wanderten zurück in die Vergangenheit.

Erinnerungen an den Aufstieg der Kommune

Er dachte an die Wurzeln des Erfolgs seiner Stadt. Vor über hundert Jahren war sie ein kleines Bauerndorf gewesen, kaum mehr als eine Handvoll Fachwerkhäuser, die sich um eine kleine Kirche gruppierten. Doch die Errichtung der ersten Eisenbahnlinie hatte alles verändert. Mit dem Bahnhof kamen Händler, Fabriken und Arbeitskräfte. Der Standort wurde plötzlich attraktiv – nicht nur wegen der günstigen Verkehrswege, sondern auch wegen der Entschlossenheit seiner Vorfahren.

Er erinnerte sich an Geschichten von mutigen Unternehmern, die in schwierigen Zeiten investiert hatten, und an die Gründung der ersten Maschinenfabrik. Damals hatten die Menschen Risiken auf sich genommen und an die Zukunft geglaubt. Es war dieser Unternehmergeist gewesen, der den Grundstein für den Wohlstand der heutigen Kommune legte.

Der Wert der Gemeinschaft

Doch es war nicht nur die Wirtschaft, die den Standort erfolgreich gemacht hatte. Der Bürgermeister dachte an die Generationen von Bürgern, die in schwierigen Zeiten zusammengehalten hatten. Nach dem Krieg hatten sie gemeinsam die Stadt wieder aufgebaut, Stein für Stein. Auch in den letzten Jahrzehnten hatten Bürgerinitiativen und Vereine eine entscheidende Rolle gespielt. Ob beim Ausbau der Sportanlagen oder der Organisation des jährlichen Stadtfestes – die Menschen hatten sich immer eingebracht.

"Es war der Zusammenhalt", dachte er, "der unsere Kommune widerstandsfähig gemacht hat."

Die Herausforderungen der Gegenwart

Seine Gedanken kehrten in die Gegenwart zurück. Heute war die Welt anders – globalisiert, digitalisiert, und die Herausforderungen waren vielfältig. Der Standort musste mit Großstädten konkurrieren, junge Menschen abwanderten, und der Klimawandel setzte neue Maßstäbe.

Er wusste, dass die Zukunft ebenso viel Entschlossenheit erfordern würde wie die Vergangenheit. Es reichte nicht, auf alten

Erfolgen auszuruhen. Neue Ideen mussten her: Nachhaltige Mobilitätskonzepte, die Förderung von Start-ups und eine moderne Bildungsinfrastruktur.

Eine Vision für die Zukunft

Doch trotz der Herausforderungen spürte er Zuversicht. Er hatte die Kraft der Gemeinschaft schon oft erlebt. Wenn es gelang, die Bürger für eine gemeinsame Vision zu gewinnen, würde auch die Zukunft gesichert sein.

Mit einem leisen Lächeln auf den Lippen griff er nach seinem Notizblock. Die Gedanken mussten festgehalten werden, solange sie frisch waren. Vielleicht war es an der Zeit, eine neue Geschichte für die Stadt zu schreiben – eine Geschichte, die Tradition und Innovation miteinander verband.

In der Stille der Amtsstube begann der Bürgermeister zu schreiben, getrieben von der Überzeugung, dass der wahre Erfolg eines Standorts in den Herzen und Händen seiner Menschen lag.

Sehr real:

Indikatoren der definierten Standort-Erfolgsfaktoren

1
Analyse bereits verwendeter erfolgsfaktorenbezogener Indikatoren (beispielsweise ist die Entwicklung eines Standortes eng mit der Entwicklung von Innovationsfähigkeit verbunden; untersucht werden muss auch die Regulierungsdichte mit bremsenden/fördernden Auswirkungen)

2
Zuordnung zusätzlicher (ggf. neu entwickelter) Erfolgsfaktor-Indikatoren (z.B. Beratungs- und Informationsstellen, Gründungsintensität, Forschungseinrichtungen vor Ort, Nähe zu Uni/FH, Hebesatz der Gewerbesteuer, Attraktivitäts- und Imagegrad, Wirtschaftliche Freiheit, Verschuldungsgrad/Einwohner, Reales BIP pro Einwohner, Steuereinnahmen pro Einwohner)
3
Festlegung einer Berechnungsvorschrift für jeden den Standort-Erfolgsfaktoren zugeordneten Indikator
4
Angabe der Datenquelle für die Berechnung des jeweiligen Erfolgsfaktor-Indikators
22.5
Angabe der verwendeten Erfolgsfaktor-Indikator-Maßeinheiten
6
Angabe des jeweils ermittelten Erfolgsfaktor-Indikator-Ist-Wertes
7
Angabe des Interpretationsrahmens für jeden den Standort-Erfolgsfaktoren zugeordneten Indikator
8
Angabe des quantitativen Wertebereiches für jeden den Standort-Erfolgsfaktoren zugeordneten Indikator

Indikatoren der definierten Standort-Humankapitalfaktoren
1
Analyse bereits verwendeter humankapitalbezogener Indikatoren

2
Zuordnung zusätzlicher (ggf. neu entwickelter) Humankapital-Indikatoren (z.B. Bevölkerungsanteil Ältere, Anteil Ausländer, Bevölkerungsanteil Jüngere, Quote Auspendler, Quote Einpendler, Kriminalitätsquote, Sicherheitsempfinden, Entwicklung der Bevölkerungszahl, Verhältnis Zuzüge zu Wegzüge, Siedlungsdichte, Arbeitslosenquote, Kaufkraft je Einwohner, Anzahl wissensintensiver Unternehmen, Zugang zu Business-Netzwerken, Anzahl Patentanmeldungen, Ausbildungsniveau, Arbeitskostenindex, Lohn- und Gehaltsniveau, Arbeitskräfteverfügbarkeit, Verfügbares Fachkräftepotential, Verfügbares Anlernkräftepotential, Entwicklung Zahl der Erwerbstätigen, Stundenproduktivität, Arbeitskosten pro Stunde, Geleistete Arbeitsstunden pro Einwohner, Aufwand und Dauer von Genehmigungsverfahren, Sonderleistungen z.B. Industriehof)
3
Festlegung einer Berechnungsvorschrift für jeden den Standort-Humankapitalfaktoren zugeordneten Indikator
4
Angabe der Datenquelle für die Berechnung des jeweiligen Humankapital-Indikators
5
Angabe der verwendeten Humankapital-Indikator-Maßeinheiten
6
Angabe des jeweils ermittelten Humankapital-Indikator-Ist-Wertes
7
Angabe des Interpretationsrahmens für jeden den Standort-Humankapitalfaktoren zugeordneten Indikator
8
Angabe des quantitativen Wertebereiches für jeden den Standort-Humankapitalfaktoren zugeordneten Indikator

•

Indikatoren der definierten Standort-Strukturkapitalfaktoren

1

Analyse bereits verwendeter strukturkapitalbezogener Indikatoren

2

Zuordnung zusätzlicher (ggf. neu entwickelter) Strukturkapital-Indikatoren (z.B. Ladenmiete für große Flächen –Einzelhandel, Ladenmiete für kleine Flächen – Einzelhandel, Leerstandquote Einzelhandel, Preise für Industrie- und Büroflächen, Verfügbare Gebäude/Anlagen, Preise für Gebäude/Anlagen, Verfügbare Industrie- und Büroflächen, Bevorratung von Grundstücken, Städtische Verkehrsführung, Mietniveau, Verfügbarer Wohnraum, Freizeit- und Erholungsangebote, Lebensqualität, Immobilienpreise, Wohnqualität, Entwicklung des Wohnungsbestandes, Wohnfläche pro Person, Banken- und Finanzdienstleistungen vor Ort, Einkaufsmöglichkeiten, soziale Versorgung (Alten-, Kinderbetreuung), Grund-/Berufs-schulen vor Ort, Gymnasium (öffentlich) vor Ort, Gymnasium (privat) vor Ort, Sonstige Weiterbildungsmöglichkeiten)

3

Festlegung einer Berechnungsvorschrift für jeden den Standort-Strukturkapitalfaktoren zugeordneten Indikator

4

Angabe der Datenquelle für die Berechnung des jeweiligen Strukturkapital-Indikators

5

Angabe der verwendeten Strukturkapital-Indikator-Maßeinheiten

6
Angabe des jeweils ermittelten Strukturkapital-Indikator-Ist-Wertes
7
Angabe des Interpretationsrahmens für jeden den Standort-Struktur-kapitalfaktoren zugeordneten Indikator
8
Angabe des quantitativen Wertebereiches für jeden den Standort-Strukturkapitalfaktoren zugeordneten Indikator

Salve,
Nichts ist mehr so wie es war

wenn wir einmal die allgegenwärtige KI fragen würden……

Die Bewertung des **Beziehungsgeflechts eines Standorts** erfordert die Analyse der Interaktionen zwischen Wirtschaft, Gesellschaft, Politik und Umwelt. Hier sind verschiedene **Faktoren und Fallbeispiele**, die zeigen, wie dieses Geflecht bewertet und gemessen werden kann:

Wirtschaftliche Verflechtungen

Fallbeispiel: Industriecluster in Baden-Württemberg

- **Faktor: Wertschöpfungsketten**

- In der Region Stuttgart hat sich ein starkes Cluster aus Automobilherstellern, Zulieferern und Maschinenbauunternehmen entwickelt. Die enge Zusammenarbeit zwischen Unternehmen entlang der Wertschöpfungskette fördert Innovation und Wettbewerbsvorteile.
    - **Messung**: Anzahl der Kooperationen zwischen Unternehmen, Exportquote und Innovationsrate.
- **Faktor: Unternehmensnetzwerke**
    - Netzwerke wie der „Cluster Automobil Südwest" schaffen Plattformen für den Austausch von Wissen und Ressourcen.
    - **Messung**: Teilnehmerzahlen bei Netzwerkveranstaltungen, Anzahl gemeinsamer Forschungsprojekte.

Infrastrukturelle Verbindungen

Fallbeispiel: Logistik-Hub in Leipzig

- **Faktor: Verkehrsanbindung**
    - Leipzig ist ein zentraler Knotenpunkt für den Güterverkehr. Die Nähe zu Autobahnen, einem internationalen Flughafen und dem Schienennetz hat große Logistikunternehmen wie DHL angezogen.
    - **Messung**: Güterumschlagsmenge, Anzahl der Flugbewegungen und Durchschnittsdauer von Transportwegen.
- **Faktor: Breitband- und Mobilfunknetz**

  - Eine leistungsfähige digitale Infrastruktur ermöglicht reibungslose Kommunikation zwischen Unternehmen und Institutionen.
  - **Messung**: Internetgeschwindigkeit und Abdeckung, Verfügbarkeit von 5G-Netzwerken.

Sozial-kulturelle Netzwerke

Fallbeispiel: Kreativquartier in Berlin

- **Faktor: Lebensqualität und kulturelle Angebote**
  - Berlin hat sich als Standort für kreative Köpfe etabliert, dank zahlreicher Galerien, Kulturzentren und einer lebendigen Start-up-Szene.
  - **Messung**: Anzahl der Kulturveranstaltungen, Zufriedenheitsumfragen der Einwohner, Zuzugsrate von Fachkräften aus dem Kreativsektor.
- **Faktor: Integration von Zuwanderern**
  - Die Vielfalt in Berlin wird als Stärke genutzt, da internationale Talente das Innovationspotenzial erhöhen.
  - **Messung**: Anteil der ausländischen Bevölkerung, Gründungsrate von Migrantenunternehmen.

Politisch-rechtliche Beziehungen

Fallbeispiel: Sonderwirtschaftszone Shenzhen, China

- **Faktor: Wirtschaftspolitische Rahmenbedingungen**

- Shenzhen profitierte von speziellen Steuererleichterungen und einer gezielten Öffnungspolitik, was internationale Investoren anzog.
- **Messung**: Höhe der ausländischen Direktinvestitionen (FDI), Anzahl der neu angesiedelten Unternehmen.

- **Faktor: Kooperation zwischen Verwaltung und Wirtschaft**
  - Durch enge Zusammenarbeit wurden bürokratische Hürden abgebaut und Innovationsprojekte gefördert.
  - **Messung**: Dauer von Genehmigungsverfahren, Zufriedenheit von Unternehmen mit der Verwaltung.

Ökologische Vernetzung

Fallbeispiel: Nachhaltige Stadtentwicklung in Freiburg

- **Faktor: Umweltfreundliche Infrastruktur**
  - Freiburg ist bekannt für seine Vorreiterrolle in Sachen erneuerbare Energien und nachhaltige Stadtplanung. Solaranlagen auf Dächern und energieeffiziente Gebäude sind Standard.
  - **Messung**: CO_2-Emissionen pro Kopf, Anteil erneuerbarer Energien am Stromverbrauch.
- **Faktor: Zusammenarbeit zwischen Bürgern und Verwaltung**
  - Projekte wie autofreie Wohnquartiere wurden in enger Abstimmung mit den Bürgern umgesetzt.

    - **Messung**: Beteiligungsquote bei Bürgerprojekten, Reduktion des motorisierten Individualverkehrs.

Wissenschaftliche und Bildungsnetzwerke

Fallbeispiel: Forschungsregion Heidelberg

- **Faktor: Kooperation zwischen Hochschulen und Unternehmen**
    - Die Nähe zu exzellenten Forschungseinrichtungen wie dem Deutschen Krebsforschungszentrum (DKFZ) und der Universität Heidelberg fördert den Wissenstransfer.
    - **Messung**: Anzahl der gemeinsamen Publikationen, Patentanmeldungen und Spin-offs.
- **Faktor: Bildungsangebote**
    - Attraktive Studiengänge und Weiterbildungsmöglichkeiten ziehen Studierende und Fachkräfte an.
    - **Messung**: Einschreibungszahlen, Platzierungen in internationalen Rankings.

Zusammenfassung: Bewertung des Beziehungsgeflechts

Um das Beziehungsgeflecht eines Standorts umfassend zu bewerten, sollten die oben genannten Faktoren in einem **Index-**

Modell zusammengeführt werden. Eine systematische Messung ermöglicht es, Stärken und Schwächen eines Standorts zu identifizieren und gezielt Maßnahmen zur Optimierung einzuleiten.

KI Ende

Ohne ein Roboter zu sein, könnte man als Mensch vielleicht meinen:

Fiktive Dialoge - ein paar Stunden Intensivcoaching

Denkanstöße

Wissensmanagement

Storytelling

Content

Inspiration

Diskurs

DecisionSupport

Gehirntraining - wenn es gut werden soll

Verstehen lernen

Vernetzt denken

Potenziale ausschöpfen

Komplexität reduzieren

Gestaltbar machen

Wissen transferieren

Executive Coaching
Denkstudio für strategisches Wissensmanagement
SMART - Ziele sollten SMART (spezifisch, messbar, erreichbar, relevant und zeitgebunden) sein.

Fiktiv erzählt: ein für seine Wiederwahl antretender Bürgermeister denkt darüber nach, welche Beziehungen für ihn persönlich und für den Standort seiner Kommune am wichtigsten sind:

Das Netz, das alles zusammenhält

Der Bürgermeister saß in seinem Garten, die Hände um eine dampfende Tasse Kaffee gelegt, und ließ seinen Blick über die Lichter der Stadt schweifen. Es war eine kühle, klare Herbstnacht, und in wenigen Wochen würde sich entscheiden, ob die Bürger ihm erneut ihr Vertrauen schenken würden. Die Wahlkampfveranstaltungen waren in vollem Gange, und überall in der Stadt hingen Plakate mit seinem Gesicht und dem Slogan: **„Gemeinsam stark – für eine lebendige Zukunft“**.

Doch während die Kampagne auf Hochtouren lief, war er selbst oft in Gedanken versunken. **Welche Beziehungen waren wirklich entscheidend – für ihn persönlich und für den Erfolg der Stadt?**

Die Beziehung zu den Bürgern

Sein erster Gedanke galt den Menschen, die in dieser Stadt lebten. **Ohne ihre Unterstützung** wäre seine Arbeit sinnlos. Er erinnerte sich an den Moment, als er vor Jahren zum ersten Mal als Bürgermeister kandidierte: eine kleine Bürgerversammlung in der Turnhalle, ein Mann mit rußverschmierten Händen, der von den Sorgen der Handwerker sprach, eine junge Mutter, die bessere Spielplätze forderte, und ein älterer Herr, der sich über das marode Straßennetz beklagte.

Seitdem hatte er gelernt, zuzuhören. Er war in Kindergärten gegangen, hatte mit Geschäftsinhabern gesprochen und war abends mit dem Fahrrad durch die Viertel gefahren, um die Stimmung einzufangen. Diese direkte Verbindung zu den Bürgern war der **Kern seines Erfolgs**. Sie zeigten ihm, was wirklich zählte, und halfen ihm, Prioritäten zu setzen.

Die Beziehung zur lokalen Wirtschaft

Ein weiteres wichtiges Beziehungsgeflecht lag in der **Zusammenarbeit mit der Wirtschaft**. Er dachte an die Unternehmer, die ihm immer wieder betonten, wie wichtig eine gute Infrastruktur und schnelle Genehmigungsverfahren seien.

Er hatte es geschafft, **zwei mittelständische Unternehmen** in die Stadt zu holen, die inzwischen viele Arbeitsplätze schufen. Ein besonderes Highlight war die Eröffnung eines Innovationszentrums, in dem Start-ups und etablierte Firmen gemeinsam an neuen Technologien arbeiteten. Diese Beziehungen waren nicht immer einfach, aber sie waren von unschätzbarem Wert.

Die Beziehung zu anderen politischen Akteuren

Er lehnte sich zurück und dachte an die zahlreichen Sitzungen mit Landräten, Ministern und anderen Bürgermeistern der Region. Diese Gespräche waren oft zäh, aber ohne sie wäre vieles unmöglich gewesen: der Ausbau der Bahnstrecke, die Förderung für das neue Kulturzentrum, die Einführung eines regionalen Klimaschutzprogramms.

Die **politische Vernetzung** war eine der größten Herausforderungen seiner Arbeit. Doch er wusste, dass es ohne Kompromisse und Allianzen keine Fortschritte gab. Es ging darum, Brücken zu bauen, auch wenn der Weg dorthin manchmal steinig war.

Die Beziehung zu seiner Familie

Ein leises Seufzen entwich ihm, als er an seine Familie dachte. Seine Frau und seine Kinder hatten in den letzten Jahren oft zurückstecken müssen. Die Abende am Esstisch waren selten geworden, und gemeinsame Ausflüge waren häufig einem vollen Terminkalender zum Opfer gefallen. Doch trotz allem hatten sie ihn stets unterstützt.

Er nahm sich fest vor, nach der Wahl mehr Zeit für sie zu finden – egal, ob er erneut gewählt würde oder nicht. Denn er wusste:

Ohne das Rückgrat seiner Familie hätte er die Belastungen seines Amtes nie stemmen können.

Die Beziehung zur Geschichte der Stadt

Sein Blick fiel auf das alte Rathaus, das von seinem Garten aus sichtbar war. Die hell erleuchteten Fenster erinnerten ihn daran, wie stark die Geschichte die Gegenwart prägte. Er hatte oft mit älteren Bürgern gesprochen, die von den Zeiten nach dem Krieg erzählten, von Aufbauarbeit und Entbehrungen.

Die **Wurzeln der Stadt** waren tief, und er sah es als seine Aufgabe an, diese Tradition zu bewahren, während er gleichzeitig eine moderne, zukunftsfähige Kommune gestaltete.

Ein Netz aus Beziehungen

Der Bürgermeister trank einen Schluck Kaffee und lächelte. Er verstand nun klarer als je zuvor: Die Stärke eines Standorts lag nicht nur in seiner Wirtschaft, Infrastruktur oder Politik – sie lag in den **Beziehungen**, die alles miteinander verbanden.

Zu den Bürgern, zur Wirtschaft, zu anderen politischen Akteuren, zur eigenen Familie und zur Geschichte.

All diese Verbindungen bildeten ein Netz, das die Stadt zusammenhielt und sie durch Krisen trug.

Er nahm seinen Notizblock zur Hand und schrieb eine einfache Botschaft auf die erste Seite:
„Der Erfolg liegt im Miteinander.“

Mit diesem Gedanken fühlte er sich bereit, weiterzukämpfen – für die Menschen, die ihm ihr Vertrauen schenkten, und für die Zukunft der Stadt, die ihm so viel bedeutete.

Real:

Indikatoren der definierten Standort-Beziehungskapitalfaktoren

1

Analyse bereits verwendeter beziehungskapitalbezogener Indikatoren

2

Zuordnung zusätzlicher (ggf. neu entwickelter) Beziehungskapital-Indikatoren (z.B. Durchschnittliche Entfernung zur nächsten Haltestelle für Bus-Straßenbahn, Schienenanbindung, Allgemeine Verkehrsanbindung, Flughafennähe, Nähe zur Autobahn, Nähe zu Universitäten, Standort-Benchmarking als Grundlage für STEK, Verankerung Cluster-Ziele im Standort-Leitbild, Mögliche Cluster-Kandidaten, Anzahl Kongresse und Messen, Durchführung Tagungen/Seminare, Internetauftritt, Kooperations- und Wissenstransferintensität zwischen Wirtschaft und Wissenschaft.

3

Festlegung einer Berechnungsvorschrift für jeden den Standort-Beziehungskapitalfaktoren zugeordneten Indikator

4

Angabe der Datenquelle für die Berechnung des jeweiligen Beziehungskapital-Indikators
5
Angabe der verwendeten Beziehungskapital-Indikator-Maßeinheiten
6
Angabe des jeweils ermittelten Beziehungskapital-Indikator-Ist-Wertes
7
Angabe des Interpretationsrahmens für jeden den Standort-Beziehungskapitalfaktoren zugeordneten Indikator
8
Angabe des quantitativen Wertebereiches für jeden den Standort-Beziehungskapitalfaktoren zugeordneten Indikator

Und ganz grundsätzlich alle Einflussfaktoren betreffend:

Festlegung, Messung der **Wirkungsstärke** zwischen Standort-Einflussfaktoren
1
Detaillierte Beschreibung, Interpretation der Kausalbeziehungen und Vernetzungen zwischen Standortfaktoren, Analyse bisher vielleicht kaum erkennbarer Zusammenhänge. Da Standortfaktoren nicht beliebig verbessert oder verändert werden können, muss der Standort für sich herausfinden, auf welchen Feldern (Einflussfaktoren) noch ein relativ großer Gestaltungsspielraum vorhanden ist.

2
Unterscheidung der Wirkungsstärke nach Stufen:

Stufen der Wirkungsstärke	
0	Keine Wirkung
1	Schwache Wirkung
2	Mittlere Wirkung
3	Starke Wirkung

3
Ermittlung einer Wirkungsstärke-Aktivsumme = Summe aller Wirkungsstärken, die von einem Standortfaktor ausgehen (d.h. wie stark ein einzelner Standortfaktor das Gesamtsystem beeinflusst).
4
Ermittlung einer Wirkungsstärke-Passivsumme = Summe aller Wirkungsstärken, die auf einen Standortfaktor einwirken (d.h. wie sehr ein einzelner Standortfaktor durch das Gesamtsystem beeinflusst wird)

Bestimmung der **Wirkungszeiträume** (= Dauer, bis die Veränderung eines Standortfaktors auf einen anderen Faktor wirkt)
1
Detaillierte Analyse der Wirkungsdauer zwischen Standortfaktoren.
2
Unterscheidung der Wirkungsdauer nach Stufen:

Stufen der Wirkungsdauer	
a	Sofort
b	Kurzfristig (max. 12 Monate)
c	Mittelfristig (max. 24 Monate)
d	Langfristig (mehr als 24 Monate)

Salve,
Nichts ist mehr so wie es war

wenn wir einmal die allgegenwärtige KI fragen würden......

Beschreibe grundsätzlich die Methode der Portfolioanalyse und welche Vorteile von ihr zu erwarten sind

Die **Portfolioanalyse** ist ein strategisches Managementinstrument, das Unternehmen dabei unterstützt, ihre Geschäftsfelder, Produkte oder Dienstleistungen zu bewerten und strategische Entscheidungen zu treffen. Ziel ist es, Ressourcen effizient zu verteilen, die Wettbewerbsposition zu stärken und langfristige Wachstumsziele zu erreichen.

Grundprinzip der Portfolioanalyse

Die Methode basiert darauf, die Geschäftseinheiten (z. B. Produkte, Projekte, Marken) anhand von zwei zentralen Kriterien in einer Matrix darzustellen:

1. **Marktwachstum** (externe Perspektive):
   - Zeigt die Attraktivität des Marktes.
   - Ein hohes Marktwachstum signalisiert Chancen für zukünftiges Wachstum.
2. **Marktanteil/relative Wettbewerbsposition** (interne Perspektive):

- Bewertet die Stärke des Produkts oder der Geschäftseinheit im Vergleich zur Konkurrenz.
- Ein hoher Marktanteil deutet auf eine starke Wettbewerbsposition hin.

Die klassische Darstellung erfolgt in der **BCG-Matrix** (Boston Consulting Group).

Die vier Felder der BCG-Matrix

1. **Stars** (hohes Marktwachstum, hoher Marktanteil):
    - Geschäftseinheiten mit großem Potenzial, die jedoch hohe Investitionen erfordern.
    - Ziel: Marktführerschaft sichern und ausbauen.
2. **Cash Cows** (geringes Marktwachstum, hoher Marktanteil):
    - Etablierte Produkte, die stabile Gewinne und Cashflows generieren.
    - Ziel: Einnahmen zur Finanzierung anderer Geschäftsfelder nutzen.
3. **Question Marks** (hohes Marktwachstum, geringer Marktanteil):
    - Produkte in aufstrebenden Märkten, die sich erst beweisen müssen.
    - Ziel: Entscheiden, ob Investitionen lohnenswert sind oder Rückzug sinnvoll ist.
4. **Dogs** (geringes Marktwachstum, geringer Marktanteil):
    - Geschäftseinheiten mit geringen Erfolgsaussichten.
    - Ziel: Rückzug oder Neuausrichtung.

Vorteile der Portfolioanalyse

1. **Klare Übersicht**
   - Die visuelle Darstellung in der Matrix ermöglicht eine schnelle und übersichtliche Bewertung der gesamten Produkt- oder Geschäftsfeldlandschaft.
2. **Fokussierte Ressourcenverteilung**
   - Unternehmen können ihre Ressourcen gezielt auf zukunftsträchtige Geschäftsfelder konzentrieren.
3. **Unterstützung bei strategischen Entscheidungen**
   - Die Analyse liefert eine Grundlage für strategische Maßnahmen wie Investitionen, Desinvestitionen oder Produktneueinführungen.
4. **Erkennung von Chancen und Risiken**
   - Durch die Gegenüberstellung von Marktattraktivität und Wettbewerbsposition können Wachstumschancen und Schwachstellen identifiziert werden.
5. **Langfristige Planung**
   - Die Portfolioanalyse fördert ein ausgewogenes Verhältnis zwischen kurzfristiger Ertragsgenerierung (Cash Cows) und langfristigem Wachstum (Stars und Question Marks).
6. **Förderung von Innovationen**
   - Question Marks können durch gezielte Investitionen zu Stars entwickelt werden, was die Innovationskraft eines Unternehmens stärkt.

Anwendungsbeispiele

- **Konzernstrategie:**
  Ein multinationales Unternehmen analysiert seine Geschäftsfelder, um festzustellen, welche Sparten weiterentwickelt, verkauft oder geschlossen werden sollen.
- **Produktmanagement:**
  Ein Konsumgüterhersteller nutzt die Portfolioanalyse, um zu entscheiden, welche Produkte stärker beworben und welche aus dem Sortiment genommen werden.
- **Investitionsplanung:**
  Ein Start-up bewertet potenzielle Projekte, um begrenzte Mittel effektiv einzusetzen.

Fazit

Die Portfolioanalyse ist ein leistungsstarkes Werkzeug, das Unternehmen hilft, fundierte Entscheidungen über die Verteilung ihrer Ressourcen zu treffen. Ihre einfache Visualisierung und die klaren strategischen Handlungsempfehlungen machen sie zu einem unverzichtbaren Bestandteil des modernen Managements.

KI Ende

Ohne ein Roboter zu sein, könnte man als Mensch vielleicht meinen:

Fiktive Dialoge - ein paar Stunden Intensivcoaching

Denkanstöße

Wissensmanagement

Storytelling

Content

Inspiration

Diskurs

DecisionSupport

Gehirntraining - wenn es gut werden soll

Verstehen lernen

Vernetzt denken

Potenziale ausschöpfen

Komplexität reduzieren

Gestaltbar machen

Wissen transferieren

Proaktiv agieren

Executive Coaching

Denkstudio für strategisches Wissensmanagement

SMART - Ziele sollten SMART (spezifisch, messbar, erreichbar, relevant und zeitgebunden) sein.

Erstellung **Einflussfaktoren-Portfolio nach Quantität**, grafische Darstellung der Quantität-Ist-Werte als Bubble-Diagramm. Die Größe der Bubbles soll anzeigen, ob die Menge des Standortfaktors ausreichend ist und ob genug Menge vorhanden ist, um die Ziele zu erreichen. Erstellung des Standort-Portfolios mit Hilfe eines quantitativen Einflussfaktoren-/Auswahlfilters nach

1

quantitativen Standort-Geschäftsprozessen und/oder

2

quantitativen Standort-Erfolgsfaktoren und/oder

3

quantitativen Standort-Humankapitalfaktoren und/oder

4

quantitativen Standort-Strukturkapitalfaktoren und/oder

5

quantitativen Standort-Beziehungskapitalfaktoren

Erstellung **Einflussfaktoren-Portfolio nach Qualität**, grafische Darstellung der Qualität-Ist-Werte als Bubble-Diagramm. Die Größe der Bubbles soll anzeigen, ob die Qualität des Standortfaktors ausreichend ist und ob man die richtige Qualität hat, um die Ziele zu erreichen. Erstellung des Standort-Portfolios mit Hilfe eines qualitativen Einflussfaktoren-/Auswahlfilters nach

1

qualitativen Standort-Geschäftsprozessen und/oder

2

qualitativen Standort-Erfolgsfaktoren und/oder

3

qualitativen Standort-Humankapitalfaktoren und/oder

4

qualitativen Standort-Strukturkapitalfaktoren und/oder

5
qualitativen Standort-Beziehungskapitalfaktoren

Erstellung **Einflussfaktoren-Portfolio nach Systematik/Nachhaltigkeit**, grafische Darstellung der Systematik-Ist-Werte als Bubble-Diagramm. Die Größe der Bubbles soll anzeigen, ob es systematische, regelmäßige Maßnahmen und Verfahren gibt, um den Standortfaktor weiter zu verbessern. Erstellung des Standort-Portfolios mit Hilfe eines systematik-/nachhaltigkeitsbezogenen Einflussfaktoren-/ Auswahlfilters nach
1
systematisch/nachhaltig weiterentwickelten Standort-Geschäftsprozessen und/oder
2
systematisch/nachhaltig weiterentwickelten Standort-Erfolgsfaktoren und/oder
3
systematisch/nachhaltig weiterentwickelten Standort-Humankapital-faktoren und/oder
4
systematisch/nachhaltig weiterentwickelten Standort-Strukturkapital-faktoren und/oder
5
systematisch/nachhaltig weiterentwickelten Standort-Beziehungs-kapitalfaktoren

Fallbeispiel:

Portfolioanalyse für den Bürgermeister: „Standortgespräche effizient gestalten“

Um den Bürgermeister bei seinen strategischen Standortgesprächen zu unterstützen, wird eine **Portfolioanalyse der wichtigsten Standortfaktoren** erstellt. Diese Analyse hilft ihm, die Stärken und Schwächen der Kommune zu identifizieren, Handlungsprioritäten zu setzen und gezielte Maßnahmen zu planen.

Die Matrix basiert auf zwei Achsen:

1. **Attraktivität des Standortfaktors** (hohes vs. geringes Entwicklungspotenzial).
2. **Leistungsfähigkeit der Kommune** (starke vs. schwache Position im Vergleich zu anderen Standorten).

Die vier Felder der Matrix

1. **Stars**: Standortfaktoren mit hoher Attraktivität und starker Position.
    - Diese Faktoren sind die Aushängeschilder der Kommune und sollten weiter ausgebaut werden.
2. **Cash Cows**: Standortfaktoren mit geringer Attraktivität, aber starker Position.
    - Hier kann man Ressourcen effizient nutzen, ohne große Investitionen zu tätigen.
3. **Question Marks**: Standortfaktoren mit hoher Attraktivität, aber schwacher Position.

    - Diese Faktoren bieten Chancen, erfordern jedoch gezielte Investitionen und Maßnahmen, um das Potenzial zu heben.
4. **Dogs**: Standortfaktoren mit geringer Attraktivität und schwacher Position.
    - Diese sollten kritisch hinterfragt und gegebenenfalls zurückgestellt oder neu ausgerichtet werden.

Beispielhafte Portfolioanalyse der Standortfaktoren

Standortfaktor	Attraktivität (Marktwachstum)	Leistung (Marktanteil)	Zuordnung in der Matrix
Infrastruktur (Verkehr)	Hoch	Stark	Star
Bildungsangebote	Hoch	Schwach	Question Mark
Kulturelles Angebot	Mittel	Stark	Cash Cow
Wohnraum und Lebensqualität	Hoch	Stark	Star
Ansiedlung von Unternehmen	Hoch	Schwach	Question Mark
Tourismus	Mittel	Schwach	Dog
Klimaschutzmaßnahmen	Hoch	Schwach	Question Mark
Verwaltungsdienstleis-	Gering	Stark	Cash

Standortfaktor	Attraktivität (Marktwachstum)	Leistung (Marktanteil)	Zuordnung in der Matrix
tungen			Cow

Strategische Maßnahmen und Empfehlungen

1. **Stars (z. B. Verkehrsinfrastruktur, Wohnraum)**
   - **Strategie:** Weiterentwicklung und gezielte Investitionen, um die Position zu halten oder auszubauen.
   - **Maßnahmen:** Ausbau der Verkehrsanbindung, Förderung nachhaltigen Wohnungsbaus.
2. **Question Marks (z. B. Bildungsangebote, Ansiedlung von Unternehmen)**
   - **Strategie:** Potenziale heben durch gezielte Förderung und Partnerschaften.
   - **Maßnahmen:** Zusammenarbeit mit Hochschulen, Gründungsförderung, Schaffung von Innovationszentren.
3. **Cash Cows (z. B. kulturelles Angebot, Verwaltungsdienstleistungen)**
   - **Strategie:** Ressourcen nutzen, ohne große Investitionen.
   - **Maßnahmen:** Bestehende Angebote effizient vermarkten, Verwaltungsabläufe weiter digitalisieren.

4. **Dogs (z. B. Tourismus)**
    - **Strategie:** Kritische Überprüfung; entweder Neuausrichtung oder Fokussierung auf andere Felder.
    - **Maßnahmen:** Analyse des Potenzials für spezialisierte Tourismusformen (z. B. Öko- oder Kulturtourismus).

Vorteile der Portfolioanalyse für den Bürgermeister

- **Effiziente Kommunikation:** Klare visuelle Darstellung komplexer Standortfaktoren.
- **Strategische Fokussierung:** Hilft, Gespräche mit Bürgern, Unternehmern und politischen Partnern zielgerichtet zu führen.
- **Priorisierung von Maßnahmen:** Ressourcen können optimal auf die wichtigsten Bereiche verteilt werden.
- **Nachhaltige Entwicklung:** Ermöglicht eine langfristige Planung und eine ausgewogene Standortentwicklung.

Salve,
Nichts ist mehr so wie es war

wenn wir einmal die allgegenwärtige KI fragen würden……

Die Bedeutung weicher Standortfaktoren für die Zukunft der Standortentwicklung

Weiche Standortfaktoren gewinnen gegenüber klassischen Produktionsfaktoren (z. B. Kapital, Arbeit, Boden) zunehmend an Bedeutung, weil sie die Attraktivität eines Standorts für Unternehmen, Fachkräfte und Investoren langfristig sichern. Im Folgenden wird erläutert, warum weiche Standortfaktoren ihre Zukunft noch vor sich haben:

Image als Wirtschaftsstandort

Das Image eines Standorts beeinflusst maßgeblich die Wahrnehmung von Investoren und Unternehmen. Standorte mit einem positiven Image als innovativ, wirtschaftsfreundlich und stabil ziehen leichter Investitionen an. Unternehmen bevorzugen Regionen, die als zukunftsorientiert und verlässlich gelten, da dies die Chancen auf langfristigen Erfolg erhöht.

Image als Wohnstandort

In Zeiten des Fachkräftemangels spielt das Wohnumfeld eine entscheidende Rolle bei der Gewinnung und Bindung von Talenten. Ein attraktiver Wohnstandort mit hochwertiger Infrastruktur, kulturellen Angeboten und Freizeitmöglichkeiten verbessert die Lebensqualität der Arbeitnehmer und damit ihre Bereitschaft, sich dort niederzulassen. Unternehmen profitieren von zufriedenen und motivierten Mitarbeitern.

Umwelt und Nachhaltigkeit

Die Bedeutung ökologischer Nachhaltigkeit wächst durch den Klimawandel und steigende gesellschaftliche Erwartungen. Standorte mit grünen Technologien, niedrigen Emissionen und nachhaltiger Energieversorgung ziehen Unternehmen an, die sich ihrer ökologischen Verantwortung bewusst sind. Gleichzeitig wird die Attraktivität für umweltbewusste Konsumenten und Arbeitskräfte gesteigert.

Lebensqualität

Lebensqualität umfasst Faktoren wie Gesundheitsversorgung, Bildung, Freizeitangebote und soziale Infrastruktur. Regionen mit hoher Lebensqualität fördern das Wohlbefinden der Bevölkerung und erhöhen die Produktivität. Unternehmen siedeln sich bevorzugt in Städten und Gemeinden an, die ihren Mitarbeitern und deren Familien ein attraktives Umfeld bieten.

Sicherheit

Sicherheit ist ein grundlegender Faktor für das Wohlbefinden und die Investitionsbereitschaft. Ein sicherer Standort minimiert Risiken für Unternehmen und erhöht die Attraktivität für Fachkräfte. Gerade in Zeiten geopolitischer Unsicherheiten entscheiden sich viele Akteure für Standorte mit stabilem rechtlichem und sozialem Umfeld.

Unternehmensfreundliche und flexible Verwaltung

Eine effiziente und serviceorientierte Verwaltung ist ein entscheidender Wettbewerbsvorteil. Standorte, die durch schlanke Genehmigungsprozesse, geringe Bürokratie und proaktive Unterstützung von Unternehmen überzeugen, werden bevorzugt. Dies reduziert Kosten und erhöht die Planungs- und Handlungssicherheit.

Warum die Zukunft den weichen Standortfaktoren gehört

Wandel der Arbeitswelt: Die zunehmende Digitalisierung und der Bedarf an hochqualifizierten Arbeitskräften fördern die Bedeutung von Faktoren wie Lebensqualität und Flexibilität.

Globaler Wettbewerb: Während klassische Produktionsfaktoren weltweit immer ähnlicher werden, bieten weiche Faktoren eine Möglichkeit, sich im internationalen Standortwettbewerb abzuheben.

Klimawandel und Nachhaltigkeit: Gesellschaftliche und regulatorische Anforderungen an Nachhaltigkeit machen ökologische und soziale Kriterien zu unverzichtbaren Bestandteilen der Standortbewertung.

Kultureller Wandel: Junge Generationen legen verstärkt Wert auf Work-Life-Balance, Diversität und soziale Verantwortung, was den Fokus auf weiche Standortfaktoren verstärkt.

Fazit

Weiche Standortfaktoren sind die Zukunft der Standortentwicklung, weil sie die langfristige Wettbewerbsfähigkeit und Attraktivität eines Standorts in einer globalisierten und digitalisierten Welt sichern. Während klassische Produktionsfaktoren wichtig bleiben, sind es die weichen Faktoren, die den Unterschied im Wettbewerb um Unternehmen und Fachkräfte ausmachen.

KI Ende

Ohne ein Roboter zu sein, könnte man als Mensch vielleicht meinen:

Fiktive Dialoge - ein paar Stunden Intensivcoaching

Denkanstöße

Wissensmanagement

Storytelling

Content

Inspiration

Diskurs

DecisionSupport

Gehirntraining - wenn es gut werden soll

Verstehen lernen

Vernetzt denken

Potenziale ausschöpfen

Komplexität reduzieren
Gestaltbar machen
Wissen transferieren
Proaktiv agieren

Executive Coaching
Denkstudio für strategisches Wissensmanagement
SMART - Ziele sollten SMART (spezifisch, messbar, erreichbar, relevant und zeitgebunden) sein.

Erstellung eines **Qualität-/Quantität-/Systematik Ampel-Balken-diagramms** für
1
Standort-Geschäftsprozesse, oder
2
Standort-Erfolgsfaktoren, oder
3
Standort-Humankapitalfaktoren, oder
4
Standort-Strukturkapitalfaktoren, oder
5
Standort-Beziehungskapitalfaktoren

Jeweils eine (alternativ) dieser 5 Standortfaktoren-Gruppen soll mit allen drei Bewertungsdimensionen (d.h. Quantität, Qualität, Systematik/Nachhaltigkeit) gleichzeitig als Balkendiagramm dargestellt werden (für jeweils einen Standortfaktor sollen die Balken aller drei Bewertungsdimensionen direkt übereinander liegen), in dem die Balkenlänge die jeweiligen Prozentangaben der Ist-Bewertungen darstellt.

Erstellung eines **Ampel-Profildiagramms für alle Einflussfaktoren** (d.h. Standort-Geschäftsprozesse, Standort-Erfolgsfaktoren, Standort-Humankapitalfaktoren, Standort-Strukturkapitalfaktoren und Standort-Beziehungskapitalfaktoren) nach
1
Quantität, oder
2
Qualität, oder
3
Systematik, Nachhaltigkeit
Darstellung des Entwicklungspotenzials der einzelnen Standortfaktoren als **Potenzial-Portfolio** mit 4 Quadranten. Abbildung des Mittelwertes aus den Bewertungen von Quantität, Qualität und Systematik/Nachhaltigkeit auf der x-Achse (= Abbildung des durchschnittlichen Verbesserungspotenzials eines Faktors: je weiter links ein Faktor steht, desto schlechter seine Bewertung, desto größer somit sein Verbesserungspotenzial. Abbildung des Einflussgewichts (= Wirkungsstärke auf das Gesamtsystem) eines Standortfaktors auf der y-Achse (je weiter oben ein Faktor steht, desto größer ist seine Wirkung im Gesamtsystem. Erstellung eines Standort-Potenzial-portfolios für

1
Standort-Geschäftsprozesse, und/oder
2
Standort-Erfolgsfaktoren, und/oder
3
Standort-Humankapitalfaktoren, und/oder

4
Standort-Strukturkapitalfaktoren, und/oder
5
Standort-Beziehungskapitalfaktoren

Salve,
Nichts ist mehr so wie es war

wenn wir einmal die allgegenwärtige KI fragen würden……

Beschreibe ein Instrument, mit dem ein Bürgermeister seinen Standort in einem übersichtlichen Profil darstellen kann, mit dem auf einen Blick erkennbar wird, welche der zahlreichen unterschiedlichen Einflussfaktoren nach dem Prinzip einer Ampel jeweils wie stark im grünen, gelben oder roten Bereich liegen.

Das „Standort-Ampel-Dashboard" – Ein Instrument für übersichtliche Standortprofile

Ein Bürgermeister kann seinen Standort mithilfe eines **Standort-Ampel-Dashboards** in einem kompakten und leicht verständlichen Profil darstellen. Dieses visuelle Instrument bietet eine schnelle Übersicht über die Stärken und Schwächen der Region, indem es verschiedene Einflussfaktoren nach dem Ampelprinzip kategorisiert:

1. Struktur und Aufbau des Standort-Ampel-Dashboards

Das Dashboard ist in **sechs Hauptkategorien** unterteilt, die die wichtigsten weichen und harten Standortfaktoren abdecken:

1. **Wirtschaft**
   - Wirtschaftswachstum
   - Unternehmensansiedlungen
   - Innovationskraft (Start-ups, Patentanmeldungen)
2. **Infrastruktur**
   - Verkehrsanbindung (Straße, Schiene, Flughafen)
   - Digitale Infrastruktur (Breitband, 5G-Ausbau)
   - Verfügbarkeit von Gewerbeflächen
3. **Lebensqualität**
   - Wohnraumangebot und -preise
   - Freizeit- und Kulturangebote
   - Gesundheitsversorgung
4. **Umwelt und Nachhaltigkeit**
   - Luftqualität
   - Anteil erneuerbarer Energien
   - Grünflächen und Erholungsgebiete
5. **Sicherheit und soziales Klima**
   - Kriminalitätsrate
   - Sozialer Zusammenhalt (Bürgerengagement, Integration)
   - Bildungs- und Betreuungsangebote
6. **Verwaltungsfreundlichkeit**
   - Bearbeitungszeit von Genehmigungen
   - Unternehmenskontakte und Förderprogramme
   - Bürgerfreundlichkeit (z. B. digitale Services)

2. Visualisierung mit der Ampel

Jeder Faktor wird auf einer dreistufigen Skala bewertet:

- **Grün**: Starker Faktor, optimale Bedingungen
- **Gelb**: Verbesserungswürdig, moderates Niveau
- **Rot**: Schwachstelle, akuter Handlungsbedarf

Das Ampelsystem wird in einer tabellarischen oder grafischen Darstellung umgesetzt, z. B. in Form eines **Heatmaps** oder eines **Radar-Diagramms**, um schnell zu erkennen, wo der Standort gut abschneidet und wo er Verbesserungspotenzial hat.

3. Bewertungskriterien und Datenquellen

Die Ampelfarben basieren auf klaren, nachvollziehbaren Kriterien, z. B.:

- **Wirtschaftswachstum**: Vergleich mit dem nationalen Durchschnitt (grün: >3 %, gelb: 1-3 %, rot: <1 %)
- **Luftqualität**: Feinstaubwerte gemäß WHO-Richtlinien
- **Kriminalitätsrate**: Anzahl der Straftaten pro 1.000 Einwohner im Vergleich zu ähnlichen Kommunen

Die Daten stammen aus öffentlich zugänglichen Quellen (Statistisches Bundesamt, Umweltbundesamt), regionalen Wirtschaftsförderungen und Bürgerbefragungen.

4. Vorteile des Standort-Ampel-Dashboards

- **Transparenz**: Bürger und Unternehmen sehen auf einen Blick, wo der Standort steht.

- **Handlungsorientierung**: Rote und gelbe Bereiche lenken den Fokus auf notwendige Maßnahmen.
- **Kommunikationstool**: Das Dashboard kann in Präsentationen, auf der Website der Gemeinde oder in Berichten eingesetzt werden, um den Standort zu vermarkten.
- **Vergleichbarkeit**: Regelmäßige Aktualisierung ermöglicht es, Fortschritte zu dokumentieren und den Standort im Wettbewerb mit anderen Regionen zu positionieren.

5. Beispiel einer Standort-Ampel (vereinfacht)

Faktor	Bewertung
Wirtschaftswachstum	● Grün
Verkehrsanbindung	○ Gelb
Wohnraumangebot	● Rot
Luftqualität	● Grün
Bildungsangebote	○ Gelb
Verwaltungsfreundlichkeit	● Grün

Fazit

Das Standort-Ampel-Dashboard ist ein modernes und effektives Werkzeug für Bürgermeister, um Stärken hervorzuheben und Schwächen sichtbar zu machen. Es bietet eine klare, visuelle Orientierungshilfe für strategische Entscheidungen und ermöglicht eine transparente Kommunikation mit Bürgern, Unternehmen und potenziellen Investoren.

KI Ende

Ohne ein Roboter zu sein, könnte man als Mensch vielleicht meinen:

Fiktive Dialoge - ein paar Stunden Intensivcoaching

Denkanstöße

Wissensmanagement

Storytelling

Content

Inspiration

Diskurs

DecisionSupport

Gehirntraining - wenn es gut werden soll

Verstehen lernen

Vernetzt denken

Potenziale ausschöpfen

Komplexität reduzieren

Gestaltbar machen

Wissen transferieren

Proaktiv agieren

Executive Coaching

Denkstudio für strategisches Wissensmanagement
SMART - Ziele sollten SMART (spezifisch, messbar, erreichbar, relevant und zeitgebunden) sein.

Erstellung eines graphischen **Wirkungsnetzes** zwischen den Standort-Einflussfaktoren (bei einer Analyse von 25 Standortfaktoren, von denen jeder mit jedem zusammenhängt, gäbe es rein rechnerisch betrachtet n !, d.h. 25 Fakultät 1*2*3………………* 25 Kombinationsmöglichkeiten, Analysesituationen)

Analyse von Wirkungs-Rückkoppelungseffekten, Hebeleffekten (Wirkungsschleifen)

1

Nutzung der „weichen" Faktoren (z.B. Image als Wirtschaftsstandort, Image als Wohnstandort, Umwelt, Lebensqualität, Sicherheit, unternehmensfreundliche und flexible Verwaltung) für die Standortentwicklung (gegenüber dem Management klassischer Produktionsfaktoren haben weiche Standortfaktoren ihre Zukunft noch vor sich).

Erstellung einer **Übersicht zu Ausgangssituation** und Daten der aktuellen Berichtsperiode des Standortes

Erstellung einer **Übersicht zu allen in der Berichtsperiode aktiven Standort-Einflussfaktoren** (Standort-Geschäftsprozesse, Standort-Erfolgsfaktoren, Standort-Humankapitalfaktoren, Standort-Struktur-kapitalfaktoren, Standort-Beziehungskapitalfaktoren)

Erstellung einer **Bewertungsübersicht** zu allen aktiven Standort-Einflussfaktoren hinsichtlich ihrer Quantität, Qualität und Systematik/Nachhaltigkeit.

Erstellung einer **Übersicht zu allen aktiven Standort-Indikatoren** mit ihren Bezeichnungen, Berechnungsvorschriften und Maßeinheiten

Erstellung einer **Übersicht zur Quantität-/Qualität-/Systematik-/ Nachhaltigkeit-Bewertung** aller aktiven Standort-Einflussfaktoren sowie zu den auf diese zugeordneten Standort-Indikatoren.

Zusammenfassung und **Fazit** aller Standort-Auswertungen

1

Anhand der Analyse der wachstumsbeschleunigenden als auch der bremsenden Faktoren muss der Standort für sich genau herausfinden, ob er bisher langsamer oder schneller gewachsen ist, sich besser oder schlechter entwickelt hat, als dies seine Standortfaktoren erlaubt hätten

2

Eine Standortbilanz liefert nicht nur der Kommune selbst, sondern insbesondere auch ortsansässigen und ansiedlungsinteressierten Firmen qualifizierte, entscheidungsunterstützende Informationen, erhöht die Plan- und Kalkulierbarkeit ihres Geschäfts.

3

An Standortmaßnahmen sind unterschiedliche politische Ebenen mit unterschiedlichem Informationshintergrund (Informationsgefälle), unterschiedlichem Planungs- und Methodenwissen (Kompetenzgefälle) beteiligt. Die Standortbilanz hilft, Angleichung herzustellen.

Standort-Ausblick (welche Chancen und Risiken beeinflussen die wirtschaftliche Entwicklung des Standortes? welche Möglichkeiten gibt es für potentielle Ansiedler? welche Chancen werden gesehen, um den Standort für die Zukunft besser zu positionieren ? welche Einzelrisiken können den Standort negativ beeinflussen (z.B. demo-graphische Entwicklungen)?
1
Zusammenfassung der eingeleiteten Maßnahmen
2
Zusammenfassung der erwarteten Entwicklungen

Salve,
Nichts ist mehr so wie es war

wenn wir einmal die allgegenwärtige KI fragen würden……

Beschreibe, wie derBürgermeister einen Bericht über den Standort seiner Kommune so strukturieren und mit Inhalten füllen könnte, dass er als breite Kommunikationsbasis sowohl für interne Diskussionen als auch für Präsentationen bei außenstehenden Dritten und Investoren genutzt werden kann

Struktur und Inhalte eines Standortberichts für eine Kommune

Ein **Standortbericht** sollte klar strukturiert, informativ und visuell ansprechend sein. Er dient als Grundlage für **interne Diskussionen** (z. B. im Stadtrat) und als **Kommunikationsmittel**

nach außen (z. B. für Investoren oder potenzielle Bürger). Die folgende Struktur und Inhalte können eine breite Zielgruppe ansprechen:

1. Executive Summary (Zusammenfassung)

- **Ziel**: Überblick über die wichtigsten Erkenntnisse und Kennzahlen.
- **Inhalt**:
  - Kurze Beschreibung der Kommune (z. B. Einwohnerzahl, Lage, wirtschaftliche Schwerpunkte).
  - Schlüsselstärken und Herausforderungen.
  - Vision und strategische Ziele für die Standortentwicklung.
  - Einladender Ton, der Neugier weckt und Interesse an der Lektüre des gesamten Berichts erzeugt.

2. Rahmenbedingungen und Ausgangslage

- **Geografische Lage**: Karten, Entfernung zu Ballungszentren, Verkehrsanbindung.
- **Demografie**: Bevölkerungsstruktur, -entwicklung, Pendlerströme.
- **Wirtschaftsstruktur**: Branchenmix, wichtige Unternehmen, Arbeitsmarkt.
- **Kommunale Besonderheiten**: Historische, kulturelle oder landschaftliche Alleinstellungsmerkmale.

3. Analyse der Standortfaktoren

Die Standortfaktoren sollten nach ihrer Relevanz geordnet und einzeln beschrieben werden:

a. Wirtschaftliche Rahmenbedingungen

- Verfügbarkeit von Gewerbeflächen.
- Innovationsförderung, z. B. lokale Netzwerke, Cluster.
- Steuer- und Förderpolitik.

b. Infrastruktur

- Verkehrsanbindung (Straße, Bahn, Flughafen).
- Digitale Infrastruktur (Breitband, 5G).
- Energieversorgung, Umweltfreundlichkeit.

c. Lebensqualität und Umwelt

- Freizeit-, Kultur- und Sportangebote.
- Umweltqualität (Luft, Wasser, Grünflächen).
- Gesundheitsversorgung, Bildungseinrichtungen.

d. Verwaltung und Serviceorientierung

- Genehmigungsverfahren, Bearbeitungszeiten.
- Bürgerfreundlichkeit, digitale Verwaltungsservices.
- Unterstützung für Investoren (One-Stop-Shop-Angebote).

e. Sicherheit und soziales Klima

- Kriminalitätsstatistik.
- Integration, soziale Angebote.
- Bürgerengagement und Gemeinsinn.

4. Ampeldarstellung der Standortfaktoren

- **Visuelle Übersicht**: Eine Standort-Ampel oder ein Bewertungsradar, das alle wesentlichen Faktoren auf einen Blick zeigt.
- **Erklärung der Bewertungen**: Kurze Begründung, warum ein Faktor im grünen, gelben oder roten Bereich liegt.

5. Ziele und Entwicklungsstrategie

- **Vision der Kommune**: Langfristige Ziele und Schwerpunkte.
- **Strategische Initiativen**: Geplante Maßnahmen zur Verbesserung der Standortfaktoren, z. B.:
    - Ausbau der digitalen Infrastruktur.
    - Förderung von Start-ups und innovativen Unternehmen.
    - Verbesserung der Verkehrsanbindung oder des Wohnraumangebots.

6. Erfolgsbeispiele und Referenzen

- **Ansiedlung neuer Unternehmen**: Welche Firmen haben sich zuletzt angesiedelt und warum?

- **Umgesetzte Projekte**: Erfolgreiche städtische oder private Initiativen, z. B. im Bereich Umweltschutz oder Bildung.
- **Statements**: Zitate von Unternehmern, Bürgern oder Investoren, die den Standort loben.

7. Konkrete Angebote und Chancen für Investoren

- Verfügbare Gewerbeflächen oder Immobilien.
- Fördermöglichkeiten und steuerliche Vorteile.
- Kontaktinformationen für Investorenservices.

8. Transparenz und Bürgerbeteiligung

- Einladung zur Mitgestaltung: Wie Bürger und Unternehmen sich in die Weiterentwicklung der Kommune einbringen können.
- Geplante Bürgerforen, Umfragen oder Informationsveranstaltungen.

9. Anhang

- **Statistiken und Grafiken**: Detaildaten, die die Analysen im Bericht untermauern.
- **Kontaktinformationen**: Ansprechpartner in der Verwaltung, Wirtschaftsförderung, Bauamt etc.
- **Quellenverzeichnis**: Transparenz über die Datenbasis.

Gestaltung des Berichts

- **Klar und visuell ansprechend**: Infografiken, Diagramme, Bilder der Region.

- **Modular aufgebaut**: Einzelne Abschnitte können leicht separat verwendet werden (z. B. als Präsentation).
- **Barrierefrei zugänglich**: In digitaler Form und als Printversion, leicht verständlich formuliert.

Fazit

Ein strukturierter Standortbericht bietet eine **ganzheitliche Kommunikationsbasis**, die sich flexibel an verschiedene Zielgruppen anpassen lässt. Er schafft Transparenz, stärkt das Vertrauen und präsentiert die Kommune als zukunftsorientierten, attraktiven Standort für Bürger, Unternehmen und Investoren.

KI Ende

Ohne ein Roboter zu sein, könnte man als Mensch vielleicht meinen:

Fiktive Dialoge - ein paar Stunden Intensivcoaching

Denkanstöße

Wissensmanagement

Storytelling

Content

Inspiration

Diskurs

DecisionSupport

Gehirntraining - wenn es gut werden soll

Verstehen lernen

Vernetzt denken

Potenziale ausschöpfen

Komplexität reduzieren

Gestaltbar machen

Wissen transferieren

Proaktiv agieren

Executive Coaching

Denkstudio für strategisches Wissensmanagement

SMART - Ziele sollten SMART (spezifisch, messbar, erreichbar, relevant und zeitgebunden) sein.

Individuelle, zielgruppenorientierte Einzelmodule (wenn man es schafft, individuelle Bilanzen genau abgestellt auf spezifische Anforderungen zu erstellen, erhöht dies die Erfolgsaussichten). Der Aufbau der Standortbilanz muss individuell veränderbar sein: je nachdem, für welchen Zweck die Standortbilanz vorrangig genutzt werden soll, müssen verschiedene Versionen angefertigt werden können. Daher Möglichkeit einer **Auswahl von Bilanzinhalten** nach:

1

Vorwort, Einleitung und/oder

2

Ausgangssituation: Bilanzierungsbereich, Geschäftsumfeld, Vision, Strategie und/oder

3
Analyse Geschäftsmodell und/oder
4
Analyse weiche Standortfaktoren und/oder
5
Detaillierte Auswertungen (Stärken, Schwächen, Potenziale, Wirkungsbeziehungen) und/oder
6
Maßnahmenübersicht und/oder
7
Maßnahmenstatus (Darstellung der Einflussfaktoren und Indikatoren mit Soll-Werten, die der jeweiligen Maßnahme zugeordnet sind) und/oder
8
Ausblick mit Zusammenfassung der eingeleiteten Maßnahmen und/oder
9
Indikatorenübersicht mit Auflistung ihrer Attribute

Der zu einer Standortbilanz als detailliertes Arbeitsprogramm mit ca. 500 Einzelschritten aufgezeigte Weg ist nicht immer nur einfach, sondern kann an manchen Stellen durchaus auch steil und steinig sein. Wird er konsequent beschritten, führt er jedoch mit hoher Erfolgssicherheit zu einem wertvollen Kommunikations-, Berichts- und Planungsinstrument, das zuerst immer auch für den Standort selbst einen Zuwachs an Erkenntnis und fundierten Entscheidungsgrundlagen garantieren kann.

Salve,
Nichts ist mehr so wie es war

wenn wir einmal die allgegenwärtige KI fragen würden……

Unterstützende Modelle zur Gewichtung und Priorisierung von Einflussfaktoren für politische Abstimmungen

Ein Bürgermeister, der Entscheidungen treffen oder politische Abstimmungen vorbereiten muss, kann von **analytischen Modellen** und **partizipativen Ansätzen** profitieren. Diese Modelle helfen, Einflussfaktoren zu gewichten, deren Priorität zu bestimmen und so die Entscheidungsfindung zu optimieren. Hier sind einige Ansätze:

Analytischer Hierarchieprozess (AHP)

Der **Analytische Hierarchieprozess (AHP)** ist ein strukturiertes Entscheidungsmodell, das besonders für die Gewichtung komplexer Einflussfaktoren geeignet ist.

Vorgehensweise:

1. **Zieldefinition**: Klärung, welche Entscheidung oder Abstimmung vorbereitet wird.
2. **Identifikation von Einflussfaktoren**: Faktoren wie wirtschaftliche Auswirkungen, soziale Gerechtigkeit,

Umweltverträglichkeit oder Bürgerakzeptanz werden gesammelt.
3. **Paarweiser Vergleich**: Die Faktoren werden paarweise verglichen, um ihre relative Bedeutung einzuschätzen. Beispiel: "Ist die Umweltverträglichkeit wichtiger als die wirtschaftlichen Vorteile?"
4. **Gewichtung**: Aus den Vergleichen werden numerische Gewichte berechnet, die die Priorität der Faktoren widerspiegeln.
5. **Ergebnisse interpretieren**: Faktoren mit hoher Gewichtung haben eine höhere Priorität bei der Entscheidungsfindung.

Vorteile:

- Objektiviert komplexe Entscheidungen.
- Ermöglicht die Einbeziehung politischer und gesellschaftlicher Werte.
- Transparent und nachvollziehbar.

Kraftfeldanalyse

Die **Kraftfeldanalyse** identifiziert und bewertet Kräfte, die eine Entscheidung unterstützen oder behindern.

Vorgehensweise:

1. **Definieren des Entscheidungsziels** (z. B. Einführung eines neuen Verkehrsmodells).
2. **Fördernde und hemmende Kräfte** benennen (z. B. Wirtschaftsförderung vs. Widerstand der Anwohner).

3. **Bewertung der Kräfte**: Jede Kraft wird auf einer Skala (z. B. 1–5) bewertet, um ihre Stärke einzuschätzen.
4. **Visualisierung**: Diagramm zur Darstellung der relativen Stärke der Kräfte.
5. **Strategieableitung**: Maßnahmen zur Stärkung fördernder und Abschwächung hemmender Kräfte priorisieren.

Vorteile:

- Klärt potenzielle Konfliktpunkte.
- Fördert zielgerichtete Strategien zur Konsensbildung.

Stakeholder-Analyse mit Gewichtung

Dieses Modell identifiziert relevante Akteure und bewertet deren Einfluss und Interessen.

Vorgehensweise:

1. **Identifikation der Stakeholder**: Parteien, Bürgergruppen, Wirtschaftsverbände, Umweltorganisationen etc.
2. **Analyse von Einfluss und Interesse**: Jeder Stakeholder wird anhand seiner Macht (z. B. Einfluss auf Abstimmungen) und seines Interesses (z. B. Betroffenheit) bewertet.
3. **Matrix-Darstellung**: Einteilung der Stakeholder in Kategorien (z. B. "Hohes Interesse, hoher Einfluss").
4. **Priorisierung**: Einflussfaktoren, die von Stakeholdern mit hohem Einfluss und Interesse unterstützt werden, werden höher gewichtet.

Vorteile:

- Ermöglicht gezielte Ansprache und Einbindung wichtiger Akteure.
- Reduziert das Risiko von Widerstand.

Kosten-Nutzen-Analyse (KNA)

Die **Kosten-Nutzen-Analyse** ist ein quantitativer Ansatz zur Bewertung der Vor- und Nachteile verschiedener Einflussfaktoren.

Vorgehensweise:

1. **Erfassung von Kosten und Nutzen**: Für jeden Einflussfaktor werden die erwarteten Kosten und Nutzen in finanzieller oder qualitativer Form bewertet.
2. **Monetarisierung von Faktoren** (wenn möglich): Umweltkosten, soziale Kosten oder wirtschaftliche Vorteile können in Euro umgerechnet werden.
3. **Verhältnis berechnen**: Nutzen-Kosten-Verhältnis (z. B. >1 bedeutet, dass der Nutzen die Kosten übersteigt).
4. **Priorisierung**: Faktoren mit einem hohen Nutzen-Kosten-Verhältnis werden bevorzugt.

Vorteile:

- Objektiv und datenbasiert.
- Hervorragend für wirtschaftlich orientierte Entscheidungen geeignet.

Multi-Kriterien-Analyse (MCA)

Die **Multi-Kriterien-Analyse** erlaubt die Bewertung mehrerer Faktoren, auch wenn sie nicht in derselben Maßeinheit vorliegen (z. B. soziale Akzeptanz vs. wirtschaftliche Kosten).

Vorgehensweise:

1. **Liste der Kriterien** erstellen (z. B. Kosten, soziale Gerechtigkeit, Umweltbelastung).
2. **Bewertungsskala festlegen** (z. B. 1–5 für jede Kategorie).
3. **Gewichtung der Kriterien**: Wie wichtig ist jedes Kriterium im Vergleich zu den anderen?
4. **Punktbewertung**: Jeder Einflussfaktor wird nach den Kriterien bewertet und gewichtet.
5. **Gesamtscore berechnen**: Die Scores werden addiert, um die Priorität der Faktoren zu ermitteln.

Vorteile:

- Flexibel und für viele Entscheidungsarten geeignet.
- Transparente Entscheidungsfindung mit Einbeziehung unterschiedlicher Perspektiven.

Delphi-Methode

Die Delphi-Methode basiert auf der **Expertenbefragung** und wird iterativ durchgeführt, um eine fundierte Gewichtung der Faktoren zu erhalten.

Vorgehensweise:

1. **Auswahl der Experten**: Vertreter aus Politik, Wirtschaft, Wissenschaft, Bürgerinitiativen.
2. **Befragungsrunden**: Experten bewerten die Relevanz und Priorität der Einflussfaktoren anonym.
3. **Zusammenführung der Ergebnisse**: Die Bewertungen werden zusammengefasst und zurückgespielt, um Konsens zu fördern.
4. **Endgültige Gewichtung**: Nach mehreren Runden entsteht ein abgestimmtes Ranking der Faktoren.

Vorteile:

- Fördert Konsensbildung.
- Nutzt das Fachwissen verschiedener Interessengruppen.

Fazit

Ein Bürgermeister kann mithilfe dieser Modelle komplexe Entscheidungen strukturiert vorbereiten und fundiert kommunizieren. Die Wahl des Modells hängt von der Komplexität der Entscheidung, der Verfügbarkeit von Daten und der Notwendigkeit zur Einbindung verschiedener Interessengruppen ab. Eine Kombination mehrerer Ansätze (z. B. Stakeholder-Analyse und Multi-Kriterien-Analyse) ermöglicht eine noch umfassendere Bewertung.

KI Ende

Ohne ein Roboter zu sein, könnte man als Mensch vielleicht meinen:

Fiktive Dialoge - ein paar Stunden Intensivcoaching
Denkanstöße
Wissensmanagement
Storytelling
Content
Inspiration
Diskurs
DecisionSupport
Gehirntraining - wenn es gut werden soll
Verstehen lernen
Vernetzt denken
Potenziale ausschöpfen
Komplexität reduzieren
Gestaltbar machen
Wissen transferieren
Proaktiv agieren

Executive Coaching
Denkstudio für strategisches Wissensmanagement

SMART - Ziele sollten SMART (spezifisch, messbar, erreichbar, relevant und zeitgebunden) sein.

Gewichtung der Faktoren-Cluster:

Der Gesamt-Standort wird = 100 % gesetzt und dann gefragt, welches Einzelgewicht dem jeweiligen der zuvor definierten Cluster beigemessen wird.

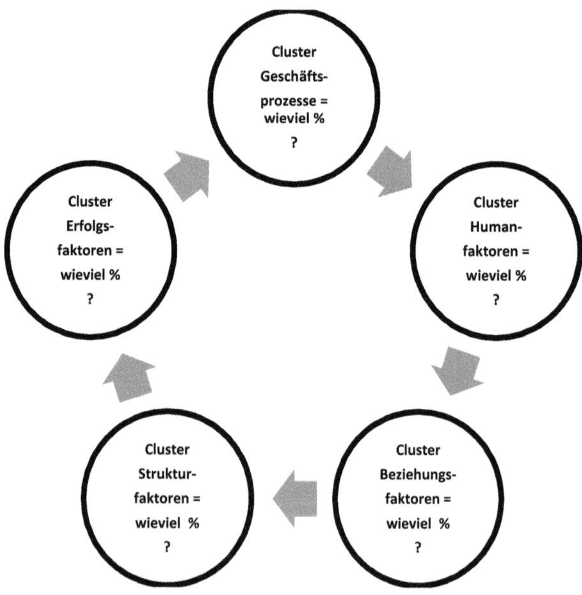

%-Gewichte der Faktoren-Cluster	
Cluster:	**%**
Geschäftsprozesse	
Erfolgsfaktoren	

Humanfaktoren	
Strukturfaktoren	
Beziehungsfaktoren	
GESAMT-Standort	**100 %**

Identifikation und Gewichtung Einzelfaktoren

Am Anfang von allem steht die intensive Beschäftigung mit allen Standortfaktoren. Es muss genau und ausführlich überlegt und beschrieben werden, welche Standortfaktoren vorkommen können. Ein lückenhaftes Faktoren-Tableau als Grundlage für alle darauf aufbauenden Vermessungsvorgänge kann immer nur ein lückenhaftes Abbild des Standortes erzeugen. Blindstellen im Spiegel des Standortes sind eine Gefahr dafür, dass etwas übersehen oder sogar irreführend und falsch interpretiert werden kann.

Auch solche als zunächst eher unbedeutend oder vermeintlich als vernachlässigbar angesehene Standortfaktoren können im unübersichtlichen Räderwerk der dynamischen Wirkungsbeziehungen erst später zu erkennende, aber trotzdem unersetzliche Nahtstellen- und Brückenfunktionen haben, ohne die nur wenig geht.

Für jeden der zuvor definierten und gewichteten Cluster muss überlegt werden, welche Einzelfaktoren ihm jeweils zuzuordnen sind. Ein einzelner Standortfaktor kann immer nur einem der Cluster (d.h. nicht mehrfach) zugeordnet werden. Für jeden der Faktoren-Cluster sollten möglichst alle zugehörigen Einzelfaktoren identifiziert werden. Mit der Gesamtheit aller den Clustern zugeordneten Einzelfaktoren muss sich ein lückenloses und vollständiges Bild des Standortes herstellen lassen. Obwohl die

Vermessung des Standortes aus unterschiedlichen Blickrichtungen der verschiedenen Interessengruppen her durchgeführt werden soll, geht es letztlich immer um den gleichen Standort, d.h. die Struktur der definierten Einzelfaktoren sollte abgestimmt und früher oder später zur Deckung gebracht werden. Eine unterschiedliche Bewertung bleibt den verschiedenen Interessengruppen und Blickrichtungen unbenommen.

Salve,

Nichts ist mehr so wie es war

wenn wir einmal die allgegenwärtige KI fragen würden……

Beschreibe die Diskussion in einem Arbeitskreis, der für den Bürgermeister ein Grundlagenpapier zu den Bereichen Geschäftsprozesse, Erfolgsfaktoren und Humankapital des Standortes erarbeiten sollen, auf dessen Basis sich der Bürgermeister für die Zukunft des Standortes positionieren will

Diskussion in einem Arbeitskreis zur Erstellung eines Grundlagenpapiers

Der Arbeitskreis hat die Aufgabe, ein **Grundlagenpapier** zu den Themen **Geschäftsprozesse**, **Erfolgsfaktoren** und **Humankapital** zu entwickeln. Dieses Papier soll dem Bürgermeister eine fundierte Grundlage bieten, um die Zukunft des Standorts strategisch zu gestalten und öffentlich zu positionieren. Die Diskussion im Arbeitskreis könnte wie folgt ablaufen:

---

1. Eröffnung und Zielsetzung

Der Leiter des Arbeitskreises eröffnet die Sitzung mit folgenden Punkten:

- **Ziel**: Entwicklung eines ganzheitlichen Grundlagenpapiers, das die Stärken, Schwächen, Chancen und Risiken des Standorts beleuchtet.
- **Fokusbereiche**: Geschäftsprozesse, Erfolgsfaktoren und Humankapital.
- **Erwartung an die Ergebnisse**: Konkrete Handlungsempfehlungen für den Bürgermeister.

Diskussion über Geschäftsprozesse

a. Status quo der Geschäftsprozesse

- Wie effizient sind die derzeitigen Prozesse in der Verwaltung und Wirtschaftsförderung?
- Gibt es Optimierungspotenzial in Bereichen wie Genehmigungsverfahren, Bürgeranfragen oder digitale Services?

b. Verbesserungsvorschläge

- Einführung einer **digitalen Plattform** für Verwaltungsprozesse, um Bearbeitungszeiten zu verkürzen.

- Aufbau eines **One-Stop-Shops** für Investoren und Unternehmen.
- Förderung von **Agilität und Innovation** in kommunalen Projekten.

c. Best Practices

- Diskussion von Beispielen aus anderen Städten, die erfolgreich digitale oder organisatorische Innovationen eingeführt haben.

Identifikation von Erfolgsfaktoren

a. Definition der Erfolgsfaktoren für den Standort

- Was macht den Standort für Unternehmen, Bürger und Investoren attraktiv?
  - Wirtschaftliche Rahmenbedingungen (z. B. Steuern, Infrastruktur).
  - Lebensqualität (z. B. Wohnraum, Kultur, Umwelt).
  - Nachhaltigkeit und Klimaschutz.

b. Priorisierung

- Welche Faktoren haben die höchste Relevanz für die Zukunftsfähigkeit des Standorts?
  - Konsensfindung durch **Punktevergabe** oder **Matrixbewertung**.

c. Maßnahmen zur Förderung

- Welche konkreten Maßnahmen können ergriffen werden, um die Erfolgsfaktoren zu stärken?
    - Ausbau von Innovationsclustern.
    - Verbesserung der Verkehrs- und digitalen Infrastruktur.

Analyse des Humankapitals

a. Status quo des Humankapitals

- Welche Qualifikationen sind vor Ort vorhanden, und wo gibt es Defizite?
    - Verfügbarkeit von Fachkräften in Schlüsselbranchen.
    - Bildungsniveau und Ausbildungsangebote.

b. Zukunftsanforderungen

- Welche Kompetenzen werden in den nächsten 10–20 Jahren gefragt sein?
    - Fokus auf **Digitalisierung**, **Green Skills** und **kreative Berufe**.

c. Strategien zur Weiterentwicklung des Humankapitals

- Förderung von Bildung und Weiterbildung (z. B. Kooperationen mit Schulen und Hochschulen).

- Attraktivität für Fachkräfte erhöhen (z. B. durch Wohnraum, Familienfreundlichkeit).
- Einbindung internationaler Fachkräfte.

SWOT-Analyse des Standorts

Der Arbeitskreis führt eine **SWOT-Analyse** durch, um die Stärken, Schwächen, Chancen und Risiken zu ermitteln:

- **Stärken**: Gute Infrastruktur, wirtschaftsfreundliche Verwaltung.
- **Schwächen**: Fachkräftemangel, hoher Bürokratieaufwand.
- **Chancen**: Förderung von Start-ups, neue Technologien.
- **Risiken**: Demografischer Wandel, Konkurrenz durch andere Regionen.

Entwicklung von Handlungsempfehlungen

Basierend auf den Diskussionen entwickelt der Arbeitskreis konkrete Handlungsempfehlungen:

- **Kurzfristige Maßnahmen**: Einführung digitaler Prozesse, Ausbau von Gewerbeflächen.
- **Mittelfristige Maßnahmen**: Verbesserung der Bildungslandschaft, Förderung von Innovationsclustern.
- **Langfristige Maßnahmen**: Stärkung der Lebensqualität, Positionierung als nachhaltiger Standort.

Abschluss und weitere Schritte

- Zusammenfassung der Diskussionsergebnisse.
- Definition von **Verantwortlichkeiten** für die Ausarbeitung des Papiers.
- Zeitplan für die Fertigstellung und Übergabe des Berichts an den Bürgermeister.

Fazit

Der Arbeitskreis bietet dem Bürgermeister eine fundierte Grundlage, um den Standort strategisch zu positionieren. Durch die strukturierte Diskussion und die Ableitung konkreter Maßnahmen wird ein klarer Fahrplan für die zukünftige Entwicklung des Standorts erarbeitet.

KI Ende

Ohne ein Roboter zu sein, könnte man als Mensch vielleicht meinen:

Fiktive Dialoge - ein paar Stunden Intensivcoaching

Denkanstöße

Wissensmanagement

Storytelling

Content

Inspiration
Diskurs
DecisionSupport
Gehirntraining - wenn es gut werden soll
Verstehen lernen
Vernetzt denken
Potenziale ausschöpfen
Komplexität reduzieren
Gestaltbar machen
Wissen transferieren
Proaktiv agieren

Executive Coaching
Denkstudio für strategisches Wissensmanagement
SMART - Ziele sollten SMART (spezifisch, messbar, erreichbar, relevant und zeitgebunden) sein.

Für die Zuordnung zum Cluster Standort-Geschäftsprozesse kommen beispielsweise folgende Einzelprozesse in Frage (aus Sicht der verschiedenen Interessengruppen sollten entsprechende Änderungen oder Ergänzungen hinzugefügt werden):

- *Standortbilanzierung*
- *Leitbild des Standortes*
- *Bestandspflege vor Ort wirtschaftender Unternehmen*
- *Gewinnung Ansiedlungen*

- *Bearbeitung Standort-Anfragen*
- *Bearbeitung Standort-Beschwerden*
- *Genehmigung von Anträgen*
- *Rechnungsabwicklung der für Standort tätigen Auftragsfirmen*

Für die Gewichtung der Einzelfaktoren wird nunmehr der Cluster Standort-Geschäftsprozesse = 100 % gesetzt und gefragt, welches Gewicht hiervon dem jeweiligen Einzelprozess zugemessen werden soll:

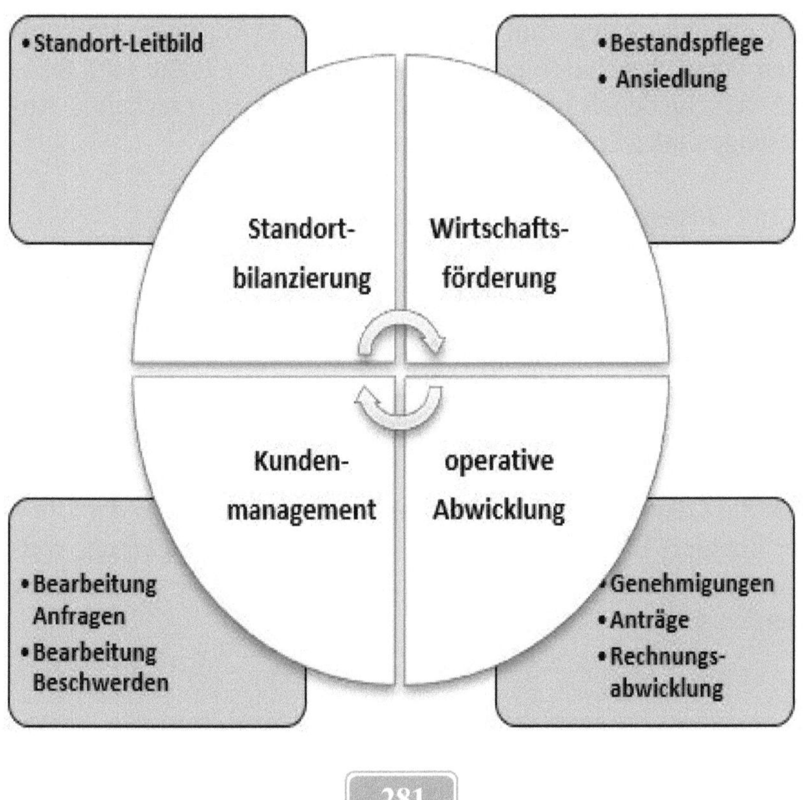

Gewichtung Einzelfaktoren innerhalb Cluster Geschäftsprozesse = 100 %	
Einzelfaktor:	**Anteil in %**
Standortbilanzierung	
Leitbild Standort	
Bestandspflege	
Ansiedlung	
Bearbeitung Standort-Anfragen	
Bearbeitung Standort-Beschwerden	
Bearbeitung Anträge	
Rechnungsabwicklung	
Cluster Geschäftsprozesse GESAMT	**100 %**

Für die Zuordnung zum Cluster Standort-Erfolgsfaktoren kommen beispielsweise folgende Einzelfaktoren in Frage (aus Sicht der verschiedenen Interessengruppen sollten entsprechende Änderungen oder Ergänzungen hinzugefügt werden):

- *Innovationsmanagement*
- *Existenzgründungshilfen*
- *Mittelstandförderung*
- *Steuerkonditionen*
- *Attraktivität, Image*
- *Nähe zu Forschung und Entwicklung*
- *Haushaltslage, finanzieller Handlungsspielraum*

Für die Gewichtung der Einzelfaktoren wird nunmehr der Cluster Standort-Erfolgsfaktoren = 100 % gesetzt und gefragt, welches Gewicht hiervon dem jeweiligen Einzelfaktor zugemessen werden soll:

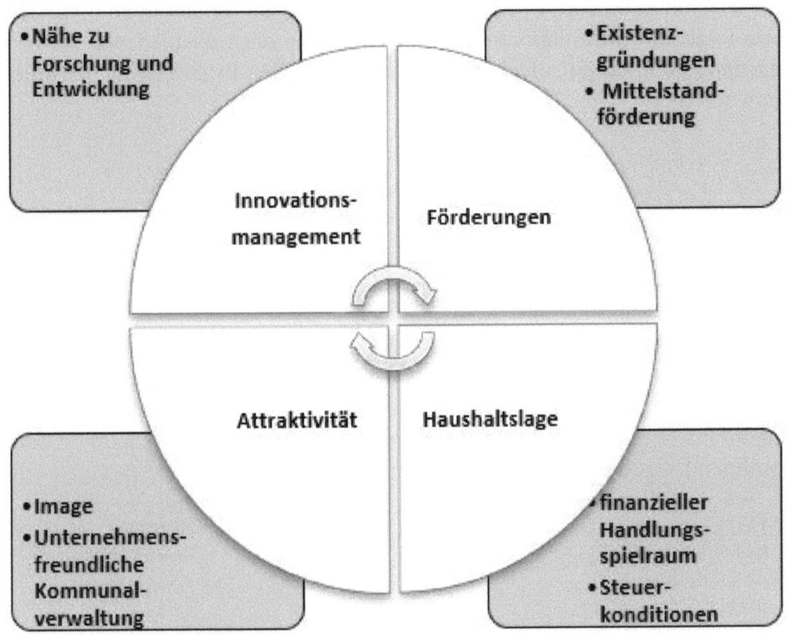

Gewichtung Einzelfaktoren innerhalb Cluster Erfolgsfaktoren = 100 %	
Einzelfaktor:	**Anteil in %**
Innovationsmanagement	
Nähe zu Forschung und Entwicklung	
Attraktivität, Image	
Unternehmensfreundliche Kommunalverwaltung	
Existenzgründungshilfen	
Mittelstandförderung	
Haushaltslage, finanzieller Handlungsspielraum	
Steuerkonditionen	
Cluster Erfolgsfaktoren GESAMT	**100 %**

Für die Zuordnung zum Cluster Standort-Humanfaktoren kommen beispielsweise folgende Einzelfaktoren in Frage (aus Sicht der verschiedenen Interessengruppen sollten entsprechende Änderungen oder Ergänzungen hinzugefügt werden):

- *Arbeitskräfte*
- *Fachqualifikation, Ausbildungsniveau*
- *Intellektuelles Wissenskapital*
- *Einwohnerstruktur, soziales Umfeld*
- *Verfügbares Einkommen, Kaufkraft*
- *Arbeitsmotivation, -zufriedenheit*
- *Altersstruktur*

Für die Gewichtung der Einzelfaktoren wird nunmehr der Cluster Standort-Humanfaktoren = 100 % gesetzt und gefragt, welches Gewicht hiervon dem jeweiligen Einzelfaktor zugemessen werden soll:

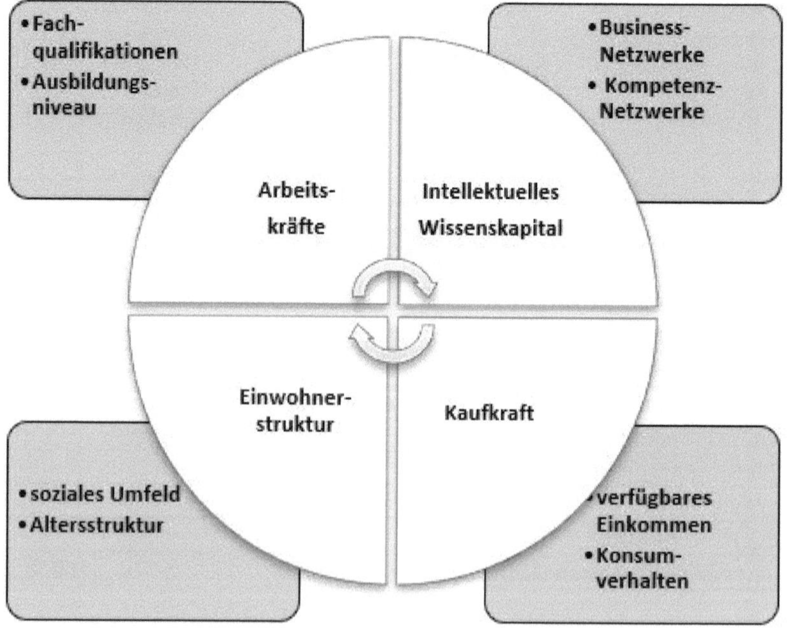

Gewichtung Einzelfaktoren innerhalb Cluster Humanfaktoren = 100 %	
Einzelfaktor:	**Anteil in %**
Verfügbare Arbeitskräfte	
Fachqualifikationen	
Ausbildungsniveau	
Intellektuelles Wissenskapital	
Soziales Umfeld	
Altersstruktur	
Verfügbares Einkommen	
Kaufkraft, Konsumverhalten	
Cluster Humanfaktoren GESAMT	**100 %**

Salve,
Nichts ist mehr so wie es war

wenn wir einmal die allgegenwärtige KI fragen würden……

Beschreibe die Diskussion in einem Arbeitskreis, der für den Bürgermeister ein Grundlagenpapier zu den Bereichen Strukturkapital und Beziehungsfaktoren des Standortes erarbeiten soll, auf dessen Basis sich der Bürgermeister für die Zukunft des Standortes positionieren will

Diskussion im Arbeitskreis zur Erarbeitung eines Grundlagenpapiers für den Bürgermeister

Zielsetzung des Arbeitskreises

Der Arbeitskreis soll ein Grundlagenpapier erstellen, das die Themen **Strukturkapital** und **Beziehungsfaktoren** des Standorts beleuchtet. Ziel ist es, dem Bürgermeister eine fundierte Entscheidungsgrundlage zu liefern, um die Zukunftsfähigkeit des Standorts zu sichern und gezielt Maßnahmen zu priorisieren.

Themen und Diskussionspunkte

1. **Definition und Relevanz von Strukturkapital und Beziehungsfaktoren**
    - **Strukturkapital**: Gemeinsames Verständnis entwickeln. Diskutiert wurden Elemente wie Infrastruktur, Bildungseinrichtungen, Verwaltungsprozesse, digitale Netzwerke und Innovationssysteme.
    - **Beziehungsfaktoren**: Fokus auf Netzwerke, Kooperationen zwischen Unternehmen, Bürgerbeteiligung, sowie auf das Verhältnis zwischen Verwaltung und Wirtschaft.
2. **Stärken- und Schwächenanalyse des Standorts**
    - Welche **Stärken** weist der Standort im Hinblick auf Infrastruktur, Bildung und Technologie auf?

- Identifikation von **Schwächen**, z. B. Lücken in der digitalen Vernetzung oder ineffiziente Verwaltungsprozesse.

3. **Zukunftstrends und Herausforderungen**
   - **Megatrends** wie Digitalisierung, Klimawandel und demografischer Wandel wurden besprochen.
   - Welche Auswirkungen haben diese Trends auf die Wettbewerbsfähigkeit und Attraktivität des Standorts?
4. **Erfolgsfaktoren für die Positionierung**
   - Welche **Maßnahmen** sind erforderlich, um das Strukturkapital zu stärken?
   - Wie können Beziehungsfaktoren aktiv gestaltet werden, um die Vernetzung und Zusammenarbeit im Standort zu fördern?

Ergebnisse und Handlungsempfehlungen

1. **Kurzfristige Maßnahmen**
   - Ausbau der digitalen Infrastruktur.
   - Vereinfachung von Verwaltungsprozessen.
   - Förderung von Start-ups und Innovationsclustern.
2. **Mittelfristige Maßnahmen**
   - Aufbau von strategischen Partnerschaften zwischen Wirtschaft, Wissenschaft und Verwaltung.
   - Einführung von Bürgerdialogen zur Förderung der Akzeptanz und Partizipation.
3. **Langfristige Vision**
   - Entwicklung eines „Smart City"-Konzepts.

- Schaffung eines nachhaltigen und resilienten Standorts, der auf Innovationskraft und starken sozialen Netzwerken basiert.

Fazit

Der Arbeitskreis einigte sich darauf, dass Strukturkapital und Beziehungsfaktoren als gleichwertige Säulen betrachtet werden müssen, um den Standort zukunftssicher zu gestalten. Das Grundlagenpapier wird klare Empfehlungen für eine nachhaltige und innovative Standortstrategie enthalten.

KI Ende

Ohne ein Roboter zu sein, könnte man als Mensch vielleicht meinen:

Fiktive Dialoge - ein paar Stunden Intensivcoaching

Denkanstöße

Wissensmanagement

Storytelling

Content

Inspiration

Diskurs
DecisionSupport
Gehirntraining - wenn es gut werden soll
Verstehen lernen
Vernetzt denken
Potenziale ausschöpfen
Komplexität reduzieren
Gestaltbar machen
Wissen transferieren
Proaktiv agieren

Executive Coaching
Denkstudio für strategisches Wissensmanagement
SMART - Ziele sollten SMART (spezifisch, messbar, erreichbar, relevant und zeitgebunden) sein.

Für die Zuordnung zum Cluster Standort-Strukturfaktoren kommen beispielsweise folgende Einzelfaktoren in Frage (aus Sicht der verschiedenen Interessengruppen sollten entsprechende Änderungen oder Ergänzungen hinzugefügt werden):

- *Verfügbare Industrieflächen, Preise*
- *Verfügbare Büroflächen, Preise*
- *Verfügbare Wohnflächen, Mietniveau*
- *Versorgungs- und Betreuungseinrichtungen*
- *Bildungs- und Kultureinrichtungen*
- *Sport-, Freizeit- und Touristikeinrichtungen*
- *Hotels, Gastronomie*

Für die Gewichtung der Einzelfaktoren wird nunmehr der Cluster Standort-Strukturfaktoren = 100 % gesetzt und gefragt, welches Gewicht hiervon dem jeweiligen Einzelfaktor zugemessen werden soll:

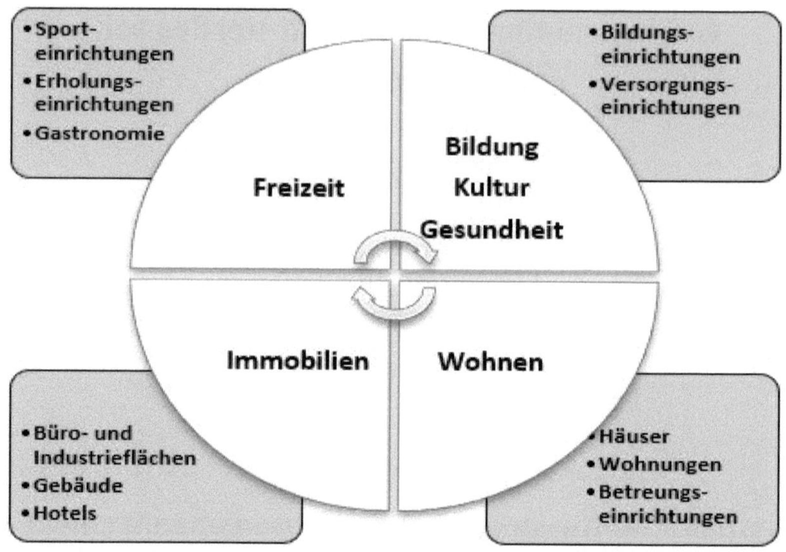

Gewichtung Einzelfaktoren innerhalb Cluster Strukturfaktoren = 100 %	
Einzelfaktor:	**Anteil in %**
Verfügbare Industrieflächen, Preise	
Verfügbare Büroflächen, Preise	
Verfügbarer Wohnraum	
Mietniveau	
Betreuungs- und Versorgungseinrichtungen	
Bildungs- und Kultureinrichtungen	
Gastronomie, Hotels, Touristikeinrichtungen	
Freizeit-, Sport-, Erholungseinrichtungen	
Cluster Strukturfaktoren GESAMT	**100 %**

Für die Zuordnung zum Cluster Standort-Beziehungsfaktoren kommen beispielsweise folgende Einzelfaktoren in Frage (aus Sicht der verschiedenen Interessengruppen sollten entsprechende Änderungen oder Ergänzungen hinzugefügt werden):

- *Fernstraßen-, Schienen-, Wasserstraßenanbindung*
- *Flughafen-Anbindung*
- *Private Partnership-Beziehungen*
- *Verbundprojekte*
- *Wirtschaftsbeziehungen*
- *Wissenschaftsbeziehungen*
- *Internet*
- *Ausstellungen, Seminare, Tagungen*

Für die Gewichtung der Einzelfaktoren wird nun der Cluster Standort-Beziehungsfaktoren = 100 % gesetzt und gefragt, welches Gewicht hiervon dem jeweiligen Einzelfaktor zugemessen werden soll:

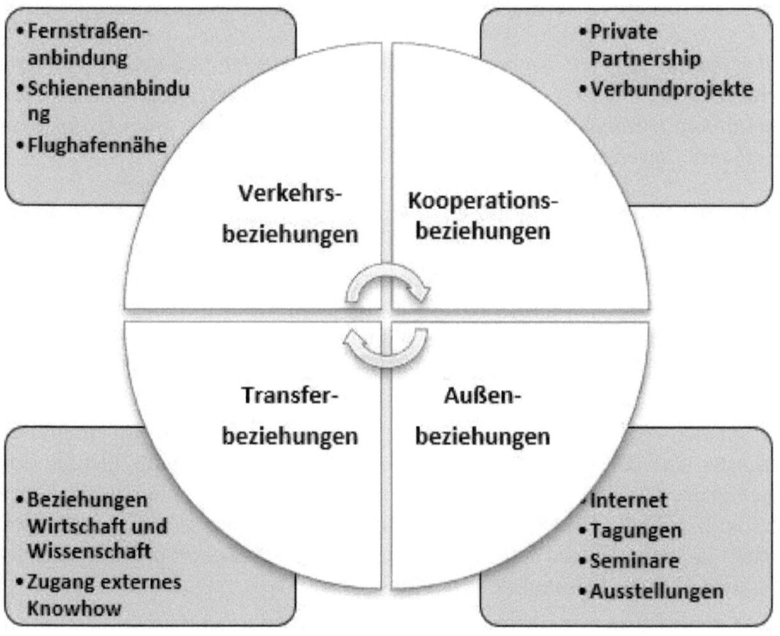

Gewichtung Einzelfaktoren innerhalb Cluster Beziehungsfaktoren = 100 %	
Einzelfaktor:	**Anteil in %**
Fernstraßen-Anbindung	
Wasserstraßen-Anbindung	
Schienen-Anbindung	
Flughafen-Anbindung	
Wirtschaftsbeziehungen	
Wissenschaftsbeziehungen	
Kooperationsbeziehungen	
Internet, Tagungen, Seminare, Ausstellungen	
Cluster Beziehungsfaktoren GESAMT	**100**

Fragen, bewerten, begründen

Jeder der zuvor gewichteten Standortfaktoren muss für sich einzeln bewertet werden. Jeder einzelnen Bewertung sollte ein möglichst ausführlicher Fragenkatalog vorangestellt werden, mit dem für jeden der Standortfaktoren quasi eine Bewertungs-Checkliste erstellt wird.

Wenn also in dem System der Vermessung der Standorte diese Stufe der an jeden einzelnen Faktor zu formulierenden Fragen eingebaut wird, wird damit auch eine zwangsläufige Auseinandersetzung mit den Faktoren des Standortes in Gang gesetzt. Danach werden für jeden einzelnen Standortfaktor drei Bewertungen durchgeführt: a) nach seiner Quantität, b) nach seiner Qualität und c) nach seiner Systematik. Jede dieser drei Bewertungen wird ihrerseits wiederum ausführlich begründet. Wenn jeder der zuvor identifizierten und gewichteten Standortfaktoren dem mehrstufigen, nachfolgend graphisch dargestellten Bewertungsprozess unterzogen wird, entsteht hieraus ein durchdachtes und anhand konkreter Bewertungsziffern intern und extern nachvollziehbares Bild des Standortfaktors. Aus diesen zahlreichen Einzelbildern lässt sich für die Vermessung der Standorte ein ebenso konturscharfes wie auch genaues Gesamtbild herstellen.

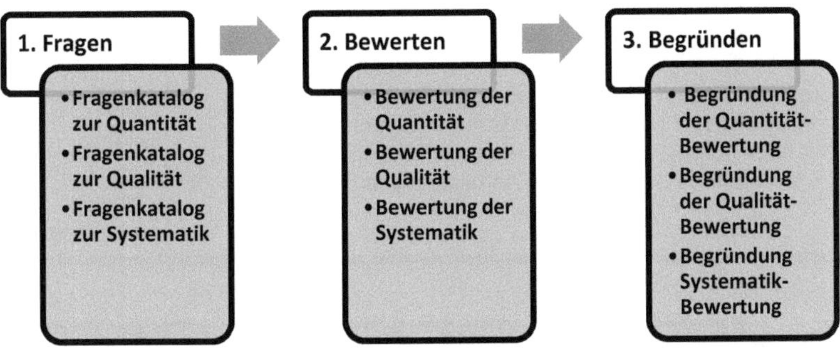

Für die Bewertung der Standortfaktoren können beispielsweise %-Zahlen von 0 bis 120 % oder dementsprechende Punktzahlen von 0 bis 12 Punkten vergeben werden. Es kommt nicht immer nur unbedingt auf die absolute Höhe dieser Werte an. Wichtig ist vielmehr, dass die Werte in der richtige Relation zueinander vergeben werden.

Wenn alle Werte immer nur im Höchstbereich liegen wäre dies eher ein Hinweis darauf, dass insgesamt zu hoch bewertet worden ist. Nur 100%-Bewertungen würden schlichtweg bedeuten, dass der Standort keine weiteren Potenziale mehr auszuschöpfen hat und man sich deshalb der Passivität hingeben könnte. D.h. es wäre ein kaum realistisches Bild das einer Überprüfung standhalten würde. Werte über 100 % oder 10 Punkte könnten auf eine Übererfüllung hindeuten. Hier sollte man hinterfragen, ob Möglichkeiten bestehen, Potenziale auch an anderer Stelle nutzen zu können.

Einzelbewertungen nach Prozenten oder Punkten

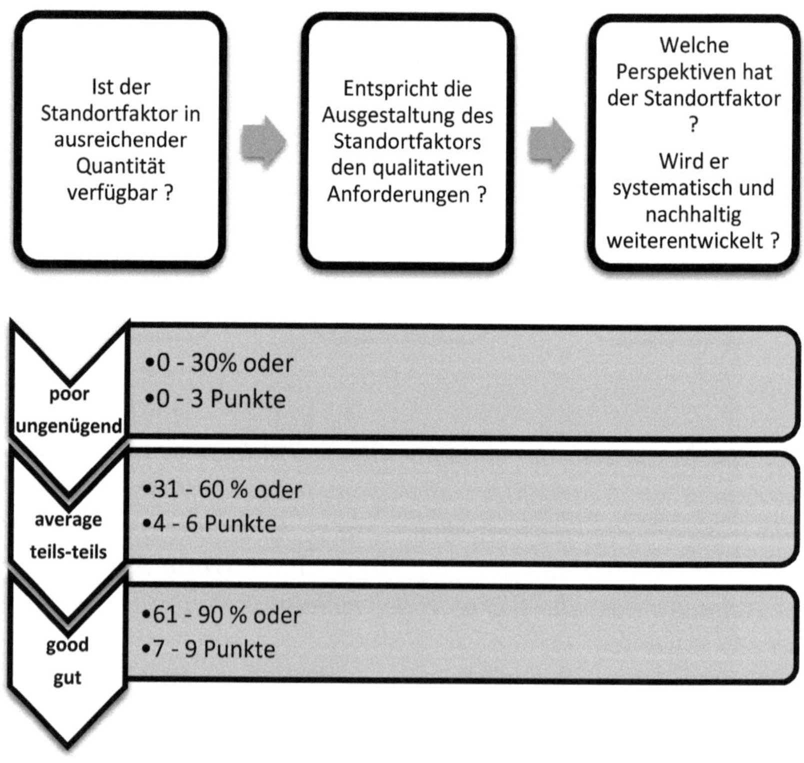

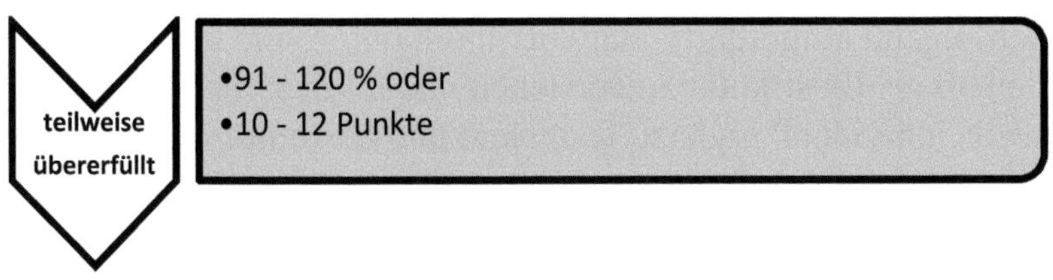

Verwendung von Standort-Indikatoren

Die Bewertungstabellen der Standortfaktoren sollten insbesondere für die Erfolgsmessung durch Indikatoren ergänzt werden. Standorte haben in aller Regel bereits eine Reihe von Kennziffern erarbeitet, die auch als Vermessung-Indikatoren dienen können. Von Planungsverbänden werden darüber hinaus ebenfalls regelmäßig Indikatoren erhoben. Weitere Indikatoren können über spezifische Standortstatistiken und -analysen bereitgestellt werden. Es gibt somit keinen Grund, vor möglicherweise zu kompliziert und aufwendig erscheinenden Kennziffern zurückzuschrecken. Das Vorhandene deckt meist bereits einen Großteil des für eine Vermessung der Standorte Notwendigen ab. Jeder der Standort-Faktoren sollte mit einer durchgängig einheitlichen Struktur erfasst und verarbeitet werden, beispielsweise:

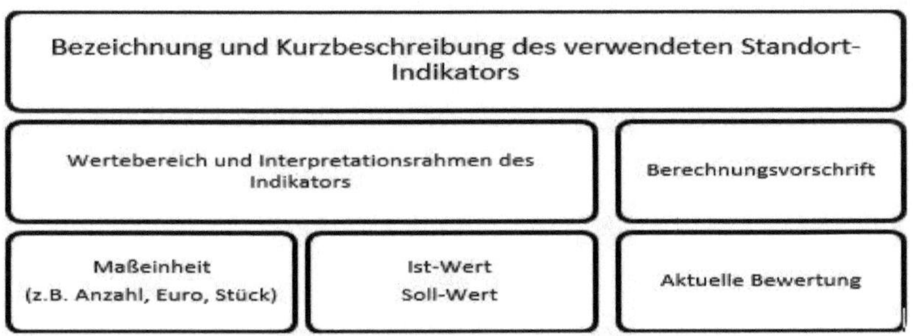

Nachfolgend aufgeführte Standort-Indikatoren sind nur beispielhaft als Illustration zu verstehen und müssen für Standorte jeweils individuell ergänzt, festgelegt und bestimmt werden.

Standort-Indikator	
Bezeichnung:	**Sicherheitslage des Standortes**
Datenquelle:	Städtisches Amt für Wahlen, Statistik und Stadtforschung
Berechnungsvorschrift:	1. Anzahl Rohheitsdelikte und Straftaten gegen die persönliche Freiheit 2. Anzahl Fälle zu 1. je 10.000 Einwohner 3. %-Veränderung zu 1. gegenüber Vorjahr 4. Vergleich Werte 1. – 3. mit Durchschnitt vergleichbarer Standorte 5. Anzahl Körperverletzungen 6. Anzahl Fälle zu 5. je 10.000 Einwohner 7. %-Veränderung zu 5. gegenüber Vorjahr 8. Vergleich Werte 5.-7. mit Durchschnitt vergleichbarer Standorte 9. Anzahl Eigentums- und Diebstahldelikte 10. Anzahl Fälle zu 9. je 10.000 Einwohner 11. %-Veränderung zu 9. gegenüber Vorjahr 12. Vergleich Werte 9.-10. mit Durchschnitt vergleichbarer Standorte 13. Vermögens- und Fälschungs-delikte 14. Anzahl Fälle zu 13. je 10.000 Einwohner 15. %-Veränderung zu 13. gegen-über Vorjahr 16. Vergleich Werte 13.-15. mit Durchschnitt vergleichbarer Standorte 17. Wirtschaftsdelikte 18. Anzahl Fälle zu 17. je 10.000 Einwohner

	19. %-Veränderung zu 17. gegenüber Vorjahr 20. Vergleich Werte 17.-19. mit Durchschnitt vergleichbarer Standorte 21. Verstöße gegen Betäubungsmittelgesetz 22. Anzahl Fälle zu 21. je 10.000 Einwohner 23. %-Veränderung zu 21. gegenüber Vorjahr 24. Vergleich Werte 21.-23. mit Durchschnitt vergleichbarer Standorte 25. Sachbeschädigungen 26. Anzahl Fälle zu 25. je 10.000 Einwohner 27. %-Veränderung zu 25. gegenüber Vorjahr 28. Vergleich Werte 25.-27. mit Durchschnitt vergleichbarer Standorte
Maßeinheit:	Anzahl, Euro, Stück u.a.
Ist-Wert:	Aktueller Wert des Indikator
Soll-Wert:	Zielwert des Indikators
Wertebereich:	Gut = Indikatorwert von.......bis........, teils-teils = von...bis
Interpretation:	Erläuterungen und Zusatzinformationen

Salve,

Nichts ist mehr so wie es war

wenn wir einmal die allgegenwärtige KI fragen würden……

Beschreibe, welche Standortindikatoren in allgemein zugänglichen Quellen verfügbar sind und wie diese von einem Bürgermeister am besten genutzt werden können

Verfügbare Standortindikatoren aus allgemein zugänglichen Quellen

1. **Demografische Daten**
   - **Bevölkerungsentwicklung**: Altersstruktur, Zuzug, Abwanderung
   - **Bildungsniveau**: Anteil der Bevölkerung mit Hochschulabschluss, Berufsausbildung
   - Quellen: Statistisches Bundesamt, Landesämter, kommunale Berichte
2. **Wirtschaftliche Kennzahlen**
   - **Arbeitslosenquote**, Beschäftigungsstruktur
   - **Wirtschaftskraft**: Bruttoinlandsprodukt (BIP) pro Kopf
   - **Unternehmensstruktur**: Anzahl und Größe der Unternehmen, Branchenvielfalt
   - Quellen: IHK, Wirtschaftsförderungsgesellschaften, Eurostat
3. **Infrastruktur und Verkehrsanbindung**
   - Verfügbarkeit und Qualität von Straßen, Schienen, ÖPNV
   - Erreichbarkeit von Flughäfen und Logistikzentren
   - Quellen: Verkehrsministerien, Mobilitätsberichte, Google Maps

o

4. **Bildungs- und Forschungseinrichtungen**
   - Anzahl und Qualität von Schulen, Hochschulen, Forschungseinrichtungen
   - Innovationsindikatoren: Anzahl der Patentanmeldungen, Forschungsbudgets
   - Quellen: Hochschulrankings, Bundesministerium für Bildung und Forschung (BMBF)
5. **Lebensqualität und Umweltfaktoren**
   - **Wohnraumkosten**: Mietspiegel, Immobilienpreise
   - **Kultur- und Freizeitangebote**: Theater, Sportanlagen, Grünflächen
   - **Umweltindikatoren**: Luftqualität, Lärmbelastung, erneuerbare Energien
   - Quellen: Umweltbundesamt, kommunale Umweltberichte, Immobilienportale
6. **Beziehungs- und Netzwerkindikatoren**
   - Anzahl und Stärke regionaler Wirtschafts- und Innovationsnetzwerke
   - Kooperationen mit Nachbarkommunen und internationalen Partnern
   - Quellen: Netzwerke der Wirtschaftsförderung, Verbandsstatistiken

Nutzung der Standortindikatoren durch den Bürgermeister

1. **Analyse und Benchmarking**
   - Vergleich der eigenen Kommune mit ähnlichen Standorten, um Stärken und Schwächen zu identifizieren.

- Nutzung von **Ranglisten** (z. B. Lebensqualität, Wirtschaftskraft) zur Positionierung in der öffentlichen Wahrnehmung.

2. **Strategische Planung**
   - Einsatz der Indikatoren zur Entwicklung von **Zukunftsstrategien** (z. B. Förderung bestimmter Branchen, Verbesserung der Infrastruktur).
   - Definition klarer **Ziele und Maßnahmen**, z. B. Senkung der Arbeitslosenquote oder Ausbau erneuerbarer Energien.
3. **Kommunikation und Öffentlichkeitsarbeit**
   - Präsentation der Standortvorteile, um Investoren, Fachkräfte und Touristen anzuziehen.
   - Transparente Darstellung von Fortschritten und geplanten Projekten in der Bürgerschaft.
4. **Partnerschaften und Netzwerke aufbauen**
   - Nutzung der Daten, um **Kooperationspartner** gezielt anzusprechen, z. B. Unternehmen, Universitäten oder andere Kommunen.
   - Initiierung von **regionale Allianzen** zur gemeinsamen Bewältigung von Herausforderungen wie dem Fachkräftemangel.

KI Ende

Ohne ein Roboter zu sein, könnte man als Mensch vielleicht meinen:

Fiktive Dialoge - ein paar Stunden Intensivcoaching
Denkanstöße

Wissensmanagement
Storytelling
Content
Inspiration
Diskurs
DecisionSupport

Gehirntraining - wenn es gut werden soll

Verstehen lernen
Vernetzt denken
Potenziale ausschöpfen
Komplexität reduzieren
Gestaltbar machen
Wissen transferieren
Proaktiv agieren

Executive Coaching

Denkstudio für strategisches Wissensmanagement

SMART - Ziele sollten SMART (spezifisch, messbar, erreichbar, relevant und zeitgebunden) sein.

Der Bürgermeister kann mit Standortindikatoren fundierte Entscheidungen treffen, die Attraktivität und Wettbewerbsfähigkeit der Kommune gezielt stärken und gleichzeitig die Bedürfnisse der Bürgerinnen und Bürger berücksichtigen. Ein regelmäßiges Monitoring der Indikatoren ermöglicht es, Fortschritte zu messen und die Strategie flexibel anzupassen.

Standort-Indikatoren nach einheitlichem System:

Standort-Indikator	
Bezeichnung:	
Datenquelle:	
Berechnungsvorschrift:	
Maßeinheit:	Anzahl, Euro, Stück u.a.
Ist-Wert:	Aktueller Wert des Indikator
Soll-Wert:	Zielwert des Indikators
Wertebereich:	Gut = Indikatorwert von.......bis........, teils-teils = von...bis
Interpretation:	Erläuterungen und Zusatzinformationen

Dabei gilt es u.a. das Problem zu berücksichtigen, dass die Zahlen der Indikatoren zum Zeitpunkt ihrer Veröffentlichung unter Umständen bereits veraltet sein können. Solange aber über kein besseres und aktuelleres Datenmaterial verfügt werden kann, sind die vorhandenen Vermessungs-Indikatoren aber allemal besser, als den Standort nur im Blindflug steuern zu müssen. Welcher der vielen verfügbaren und noch mehr möglichen Indikatoren letztlich in das System der Vermessung der Standorte aufgenommen wird, hängt zuerst davon ab, aus welchen Standortfaktoren die Basisstruktur auf-gebaut wird. Grundsätzlich sollten Indikatoren nicht nur einmalig, sondern immer auch als Zeitreihen verfügbar sein.

Beispiele für extern verfügbare Faktoren

Beispiele für extern verfügbare Indikatoren			
Bezeichnung	**Geltungsbereich**	**Informationsquelle**	**Cluster-Zuordnung**
Privatschuldenindex PVI	Region	Schufa ermittelt den Wert aus dem Verhalten der Privatbürger gegenüber Gläubigern, vom Handyanbieter bis zur Hypothekenbank	Humanfaktoren
Sicherheitslage erfasst werden u.a.: Rohheitsdelikte und Straftaten gegen die persönliche Freiheit, Körperverletzungen, Diebstähle, Vermögens- und Fälschungsdelikte, Verstöße gegen das Betäubungsmittelgesetz, Sachbeschädigungen	Standort	Standort-Statistik, Polizeistatistik	Humanfaktoren
Ifo-Index, Geschäftsklima-Index erfasst Befragungen von Unternehmen zu	Überregional	Ifo-Institut	Geschäftsprozesse

ihren Erwartungen für die nächste Zukunft			

Beispiele für extern verfügbare Indikatoren			
Bezeichnung	**Geltungsbereich**	**Informationsquelle**	**Cluster-Zuordnung**
Demographic Change und Demographic Location Risk: Wissenschaftlich fundierte Datenbasis zu Auswirkungen der demographischen Entwicklungen auf Wirtschaftsstandorte	Region	www.demographic-risk-map.eu	Humanfaktoren
Kommunale Schulden je Einwohner	Standort	Bertelsmann-Stiftung: Kommunaler Schulden- und Finanzreport	Erfolgsfaktoren
Konsumklima	Überregional	GfK Marktforschung	Human-Faktoren
Kaufkraftindex	Standort	GfK Marktforschung	Humanfaktoren
PKW pro 1.000 Einwohner	Standort	Kraftfahrt-Bundesamt	Humanfaktoren

Beispiele für extern verfügbare Indikatoren			
Bezeichnung	**Geltungsbereich**	**Informationsquelle**	**Cluster-Zuordnung**
Bildungsmonitor u.a. werden erfasst: Quote von Studienberechtigten unter ausländischen Jugendlichen, Anteil verspätet eingeschulter Kinder, Studienberechtigungsquote von Jugendlichen mit Migrationshintergrund, Anteil ausländischer Schulabgänger ohne Abschluss. Der Bildungsmonitor soll anzeigen, wieweit das Bildungssystem zum Wachstum der Wirtschaft eines Standortes beitragen kann.	Überregional	Institut der deutschen Wirtschaft in Köln, Initiative Neue Soziale Marktwirtschaft. Ausgewertet werden auch Ergebnisse der Länder bei den Pisa- u. Iglu-Studien, die Leistungen von Mittelstufen- u. Grundschülern in den Bundesländern vergleichen. Höhe der Investitionen in das Bildungssystem, Altersstruktur der Lehrer, Fortbildungsquote Berufstätiger, Zahl der Schulabbrecher, Anzahl der an Universitäten promovierten. Schüler-Lehrer-Relation, d.h. Klassengröße.	Humanfaktoren

		www.insm-bildungsmonitor.de	
Beispiele für extern verfügbare Indikatoren			
Bezeichnung	**Geltungsbereich**	**Informationsquelle**	**Cluster-Zuordnung**
Handelsregister-Neueintragungen auf je 1.000 Einwohner	Standort	Amtsgerichte, Anbieter von Wirtschaftsinformationen	Geschäftsprozesse, Erfolgsfaktoren
Haushaltsdefizit auf Jahresbasis pro Einwohner	Standort	KFS Kommunales-Finanzanalyse-System, www.steuerzahler-hessen.de	Erfolgsfaktoren
Steuereinnahmen pro Einwohner	Standort	KFS Kommunales-Finanzanalyse-System, www.steuerzahler-hessen.de	Erfolgsfaktoren
Personalausgaben pro Einwohner	Standort	KFS Kommunales-Finanzanalyse-System, www.steuerzahler-hessen.de	Erfolgsfaktoren
Gesamtschuldenstand pro Einwohner	Standort	KFS Kommunales-Finanzanalyse-System, www.steuerzahler-hessen.de	Erfolgsfaktoren
Zahl der Erstanträge auf Arbeitslosenhilfe	Standort	Arbeitsagentur	Humanfaktoren
Regulierungsdichte (Vorschriften für Einstellungen, Kündigungen	Überregional	Zentrum für Europäische Wirtschaftsforschung	Erfolgsfaktoren

von Arbeitnehmern; Flächentarifverträge u.a.)		(ZEW)	
Beispiele für extern verfügbare Indikatoren			
Bezeichnung	**Geltungsbereich**	**Informationsquelle**	**Cluster-Zuordnung**
Arbeitslosenquote	Standort	Arbeitsverwaltung	Humanfaktoren
Zahl der regulären offenen, also nicht öffentlich geförderten Stellen für Hilfsarbeitertätigkeiten (ungelernte Kräfte)	Standort	Arbeitsverwaltung	Humanfaktoren
Zahl der regulären offenen Stellen für Bürofachkräfte	Standort	Arbeitsverwaltung	Humanfaktoren
Zahl der regulären offenen Stellen für Facharbeiter	Standort	Arbeitsverwaltung	Humanfaktoren
Anteil an hochqualifiziert Beschäftigten	Standort	z.B. BAK Basel Economics	Humanfaktoren
Arbeitskosten je geleistete Stunde in der Privatwirtschaft	Überregional	Statistisches Bundesamt	Humanfaktoren
Arbeitskosten je geleistete Stunde im Verarbeitenden Gewerbe	Überregional	Statistisches Bundesamt	Humanfaktoren
Lohnnebenkosten im Verhältnis zu den Bruttolöhnen und -gehältern	Überregional	Statistisches Bundesamt	Humanfaktoren

Beispiele für extern verfügbare Indikatoren			
Bezeichnung	**Geltungsbereich**	**Informationsquelle**	**Cluster-Zuordnung**
Preise für Eigentumswohnungen (Neubau- und Gebrauchtwerte)	Regional	Ifs Städtebauinstitut	Strukturfaktoren
Preise für Einfamilienhäuser (Neubau- und Gebrauchtwerte)	Regional	Städtebauinstitut von Gewos	Strukturfaktoren
Empfänger von sozialer Mindestsicherung zur Sicherung des grundlegenden Lebensunterhaltes (Arbeitslosengeld, Sozialgeld (Hartz IV), Sozialhilfe, Leistungen für Asylbewerber, Kriegsopferfürsorge) Anteil an der Bevölkerung in %	Überregional,	Statistisches Bundesamt	Humanfaktoren
Zahl der Wohngeldempfänger	Überregional	Statistisches Bundesamt	Humanfaktoren
Anzahl Stiftungen	Überregional	Stiftungsverzeichnis der zuständigen Aufsichtsbehörde (Regierungspräsidium), z.B. für Hessen: www.stiftungsverzeichnis.hessen.de	Beziehungsfaktoren

Beispiele für extern verfügbare Indikatoren			
Bezeichnung	**Geltungsbereich**	**Informationsquelle**	**Cluster-Zuordnung**
Angebotsmieten, gegliedert nach unterschiedlichen Baualtersklassen und Wohngrößen	Standort	Immobiliengesellschaften, Datenbanken	Strukturfaktoren
Mietpreisspanne mit Schwerpunktsetzung der am häufigsten verlangten Miete	Standort	Immobiliengesellschaften, Datenbanken	Strukturfaktoren
Regionale Bevölkerungsdynamik: Wanderungsgewinn und Geburtenüberschuss, Wanderungsverlust und Sterbeüberschuss, Wanderungsverlust grösser als Geburtenüberschuss, Wanderungsgewinn größer oder kleiner als Sterbeüberschuss	Kreisebene	Bundesamt für Bauordnung und Raumwesen (BBR)	Humanfaktoren
Ausgaben der Unternehmen für Forschung und Entwicklung	Kreisebene	Stifterverband für die Deutsche Wissenschaft	Erfolgsfaktoren
Beschäftigte in Forschung und Entwicklung	Kreisebene	Stifterverband für die Deutsche Wissenschaft	Humanfaktoren

Beispiele für extern verfügbare Indikatoren			
Bezeichnung	**Gel-tungs-bereich**	**Informations-quelle**	**Cluster-Zuordnung**
Patentanmeldungen (Forschungs-, Entwicklungsintensität, Innovationspotenzial des Standortes)	Kreis-ebene	Deutsches Patent- und Markenamt	Erfolgsfaktoren
Zahl und Ausrichtung von Kompetenzzentren	Kreis-ebene	Planungsverband	Beziehungs-faktoren
Technologie- und Gründerzentren	Kreis-ebene	Planungsverband	Beziehungs-faktoren
Transferstellen der Hochschulen	Regio-nal	Planungsverband	Beziehungs-faktoren
Messen, Ausstellungen, Kongresse	Regio-nal	Planungsverband	Beziehungs-faktoren
Internationale Schulen	Über-regio-nal	Kultusministeri-um	Human-faktoren
Auszubildende in gewerblichen Berufen	IHK-Bezirk	IHK	Humanfaktoren
Auszubildende in kaufmännischen Berufen	IHK-Bezirk	IHK	Humanfaktoren
Qualifikation der sozialversicherungspflichtig Beschäftigten (ohne, mit Berufsausbildung, Hochschulabschluss)	Kreis-ebene	Planungsverband	Humanfaktoren

Beispiele für extern verfügbare Indikatoren			
Bezeichnung	**Gel-tungs-bereich**	**Informations-quelle**	**Cluster-Zuordnung**
Weiterbildungsangebote nach Anzahl Anbieter und Themen	Kreis-ebene	Planungsverband	Strukturfakto-ren
High-Tech-Gründungsintensität	Kreis-ebene	Planungsverband	Erfolgsfaktoren
Verfügbarkeit DSL-Anschlüsse	Stand-ort	Planungsverband	Strukturfakto-ren
Verfügbarkeit von UMTS-Netzzugängen	Stand-ort	Planungsverband	Strukturfakto-ren
Gewerbeflächen	Stand-ort	Regionale Marke-tinggesellschaf-ten, Datenbanken u.a.	Strukturfakto-ren
Bestand Büroflächen in Quadratmeter	Stand-ort	z.B. Büromieter-Almanach des Forschungsinsti-tuts EuPD Rese-arch	Strukturfakto-ren
Flächenumsatz Büros	Stand-ort	z.B. Büromieter-Almanach des Forschungsinsti-tuts EuPD Rese-arch	Strukturfakto-ren
Leerstandsrate Büroflä-chen in %	Stand-ort	z.B. Büromieter-Almanach des Forschungsinsti-tuts EuPD Rese-arch	Strukturfakto-ren

Beispiele für extern verfügbare Indikatoren			
Bezeichnung	**Geltungsbereich**	**Informationsquelle**	**Cluster-Zuordnung**
Preise für Gewerbeimmobilien, für verschiedene Lagekategorien als Vielfaches einer Jahresnettomiete. Ermittlung durchschnittlicher Multiplikatoren nach der Formel: Nettokaufpreis plus Erwerbsnebenkosten dividiert durch Jahresnettomiete.	Standort	Immobilienberater	Strukturfaktoren
Vermietung von Einzelhandelsflächen nach Branchen-Anteilen	Standort	Immobilienberater	Strukturfaktoren
Grundstücksgeschäfte für Wohnimmobilien, Verkehrswerte von bebauten und unbebauten Grundstücken	Standort	Gutachterausschuss	Strukturfaktoren
Finanzgebaren der Kommunalverwaltung (Beurteilung: Haushaltsdefizite, Schulden, Personalausgaben, Zinsausgaben, Steuereinnahmen-Gebühren-Beiträge, finanzielle Rücklagen)	Standort	Bund der Steuerzahler (BDST)	Erfolgsfaktoren

Beispiele für extern verfügbare Indikatoren			
Bezeichnung	**Geltungsbereich**	**Informationsquelle**	**Cluster-Zuordnung**
Bevölkerung und Fläche: Anzahl Einwohner, Veränderung seit 1987, Veränderung seit 1995, Ausländeranteil, Fläche, Einwohner pro km^2	Standort	Statistisches Landesamt, Planungsverband	Humanfaktoren
Altersstruktur: % unter 15 Jahre, % 15 Jahre bis unter 65 Jahre, % 65 Jahre und älter	Standort	Statistisches Landesamt, Planungsverband	Humanfaktoren
Wohnungen: Wohnungsbestand, Veränderungen seit 1987, seit 1995, Wohnfläche pro Person	Standort	Statistisches Landesamt, Planungsverband	Humanfaktoren
Erwerbstätigkeit: Beschäftigte, Veränderungen seit 1987, seit 1995, Dienstleistungsanteil	Standort	Statistisches Landesamt, Planungsverband	Humanfaktoren
Pendler: Einpendler, Auspendler	Standort	Statistisches Landesamt, Planungsverband	Humanfaktoren
Anteil Wohnungen in Einfamilienhäusern	Kreis	Regionales Monitoring	Strukturfaktoren
Anteil Wohnungen in Mehrfamilienhäusern	Kreis	Regionales Monitoring	Strukturfaktoren

Salve,
Nichts ist mehr so wie es war

wenn wir einmal die allgegenwärtige KI fragen würden……

Wer Transparenz scheut, hat meist nur geringes Vertrauen in sein eigenes Beurteilungsvermögen und hat in einer immer mehr wissensorientierten Wirtschaftswelt immer weniger Chancen. Beschreibe, warum eine professionell erstellte Standortbilanz dem Bürgermeister hilft, Zielsetzungen besser aufeinander abzustimmen

Eine **Standortbilanz** ist ein systematisches Instrument zur Erfassung und Bewertung aller relevanten Standortfaktoren, von wirtschaftlichen und infrastrukturellen Ressourcen bis hin zu sozialen und ökologischen Aspekten. Professionell erstellt, bietet sie dem Bürgermeister folgende Vorteile, um Zielsetzungen besser aufeinander abzustimmen:

Ganzheitliche Übersicht über den Standort

- **Stärken und Schwächen**: Eine Standortbilanz zeigt klar, welche Bereiche des Standorts gut aufgestellt sind und wo Handlungsbedarf besteht.

- **Potenziale und Risiken**: Sie identifiziert Chancen für zukünftige Entwicklungen sowie potenzielle Risiken, die frühzeitig adressiert werden können.

→ **Nutzen**: Der Bürgermeister erhält eine fundierte Grundlage, um Prioritäten bei der strategischen Planung zu setzen.

Abgleich von Interessen und Zielkonflikten

- **Interessen unterschiedlicher Akteure**: Wirtschaft, Bürger, Umwelt und Verwaltung haben oft unterschiedliche Erwartungen.
- **Zielkonflikte auflösen**: Beispielsweise könnte der Ausbau von Gewerbegebieten mit Umwelt- oder Wohnraumschutz kollidieren.

→ **Nutzen**: Die Bilanz ermöglicht es, die Ziele der Akteure transparent zu machen und Kompromisse oder Synergien zu finden.

Fundierte Entscheidungsgrundlage für Investitionen

- **Effizienz und Effektivität**: Die Bilanz zeigt, welche Investitionen den größten Nutzen bringen, sei es in Infrastruktur, Bildung oder Digitalisierung.
- **Ressourcensteuerung**: Knappes Budget kann gezielt dort eingesetzt werden, wo es den größten Mehrwert schafft.

→ **Nutzen**: Der Bürgermeister kann Investitionsentscheidungen rational begründen und langfristig ausrichten.

Monitoring und Erfolgskontrolle

- **Messbare Indikatoren**: Die Standortbilanz liefert Kennzahlen, anhand derer der Fortschritt regelmäßig überprüft werden kann.
- **Anpassungsfähigkeit**: Auf Basis der Bilanz können Strategien bei Bedarf flexibel angepasst werden.

→ **Nutzen**: Transparenz über die Entwicklung des Standorts stärkt das Vertrauen der Bürger und Partner.

Erhöhung der Glaubwürdigkeit und Akzeptanz

- **Transparente Kommunikation**: Eine professionell erstellte Bilanz signalisiert Kompetenz und Offenheit.
- **Beteiligung der Öffentlichkeit**: Die Bilanz fördert den Dialog mit Bürgern, Unternehmen und anderen Interessengruppen.

→ **Nutzen**: Der Bürgermeister stärkt seine Position als vertrauenswürdiger und zukunftsorientierter Entscheider.

Fazit

Eine professionelle Standortbilanz unterstützt den Bürgermeister dabei, Zielsetzungen klar zu formulieren und besser aufeinander abzustimmen. Sie ermöglicht eine transparente, datenbasierte Entscheidungsfindung, schafft Vertrauen bei allen Beteiligten und erhöht die Wettbewerbsfähigkeit des Standorts in einer wissensorientierten Wirtschaftswelt.

KI Ende

Ohne ein Roboter zu sein, könnte man als Mensch vielleicht meinen:

Fiktive Dialoge - ein paar Stunden Intensivcoaching

Denkanstöße

Wissensmanagement

Storytelling

Content

Inspiration

Diskurs

DecisionSupport

Gehirntraining - wenn es gut werden soll

Verstehen lernen

Vernetzt denken

Potenziale ausschöpfen

Komplexität reduzieren

Gestaltbar machen

Wissen transferieren

Proaktiv agieren

Executive Coaching

Denkstudio für strategisches Wissensmanagement
SMART - Ziele sollten SMART (spezifisch, messbar, erreichbar, relevant und zeitgebunden) sein.

Begebenheiten, die heute noch unverrückbar scheinen mögen, könnten bereits schon morgen in einem völlig anderen Licht erscheinen. Für die angemessene Darstellung von Analysen und Ergebnissen der Standortbeobachtung braucht es geeignete Instrumente

Anforderungsbestimmte Standortanalyse oder ist ein Standort messbar? Was ist und macht ein Standortbeobachter? Wenn der Standortwettbewerb immer weniger über Faktoren wie Gewerbesteuern bestritten werden kann, muss nach anderen, tiefer liegenden, bisher noch ungenutzten Faktoren gesucht werden. Das Geschäftsumfeld wird dem Standort mit seinen Akteuren immer mehr eine positive Grundhaltung auch zu aufwendigen Analysen abverlangen. Es wird sich dann schnell herausstellen, wer Probleme lösen kann und wer nicht. Schwierigkeiten ergeben sich dadurch, wenn es darum geht etwas zu bewerten, das man nicht mit dem Millimetermaß des Kämmerers angehen kann. Nicht alles was gemessen wird, muss deshalb auch von Bedeutung sein; nicht alles was wichtig ist, muss deshalb auch zu messen sein. Die wichtige Frage lautet somit: ist ein Standort überhaupt messbar? Die Antwort ist: Ja, denn auch Bewertungen hierzu sind fassbare, erfragbare Realitäten. Wer Transparenz scheut, hat meist nur geringes Vertrauen in sein eigenes Beurteilungsvermögen und hat in einer immer mehr wissensorientierten

Wirtschaftswelt immer weniger Chancen. Was also liegt näher, als sich aus einem reichhaltig bestückten Indikator-Cockpit zu bedienen, um hieraus eine Grundlage für nachhaltig tragfähige und vielseitig einsetzbare Standortanalysen zu erarbeiten. Ein Potential-Bild macht deutlich, wie der Standort in seinem Inneren mit allen seinen mehr oder weniger versteckten Wirkungsbeziehungen funktioniert, gemeinsame Zielsetzungen können damit besser aufeinander abgestimmt werden.

Beispiele für intern verwendbare Indikatoren

Beispiele für intern verwendbare Indikatoren			
Bezeichnung	**Geltungsbereich**	**Informationsquelle**	**Cluster-Zuordnung**
Sachanlagevermögen, städtische Grundstücke	Standort	Kämmerer	Strukturfaktoren
Infrastrukturvermögen, städtische Gebäude, städtische Straßen und Verkehrsflächen	Standort	Kämmerer	Strukturfaktoren
Verbindlichkeiten, Schulden aus Kreditaufnahme, Verbindlichkeiten bei verbundenen Unternehmen	Standort	Kämmerer	Erfolgs-faktoren
Rückstellungen, z.B. für Pensionen städtischer Beamter	Standort	Kämmerer	Erfolgsfaktoren
Gütezeichen: Eingangsbestätigung und Nennung eines Ansprechpartners	Standort	Neutrale Fremdüberwachung	Erfolgsfaktoren

Gütezeichen: erste Informationen zum Verfahren	Standort	Neutrale Fremdüberwachung	Erfolgsfaktoren
Gütezeichen: Besprechungen bei Unternehmen	Standort	Neutrale Fremdüberwachung	Erfolgsfaktoren
Gütezeichen: Bearbeitungszeiten von Baugenehmigungsverfahren	Standort	Neutrale Fremdüberwachung	Erfolgsfaktoren

Beispiele für intern verwendbare Indikatoren			
Bezeichnung	**Geltungsbereich**	**Informationsquelle**	**Cluster-Zuordnung**
Gütezeichen: zügige Bezahlungen von Auftragsrechnungen, die von Unternehmen an die Kommune gestellt werden	Standort	Neutrale Fremdüberwachung	Erfolgsfaktoren
Gütezeichen: Reaktion auf Beschwerden	Standort	Neutrale Fremdüberwachung	Erfolgsfaktoren
Gütezeichen: Bearbeitungszeit für die Angebotsabgabe bei Flächenanfragen	Standort	Neutrale Fremdüberwachung	Erfolgsfaktoren
Gütezeichen: Bearbeitungszeit bei der Genehmigung von Schwerlasttransporten	Standort	Neutrale Fremdüberwachung	Erfolgsfaktoren
Gütezeichen: Verlässlichkeit von Baugenehmigungen	Standort	Neutrale Fremdüberwachung	Erfolgsfaktoren
Gütezeichen: Reaktionszeiten auf Anrufe und E-	Standort	Neutrale Fremdüberwachung	Erfolgsfaktoren

Mails			
Gütezeichen: Verwaltungswegweiser	Standort	Neutrale Fremdüberwachung	Erfolgsfaktoren
Gütezeichen: Lotse für Existenzgründer	Standort	Neutrale Fremdüberwachung	Erfolgsfaktoren
Gütezeichen: Kundenzufriedenheit	Standort	Neutrale Fremdüberwachung	Erfolgsfaktoren

Beispiele für intern verwendbare Indikatoren			
Bezeichnung	**Geltungsbereich**	**Informationsquelle**	**Cluster-Zuordnung**
Kommunale Mietspiegel (Messung der bestehenden Mieten)	Standort	Kommunalverwaltung	Strukturfaktoren
Baugenehmigungen (Ein- und Zweifamilienhäuser, Geschosswohnungen)	Standort	Amtliche Genehmigungsstatistik	Strukturfaktoren
Neubauvolumen	Standort	Kommunalverwaltung	Strukturfaktoren
Leerstandsquote	Standort	Immobiliengesellschaften	Strukturfaktoren
% der Wohnungsbestände, die altersgerecht sind	Standort	Kommunalverwaltung	Strukturfaktoren
% der Wohnungsbestände, die energetischen Anforderungen entsprechen	Standort	Kommunalverwaltung	Strukturfaktoren
Mobilitätsbereitschaft und Standortverbundenheit, altersmäßige Zusammensetzung der Zu- und Abwanderer	Standort	Individuelle Analysen, Bundesamt für Bauordnung und Raumwesen (BBR)	Humanfaktoren

Salve,
Nichts ist mehr so wie es war

wenn wir einmal die allgegenwärtige KI fragen würden……

Dem Bürgermeister ist selbstverständlich bewusst, dass ein Standort keine Insel ist, sondern sich immer im direkten und indirekten Vergleich mit anderen konkurrierenden Standorten behaupten muss. Erzähle eine Geschichte, in der ein Bürgermeister immer auf der Suche nach dem ist, was andere besser machen

Einmal in einer kleinen Stadt namens Silberquell lebte ein Bürgermeister namens Paul Lenz. Paul war bekannt für seine unermüdliche Energie und seinen Drang, Silberquell zu einer der besten Städte im Land zu machen. Doch er hatte ein Motto: „Man kann immer von anderen lernen."

Die Suche nach dem Geheimnis des Erfolgs

Jeden Monat reiste Paul in eine andere Stadt, um deren Stärken zu entdecken. In der Universitätsstadt Grünhausen bewunderte er die lebendige Start-up-Kultur. Er fragte die dortigen Unternehmer aus und lernte, wie eine enge Zusammenarbeit zwischen Universität und Stadtverwaltung Innovationen förderte. In der Hafenstadt Blauhafen fiel ihm die Effizienz des öffentlichen Nahverkehrs auf. Er sprach mit Ingenieuren und Stadtplanern, die ihm erklärten, wie sie ihre Systeme optimiert hatten.

Inspiration und Wandel

Nach jeder Reise kehrte Paul voller Ideen zurück. Er setzte ein Förderprogramm für lokale Start-ups auf, das von den Erfahrungen in Grünhausen inspiriert war. Mit Hilfe eines Ingenieurteams entwickelte er ein modernes Verkehrssystem, das Blauhafen zum Vorbild hatte. Doch Paul wusste, dass es nicht nur um das Kopieren ging. „Silberquell muss seine eigene Identität bewahren", betonte er stets. So entstanden einzigartige Projekte, die die besten Elemente anderer Städte mit den lokalen Stärken von Silberquell kombinierten.

Begegnungen, die Perspektiven ändern

Eines Tages besuchte Paul eine kleine Stadt namens Windfels, die für ihre Gemeinschaftsprojekte bekannt war. Dort sah er, wie Bewohner zusammen arbeiteten, um Parks zu pflegen, Kulturfeste zu organisieren und Nachbarschaftsnetzwerke zu stärken. Dies berührte ihn tief. „Technologie und Infrastruktur sind wichtig, aber ohne die Gemeinschaft ist eine Stadt nur eine Ansammlung von Gebäuden", dachte er.

Zurück in Silberquell initiierte Paul Bürgerforen und lud Menschen ein, gemeinsam Ideen für die Stadtentwicklung zu entwickeln. Bald war die ganze Stadt erfüllt von einem neuen Zusammenhalt, und Silberquell wurde nicht nur für seine Effizienz, sondern auch für seinen starken Gemeinschaftsgeist bekannt.

Fazit

Bürgermeister Paul Lenz verstand, dass die wahre Stärke einer Stadt nicht nur in ihrer Infrastruktur oder Wirtschaftskraft lag, sondern auch in ihrer Fähigkeit, die besten Ideen von anderen zu lernen und sie mit der eigenen Identität zu verweben. Silberquell wurde zum Symbol für Innovationsgeist und Gemeinschaft – und Pauls unermüdliche Suche nach dem, was andere besser machten, war der Schlüssel zu diesem Erfolg.

KI Ende

Ohne ein Roboter zu sein, könnte man als Mensch vielleicht meinen:

Fiktive Dialoge - ein paar Stunden Intensivcoaching

Denkanstöße

Wissensmanagement

Storytelling

Content

Inspiration

Diskurs

DecisionSupport

Gehirntraining - wenn es gut werden soll

Verstehen lernen

Vernetzt denken

Potenziale ausschöpfen

Komplexität reduzieren

Gestaltbar machen

Wissen transferieren
Proaktiv agieren

Executive Coaching
Denkstudio für strategisches Wissensmanagement
SMART - Ziele sollten SMART (spezifisch, messbar, erreichbar, relevant und zeitgebunden) sein.

Standort-Vergleiche und -Benchmarking

Vor jedem Standort-Vergleich und Benchmarking-Verfahren kommt es zwar darauf an, zunächst einmal überhaupt auf dem Radarschirm von den für einen Standort gegebenenfalls wichtigen Entscheidungsträgern und Schlüsselpersonen wahrgenommen zu werden. Ein eher passiv ausgerichteter Internet-Auftritt, und mag er noch so gut und ansprechend gestaltet sein, reicht hierfür kaum aus. Darüber hinaus ist eine Reihe weiterer Maßnahmen erforderlich, beispielsweise müssen offensiv und aktiv Kontakte geknüpft und intensiv gepflegt werden. Auch dieses gelingt umso besser, je genauer und klarer man die eigene Position durchdacht und bereits alle Faktoren des Standortes bis auf den Grund hin ausgelotet hat.

Ein Standort kann und will sich nicht immer mit allen anderen Standorten vergleichen. Im Zeitalter der Globalisierung und grenzüberschreitenden Vernetzungen wäre dies auch ein kaum zu bewältigendes Unterfangen. Auf der anderen Seite bedeutet dies nicht, dass Nichtstun angesagt ist. Zumindest das entfernungsmäßig näher liegende Umfeld, beispielsweise der Standorte im Kreis oder der Nachbar-Kreise sollte nie aus den Augen verloren werden, besonders erfolgreiche Standorte sollten mit Hilfe von Benchmarking auf vielleicht nachahmenswerte besondere Erfolgsfaktoren hin beobachtet werden.

Spätestens aber dann, wenn die erste Phase eines Informationsaustausches mit potentiellen Ansiedlern oder Investoren erfolgreich bestanden ist und intensivere Gespräche zwischen Vertretern und Interessenten des Standortes begonnen werden, müssen alle Beteiligten davon ausgehen, dass jetzt nicht mehr nur der eigene Standort auf dem Prüfstand steht. Im Hintergrund oder auch direkt gibt es mindestens zwei bis drei weitere Standorte, die in den anstehenden Entscheidungen eine Rolle spielen und bei potenziellen Ansiedlern und Investoren noch ein gewichtiges Wort mitsprechen können und wollen.

In den meisten Fällen werden die hier konkurrierenden Standorte nicht nur im Geheimen operieren, d.h. man kann mit dem eigenen Standort sofort darangehen, bestehende Konkurrenzsituationen genau zu analysieren. Auch in dieser Phase kommen erneut die Instrumente und Fähigkeiten zur Vermessung eines Standortes zum Zuge.

Je besser und schneller man diese beherrschen und anwenden kann, je einfacher kann man diese auch auf die Vermessung von anderen, d.h. in diesem Fall konkurrierenden, Standorten übertragen. In Verhandlungen über genaue Vergleichsdaten zu den Konkurrenten verfügen können, gehört nicht nur zu einer guten Vorbereitung, sondern kann in komplizierten Entscheidungssituationen einen oft entscheidenden Zeit- und Informationsvorteil bedeuten.

Insbesondere die extern, d.h. damit auch allgemein verfügbaren Indikatoren sollten nicht nur vollständig zusammengestellt werden, sondern auch in Relation zu anderen Standorten, d.h. insbesondere in den Vergleich zu direkt konkurrierenden Standorten gesetzt werden.
Wenn man dies versäumt, tun dies ohnehin andere. Und zwar ohne, dass man selbst vielleicht noch Interpretationen für Rückschlüsse anderer beitragen könnte.

Ansiedlungs- und investitionsinteressierte Unternehmen oder Personen werden ohnehin ihre eigenen Standortvergleiche anstellen. Es verspricht keinen Gewinn hierbei -mit vielleicht nicht ganz so günstigen- Standort-Indikatoren hinter dem Berg halten zu wollen. Zu einem Kernelement für Standortvergleiche innerhalb von Deutschland werden beispielsweise immer stärker die Hebesätze für die kommunale Gewerbesteuer. Dienstleistungsstandorte sind tendenziell stärker als andere betroffen, weil Dienstleister wegen geringerer Sachinvestitionen im Normalfall im Hinblick auf mögliche Verlagerungen der Standorte beweglicher als Industrieunternehmen sind. Anzunehmen ist, dass eine Verlagerung des Standortes umso wahrscheinlicher wird, je größer im direkten Standortvergleich das Gefälle beim Hebesatz ist und je näher die Standorte dabei geographisch beieinander liegen.

Ein günstiges Bild im Standort-Wettbewerb lässt sich eher durch offensive Präsentation und offene Gegenüberstellung aller verfügbaren Indikatoren erreichen. Umso mehr Spielraum verbleibt für die Vermessung, Interpretation und Präsentation „weicher“, nicht allseits verfügbarer Indikatoren.

Salve,
Nichts ist mehr so wie es war

wenn wir einmal die allgegenwärtige KI fragen würden……

Beschreibe einen Bürgermeister, der sich die Frage stellt und darüber nachdenkt, ob frei verfügbare, aber an sich für eine übergeordnete Ebene wie zum Beispiel für eine Region, ein Bundesland oder Gesamtdeutschland ermittelte Indikatoren für spezielle Zwecke seinen Standort und dessen individuelle Vermessung noch weiter angepasst und/oder verfeinert herunter gebrochen werden können oder sollen?

Bürgermeister Karl Meinhardt war ein Mann, der Zahlen und Daten liebte. In seiner Stadt, Sonnental, führte er akribisch Buch über die Entwicklung von Wirtschaft, Infrastruktur und Lebensqualität. Er war davon überzeugt, dass man nur das verbessern könne, was man messen konnte. Doch eines Tages, während er einen Bericht über regionale Wirtschaftsindikatoren studierte, begann er, sich eine entscheidende Frage zu stellen:

Sind diese allgemeinen Indikatoren wirklich hilfreich, um Sonnental im Detail zu verstehen? Oder braucht es maßgeschneiderte Daten für die Stadt?

Die Herausforderung der Individualität

Die Berichte, die ihm vorlagen, enthielten Daten wie das Bruttoinlandsprodukt pro Kopf, die durchschnittliche Arbeitslosenquote oder den regionalen Innovationsindex. Doch Karl bemerkte schnell, dass diese Indikatoren oft zu grob waren. Sonnental, eine Stadt mit einer blühenden Landwirtschaft, einem kleinen, aber feinen Technologiepark und einer alternden Bevölkerung, schien in den regionalen Durchschnittswerten unterzugehen.

Er fragte sich: **„Was, wenn wir die Indikatoren herunterbrechen? Könnten wir nicht viel gezielter Lösungen entwickeln?"**

Der Weg zur Feinjustierung

Karl setzte sich mit seinem Team zusammen und schlug vor, die verfügbaren Indikatoren für Sonnental neu zu interpretieren. Sie begannen, regionale Daten in kleinere Einheiten zu zerlegen:

- **Arbeitslosenquote**: Statt den regionalen Durchschnitt zu verwenden, erfassten sie die Quote getrennt nach Altersgruppen und Branchen. So entdeckten sie, dass vor allem junge Menschen Schwierigkeiten hatten, in der Landwirtschaft Fuß zu fassen.
- **Innovationsindex**: Sie untersuchten speziell die Innovationsfähigkeit der kleinen Unternehmen in Sonnental und stellten fest, dass der Zugang zu Fördermitteln unzureichend war.
- **Lebensqualität**: Sie entwickelten eine eigene Umfrage, die spezifische Aspekte wie den Zugang zu Naherho-

lungsgebieten und die Zufriedenheit mit dem öffentlichen Nahverkehr abdeckte.

Die Erkenntnis

Karl erkannte, dass frei verfügbare Indikatoren wertvoll waren, um Sonnental im größeren Kontext zu sehen. Doch sie waren nicht genug, um die individuellen Herausforderungen und Stärken seiner Stadt vollständig zu erfassen.

„Wir brauchen beides“, sagte er zu seinem Team. „Die allgemeinen Indikatoren zeigen uns, wie wir im Vergleich dastehen. Aber die feingliedrigen Daten helfen uns, unsere spezifischen Stärken und Schwächen zu erkennen.“

Die Umsetzung

Mit Hilfe von Universitäten und Forschungsinstituten entwickelte Sonnental ein eigenes System zur Standortanalyse. Sie kombinierten übergeordnete Daten mit lokal erhobenen Informationen und schufen so ein detailliertes Bild der Stadt. Diese neue Herangehensweise führte zu maßgeschneiderten Maßnahmen: Ein Förderprogramm für junge Landwirte wurde ins Leben gerufen, Innovationsworkshops für kleine Unternehmen organisiert, und der Nahverkehr wurde gezielt ausgebaut, um den Bedürfnissen älterer Menschen zu entsprechen.

Fazit

Bürgermeister Karl Meinhardt lehrte seine Stadt, dass Daten ein mächtiges Werkzeug sind – aber nur, wenn man sie richtig zu lesen versteht. Sonnental wurde zu einem Vorbild für andere

Gemeinden, die erkannten, dass die Anpassung und Verfeinerung allgemeiner Indikatoren der Schlüssel zur nachhaltigen Entwicklung sein konnte.

KI Ende

Ohne ein Roboter zu sein, könnte man als Mensch vielleicht meinen:

Fiktive Dialoge - ein paar Stunden Intensivcoaching

Denkanstöße

Wissensmanagement

Storytelling

Content

Inspiration

Diskurs

DecisionSupport

Gehirntraining - wenn es gut werden soll

Verstehen lernen

Vernetzt denken

Potenziale ausschöpfen

Komplexität reduzieren

Gestaltbar machen

Wissen transferieren

Proaktiv agieren

Executive Coaching
Denkstudio für strategisches Wissensmanagement
SMART - Ziele sollten SMART (spezifisch, messbar, erreichbar, relevant und zeitgebunden) sein.

Weitere Aufbereitung von Indikatoren:

1. Manche Indikatoren werden nur auf einer Ebene oberhalb des Standortes erhoben, d.h. Geltungsbereich der Indikatoren und Bilanzierungsbereich der Standort-Vermessung sind nicht deckungsgleich. In diesem Fall wären zunächst zwei Fragen zu prüfen:

   a) Können die oberhalb der Standortebene, beispielsweise für Kreis, Region oder Land ermittelten Indikatoren ohne Änderungen für den Standort übernommen und übertragen werden?
   b) Sollen oder müssen die für eine übergeordnete Ebene ermittelten Indikatoren für spezielle Zwecke des Standortes und seiner Vermessung noch weiter verfeinert und auf die Ebene der Vermessung herunter gebrochen werden?

2. Wenn Indikatoren extern verfügbar sind, so sind sie dies nicht nur für den speziell zu vermessenden Standort, sondern auch für andere. D.h. für die Vermessung des Standortes müssen diese Indikatoren, um entsprechende

Rückschlüsse ziehen zu können, weiter aufbereitet werden:

a) Hierfür naheliegend wäre, zunächst einmal Durchschnitte zu bilden. Vorab ist zu überlegen, welche der Indikatoren in diesen Durchschnitt einbezogen werden sollen.
b) Im nächsten Schritt wäre der zu vermessende Standort in Relation zu diesem Durchschnitt zu setzen, die jeweiligen Abweichungen hiervon sollten analysiert und interpretiert werden.
c) Weiterführend könnten Vergleiche vorgenommen werden, in die gezielt etwa konkurrierende Einzelstandorte einbezogen werden.
d) Sind den politisch oder fachlich Verantwortlichen andere Standorte bekannt, die als „Klassenbester" einge-stuft werden könnten, wäre für die Gewinnung weiterer Rückschlüsse eine Benchmark-Studie zu überlegen.

Salve,
Nichts ist mehr so wie es war

wenn wir einmal die allgegenwärtige KI fragen würden……

Der Bürgermeister fragt seinen Wirtschaftsförderer, wie man mehr Klarheit in das zeitweise nebulöse „Irgendwie" dieser gegenseitigen Abhängigkeiten und Korrelationen von Einflussfaktoren des Standortes bringen könnte. Beschreibe den Vorschlag des Wirtschaftsförderers, dies mit Hilfe von graphischen Wirkungsnetzen zu versuchen. Und hierbei neben Analysen zu aktiver und passiver Stärke der gegenseitigen Wirkungseinflüsse zusätzlich in Form der Wirkungsdauer- als zusätzliche Komponente auch den Faktor Zeit einzubeziehen.

Der Vorschlag des Wirtschaftsförderers: Graphische Wirkungsnetze mit Zeitkomponente

Der Wirtschaftsförderer, Herr Dr. Jonas Berger, hörte aufmerksam zu, als Bürgermeister Karl Meinhardt die Frage stellte, wie man mehr Klarheit in die komplexen und oft nebulösen Wechselwirkungen von Standortfaktoren bringen könnte. Nach kurzem Nachdenken schlug Dr. Berger eine innovative Methode vor: die Nutzung **graphischer Wirkungsnetze**.

„Ein Wirkungsnetz kann die komplexen Zusammenhänge greifbar machen,“ begann er. **„Damit lassen sich nicht nur die gegenseitigen Abhängigkeiten visualisieren, sondern auch deren Stärke und Wirkungsdauer über die Zeit.“**

Aufbau des Wirkungsnetzes

Dr. Berger erläuterte seinen Ansatz in mehreren Schritten:

1. **Identifikation der Einflussfaktoren**
   Zunächst würden alle relevanten Standortfaktoren gesammelt, z. B. Infrastruktur, Fachkräfteverfügbarkeit, Innovationsklima, Lebensqualität und Verkehrsanbin-

dung. Jeder Faktor werde als **Knoten** im Netz dargestellt.

2. **Visualisierung der Abhängigkeiten**
   Zwischen den Knoten würden **Pfeile** gezeichnet, die die Richtung der gegenseitigen Beeinflussung zeigen. Ein dickerer Pfeil würde eine stärkere Wirkung symbolisieren, während ein dünnerer eine schwächere Beziehung anzeigt.
3. **Analyse der aktiven und passiven Stärke**
   - **Aktive Stärke**: Wie stark beeinflusst ein Faktor andere?
   - **Passive Stärke**: Wie stark wird ein Faktor von anderen beeinflusst?
     Diese Beziehungen könnten durch unterschiedliche Farben oder Pfeiltypen im Netz verdeutlicht werden.
4. **Integration der Zeitkomponente**
   „Ein entscheidender Aspekt ist die **Wirkungsdauer**,“ erklärte Dr. Berger. **„Nicht jede Veränderung wirkt sofort. Manche Effekte, wie eine verbesserte Infrastruktur, entfalten ihre Wirkung erst nach Jahren. Andere, wie ein schlechter Ruf, können kurzfristig große Auswirkungen haben.“**
   Die Zeitkomponente könnte durch eine zusätzliche **dynamische Ebene** dargestellt werden: Pfeile könnten in ihrer Länge oder durch zeitliche Verzögerung animiert werden.

Anwendung in der Praxis

Dr. Berger schlug vor, das Wirkungsnetz in regelmäßigen Workshops mit Experten und Bürgern zu erstellen und zu aktualisieren. So könnten neue Entwicklungen schnell erfasst und in das Netz integriert werden.

Er nannte ein Beispiel: „Wenn wir die Fachkräfteverfügbarkeit verbessern, könnte das den Innovationsfaktor positiv beeinflussen, was wiederum zu einem Anstieg der Unternehmensansiedlungen führt. Gleichzeitig könnte eine schlechte Verkehrsanbindung diesen Effekt verlangsamen. Das Netz würde uns diese komplexe Dynamik deutlich vor Augen führen."

Vorteile des Ansatzes

1. **Transparenz**: Die Wechselwirkungen der Standortfaktoren werden für alle verständlich dargestellt.
2. **Priorisierung**: Durch die Analyse der aktiven und passiven Stärke können gezielte Maßnahmen priorisiert werden.
3. **Langfristige Planung**: Die Zeitkomponente ermöglicht es, kurz- und langfristige Strategien zu entwickeln.
4. **Bürgerbeteiligung**: Das Netz kann als Kommunikationswerkzeug dienen, um die Bürger in die Stadtentwicklung einzubeziehen.

Fazit

Der Bürgermeister war begeistert von der Idee. **„Ein solches Wirkungsnetz könnte unser Verständnis von Sonnental revolutionieren,"** sagte er. Gemeinsam beschlossen sie, die Methode in einem Pilotprojekt umzusetzen, um die verborgenen Zusammenhänge und die zeitliche Dynamik der Standortfaktoren sichtbar zu machen.

KI Ende

Ohne ein Roboter zu sein, könnte man als Mensch vielleicht meinen:

Fiktive Dialoge - ein paar Stunden Intensivcoaching

Denkanstöße

Wissensmanagement

Storytelling

Content

Inspiration

Diskurs

DecisionSupport

Gehirntraining - wenn es gut werden soll

Verstehen lernen

Vernetzt denken

Potenziale ausschöpfen

Komplexität reduzieren

Gestaltbar machen

Wissen transferieren

Proaktiv agieren

Executive Coaching

Erfassen der Wirkungsbeziehungen

Im komplexen Geflecht eines Standortes wirken von Standortfaktor zu Standortfaktor zahlreiche Informationsaustauschbeziehungen mit mehr oder weniger starken Signalweiterleitungen. Diese Wirkungsbeziehungen zwischen den Faktoren eines Standortes sind nicht fest verdrahtet, wie etwa die verlöteten Verbindungen in elektrischen Schaltkreisen. Vielmehr befindet sich ein Standort in ständiger Bewegung und Veränderung. Gleiches gilt für die vielfältigen Netzwerkbeziehungen eines Standortes mit der ihn umgebenden Umwelt.

Stellvertretend für zahlreiche andere Beispiele dafür, wie alles mit allem zusammenhängt, soll an dieser Stelle kurz die an mancher Stelle in Angriff genommene Vermögensrechnung dienen. Dabei soll analog zu der in der Wirtschaft alltäglichen Anlagenbuchhaltung der Unternehmen das Vermögen der Kommune, d.h. Gebäude, Flächen, Straßen, Kanalisation, Museen, Beteiligungen und vieles andere erfasst und bewertet werden. Eine der größten Schwierigkeiten hierbei sind die anzuwendenden Bewertungssätze, da es für Großteile des kommunalen Vermögens, da unverkäuflich, auch keinen Markt, d.h. demnach auch keinen Marktpreis gibt. Auch an dieser Stelle kommt wieder die Vermessung des Standortes ins Spiel, da anzunehmen ist, dass die Vermögenswerte in direkter Beziehung und Korrelation zur Bewertung des Standortes stehen. Schon anhand der Grundstückpreise ist für jedermann ersichtlich, dass für den gleichen Vermögensgegenstand an verschiedenen Standorten auch verschiedene Werte auszuweisen sind. Im Rahmen der hier zu erfassenden Wirkungsbeziehungen wirkt somit die umfassende Vermessung des Standortes direkt in eine Vermögensrechnung der Kommune hinein.

Im Rahmen der hier besprochenen Vermessung der Standorte wird daher jeder Einzelfaktor jeweils mit allen anderen Faktoren nach aktivem Wirkungseinfluss, passivem Wirkungseinfluss sowie der Dauer, bis eine Änderung in der Faktorenbeziehung wirksam wird, verknüpft und analysiert:

Stufen der aktiven Wirkungsstärke	
0	Keine Wirkung
1	Schwache Wirkung
2	Mittlere Wirkung
3	Starke Wirkung

Stufen der passiven Wirkungsstärke	
0	Keine Wirkung
1	Schwache Wirkung
2	Mittlere Wirkung
3	Starke Wirkung

Stufen der Wirkungsdauer	
a	Sofort
b	Kurzfristig (max. 12 Monate)
c	Mittelfristig (max. 24 Monate)
d	Langfristig (mehr als 24 Monate)

Wenn für den Standort etwa 25 Faktoren, d.h. je 5 in einem Cluster, vermessen werden sollen, müssten hierfür ungefähr 25 x 25 = 625 der nachfolgenden Erfassungsformulare bearbeitet werden. Zusammen ergibt sich bereits hieraus ein eigenständiges Standort-Buch der Wirkungsbeziehungen (Vgl. Kapitel über Einzelbücher der Standort-Vermessung).

Wirkungsbeziehungen			
Geschäftsprozess GP-1 Bilanzierung Standortfaktoren mit:			
Geschäftsprozess GP-2 Standort-Leitbild			
Aktive Wirkung auf anderen Faktor		Passive Einwirkung von anderem Faktor ausgehend	Dauer bis Wirkung eintritt
0= keine Aktivwirkung 1= schwache Aktivwirkung 2= mittlere Aktivwirkung 3= starke Aktivwirkung		0= kein Passiveinfluss 1= schwacher Passiveinfluss 2= mittlerer Passiveinfluss 3= starker Passiveinfluss	a= sofort b= kurzfristig c= mittelfristig d= langfristig
?		?	?
Interpretation Aktivwirkung:			
Interpretation Passivwirkung:			
Interpretation Wirkungsdauer:			

Wirkungsbeziehungen			
Geschäftsprozess GP-1 Bilanzierung Standortfaktoren mit:			
Geschäftsprozess GP-3 Bestandspflege			
Aktive Wirkung auf anderen Faktor		Passive Einwirkung von anderem Faktor ausgehend	Dauer bis Wirkung eintritt
0= keine Aktivwirkung 1= schwache Aktivwirkung 2= mittlere Aktivwirkung 3= starke Aktivwirkung		0= kein Passiveinfluss 1= schwacher Passiveinfluss 2= mittlerer Passiveinfluss 3= starker Passiveinfluss	a= sofort b= kurzfristig c= mittelfristig d= langfristig
?		?	?
Interpretation Aktivwirkung:			
Interpretation Passivwirkung:			
Interpretation Wirkungsdauer:			

Demo-Beispiel graphisches Wirkungsnetz zwischen Geschäftsprozessen: einerseits GP-1 und andererseits GP-2, GP-3, GP-4, GP-5.
Wirkungsstärken:
Dünne Linie = schwach, mitteldicke Linie = mittel, dicke Linie = stark.
Wirkungszeitraum:
a = sofort, b = max. 12 Monate, c = max. 24 Monate, d = langfristig

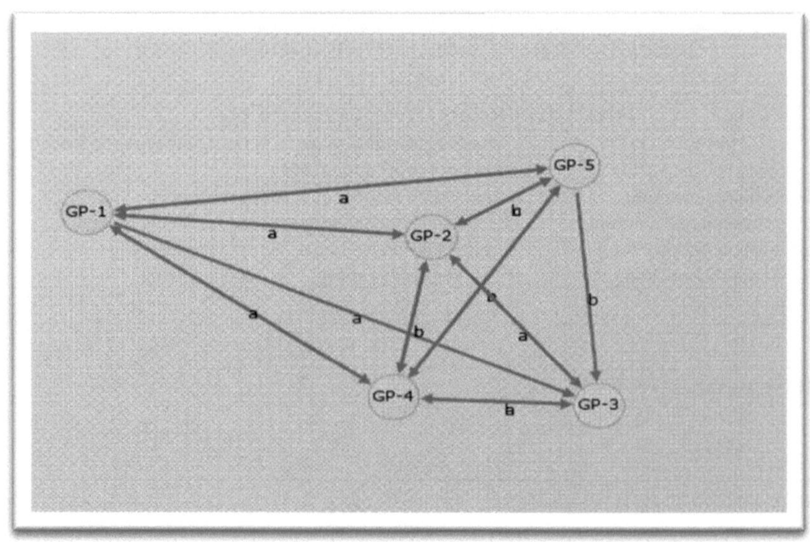

Passive Einwirkungen auf GP-1 Bilanzierung Standortfaktoren:

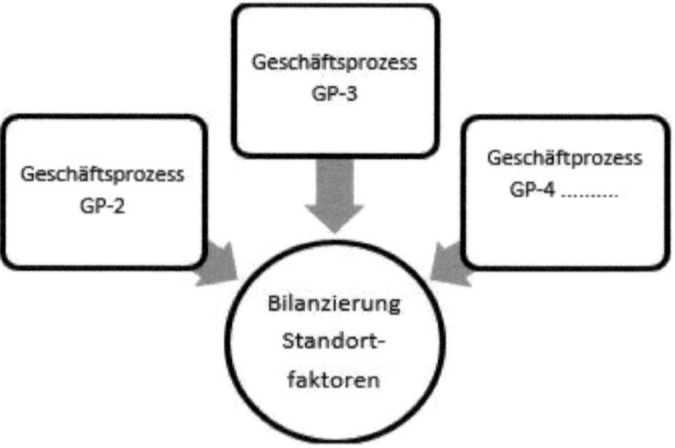

Demo-Beispiel graphisches Wirkungsnetz zwischen: einerseits Geschäftsprozess GP-1 und andererseits Erfolgsfaktoren GE-1, GE-2, GE-3, GE-4 und GE-5.

Wirkungsstärken:

Dünne Linie = schwach, mitteldicke Linie = mittel, dicke Linie = stark.

Wirkungszeitraum:

a = sofort, b = max. 12 Monate, c = max. 24 Monate, d = langfristig

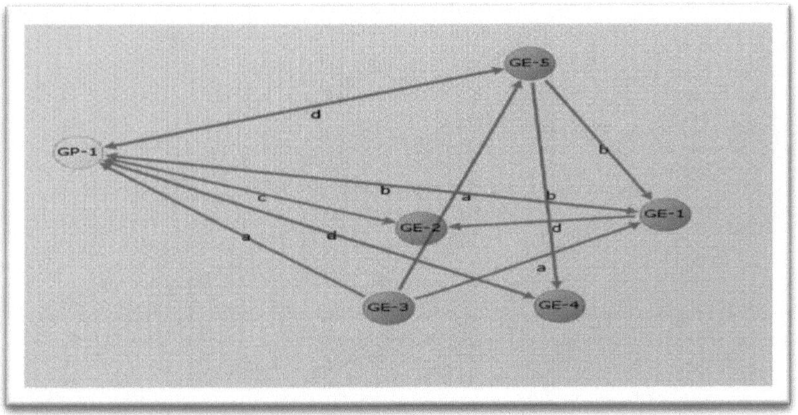

Passive Einwirkungen auf GP-1 Bilanzierung Standortfaktoren:

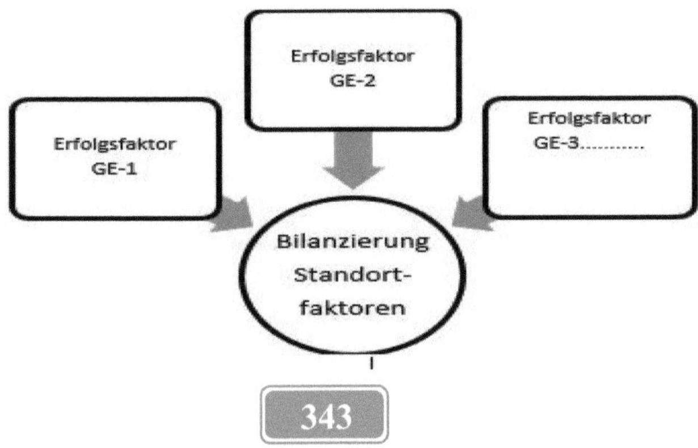

Demo-Beispiel graphisches Wirkungsnetz zwischen: einerseits Geschäftsprozess GP-1 und andererseits Humanfaktoren HK-1, HK-2, HK-3, HK-4 und HK-5.
Wirkungsstärken:
Dünne Linie = schwach, mitteldicke Linie = mittel, dicke Linie = stark.
Wirkungszeitraum:
a = sofort, b = max. 12 Monate, c = max. 24 Monate, d = langfristig

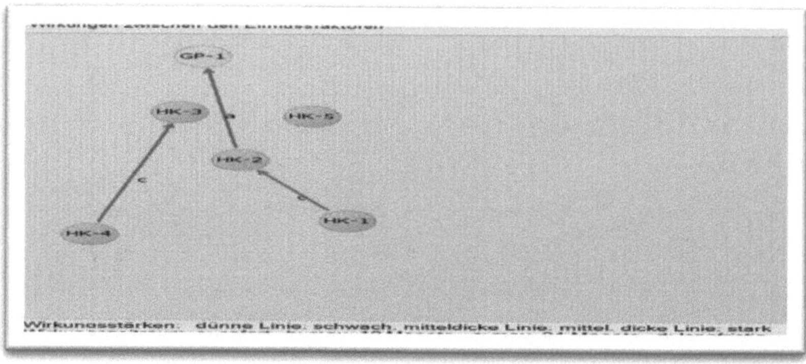

Passive Einwirkungen auf GP-1 Bilanzierung Standortfaktoren:

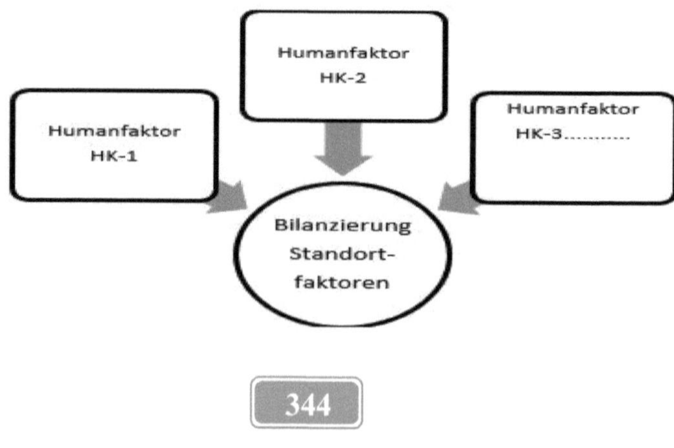

Demo-Beispiel graphisches Wirkungsnetz zwischen: einerseits Geschäftsprozess GP-1 und andererseits Strukturfaktoren SK-1, SK-2, SK-3, SK-4 und SK-5.
Wirkungsstärken:
Dünne Linie = schwach, mitteldicke Linie = mittel, dicke Linie = stark.
Wirkungszeitraum:
a = sofort, b = max. 12 Monate, c = max. 24 Monate, d = langfristig

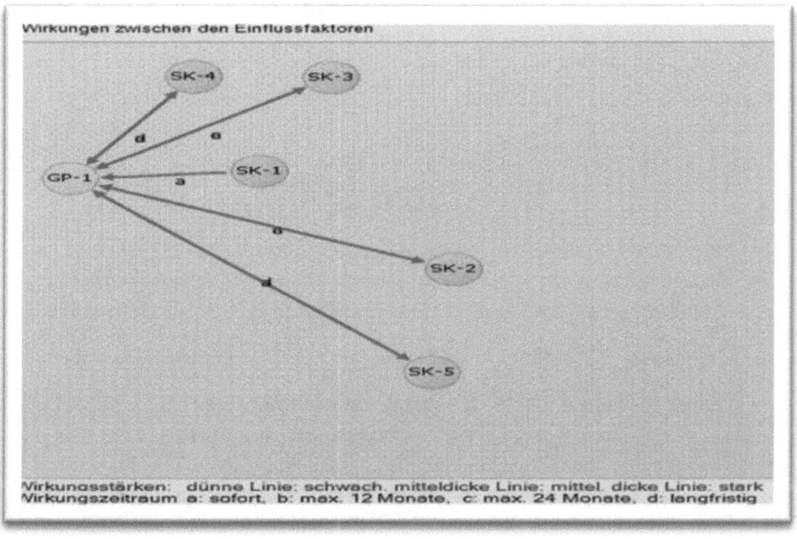

Um alle Verknüpfungen der Standortfaktoren zu erfassen muss der voran dargestellte Formularsatz für GP-1 Bilanzierung Standortfaktoren analog für jeden anderen Standortfaktor auch ausgefüllt werden. Zwangsläufig werden sich hierbei immer wieder Diskussionen und neue Gesichtspunkte ergeben. Allein dies wäre schon ein zusätzlicher Informations- und Erkenntnisgewinn. Alle Erfassungsformulare ergeben zusammengefasst das Standortbuch „Wirkungsbeziehungen“ (Vgl. Kapitel zu Einzel-Bücher der Standort-Vermessung)

Fazit Standortvermessung

Was hat eine Standortbilanz, was andere nicht haben ? Was macht eine Standortbilanz anders als andere Instrumente ?

Was muss gemacht werden, um für den Stand ort eine eigene und individuelle Bilanz zu erstellen?

Ohne ein auf Standortfragen geeichtes Verfahren geraten politisch und fachlich Verantwortliche in Gefahr, ein so komplexes und vernetztes Gebilde wie einen Standort quasi im Blindflug steuern zu müssen.

Murphys Gesetz von der Böswilligkeit des Zufalls:
Nicht entscheiden heißt, den Zufall entscheiden zu lassen. Und der ist meist nicht kreativ, sondern oft missgünstig.

Es geht um Antworten auf die Frage, welche besonderen Merkmale eine Standortbilanz auszeichnen, welche konkreten Arbeitsschritte hierfür zu erledigen sind sowie welche besonderen Vorteile erwartet werden können.

Eine Standortbilanz zeichnet sich durch folgende ***besonderen Merkmale*** *aus:*

1. *Bildung Standortfaktoren-Cluster*
2. *Mehrere Standortbewertung-Dimensionen*
3. *Gewichtete Standortfaktoren*
4. *Verknüpfung der Standortfaktoren*
5. *Standort-Handlungsempfehlungen*
6. *Eigen- und Fremdbild des Standortes*

Eine Standortbilanz zeichnet sich durch folgende ***besonderen Darstellungsoptionen*** *aus:*

1. *Standortprofil-Diagramm*
2. *Standortportfolio nach Dimension*
3. *Standortampel-Diagramm*
4. *Standortfaktor-Wirkungsnetz*
5. *Standortpotenzial-Portfolio*

Eine Standortbilanz zeichnet sich durch folgende ***besonderen Vorteile*** *aus:*

1. *Übersichtlichkeit und Transparenz*
2. *Leicht verständliche Darstellung*
3. *Einheitlicher Aufbau*
4. *Durchgängig bruchfreie Systematik*
5. *Zahlenorientierte Denkweise*
6. *Vollständigkeit*

Salve,
Nichts ist mehr so wie es war

wenn wir einmal die allgegenwärtige KI fragen würden……

Relationen zwischen einzelnen Standortfaktoren können oft mehr aussagen als ihre absoluten Werte. Beschreibe, auf welche Weise die Standortfragen ihn auf seinem gesamten Karrierepfad begleiten und sein politisches Leben mitbestimmen können

Standortfragen als roter Faden in der Karriere des Bürgermeisters

Für Bürgermeister Karl Meinhardt waren Standortfragen mehr als nur Verwaltungsaufgaben – sie waren die treibende Kraft, die seinen gesamten Karriereweg prägten. Von den ersten Tagen seiner politischen Laufbahn bis zu seiner Position als Bürgermeister war er davon überzeugt, dass **die Beziehungen zwischen Standortfaktoren oft entscheidender sind als deren isolierte Betrachtung**.

Frühe Begegnungen mit Standortfragen

Bereits während seines Studiums der Wirtschaftswissenschaften hatte Karl sich mit den Grundlagen der Standorttheorie beschäftigt. Dort lernte er, wie Produktionskosten, Verkehrsanbindung und Marktnähe das Wachstum eines Standorts beeinflussen. Doch schon damals fiel ihm auf, dass **ein hoher Wert bei ei-**

nem einzelnen Faktor nicht automatisch Erfolg bedeutete. Vielmehr war es das Zusammenspiel – etwa zwischen Infrastruktur und Fachkräfteangebot –, das den Ausschlag gab.

Seine erste berufliche Station als Referent in einer Regionalentwicklungsagentur brachte ihn in direkten Kontakt mit diesen Fragen. Dort hatte er gelernt, wie wichtig es war, nicht nur auf absolute Kennzahlen wie die Arbeitslosenquote zu blicken, sondern deren **Relationen** zu anderen Faktoren, etwa zur Innovationsfähigkeit oder zur Lebensqualität, zu verstehen.

Standortpolitik als Kern seiner politischen Mission

Als Karl in die Kommunalpolitik wechselte, wurde ihm klar, dass **jede politische Entscheidung indirekt Standortfragen berührte**. Ob es um den Ausbau von Gewerbegebieten, die Förderung von Bildungseinrichtungen oder die Verbesserung des öffentlichen Nahverkehrs ging – stets waren es die Relationen zwischen den Faktoren, die den Erfolg bestimmten.

Er begann, diese Erkenntnis aktiv in seine Politik einzubinden:

- **Wirtschaft und Bildung**: Karl sah früh, dass eine florierende Wirtschaft auf gut ausgebildete Fachkräfte angewiesen war. Statt einfach neue Betriebe anzulocken, legte er Wert auf Kooperationen zwischen Schulen, Universitäten und lokalen Unternehmen.
- **Lebensqualität und Demografie**: Er erkannte, dass die Lebensqualität eng mit der Attraktivität des Standorts für junge Familien korrelierte. Deshalb investierte er gleichermaßen in den Ausbau von Kitas und in kulturelle Angebote.

Standortfragen als Leitplanke seiner Entscheidungen

Während seiner Amtszeit als Bürgermeister wurde die Standortpolitik zum Herzstück seines politischen Handelns. Er betrachtete die Stadtentwicklung stets durch die Linse der **Wechselwirkungen zwischen den Faktoren**. In seinen Sitzungen mit dem Stadtrat sprach er nicht nur über die Notwendigkeit von Investitionen, sondern darüber, wie diese Investitionen in Relation zu anderen Maßnahmen wirkten.

Beispielsweise fragte er:

- **Wie beeinflusst eine neue Gewerbeansiedlung die Nachfrage nach Wohnraum und damit die Immobilienpreise?**
- **Wie könnte der Ausbau der Verkehrsinfrastruktur die Mobilität der Fachkräfte und damit die Innovationsfähigkeit lokaler Unternehmen fördern?**

Standortfragen und politische Herausforderungen

Doch Standortfragen waren nicht nur eine Quelle von Innovation, sondern auch von Konflikten. Manchmal musste er schwierige Entscheidungen treffen, etwa zwischen dem Schutz von Grünflächen und der Erweiterung eines Gewerbegebiets. Er wusste, dass solche Entscheidungen nicht isoliert betrachtet werden konnten. Die Frage war immer: **Wie wirken sich die Entscheidungen langfristig auf die Balance der Standortfaktoren aus?**

Der langfristige Blick auf Relationen

Im Laufe seiner Karriere entwickelte Karl eine besondere Fähigkeit, die Dynamik von Relationen zu antizipieren. Er stellte sich nicht nur die Frage, welche unmittelbaren Auswirkungen eine Entscheidung hatte, sondern auch, wie diese über die Jahre hinweg andere Standortfaktoren beeinflussen würde.

- **Ein neues Bildungszentrum** könnte die Innovationsfähigkeit der Region langfristig steigern.
- **Der Ausbau des Breitbandnetzes** würde nicht sofort, aber in wenigen Jahren die Attraktivität für Start-ups erhöhen.
- **Die Förderung nachhaltiger Energieprojekte** könnte das Image der Stadt verbessern und so neue Bürger anziehen.

Standortfragen als Vermächtnis

Am Ende seiner politischen Laufbahn blickte Bürgermeister Karl Meinhardt auf eine Stadt, die durch eine kluge Balance der Standortfaktoren florierte. Seine Vision, die **Relationen statt isolierte Werte** in den Mittelpunkt zu stellen, hatte Sonnental zu einem Vorreiter für nachhaltige und ganzheitliche Stadtentwicklung gemacht.

Sein politisches Leben wurde durch Standortfragen geprägt, und er hinterließ eine Stadt, die für künftige Generationen bestens aufgestellt war.

KI Ende

Ohne ein Roboter zu sein, könnte man als Mensch vielleicht meinen:

Fiktive Dialoge - ein paar Stunden Intensivcoaching

Denkanstöße

Wissensmanagement

Storytelling

Content

Inspiration

Diskurs

DecisionSupport

Gehirntraining - wenn es gut werden soll

Verstehen lernen

Vernetzt denken

Potenziale ausschöpfen

Komplexität reduzieren

Gestaltbar machen

Wissen transferieren

Proaktiv agieren

Executive Coaching

Denkstudio für strategisches Wissensmanagement

SMART - Ziele sollten SMART (spezifisch, messbar, erreichbar, relevant und zeitgebunden) sein.

Zur Darstellung von Analysen und Ergebnissen braucht es geeignete Instrumente: ein Beobachterstatus setzt voraus, dass man in der Lage ist, sich mittels eigener Anschauungen direkt ein Bild vom Standortgeschehen zu machen. Standortbeobachtung beschränkt sich nicht auf einen bestimmten Stichtag, d.h. sollte mehr als nur Moment- oder Status-Aufnahme sein. Es geht um eine eher zeitraumbezogene Betrachtung. Da Standorte einem ständigen und immer dynamischer ablaufenden Wandlungsprozess folgen, begleitet der Standortbeobachter diesen auf einer bestimmten Strecke des hierbei zurückgelegten Weges. Ohne genau fixierten Startpunkt im Sinne einer auf den Stichtag bezogenen Eröffnungsbilanz. Und mit offenem Ausgang. Begebenheiten, die heute noch unverrückbar scheinen mögen, könnten bereits schon morgen in einem völlig anderen Licht erscheinen. Für die angemessene Darstellung von Analysen und Ergebnissen der Standortbeobachtung braucht es geeignete Instrumente. Insofern ist jede Standortbeobachtung immer auch eine Fortsetzungsgeschichte mit offenem Ausgang. Wichtige Informationen und Erkenntnisse können dadurch gewonnen werden, dass man nicht nur Beobachtung an Beobachtung zusammenhanglos aneinanderreiht, sondern auf der Zeitachse vor allem relevante Änderungen hinsichtlich ihrer Stärke und Ursache in Augenschein nimmt. Relationen zwischen einzelnen Standortfaktoren können oft mehr aussagen als ihre absoluten Werte.

Dreifach-Dimension der Intangibles: die Standortökonomie befasst sich vor allem mit der Bewertung und Messung immaterieller Sachverhalte, also allen „Intangibles“ einer ganzen regional abgegrenzten Einheit. Obwohl dabei versucht wird, größtmögliche Transparenz und (auch quantitative) Nachvollziehbarkeit durch Annäherung an finanzübliche Sichtweisen herzustellen, kommt es nicht so sehr auf die absolute Höhe oder Richtigkeit der Bewertungszahlen an. Für den überwiegenden Teil der Standortfaktoren sind ohnehin keine Käufe oder Verkäufe möglich: es existiert kein Markt für Standortfaktoren, auf dem sich ein in Euro und Cent ausdrückbarer Marktpreis darstellen ließe. Wirtschaftsförderer und Standortentscheider können mehr Informationsgewinn eher aus der richtigen Relation und Korrelation zwischen den jeweils identifizierten Standortfaktoren untereinander gewinnen. Jeder der zuvor identifizierten und beschriebenen Standortfaktoren kann für sich nach den Dimensionen Quantität (Qn), Qualität (Ql) und Systematik (Sy) bewertet werden. Hierbei ist im Rahmen der Standortökonomie die Selbstbewertung ein Schlüsselprozess, der eine Plattform für die Diskussion und Erarbeitung von Themen liefert, mit denen die Wirtschaftsförderung konfrontiert wird und sichert die Mitwirkung und das Engagement von Schlüsselpersonen.

Damit ist die Selbstbewertung auch ein leistungsfähiger Mechanismus zur Einführung und Unterstützung von Verbesserungsmaßnahmen. Als Vorteile im Detail bietet das Instrument der Selbstbewertung u.a. einen gründlichen, strukturierten Ansatz für Verbesserungsaktivitäten, eine Bewertung auf Grundlage von Fakten statt individueller Wahrnehmungen, ein Instrument zur Festlegung eines Orientierungsrahmens und zur Konsensfindung hinsichtlich notwendiger Maßnahmen, ein leistungsfähiges Diagnoseinstrument, eine objektive Bewertung anhand von praxisbewährten Kriterien, ein Mittel zur Messung der im Zeitablauf erzielten Fortschritte, ein Instrument das die Verbesserungsaktivitäten auf diejenigen Bereiche konzentriert in denen sie am nötigsten sind, eine Methode die sich auf allen Ebenen anwenden lässt von einzelnen Bereichen bis hin zum Gesamtstandort und eine Chance zur Förderung und zum Austausch erfolgreicher Methoden.

Salve,
Nichts ist mehr so wie es war

wenn wir einmal die allgegenwärtige KI fragen würden……

Im Rahmen einer Standortanalyse gehört zum Wesen eines Indikatorsystems gehört die Beantwortung der Fragen nach Verhältnismäßigkeit (durch Indikatorvergleich) und Ursächlichkeit (durch Indikatorzerlegung):

Ein **Indikatorsystem** dient in der Standortanalyse dazu, die Stärken, Schwächen und Entwicklungsmöglichkeiten eines

Standorts zu bewerten. Dabei spielen zwei grundlegende Fragen eine zentrale Rolle:

1. **Verhältnismäßigkeit**: Wie steht ein Standort im Vergleich zu anderen da?
2. **Ursächlichkeit**: Welche Faktoren beeinflussen die Entwicklung eines Indikators, und wie lassen sich diese Faktoren weiter aufschlüsseln?

Um diese Fragen zu klären, werden **Indikatoren verglichen** und bei Bedarf in ihre **Einflussfaktoren zerlegt**.

Fallbeispiel: Standortanalyse einer Stadt für Unternehmensansiedlungen

Verhältnismäßigkeit durch Indikatorvergleich

Fragestellung:
Wie wettbewerbsfähig ist die Stadt Sonnental im Vergleich zu anderen Städten in der Region hinsichtlich der Attraktivität für Unternehmensansiedlungen?

Indikator:
Die **Quote der Unternehmensansiedlungen** pro Jahr.

Analyse:
Sonnental hat eine Ansiedlungsquote von 15 Unternehmen pro Jahr, während die Nachbarstädte Grünheim und Silberstadt Quoten von 20 bzw. 12 aufweisen. Ein einfacher **Indikatorvergleich** zeigt:

- Sonnental liegt besser als Silberstadt, aber schlechter als Grünheim.

Interpretation:
Die Verhältnismäßigkeit macht deutlich, dass Sonnental zwar konkurrenzfähig ist, aber noch Optimierungspotenzial hat, um mit Grünheim gleichzuziehen.

Ursächlichkeit durch Indikatorzerlegung

Fragestellung:
Welche Ursachen liegen der Ansiedlungsquote von Sonnental zugrunde?

Indikatorzerlegung:
Um die Ursächlichkeit zu analysieren, wird der Indikator "Ansiedlungsquote" in seine **Einflussfaktoren** zerlegt. Dazu zählen:

- **Verfügbarkeit von Gewerbeflächen**: Wie viele bebaubare Grundstücke stehen zur Verfügung?
- **Steuerliche Attraktivität**: Wie hoch ist die Gewerbesteuer im Vergleich zu anderen Standorten?
- **Infrastruktur**: Wie gut sind Verkehrsanbindungen und Breitbandversorgung?
- **Lebensqualität**: Wie attraktiv ist die Stadt für Fachkräfte und ihre Familien?

Ergebnis der Zerlegung:

- Sonnental hat eine gute Infrastruktur (hohe Punktzahl im Vergleich), aber eine vergleichsweise niedrige Verfügbarkeit von Gewerbeflächen.

- Die Gewerbesteuer ist im Vergleich zu Grünheim leicht höher, was die Ansiedlungskosten für Unternehmen erhöht.
- Lebensqualität ist auf einem ähnlichen Niveau wie in Grünheim, jedoch fehlen gezielte Angebote für junge Fachkräfte.

Maßnahmenempfehlung basierend auf der Analyse

- **Verhältnismäßigkeit**: Der Vergleich zeigt, dass Sonnental besonders im Bereich der Gewerbeflächen und steuerlichen Rahmenbedingungen Handlungsbedarf hat, um mit der führenden Stadt Grünheim gleichzuziehen.
- **Ursächlichkeit**: Die Indikatorzerlegung verdeutlicht, dass insbesondere die Verfügbarkeit von Gewerbeflächen und die Steuerpolitik direkte Einflussfaktoren sind, an denen angesetzt werden muss.

Konkret:

- Neue Gewerbeflächen ausweisen und aktiv vermarkten.
- Steuerliche Anreize für Unternehmensansiedlungen schaffen.
- Zielgerichtete Maßnahmen zur Verbesserung der Lebensqualität, z. B. durch die Förderung kultureller Angebote oder den Ausbau von Schulen.

Fazit

Die Beantwortung der Fragen nach **Verhältnismäßigkeit** (durch Vergleich mit anderen Standorten) und **Ursächlichkeit** (durch Zerlegung der Indikatoren in Einflussfaktoren) ermöglicht eine präzise Diagnose des Standorts und die Entwicklung gezielter Maßnahmen zur Verbesserung seiner Attraktivität.

KI Ende

Ohne ein Roboter zu sein, könnte man als Mensch vielleicht meinen:

Fiktive Dialoge - ein paar Stunden Intensivcoaching

Denkanstöße

Wissensmanagement

Storytelling

Content

Inspiration

Diskurs

DecisionSupport

Gehirntraining - wenn es gut werden soll

Verstehen lernen

Vernetzt denken

Potenziale ausschöpfen

Komplexität reduzieren
Gestaltbar machen
Wissen transferieren
Proaktiv agieren

Executive Coaching
Denkstudio für strategisches Wissensmanagement
SMART - Ziele sollten SMART (spezifisch, messbar, erreichbar, relevant und zeitgebunden) sein.

Indikatorsysteme sind Mittel-Zweck-Beziehungen, die aus dem Planungssystem des Standortes abzuleiten sind. Das wichtigste Element des Indikators aber bleibt sein Informationscharakter, um auch komplizierte Tatbestände in konzentrierter Form quantifizieren zu können. Die rechnerische Indikatorzerlegung wird erst dann fruchtbringend, wenn sie zu Indikatorbündeln führt, die standortrelevanten Informationen sinnvoll ordnen. Indikatorbündel haben die Aufgabe, die Spitzenkennzahlen des Systems analytisch bezüglich der sie dimensionierenden Einflussgrößen zu erklären. Der qualifizierte Indikatorvergleich wird gesichert durch die Indikatornormung über logische und standortbezogen sinnvolle Indikatorformen sowie durch die eindeutige Definition der Indikatorbestandteile. Zum Wesen eines Indikatorsystems gehört daher die Beantwortung der Fragen nach Verhältnismäßigkeit (durch Indikatorvergleich) und Ursächlichkeit (durch Indikatorzerlegung). Planwerte sind keine Zielwerte, d.h. sie dienen in erster Linie als Messpunkte zur Beurteilung der Entwicklungsrichtung des Standortes: sie sind Meilensteine und Kontrollpunkte auf dem Weg zur Zielerreichung. In diesem Sinne sollten Planwerte ausreichend genau definiert sein, dem jeweils erwarteten Verlauf entsprechen, auf dem aktuellen Stand sein und im Praxisalltag tatsächlich verwendet werden.

Indikatoren und was sie aussagen: die Bildung und Auswertung von Indikatoren setzt zunächst voraus, dass man sich der Grenzen ihrer Aussagefähigkeit bewusst ist. So darf nicht übersehen werden, dass Indikatoren in ihrer mathematischen Formalisierung oft statisch sind und die Dynamik ablaufender Standortprozesse nicht immer genau zeitnah abbilden. Nicht aus dem Auge verloren werden sollte, dass vergangenheitsbezogene Kennzahlen nur bedingte Aussagen über die Gegenwart und noch weniger Aussagen über die Zukunft zulassen, statische Kennzahlen nur stichtagsbezogene Situationen widerspiegeln und damit nicht Bewegungsabläufe über Zeiträume erfassen können, Indikatoren somit nicht isoliert interpretiert werden dürfen, sondern sich immer einer bestimmten Systematik zuordnen lassen müssen. *Struktur- oder Gliederungskennzahlen* sagen etwas über das Verhältnis von Teilen zum Ganzen aus. Beziehungszahlen sagen etwas über die Relation unterschiedlicher Größen zueinander aus. Indexzahlen sagen etwas über die Veränderung einer Größe zu verschiedenen Zeitpunkten gegenüber einer bestimmten Basiszahl aus. *Struktur- und Beziehungskennzahlen* können sowohl statisch als auch dynamisch ermittelt werden. Bei der Beziehung zwischen einer statischen und einer dynamischen Größe muss die statische Größe als Mittelwert des Zeitraumes berechnet werden, für den die dynamische Größe gilt.

Wenn bei der Bildung von Indikatoren mögliche Fehlerquellen nicht beseitigt werden, kann ihre Anwendung u.U. zu Fehlentscheidungen führen. Besonders bei den als Quotient errechneten relativen Kennzahlen können sich Schwierigkeiten bei der Interpretation von Veränderungen ergeben, da die Ungewissheit darüber besteht, ob der Zähler, der Nenner oder evtl. auch beide die Veränderung bewirkt haben. Mit dem vorrangigen Blick auf die Schärfung des Standortprofils stehen die Akteure vor einer komplexen Aufgabe, die nur mit Hilfe einer ausformulierten, professionellen Strategie und klaren operativen Handlungsrichtlinien zu bewältigen ist. Die Krux liegt darin, dass zwar oft Zielvorstellungen bestehen und vorgegeben werden, dazu aber keine entsprechende Zielevaluation implementiert wird. In diesem Fall würde der Standort ohne Kompass oder geeignete Feedback-Instrumente losziehen und daher auch nicht wissen, wie viel des Weges bereits zurückgelegt wurde und wo genau man nun eigentlich steht. Die Einflussfaktoren werden deshalb mit Indikatoren belegt. D.h. die Einflussfaktoren werden mit unabhängigen Zahlen/Fakten beschrieben, um ihre Aussagekraft noch zu erhöhen. Anhand der Indikatoren können auch Externe nachvollziehen, nach welchen Kriterien die einzelnen Kapitalarten des Standortes bewertet wurden. Mit Hilfe der Indikatoren bleibt die Bewertungsgrundlage über Jahre hinweg transparent und kann mit aktuellen Auswertungen verglichen werden.

Salve,
Nichts ist mehr so wie es war

wenn wir einmal die allgegenwärtige KI fragen würden……

Beschreibe eine Diskussion im Gemeindeparlament darüber, dass alles was Menschen tun, kann von Menschen evaluiert, also auch gemessen werden! Wer Transparenz scheut, hat meist nur geringes Vertrauen in sein Intellektuelles Kapital - Standortindikatoren untermauern gegebenenfalls bereits vorgenommene qualitative Bewertungen und machen auch Selbstbewertungen für Externe überprüfbarer

Fiktive Diskussion im Gemeindeparlament: Transparenz und Messbarkeit menschlicher Handlungen

Ort: Sitzungssaal des Gemeindeparlaments von Sonnental
Thema: Einführung eines umfassenden Systems von **Standortindikatoren** zur transparenten Bewertung der Gemeindeentwicklung

Eröffnungsrede des Bürgermeisters

„Meine Damen und Herren, wir alle wissen: Alles, was Menschen tun, kann evaluiert und gemessen werden. Doch Transparenz ist nicht nur ein Werkzeug der Kontrolle, sondern auch ein Spiegel des Vertrauens in unsere Entscheidungen. Heute steht die Frage im Raum, wie wir unser Handeln systematisch messbar machen, um die Stärken unseres Standorts zu zeigen und gezielt an Schwächen zu arbeiten."

Beitrag der Opposition

Ein Sprecher der Opposition meldet sich zu Wort:
„Herr Bürgermeister, es klingt gut, alles messbar zu machen, aber wo bleibt die menschliche Komponente? Zahlen und Indikatoren können vieles verschleiern, statt aufzuklären. Wer bestimmt denn, welche Kriterien wichtig sind? Wer garantiert, dass die Daten nicht manipuliert werden? Wir dürfen uns nicht nur auf quantitative Bewertungen verlassen – die Lebensqualität und das Miteinander in unserer Gemeinde lassen sich nicht einfach in Zahlen fassen."

Reaktion des Wirtschaftsförderers

Der Wirtschaftsförderer unterstützt den Ansatz:
„Ich verstehe die Bedenken, doch wir müssen Standortindikatoren als **Werkzeug** sehen, nicht als Selbstzweck. Sie ergänzen qualitative Bewertungen und machen unsere Arbeit für Externe nachvollziehbar. Wenn wir beispielsweise den Bildungsstand, die Gewerbesteuereinnahmen oder die Infrastruktur messen, können wir gezielt Schwachstellen identifizieren und Verbesserungen anstoßen. Transparenz schafft Vertrauen – nicht nur intern, sondern auch bei Investoren und neuen Bürgern."

Kritik eines Gemeinderatsmitglieds

Ein Gemeinderat aus der Fraktion der Umweltpartei äußert Bedenken:
„Was wir hier diskutieren, klingt nach einem technischen An-

satz, der das menschliche Leben in Tabellen und Grafiken zwängt. Aber wie wollen wir Dinge wie kulturelle Vielfalt oder Umweltbewusstsein messen? Diese Aspekte sind für die Lebensqualität genauso wichtig wie Gewerbesteuereinnahmen. Ich fürchte, dass solche Indikatoren ein verzerrtes Bild zeichnen könnten."

Schlusswort des Bürgermeisters

Der Bürgermeister fasst die Diskussion zusammen:
„Ihre Einwände sind berechtigt, und ich stimme zu, dass Standortindikatoren niemals alles abbilden können. Aber sie sind ein Werkzeug, das uns hilft, Entscheidungen zu objektivieren und unsere Fortschritte messbar zu machen. Transparenz bedeutet, sich der Überprüfung zu stellen – auch wenn das nicht immer bequem ist. Wer diese Transparenz scheut, zeigt oft mangelndes Vertrauen in die eigene Arbeit. Lassen Sie uns gemeinsam ein ausgewogenes Indikatorsystem entwickeln, das sowohl die Zahlen als auch die menschliche Perspektive berücksichtigt."

Ergebnis der Diskussion

Nach längerer Debatte einigt sich das Gemeindeparlament darauf, ein Pilotprojekt zur Einführung von Standortindikatoren zu starten. Eine Arbeitsgruppe wird gebildet, die Indikatoren definiert, qualitative und quantitative Ansätze kombiniert und regelmäßig Berichte veröffentlicht, um die Transparenz in der Gemeindeentwicklung zu fördern.

KI Ende

Ohne ein Roboter zu sein, könnte man als Mensch vielleicht meinen:

Fiktive Dialoge - ein paar Stunden Intensivcoaching

Denkanstöße

Wissensmanagement

Storytelling

Content

Inspiration

Diskurs

DecisionSupport

Gehirntraining - wenn es gut werden soll

Verstehen lernen

Vernetzt denken

Potenziale ausschöpfen

Komplexität reduzieren

Gestaltbar machen

Wissen transferieren

Proaktiv agieren

Executive Coaching

Denkstudio für strategisches Wissensmanagement
SMART - Ziele sollten SMART (spezifisch, messbar, erreichbar, relevant und zeitgebunden) sein.

Die Standortfrage stellt sich an jedem Punkt der Wertschöpfungskette: unter dem Einfluss der Globalisierung geraten Standorte unter einen immer stärkeren Konkurrenzdruck um die Gunst von Unternehmen, die Arbeitsplätze schaffen und an dem Standort investieren sollen. Überall dort, wo keine Arbeitsplätze geboten werden und soziale Standards nicht mehr gehalten werden können, kommt es auf lange Sicht auch zu Abwanderungen der Bevölkerung. Erschwerend kommt hinzu, dass viele den Erfolg eines Standortes bestimmende Faktoren (z.B. Steuersätze, Zuschüsse übergeordneter Regionaleinheiten) von diesem nicht oder nur zu einem geringen Teil selbst direkt beeinflussbar sind. Umso mehr müssen alle Anstrengungen unternommen werden, um alle gestaltbaren Handlungsspielräume und -potenziale auszuschöpfen. In Zeiten globaler Waren-, Finanz- und Arbeitsmärkte stehen auch große Teile der Welt für Direktinvestitionen offen, d.h. für Unternehmen stellt sich die Standortfrage an jedem Punkt der Wertschöpfungskette. Die Standortfrage wird für Unternehmen immer mehr zur Schicksalsfrage: stimmt ihr Standort nicht, so kann dies aufgrund des dort fehlerhaft gebundenen Kapitals unter Umständen sogar ihre Existenz bedrohen (und dies naturgemäß auch mit allen negativen Konsequenzen und Auswirkungen für den betreffenden Standort selbst).

Checkliste Indikatoren: welche Kennzahlen sind zur Beschreibung einzelner Einflussfaktoren und ihrer 3 Bewertungsdimensionen (Quantität, Qualität, Systematik) geeignet? Welche Kennzahlen wurden bereits genutzt? Welche Berechnungsvorschrift gilt? Wie werden Indikatoren erhoben, aus welchen Datenquellen stammen sie? Wie sind Indikatoren zu interpretieren (wann ist ein Wert gut, wann schlecht)? Welche Werte haben Indikatoren? Liegen bereits Zeitreihen vor?

Jeder Standort muss für sich individuell diejenigen Indikatoren finden und bestimmen, die ihm für die Steuerung und Messung von Geschäftsprozessen als am besten geeignet erscheinen. Dies hängt nicht zuletzt davon ab, welche Einflussfaktoren (d.h. Prozess-, Erfolgs-, Human, Struktur- und Beziehungsfaktoren) zuvor als Ausgangsbasis und Grundlage definiert wurden sowie welche Maßnahmenpotenziale hierauf aufbauend und sich beziehend ebenfalls zuvor identifiziert wurden. Es dürfte naheliegend und sinnvoll sein, die bereits eingesetzten Indikatoren zu nutzen. Gegebenenfalls hier neu entwickelte Indikatoren sollten mit dem bereits vorhandenen Kennzahlensystem integriert und abstimmfähig gemacht werden.

Alles was Menschen tun, kann von Menschen evaluiert, also auch gemessen werden! Wer Transparenz scheut, hat meist nur geringes Vertrauen in sein Intellektuelles Kapital und hat in einer immer mehr wissensorientierten Wirtschaftswelt immer weniger Chancen. Die Indikator-Zahlen untermauern gegebenenfalls bereits vorgenommene qualitative Bewertungen und machen auch Selbstbewertungen für Externe überprüfbarer.

Um für die Erreichung der gesteckten Ziele ein laufendes Monitoring durchführen zu können, sollten Indikatoren in strategische und operative Planungsprozesse des Standortes integriert werden. Indikatoren liefern Hinweise, mit welchen Indikatoren die angestrebten Veränderungen am besten gemessen und überwacht werden können, welche Soll-Werte anzunehmen sind, um die vorgegebenen Ziele zu erreichen.

Salve,
Nichts ist mehr so wie es war

wenn wir einmal die allgegenwärtige KI fragen würden……

Beschreibe, wie ein Bürgermeister bei seinem Amtsantritt eine Arbeitsgruppe ins Leben ruft und ihr den Auftrag zu erteilen, eine Checkliste aller möglichen Fragen und Probleme im Vorfeld einer Standortanalyse zu erstellen. Wie könnte diese Liste aussehen?

Szenario: Amtsantritt des Bürgermeisters und Gründung einer Arbeitsgruppe

Ein neu gewählter Bürgermeister möchte bei seinem Amtsantritt die Weichen für die wirtschaftliche und städtebauliche Entwicklung der Gemeinde stellen. Um fundierte Entscheidungen zu treffen, gründet er eine Arbeitsgruppe, die sich mit der systematischen Vorbereitung von Standortanalysen beschäftigt. Die Gruppe besteht aus Vertretern verschiedener Fachbereiche: Wirtschaftsförderung, Stadtplanung, Umwelt, Verkehr, Bildung, Kultur sowie Bürgervertretern und externen Experten.

Der Bürgermeister gibt der Arbeitsgruppe den Auftrag, eine **Checkliste für Standortanalysen** zu entwickeln, die alle relevanten Fragen und potenziellen Probleme umfasst. Diese Checkliste soll als Leitfaden dienen, um bei künftigen Projekten nichts Wesentliches zu übersehen.

Mögliche Checkliste für eine Standortanalyse

Wirtschaftliche Rahmenbedingungen

- Welche Branchen sind bereits in der Region vertreten?
- Wie hoch ist die Arbeitslosenquote vor Ort?
- Gibt es Förderprogramme oder Subventionen, die den Standort attraktiv machen?
- Wie hoch ist die Kaufkraft der Bevölkerung?
- Gibt es lokale oder regionale Wirtschaftskammern, die eingebunden werden können?

Infrastruktur

- Wie ist der Standort an das Straßennetz angebunden?
- Gibt es ausreichende Bahn-, Bus- oder Flugverbindungen?
- Wie steht es um die digitale Infrastruktur (Breitband-Internet, 5G)?

- Sind Gewerbe- und Wohnflächen in ausreichendem Maße verfügbar?

Umwelt und Nachhaltigkeit

- Gibt es Umweltauflagen, die bei der Standortnutzung berücksichtigt werden müssen?
- Wie hoch ist die Belastung durch Lärm, Feinstaub oder andere Emissionen?
- Welche Maßnahmen zur Energieeffizienz oder Nutzung erneuerbarer Energien sind möglich?
- Gibt es Naturschutzgebiete in der Nähe, die berücksichtigt werden müssen?

Soziale und kulturelle Aspekte

- Wie ist die Versorgung mit Schulen, Kindergärten und medizinischen Einrichtungen?
- Gibt es kulturelle Angebote und Freizeitmöglichkeiten für verschiedene Zielgruppen?
- Wie ist die Integration von Neubürgern in die Gemeinde organisiert?
- Gibt es Konfliktpotenziale mit der ansässigen Bevölkerung?

Rechtliche und politische Aspekte

- Welche Bauvorschriften und Genehmigungsverfahren sind zu beachten?
- Gibt es potenzielle rechtliche oder bürokratische Hürden?

- Wie sieht die Eigentumssituation der benötigten Grundstücke aus?
- Sind alle relevanten politischen Gremien und Interessengruppen eingebunden?

Risikobewertung und SWOT-Analyse

- Welche Risiken könnten die Umsetzung des Projekts gefährden?
- Was sind die Stärken und Schwächen des Standorts?
- Welche Chancen und Bedrohungen ergeben sich aus externen Faktoren (z. B. Marktveränderungen)?
- Wie könnte ein Krisenmanagement im Falle unvorhergesehener Probleme aussehen?

Arbeitsweise der Arbeitsgruppe

1. **Datenrecherche**
   - Sammeln und analysieren relevanter Daten aus öffentlichen und privaten Quellen.
2. **Expertenbefragungen**
   - Einholen von Einschätzungen durch Fachleute aus Wirtschaft, Wissenschaft und Verwaltung.
3. **Workshops und Bürgerbeteiligung**
   - Organisieren von Dialogforen, um Meinungen und Anregungen der Bevölkerung einzubeziehen.
4. **Erstellung der Checkliste**
   - Zusammenfassung aller relevanten Fragen und Problemfelder in einer übersichtlichen und anpassbaren Struktur.

Diese Checkliste dient als Grundgerüst und sollte bei jedem neuen Standortprojekt individuell angepasst und erweitert werden. Sie hilft, fundierte Entscheidungen zu treffen und mögliche Risiken frühzeitig zu erkennen.

KI Ende

Ohne ein Roboter zu sein, könnte man als Mensch vielleicht meinen:

Fiktive Dialoge - ein paar Stunden Intensivcoaching

Denkanstöße

Wissensmanagement

Storytelling

Content

Inspiration

Diskurs

DecisionSupport

Gehirntraining - wenn es gut werden soll

Verstehen lernen

Vernetzt denken

Potenziale ausschöpfen

Komplexität reduzieren

Gestaltbar machen

Wissen transferieren

Proaktiv agieren

Executive Coaching
Denkstudio für strategisches Wissensmanagement
SMART - Ziele sollten SMART (spezifisch, messbar, erreichbar, relevant und zeitgebunden) sein.

Im Vorfeld einer Standortanalyse sind u.a. folgende Fragen zu klären: welche Chancen und Risiken beeinflussen das Geschehen am Standort? Welche aktuellen Entwicklungen im Geschäftsumfeld (z.B. neue Wettbewerber, neue Technologien, neue Gesetze) gibt es? Wie sieht der Markt für potentielle, zukünftige Investoren, Arbeitskräfte aus? Wie ist die Wettbewerbssituation im Vergleich mit anderen Standorten? Welche Chancen gibt es, um sich am Markt zu verbessern? Welche Risiken liegen im Geschäftsumfeld, die den Standort negativ beeinflussen können? Wie sind die technologischen Rahmenbedingungen? Gibt es politische Rahmenbedingungen, die beachtet werden müssen? Wie sieht das soziale Umfeld am Standort aus? Wie ist die aktuelle Konjunkturlage?

Mit der Beschreibung des Geschäftsumfeldes wird der Blick über Standortgrenzen hinaus gelenkt. Was dort vorgeht, beeinflusst die Entwicklungsmöglichkeiten/-chancen des eigenen Standortes mindestens ebenso stark wie alles, was innerhalb der Standortgrenzen selbst geschieht. Anschauliches Beispiel dafür, dass der "6er im Lotto = Gewinn einer Ansiedlung" selten direkt vor der eigenen Haustür zu finden sein dürfte.

Eine der Hauptursachen, warum komplizierte, da an vielen Stellen miteinander vernetzte Sachverhalte des Standortes bislang so wenig sicht- und greifbar gemacht wurde, liegt in der komplizierten Bewertung und Messung immaterieller sogenannter „weicher" Faktoren begründet. Es geht darum, anhand von immateriellen Faktoren eine Marktposition zu erobern.

Die richtige Positionierung basiert nicht ausschließlich auf materiellen oder immateriellen Standorteigenschaften, sondern auch auf der Zielrichtung, d.h. dem Finden der richtigen Zielgruppe. Wenn die Wirtschaftsförderung Bemühungen auf bestimmte Segmente konzentriert, ist es leichter, spezifische Anforderungen von Investoren zu verstehen und sich hierauf einzustellen. Dies erhöht die Erfolgsaussichten. Insbesondere fehlt vielfach noch ein in sich schlüssiges Konzept bzw. Instrument, mit dem sich alle Einzelkomponenten des Standortkapitals vollständig und mit einheitlicher Systematik abbilden lassen.

Jeder Standort ist anders und weist ganz spezifische Bedingungen auf, die u.a. von klimatischen, geographischen, politischen und sozio-ökonomischen Bedingungen bestimmt werden. Auf der anderen Seite stellt jedes Unternehmen andere Anforderungen, abhängig u.a. von seinem Zielsystem, Leistungsprofil, Beschaffungs- und Absatzmärkten oder dem jeweiligen Investitionsmotiv, an einen geeigneten Standort.

Um sich als geeigneter Standort zu empfehlen (angebotsorientierte Sichtweise) sollte sich der Standort bereits vorab nicht nur auf typische Verfahren der Standortsuche, sondern so weit als möglich auch auf typischerweise zu erwartende spezifische Anforderungen einstellen. So werden tendenziell an einen Standort u.a. Anforderungen zu folgenden Faktoren gestellt: Arbeitskostenbelastung, nominale Lohnstückkosten, Zukunftschancen, Wachstumschancen Geburtenrate, Arbeitskräfte, Potenzial qualifizierter Arbeitskräfte, Anlernkräftepotenzial, Pendlerquote/Einzugsgebiet, Nähe zur Forschung und Entwicklung, Nähe zu Universitäten, Beschäftigte im technisch- wissenschaftlichen Bereich, Schulen, Berufsschulen, verfügbare Industrie- und Büroflächen, erfügbarer Wohnraum, Mietniveau, Steuern, Unternehmenssteuern, Tarife, Abgaben, Verkehr, Autobahn, Flughafen, Fernstraßenanbindung, öffentlicher Nahverkehr, städtische Verkehrsführung, regionale Attraktivität, Kriminalität, Aufwand und Dauer von Bewilligungsverfahren, Förderprogramme, Wirtschaftsförderung, Beratungs- und Informationseinrichtungen.

Salve,
Nichts ist mehr so wie es war

wenn wir einmal die allgegenwärtige KI fragen würden……

Ausgangsfrage: Soll der Standort als Ganzes oder nur in einzelnen Bereichen oder Prozessen betrachtet werden? Beschreibe den Entscheidungsprozess eines Bürgermeisters mit welchem Standort-Geschäftsmodell er sich hierbei positionieren will

Der Entscheidungsprozess eines Bürgermeisters zur Positionierung des Standorts in Bezug auf ein Geschäftsmodell umfasst mehrere systematische Schritte:

Bestandsaufnahme und Situationsanalyse

- **Ziel**: Verständnis der aktuellen Stärken, Schwächen, Chancen und Risiken (SWOT-Analyse) des Standorts.
- **Maßnahmen**:
    - Analyse der lokalen Infrastruktur, Wirtschaft, Bevölkerung, Umweltfaktoren und bestehenden Unternehmen.
    - Befragung von Bürgern, Unternehmen und anderen Stakeholdern, um Erwartungen und Bedürfnisse zu erfassen.

Definition der Standortziele

- **Ziel**: Festlegung, welche übergeordneten Ziele verfolgt werden sollen (z. B. Wirtschaftswachstum, Nachhaltigkeit, Lebensqualität).
- **Fragen**:
    - Soll der Standort primär als Industriestandort, Tourismusregion, Innovationszentrum oder Wohnstandort entwickelt werden?

- Wie wichtig sind ökologische und soziale Aspekte im Vergleich zu wirtschaftlichen Interessen?

Analyse potenzieller Geschäftsmodelle

- **Ziel**: Bewertung verschiedener Modelle, die zum Standort passen könnten.
- **Beispiele für Modelle**:
  - **Cluster-Ansatz**: Förderung bestimmter Branchen, z. B. Biotechnologie oder IT.
  - **Smart City**: Einsatz moderner Technologien zur Verbesserung der Lebensqualität und Effizienz.
  - **Nachhaltiger Standort**: Fokussierung auf Umweltfreundlichkeit und grüne Energie.
  - **Tourismusregion**: Aufbau von touristischen Angeboten und Kulturförderung.
- **Bewertungskriterien**:
  - Wirtschaftliche Tragfähigkeit.
  - Akzeptanz in der Bevölkerung.
  - Langfristige Perspektiven und Trends.

Abwägung von Teil- versus Ganzheitsbetrachtung

- **Frage**: Soll der Standort als Ganzes entwickelt werden (ganzheitlicher Ansatz) oder durch gezielte Förderung einzelner Bereiche (z. B. Verkehrsinfrastruktur, Bildungsangebote)?
- **Kriterien**:

- Synergieeffekte zwischen unterschiedlichen Bereichen.
- Finanzielle und personelle Ressourcen.
- Politische Rahmenbedingungen und Fördermöglichkeiten.

Entscheidungsfindung und Strategieentwicklung

- **Ziel**: Auswahl eines Geschäftsmodells und Entwicklung einer konkreten Strategie.
- **Schritte**:
  - Kosten-Nutzen-Analyse der möglichen Szenarien.
  - Einbeziehung von Experten, Ausschüssen und Stadtparlamenten.
  - Abwägung kurzfristiger und langfristiger Effekte.

Kommunikation und Bürgerbeteiligung

- **Ziel**: Sicherstellen, dass die Strategie transparent ist und von der Bevölkerung mitgetragen wird.
- **Maßnahmen**:
  - Durchführung von Informationsveranstaltungen und Bürgerversammlungen.
  - Nutzung digitaler Plattformen für Feedback und Ideen.

Umsetzung und Kontrolle

- **Ziel**: Umsetzung der Strategie mit klaren Meilensteinen und Erfolgskontrolle.
- **Maßnahmen**:
  - Einrichtung eines Monitoring-Systems zur Erfolgsmessung.
  - Flexibilität zur Anpassung der Strategie auf Basis neuer Erkenntnisse oder externer Veränderungen.

Dieser Prozess ermöglicht dem Bürgermeister eine fundierte Entscheidung darüber, ob und wie der Standort als Ganzes oder nur in bestimmten Bereichen positioniert wird, um langfristig erfolgreich und attraktiv zu sein.

KI Ende

Ohne ein Roboter zu sein, könnte man als Mensch vielleicht meinen:

Fiktive Dialoge - ein paar Stunden Intensivcoaching

Denkanstöße

Wissensmanagement

Storytelling

Content

Inspiration

Diskurs

DecisionSupport

Gehirntraining - wenn es gut werden soll

Verstehen lernen

Vernetzt denken

Potenziale ausschöpfen

Komplexität reduzieren

Gestaltbar machen

Wissen transferieren

Proaktiv agieren

Executive Coaching

Denkstudio für strategisches Wissensmanagement

SMART - Ziele sollten SMART (spezifisch, messbar, erreichbar, relevant und zeitgebunden) sein.

Welcher Bereich des Standortes soll bilanziert werden?

Als Grundlage für die Festlegung des Bilanzierungsbereiches sollte zunächst die Ausgangssituation des Standortes definiert und beschrieben werden. Damit wird ein Fixpunkt für die fundierte Entwicklung von Zielen, Aktionen und Maßnahmen geschaffen. Es wird der Grundstock für eine möglichst breite Daten- und Informationsbasis gelegt. Ausgangsfrage: Soll der Standort als Ganzes oder nur in einzelnen Bereichen oder Prozessen betrachtet werden? Das Standort-Geschäftsmodell wird mit Hilfe von Bilanzierungsbereich, Geschäftsumfeld, Vision, Strategie, Geschäftsprozessen (GP) und Geschäftserfolgen (GE) beschrieben. Voraussetzung für Standortentscheidungen, die für alle Beteiligten, d.h. sowohl für den nachfragenden Investor als auch für den sich anbietenden Standort, zu einem guten und nachhaltig wirtschaftlichen Ergebnis führen ist, dass ein Standortprofil möglichst genau auch das individuelle Anforderungsprofil des Unternehmens abdecken kann. Alle Faktoren des Standortes müssen daher so vollständig und umfassend wie möglich/nötig identifiziert, erfasst, bewertet, quantitativ gemessen und bilanziert werden (Anmerkung: bei Analyse von 25 Standortfaktoren, von denen jeder mit jedem zusammenhängt, gäbe es rein rechnerisch betrachtet n !, d.h. 25 Fakultät = 1*2*3.........*25 Kombinationsmöglichkeiten, Analysesituationen). Es dürfte daher schon allein aus diesem einfachen Grund schnell an Grenzen stoßen, derart komplex zusammenhängende Wirkungsbeziehungen allein verbal oder mit Fotos bewältigen zu wollen.

Als alles entscheidende Frage steht daher im Raum: wie, wem und mit welchen Instrumenten gelingt es, das kreative Potenzial, immaterielle Vermögen/Kapital des Standortes (quantitativ nachprüfbar, mit allen Wirkungsbeziehungen) offen darzulegen? Nicht zuletzt wird auch der Umfang der hier vorgestellten Verfahren davon abhängen, ob sich ihr Bilanzierungsbereich auf eine Kommune, einen Kreis oder eine ganze Region erstreckt. Denkbar wäre auch, gemarkungsübergreifende kommunale Kooperationen in einer eigens dafür zusammen gefassten Standortbilanz darzustellen. Ein weiterer Ansatz für die Festlegung des Bilanzierungsbereiches könnte sein, eine Standortbilanz auf einen besonders wichtigen Cluster als Multiplikatorenzentrale auszurichten, wie beispielsweise nur für die Kreativwirtschaft, den Informationstechnologie-Sektor oder die High-Tech-Wirtschaft. Die Auswahl der Standortfaktoren für den Aufbau einer Standortbilanz-Struktur dürfte ebenfalls je nach festgelegtem Bilanzierungsbereich unterschiedlich ausfallen.

Salve,
Nichts ist mehr so wie es war

wenn wir einmal die allgegenwärtige KI fragen würden……

Der Geschäftserfolg eines Unternehmens wird maßgeblich durch die Rahmenbedingungen des lokalen Standorts geprägt. Obwohl sich Informations- und Kommunikationsmedien wie das Internet und Künstliche Intelligenz rasant weiterentwickeln und globale Vernetzung ermöglichen, bleibt der Wert persönlicher Kontakte unersetzlich. Geschäftsbeziehungen, die auf Vertrauen und Verständnis beruhen, entstehen oft im direkten Austausch – sei es bei lokalen Netzwerktreffen, in Gesprächen mit Behörden oder durch zufällige Begegnungen.

In diesem Kontext spielt der Bürgermeister vor Ort eine zentrale Rolle. Er ist nicht nur Repräsentant der Kommune, sondern auch

Vermittler, Türöffner und Netzwerker. Durch seine Nähe zu Unternehmen, Bürgern und politischen Gremien kann er gezielt Fördermöglichkeiten, Infrastrukturprojekte und Partnerschaften vorantreiben. Zudem stärkt er das Gemeinschaftsgefühl und die Identifikation der Unternehmen mit dem Standort, was wiederum langfristige Investitionen begünstigt.

Persönliche Kontakte sind der Schlüssel, um Vertrauen zu schaffen, Konflikte zu lösen und gemeinsame Visionen zu entwickeln. Der Bürgermeister fungiert dabei als Brücke zwischen den Interessen der Wirtschaft und den Bedürfnissen der Kommune – und schafft so die Grundlage für nachhaltigen Erfolgs.

KI Ende

Ohne ein Roboter zu sein, könnte man als Mensch vielleicht meinen:

Fiktive Dialoge - ein paar Stunden Intensivcoaching

Denkanstöße

Wissensmanagement

Storytelling

Content

Inspiration

Diskurs

DecisionSupport

Gehirntraining - wenn es gut werden soll

Verstehen lernen
Vernetzt denken
Potenziale ausschöpfen
Komplexität reduzieren
Gestaltbar machen
Wissen transferieren
Proaktiv agieren

Executive Coaching
Denkstudio für strategisches Wissensmanagement
SMART - Ziele sollten SMART (spezifisch, messbar, erreichbar, relevant und zeitgebunden) sein.

***Kooperationsmöglichkeiten*:** im globalen Wettbewerb verlieren nicht nur die Grenzen zwischen Ländern, sondern auch zwischen Branchen und Unternehmen an Bedeutung. Der Geschäftserfolg hängt vielmehr von den Rahmenbedingungen eines lokalen Standortes ab. Trotz sich weiter entwickelnder Informations- und Kommunikationsmedien wie dem Internet, werden auch persönliche Kontakte weiterhin eine wichtige Rolle spielen. Ein erster zentraler Anlaufpunkt ist vielen Fälle das Internet, in dem die Kommune somit auch sämtliche Informationen per Übersicht gebündelt anbieten muss.

Die Internetpräsenz des Standortes sollte sich nicht auf kommunale Verwaltungsunterstützung (eGovernment) beschränken, sondern kann als virtuelles Rathaus sämtliche Ausprägungen der Kommunikationsbeziehungen integrieren. Den Überblick behält vor allem der, der allen diesen Sachverhalten eine nachvollziehbare Struktur geben kann.

Wie in einer Unternehmensbilanz über die darin angeführten Bilanzpositionen Inhalte und Regeln des Wirtschaftsgeschehens definiert werden können, so kann auch mit Hilfe von Standortfaktoren analog ein festes Gerüst für das Standortgeschehen zusammengefügt werden. Dies wäre dann eine Standortbilanz, mit der auch viele der wichtigen und oft entscheidenden Non-Financial-Faktoren berücksichtigt werden könnten. Es wird angenommen, dass bereits grundsätzliche Überlegungen angestellt wurden, auf welchen Grundpfeilern nach allgemeiner Meinung der Standort ruht. Diese wären dann die immer unter der Rubrik Standortfaktor (= Bilanzposition) diskutierten Sachverhalte.

Standorte sind aber nicht nur sehr komplex (oft auch kompliziert) sondern jeder ist für sich gesehen auch ein sehr individuelles Gebilde. Daraus folgt, dass jeder Standort auch sein eigenes System der Standortfaktoren (=Bilanzpositionen) entwickeln sollte. Auf dieser Basis kommt die Systematik einer Standortbilanz ins Spiel: diese gliedert die zunächst ungeordnet nebeneinander stehenden Standortfaktoren in eine bestimmte Standard-Struktur, nämlich immer einheitlich in die Cluster Standort-Prozessfaktoren, Standort- Erfolgsfaktoren, Standort-

Humanfaktoren, Standort- Strukturfaktoren und Standort-Beziehungsfaktoren.

Salve,
Nichts ist mehr so wie es war

wenn wir einmal die allgegenwärtige KI fragen würden……

Beschreibe, was daraus folgt, dass Standorte nicht nur sehr komplex (oft auch kompliziert) sondern sind und warum jeder Standort für sich gesehen auch ein sehr individuelles Gebilde ist.

Standorte sind in ihrer Natur komplex, weil sie aus einer Vielzahl von Faktoren bestehen, die in ständiger Wechselwirkung stehen. Diese Faktoren umfassen wirtschaftliche, infrastrukturelle, kulturelle, ökologische und gesellschaftliche Aspekte. Die Komplexität ergibt sich aus den dynamischen Beziehungen zwischen diesen Elementen, die sich je nach Zeit, politischen Entscheidungen und technologischen Entwicklungen verändern können.

Hinzu kommt, dass jeder Standort einzigartig ist und durch seine spezifischen Gegebenheiten geprägt wird: geografische Lage, historische Entwicklung, lokale Ressourcen, Mentalität der Bevölkerung und die Ausrichtung der ansässigen Unternehmen.

Was an einem Standort zum Erfolg führt, kann an einem anderen scheitern, weil die Bedingungen völlig unterschiedlich sind.

Diese Individualität erfordert maßgeschneiderte Strategien, die sowohl die Stärken des Standorts nutzen als auch seine Schwächen berücksichtigen. Standardlösungen greifen hier oft zu kurz, da sie die spezifischen Bedürfnisse und Potenziale eines Standorts nicht vollständig erfassen.

Die Komplexität und Einzigartigkeit von Standorten machen es notwendig, diese holistisch zu betrachten und dynamisch zu steuern, um langfristigen Erfolg und nachhaltige Entwicklung zu sichern.

KI Ende

Ohne ein Roboter zu sein, könnte man als Mensch vielleicht meinen:

Fiktive Dialoge - ein paar Stunden Intensivcoaching

Denkanstöße

Wissensmanagement

Storytelling

Content

Inspiration

Diskurs

DecisionSupport

Gehirntraining - wenn es gut werden soll

Verstehen lernen

Vernetzt denken

Potenziale ausschöpfen

Komplexität reduzieren

Gestaltbar machen

Wissen transferieren

Proaktiv agieren

Executive Coaching

Denkstudio für strategisches Wissensmanagement

SMART - Ziele sollten SMART (spezifisch, messbar, erreichbar, relevant und zeitgebunden) sein.

Zuordnung auf Einflussfaktoren und Maßnahmen: da eine Standortbilanz kein von sonstigen Prozessen losgelöstes Kennzahlensystem sein sollte, kann sie ihren vollen Nutzen auch erst dann bringen, wenn sie mit den Kernprozessen des Standortes integriert wird. D.h. alle periodisch stattfindenden Planungen sollten auch direkt in die entsprechenden Bilanzinhalte überarbeitet werden.

In einem Schritt der „vertikalen Zielintegration“ sollten die Ziele und strategischen Aktionen aus übergeordneten Einheiten weiter in die Standortbilanz herunter gebrochen werden. Nachdem die aus der Standortbilanz abgeleiteten Maßnahmen auf

Einflussfaktoren zugeordnet wurden, können nunmehr zusätzlich auch Indikatoren auf diese Maßnahmen und ebenfalls auf Einflussfaktoren zugeordnet werden:

Ein günstiges Bild im Standort-Wettbewerb lässt sich eher durch offensive Präsentation und offene Gegenüberstellung aller verfügbaren Indikatoren erreichen - strategische Räume und Erfolgsfaktoren mit Hebelwirkung erkennen

Es geht um: eine möglichst detaillierte Erfassung der immateriellen Faktoren, Zusammenhänge erfolgskritischer Faktoren untereinander analysieren, Stärken und Schwächen analysieren, Wertschöpfungszusammenhänge transparent machen, aufzeigen, wie wichtig eine Ressource für den Standorterfolg ist, mit welchen Unwägbarkeiten, Zeithorizonten, Veränderungen bei deren Entwicklung zu rechnen ist. Durch konsequentes Identifizieren von internem und externem Wissen soll dieses besser überwach- und steuerbar gemacht werden und über die Stärkung der spezifischen Kernkompetenzen des Standortes somit in dessen Wertschöpfung einfließen.

Durch Identifizierung von Interdependenzen in der eigenen Wertschöpfung wird Abteilungs- und „Silo"-Denken überwunden. Mit Hilfe einer Standortbilanz wird aufgezeigt, wie alles zusammenhängt und welche Hebel mit bestimmten Erfolgsfaktoren eingesetzt werden können. Spezifische Stärken und Entwicklungspotenziale können gezielt weiterentwickelt werden, durch mehr Transparenz über das vorhandene Wissen lässt sich der zu schließende Wissensbedarf exakter ermitteln. Zusammen mit der Kommunalverwaltung sollte entschieden werden, wofür eine Standortbilanz eingesetzt werden soll (und kann).

Salve,
Nichts ist mehr so wie es war

wenn wir einmal die allgegenwärtige KI fragen würden……

Zeige, worum es einem Bürgermeister als Leader eines Standortes geht: um eine möglichst detaillierte Erfassung der immateriellen Faktoren, Zusammenhänge erfolgskritischer Faktoren untereinander analysieren, Stärken und Schwächen analysieren, Wertschöpfungszusammenhänge transparent machen, aufzeigen, wie wichtig eine Ressource für den Standorterfolg ist, mit welchen Unwägbarkeiten, Zeithorizonten, Veränderungen bei deren Entwicklung zu rechnen ist.

Ein Bürgermeister als Leader eines Standorts hat die Aufgabe, weit mehr zu leisten als nur die Verwaltung der Kommune. Er muss die komplexen, oft immateriellen Faktoren, die den Standort prägen, erkennen und verstehen. Dies umfasst eine detaillierte Analyse von Erfolgsfaktoren wie:

Soziales Kapital und Netzwerkstrukturen: Der Bürgermeister muss die Bedeutung persönlicher und institutioneller Beziehungen erfassen, die Vertrauen und Kooperation fördern.

Zusammenhänge erfolgskritischer Faktoren: Welche Faktoren – wie Bildung, Infrastruktur, Fachkräfteverfügbarkeit oder Lebensqualität – beeinflussen sich gegenseitig, und wie wirken sie auf den Standorterfolg?

Stärken- und Schwächenanalyse: Welche Bereiche bieten Wettbewerbsvorteile, und wo bestehen Defizite, die behoben werden müssen, um nachhaltiges Wachstum zu sichern?

Transparenz der Wertschöpfungsketten: Der Bürgermeister muss aufzeigen, welche Branchen oder Sektoren den höchsten Mehrwert schaffen und wie diese optimal unterstützt werden können.

Bedeutung der Ressourcen: Welche Ressourcen – seien es natürliche, technologische oder menschliche – sind essenziell, und wie können diese langfristig gesichert oder ausgebaut werden?

Risikomanagement und Zeithorizonte: Ein erfolgreicher Standort-Leader antizipiert Unwägbarkeiten, wie wirtschaftliche Krisen, technologische Disruptionen oder demografische Veränderungen, und plant mit realistischen Zeithorizonten.

Der Bürgermeister agiert somit als strategischer Denker und Visionär, der nicht nur die aktuelle Situation im Blick hat, sondern auch langfristige Perspektiven schafft. Indem er diese Faktoren analysiert, verständlich kommuniziert und in konkrete Maßnahmen umsetzt, wird er zum entscheidenden Treiber des Standorterfolgs.

KI Ende

Ohne ein Roboter zu sein, könnte man als Mensch vielleicht meinen:

Fiktive Dialoge - ein paar Stunden Intensivcoaching

Denkanstöße

Wissensmanagement

Storytelling

Content

Inspiration

Diskurs

DecisionSupport

Gehirntraining - wenn es gut werden soll

Verstehen lernen

Vernetzt denken

Potenziale ausschöpfen

Komplexität reduzieren

Gestaltbar machen

Wissen transferieren

Executive Coaching
Denkstudio für strategisches Wissensmanagement
SMART - Ziele sollten SMART (spezifisch, messbar, erreichbar, relevant und zeitgebunden) sein.

Für Standortakteure sind vor allem die Stärken herauszustellen und die Inhalte ggf. in den Kontext von laufenden Marketingaktivitäten zu stellen. Investoren wollen nachhaltig wirksame Indikatoren sehen. So mühsam der Entwicklungsprozess einer professionellen Standortbilanz auch sein mag: der Aufwand lohnt sich schon allein deshalb, weil alle Beteiligten neue Erkenntnisse über Zusammenhänge gewinnen und das Verständnis für Probleme anderer Funktionsbereiche wächst.

Das integrierte Modell einer Standortbilanz, bestehend aus Humankapital, Strukturkapital, Beziehungskapital, Intellektuellem Kapital und Finanzkapital, schafft viel Raum für differenzierte Strategien. Hauptaufgabe der Standortverantwortlichen: hierbei die richtigen Schwerpunkte zu finden und Prioritäten zu setzen.

***Zum Wesen von Kennzahlensystemen**:* die Bildung und Auswertung von Kennzahlen setzt zunächst voraus, dass man sich der Grenzen ihrer Aussagefähigkeit bewusst ist: so darf nicht übersehen werden, dass Kennzahlen in ihrer mathematischen Formalisierung oft statisch sind und die Dynamik ablaufender

Standortprozesse nicht immer genau zeitnah abbilden. Nicht aus dem Auge verloren werden sollte, dass vergangenheitsbezogene Kennzahlen nur bedingte Aussagen über die Gegenwart und noch weniger Aussagen über die Zukunft zulassen, statische Kennzahlen nur stichtagsbezogene Situationen widerspiegeln und damit nicht Bewegungsabläufe über Zeiträume erfassen können.

D.h., Kennzahlen dürfen nicht isoliert interpretiert werden, sondern müssen sich immer einer bestimmten Systematik (wie beispielsweise einem System der Standortökonomie) zuordnen lassen. Integrierte Kennzahlensysteme sind immer Mittel-Zweck-Beziehungen, die aus dem Standort-Leitbild (STEL) und -Entwicklungskonzept (STEK) abzuleiten sind: das wichtigste Element der Kennzahl aber bleibt ihr Informationscharakter, um auch komplizierte Tatbestände in konzentrierter Form quantifizieren zu können.

Die rechnerische Kennzahlenzerlegung wird erst dann fruchtbringend, wenn sie zu Kennzahlenbündeln führt, die vorhandene Informationen sinnvoll ordnen. Kennzahlenbündel haben die Aufgabe, die Spitzenkennzahl des Systems analytisch bezüglich der sie dimensionierenden Einflussgrößen zu erklären. Der qualifizierte Kennzahlenvergleich wird gesichert durch die Kennzahlennormung über logische und sinnvolle Kennzahlenformen sowie durch die eindeutige Definition der Kennzahlenbestandteile.

Zum Wesen eines Kennzahlensystems gehört daher die Beantwortung der Fragen nach Verhältnismäßigkeit (durch Kennzahlenvergleich) und Ursächlichkeit (durch Kennzahlenzerlegung). Zur ergänzenden Messung werden den zuvor bewerteten Faktoren des Standortkapitals, also 1. Geschäftsprozesse, 2. Geschäftserfolge, 3. Humankapital, 4. Strukturkapital und 5. Beziehungskapital zusätzlich Indikatoren, d.h. unabhängige Zahlen und Fakten zugeordnet. Anhand der Indikatoren können auch Externe nachvollziehen, nach welchen Kriterien der Standort zuvor bewertet wurde: es geht dabei um eine für alle Beteiligten wichtige quantitative Überprüfbarkeit. Weiterhin bleibt mit der Zuhilfenahme solcher Indikatoren die Bewertungsgrundlage erhalten und kann daher immer auch mit aktuellen Auswertungen verglichen werden.

Indikatorsammlung als Grundlage: die Bewertungstabellen für Standortfaktoren sollten insbesondere für die Erfolgsmessung durch Indikatoren ergänzt werden. Standorte haben in aller Regel bereits eine Reihe von Kennziffern erarbeitet, die auch als Vermessung-Indikatoren dienen können. Von Planungsverbänden werden darüber hinaus ebenfalls regelmäßig Indikatoren erhoben. Weitere Indikatoren können über spezifische Standortstatistiken und -analysen bereitgestellt werden. Es gibt somit keinen Grund, vor möglicherweise zu kompliziert und aufwendig erscheinenden Kennziffern zurückzuschrecken. Das Vorhandene deckt meist bereits einen Großteil des für eine Vermessung der Standorte Notwendigen ab. Jeder der Standort-

Faktoren sollte mit einer durchgängig einheitlichen Struktur erfasst und verarbeitet werden.

Dabei gilt es u.a. das Problem zu berücksichtigen, dass die Zahlen der Indikatoren zum Zeitpunkt ihrer Veröffentlichung unter Umständen bereits veraltet sein können. Solange aber über kein besseres und aktuelleres Datenmaterial verfügt werden kann, sind die vorhandenen Vermessungs-Indikatoren aber allemal besser, als den Standort nur im Blindflug steuern zu müssen. Welcher der vielen verfügbaren und noch mehr möglichen Indikatoren letztlich in das System der Vermessung der Standorte aufgenommen wird, hängt zuerst davon ab, aus welchen Standortfaktoren die Basisstruktur aufgebaut wird. Grundsätzlich sollten Indikatoren nicht nur einmalig, sondern immer auch als Zeitreihen verfügbar sein.

Vor jedem Standort-Vergleich und Benchmark-Verfahren kommt es zwar darauf an, zunächst einmal überhaupt auf dem Radarschirm von den für einen Standort gegebenenfalls wichtigen Entscheidungsträgern und Schlüsselpersonen wahrgenommen zu werden. Ein eher passiv ausgerichteter Internet-Auftritt, und mag er noch so gut und ansprechend gestaltet sein, reicht hierfür kaum aus. Darüber hinaus sind eine Reihe weiterer Maßnahmen erforderlich, beispielsweise müssen offensiv und aktiv Kontakte geknüpft und intensiv gepflegt werden. Auch dieses gelingt umso besser, je genauer und klarer man die eigene Position durchdacht und bereits alle Faktoren des Standortes bis auf den Grund, d.h. auch auf seine Einzelindikatoren hin ausgelotet hat.

Ein Standort kann und will sich nicht immer mit allen anderen Standorten vergleichen. Im Zeitalter der Globalisierung und grenzüberschreitenden Vernetzungen wäre dies auch ein kaum zu bewältigendes Unterfangen. Auf der anderen Seite bedeutet dies nicht, dass Nichtstun angesagt ist. Zumindest das entfernungsmäßig näher liegende Umfeld, beispielsweise der Standorte im Kreis oder der Nachbar-Kreise sollte nie aus den Augen verloren werden, besonders erfolgreiche Standorte sollten mit Hilfe von Benchmarks zu vielleicht nachahmenswerten Erfolgsindikatoren beobachtet werden.

Salve,
Nichts ist mehr so wie es war

wenn wir einmal die allgegenwärtige KI fragen würden……

Ein Bürgermeister ist immer auch ein Marketingmanager seines Standortes. Beschreibe anhand von Fallbeispielen ihm für das Standortmarketing zur Verfügung stehende Instrumente und Marketingmodelle.

Ein Bürgermeister als Marketingmanager seines Standorts hat die Aufgabe, den Standort sowohl für Unternehmen, Investoren als auch für Bürger attraktiv zu machen. Hierbei stehen ihm verschiedene **Instrumente** und **Marketingmodelle** zur Verfügung, die er strategisch einsetzen kann. Im Folgenden werden diese anhand von Fallbeispielen illustriert:

Instrument: Standortbranding

- **Beispiel**: Die Stadt Wien hat sich als „Smart City" positioniert, mit einem Fokus auf Digitalisierung, Nachhaltigkeit und Lebensqualität.
- **Maßnahme**: Ein einprägsames Logo, Slogan („Wien. Eine Stadt lebt Innovation.") und gezielte Medienkampagnen heben die Stärken der Stadt hervor.
- **Nutzen**: Schaffung einer starken Identität und Wiedererkennung des Standorts.

Instrument: Events und Messen

- **Beispiel**: Hannover richtet jährlich die CeBIT bzw. Hannover Messe aus und positioniert sich damit als Technologiestandort.
- **Maßnahme**: Der Bürgermeister unterstützt die Veranstaltung durch Reden, Netzwerkevents und den Empfang internationaler Gäste.
- **Nutzen**: Förderung von Wirtschaftsnetzwerken und Gewinnung neuer Investoren.

Instrument: Public-Private-Partnerships (PPP)

- **Beispiel**: In Hamburg wurde die HafenCity in Zusammenarbeit zwischen Stadt und privaten Investoren entwickelt.
- **Maßnahme**: Der Bürgermeister vermittelt zwischen Interessen und sorgt für die Bereitstellung von Infrastruktur und rechtlichen Rahmenbedingungen.
- **Nutzen**: Verbesserung der Infrastruktur und Stärkung des Wirtschaftsstandorts.

Marketingmodell: SWOT-Analyse

- **Beispiel**: Ein Bürgermeister in einer ländlichen Region nutzt die SWOT-Analyse, um Stärken (z. B. Natur, Ruhe) und Schwächen (z. B. fehlende Infrastruktur) zu identifizieren.
- **Maßnahme**: Aufbau eines Tourismuskonzepts, das Wanderwege und regionale Produkte bewirbt, während Investitionen in digitale Infrastruktur erfolgen.
- **Nutzen**: Strategische Positionierung gegenüber Wettbewerbern.

Marketingmodell: AIDA-Modell

- **Beispiel**: Eine Kleinstadt möchte junge Familien anziehen.
- **Maßnahme**: Aufmerksamkeit durch bunte Plakate (Attention), Interesse wecken durch Informationsmaterialien über Schulen und Kitas (Interest), den Wunsch nach ei-

nem Umzug durch Videos von glücklichen Familien verstärken (Desire) und schließlich konkrete Angebote für Baugrundstücke bereitstellen (Action).
- **Nutzen**: Systematischer Aufbau einer Kampagne zur Zielgruppenansprache.

Instrument: Social Media und digitale Plattformen

- **Beispiel**: Leipzig nutzt Social Media, um junge Menschen über Kulturveranstaltungen und Wohnangebote zu informieren.
- **Maßnahme**: Instagram-Kampagnen mit Influencern, die das urbane Leben und die kulturelle Vielfalt der Stadt zeigen.
- **Nutzen**: Reichweite und Ansprache einer jungen, digitalen Zielgruppe.

Instrument: Bürgerbeteiligung und Dialogformate

- **Beispiel**: Freiburg im Breisgau organisiert Bürgerforen zum Thema Klimaschutz.
- **Maßnahme**: Der Bürgermeister integriert die Vorschläge der Bürger in die Standortstrategie und kommuniziert dies transparent.
- **Nutzen**: Förderung des Zusammenhalts und Stärkung des Images als nachhaltige, bürgernahe Stadt.

Durch den gezielten Einsatz dieser Instrumente und Modelle kann ein Bürgermeister die Attraktivität seines Standorts nachhaltig steigern, eine starke Identität schaffen und die Lebensqualität verbessern.

Standortmarketing-Anwendungsfall nach dem AIDA-Modell

Ziel: Eine Kleinstadt möchte innovative Start-ups aus der Technologiebranche anziehen, um den Wirtschaftsstandort zu stärken und die Attraktivität für junge Fachkräfte zu erhöhen.

Attention (Aufmerksamkeit erzeugen)

- **Maßnahme**:
  - Eine Werbekampagne wird gestartet, die auf Plakaten, Social Media und Fachzeitschriften den Slogan trägt: „Deine Ideen brauchen Raum – den findest du hier!“
  - Auf internationalen Start-up-Messen verteilt die Stadt auffällige Giveaways wie VR-Brillen, die einen virtuellen Rundgang durch die Stadt ermöglichen.
- **Ziel**: Aufmerksamkeit in der Zielgruppe der jungen Gründer und Tech-Unternehmen erzeugen.

Interest (Interesse wecken)

- **Maßnahme**:
  - Eine spezielle Webseite wird eingerichtet, die detaillierte Informationen über Coworking Spaces, günstige Gewerbeflächen und Förderprogramme bietet.

    - Erfolgsgeschichten von bereits ansässigen Start-ups werden in kurzen Videos präsentiert.
- **Ziel**: Das Interesse der Zielgruppe an den spezifischen Vorteilen des Standorts steigern.

Desire (Wunsch auslösen)

- **Maßnahme**:
    - Ein exklusives „Start-up Willkommenspaket" wird beworben, das finanzielle Unterstützung, Networking-Events und einen persönlichen Ansprechpartner im Rathaus umfasst.
    - Fotos und Testimonials von zufriedenen Unternehmern zeigen die hohe Lebensqualität (z. B. Freizeitmöglichkeiten, Kultur, familienfreundliche Angebote).
- **Ziel**: Den Wunsch wecken, den Standort als attraktiven Lebensmittelpunkt und Unternehmensstandort zu wählen.

Action (Handlung auslösen)

- **Maßnahme**:
    - Einladung zu einem Start-up-Wochenende in der Stadt, bei dem Interessierte die Infrastruktur, lokale Partner und Fördermöglichkeiten kennenlernen können.
    - Vereinfachung des Anmeldeprozesses für Förderprogramme durch ein Online-Portal.
- **Ziel**: Start-ups dazu bewegen, den Standort aktiv zu prüfen und sich idealerweise anzusiedeln.

Fazit

Das AIDA-Modell ermöglicht eine klare und strukturierte Herangehensweise im Standortmarketing, um die Zielgruppe systematisch vom ersten Interesse bis zur konkreten Ansiedlung zu begleiten.

KI Ende

Ohne ein Roboter zu sein, könnte man als Mensch vielleicht meinen:

Fiktive Dialoge - ein paar Stunden Intensivcoaching

Denkanstöße

Wissensmanagement

Storytelling

Content

Inspiration

Diskurs

DecisionSupport

Gehirntraining - wenn es gut werden soll

Verstehen lernen

Vernetzt denken

Potenziale ausschöpfen

Komplexität reduzieren

Gestaltbar machen
Wissen transferieren
Proaktiv agieren

Executive Coaching
Denkstudio für strategisches Wissensmanagement
SMART - Ziele sollten SMART (spezifisch, messbar, erreichbar, relevant und zeitgebunden) sein.

Spätestens dann, wenn die erste Phase eines Informationsaustausches mit potentiellen Ansiedlern oder Investoren erfolgreich bestanden ist und intensivere Gespräche zwischen Vertretern und Interessenten des Standortes begonnen werden, müssen alle Beteiligten davon ausgehen, dass jetzt nicht mehr nur der eigene Standort auf dem Prüfstand steht. Im Hintergrund oder auch direkt gibt es mindestens zwei bis drei weitere Standorte, die in den anstehenden Entscheidungen eine Rolle spielen und bei potentiellen Ansiedlern und Investoren noch ein gewichtiges Wort mitsprechen können und wollen. In den meisten Fällen werden die hier konkurrierenden Standorte nicht nur im Geheimen operieren, d.h. man kann mit dem eigenen Standort sofort darangehen, bestehende Konkurrenzsituationen genau zu analysieren.

Auch in dieser Phase kommen erneut die Instrumente und Fähigkeiten zur Vermessung eines Standortes zum Zuge. Je besser und schneller man diese beherrschen und anwenden kann, je einfacher kann man diese auch auf die Vermessung von anderen, d.h. in diesem Fall konkurrierenden, Standorten übertragen. In Verhandlungen über genaue Vergleichsdaten zu den Konkurrenten verfügen zu können, gehört nicht nur zu einer guten Vorbereitung, sondern kann in komplizierten Entscheidungssituationen einen oft entscheidenden Zeit- und Informationsvorteil bedeuten.

Insbesondere die extern, d.h. damit auch allgemein verfügbaren Indikatoren sollten nicht nur vollständig zusammengestellt werden, sondern auch in Relation zu anderen Standorten, d.h. insbesondere in den Vergleich zu direkt konkurrierenden Standorten gesetzt werden. Wenn man dies versäumt, tun dies ohnehin andere. Und zwar ohne, dass man selbst vielleicht noch Interpretationen für Rückschlüsse anderer beitragen könnte. Ansiedlungs- und investitionsinteressierte Unternehmen oder Personen werden ohnehin ihre eigenen Standortvergleiche anstellen. Es verspricht keinen Gewinn hierbei, mit (vielleicht nicht ganz so günstigen) Standort-Indikatoren hinter dem Berg halten zu wollen.

Zu einem Kernelement für Standortvergleiche innerhalb von Deutschland werden beispielsweise immer stärker die Hebesätze für die kommunale Gewerbesteuer. Dienstleistungsstandorte sind tendenziell stärker als andere betroffen, weil Dienstleister wegen geringerer Sachinvestitionen im Normalfall im Hinblick auf mögliche Verlagerungen der Standorte beweglicher als Industrieunternehmen sind. Anzunehmen ist, dass eine Verlagerung des Standortes umso wahrscheinlicher wird, je größer im direkten Standortvergleich das Gefälle beim Hebesatz ist und je näher die Standorte dabei geographisch beieinander liegen. Ein günstiges Bild im Standort-Wettbewerb lässt sich eher durch offensive Präsentation und offene Gegenüberstellung aller verfügbaren Indikatoren erreichen. Umso mehr Spielraum verbleibt für die Vermessung, Interpretation und Präsentation „weicher“, nicht allseits verfügbarer Indikatoren.

Salve,
Nichts ist mehr so wie es war

wenn wir einmal die allgegenwärtige KI fragen würden……

Beschreibe eine Verknüpfungs-Matrix, die in unübersichtlichen Analysefeldern ermöglicht, sich systematisch mit den zwischen Standortfaktoren bestehenden Verbindungen auseinanderzusetzen, die Wirkungen hinsichtlich ihrer Stärke und Dauer genauer zu analysieren und in graphische Netzformen umzusetzen

Eine **Verknüpfungs-Matrix** ist ein analytisches Werkzeug, das komplexe Zusammenhänge und Wechselwirkungen zwischen verschiedenen Faktoren in einem System strukturiert darstellt. Sie ist besonders hilfreich in unübersichtlichen Analysefeldern, wie beispielsweise bei der Untersuchung von Standortfaktoren, da sie systematisch Verbindungen und Wirkungsbeziehungen identifiziert und visualisiert.

Aufbau einer Verknüpfungs-Matrix:

1. **Identifikation der Faktoren**:
   In der Matrix werden alle relevanten Standortfaktoren (z. B. Infrastruktur, Arbeitsmarkt, Lebensqualität, politische Stabilität) sowohl in den Zeilen als auch in den Spalten aufgelistet.
2. **Wechselwirkungen darstellen**:
   Jede Zelle der Matrix zeigt die Wechselwirkung zwischen dem Faktor in der Zeile und dem Faktor in der Spalte. Diese Wechselwirkungen können durch Zahlenwerte (z. B. Stärke der Beziehung) oder qualitative Beschreibungen (z. B. positiv/negativ, kurzfristig/langfristig) ausgedrückt werden.
3. **Bewertung der Wirkungsstärke**:
   Ein Bewertungssystem (z. B. von -3 bis +3) ermöglicht es, die Stärke und Richtung der Beziehung zu quantifizieren:
   - Positiv (+): Verstärkende Wirkung
   - Negativ (-): Hemmende Wirkung
   - Null (0): Keine oder vernachlässigbare Wechselwirkung
4. **Analyse der Wirkungsdauer**:
   Ein weiterer Parameter könnte die Zeitdimension berücksichtigen (z. B. kurzfristig, mittelfristig, langfristig), um die Dauer der Effekte zu erfassen.

Vorteile der Verknüpfungs-Matrix:

- **Strukturierte Übersicht**: Komplexe Zusammenhänge werden übersichtlich dargestellt.

- **Systematische Analyse**: Wechselwirkungen zwischen den Faktoren werden methodisch untersucht.
- **Graphische Netzwerke**: Die Beziehungen können in **Netzwerkdiagramme** überführt werden, die Knoten (Faktoren) und Kanten (Wechselwirkungen) visualisieren. Dadurch lassen sich besonders zentrale oder kritische Faktoren identifizieren.

Anwendung der Verknüpfungs-Matrix:

- **Standortanalyse**:
Unternehmen können sie nutzen, um die Attraktivität von Standorten zu bewerten und gezielte Maßnahmen zur Optimierung zu entwickeln.
- **Strategische Planung**:
Die Matrix unterstützt Entscheidungsträger bei der Identifikation von Synergien oder Konflikten zwischen Standortfaktoren, z. B. wie Investitionen in die Infrastruktur das Wirtschaftswachstum beeinflussen.
- **Szenario-Entwicklung**:
Durch die Simulation unterschiedlicher Szenarien lassen sich potenzielle Entwicklungen und ihre Auswirkungen besser abschätzen.

Insgesamt ermöglicht eine Verknüpfungs-Matrix eine fundierte Grundlage für strategische Entscheidungen in dynamischen und komplexen Umfeldern.

KI Ende

Ohne ein Roboter zu sein, könnte man als Mensch vielleicht meinen:

Fiktive Dialoge - ein paar Stunden Intensivcoaching

Denkanstöße

Wissensmanagement

Storytelling

Content

Inspiration

Diskurs

DecisionSupport

Gehirntraining - wenn es gut werden soll

Verstehen lernen

Vernetzt denken

Potenziale ausschöpfen

Komplexität reduzieren

Gestaltbar machen

Wissen transferieren

Proaktiv agieren

Executive Coaching

Denkstudio für strategisches Wissensmanagement

SMART - Ziele sollten SMART (spezifisch, messbar, erreichbar, relevant und zeitgebunden) sein.

Das Entscheidungsumfeld eines Standortes ist laufenden Veränderungen unterworfen: durch die Globalisierung erweiterte Wirtschaftsräume, durch das Internet neue Interaktions- und Veränderungsdynamiken. Kollektives Wissen und Kooperationsbeziehungen sind für die Standortwicklung wichtiger als materielle Ressourcen (Maschinen, Gebäude u.a.). Durch die multidimensionale Verflechtung zwischen Wirtschaft und Gesellschaft, gibt es immer weniger Ereignisse, die nicht in der einen oder anderen Form auch immer einen Standort (direkt oder indirekt) tangieren würden.

Keine Einzelperson verfügt über genug Wissen, um sämtliche Möglichkeiten einer solchen ungeheuren Komplexität noch sicher verstehen und kontrollieren zu können. Wer aber das umgebende Geschehen nicht mehr vollständig erfassen kann, muss Wissenslücken, Zielkonflikte und Kontrollverluste in Kauf nehmen. Auch die gültigen Rechnungslegungsvorschriften beruhen immer nur auf materiellen Vermögenswerten. Immaterielle Ressourcen sind (anders als klassische Kapitalarten und Bilanzaktiva) nicht monetär bewertbar.

Das Intellektuelle Kapital beruht auf dem Wissen und Können, der Kreativität und Kooperationsbereitschaft von Menschen (und ist daher personengebunden). Es gibt keine Besitzrechte an nicht bewertbaren, personengebundenen Ressourcen. Die traditionellen Planungsmethoden und Managementberichte müssen daher auf die neuen Anforderungen des Informations- und Wissenszeitalter hin angepasst und ausgerichtet werden. Hierfür muss ein barrierefreier Austausch erfolgsrelevanter Informationen über funktionale Grenzen hinweg sichergestellt werden. Voraussetzung ist eine genaue und detaillierte Analyse aller zugrunde liegenden Ursache-Wirkungs-Beziehungen. Es geht um die Fähigkeit, neues Wissen zu erkennen und zielführend verarbeiten zu können. Je komplexer sich dieses Umfeld darstellt, desto mehr brauchen Entscheidungsträger Horizonte und Handlungsspielräume (kurzfristig Orientierte können leicht Entwicklungen übersehen, die frühzeitige Weichenstellungen erfordern).

Salve,
Nichts ist mehr so wie es war

wenn wir einmal die allgegenwärtige KI fragen würden……

Beschreibe wie ein externer Berater einem Bürgermeister klärt, warum kollektives Wissen und Kooperationsbeziehungen für die Standortwicklung wichtiger sind als materielle Ressourcen (Maschinen, Gebäude u.a.). Und warum es durch die multidimensionale Verflechtung zwischen Wirtschaft und Gesellschaf immer weniger Ereignisse gibt, die nicht in der einen oder anderen Form auch immer einen Standort (direkt oder indirekt) tangieren würden.

Die zentrale Rolle von kollektivem Wissen und Kooperation:

a) Wissensbasierte Wirtschaft

- In einer modernen, dynamischen Wirtschaft ist **Wissen** die wichtigste Ressource. Ideen, Innovationen und technische Fortschritte entstehen durch den Austausch und die Vernetzung von Menschen, Institutionen und Unternehmen.
- Beispiel: Technologieführer wie Silicon Valley prosperieren nicht wegen ihrer Gebäude oder Maschinen, sondern wegen ihrer Konzentration an Talenten, Wissensflüssen und starken Kooperationsnetzwerken.

b) Kreativität und Innovation durch Zusammenarbeit

- **Kooperationsbeziehungen** fördern den Austausch von Ideen, Synergien und die gemeinsame Problemlösung. Das Zusammenwirken unterschiedlicher Akteure – Unternehmen, Forschungseinrichtungen, öffentliche Verwaltung – ist der Schlüssel, um neue Märkte zu erschließen und komplexe Herausforderungen zu bewältigen.
- Materielle Ressourcen hingegen haben begrenzte Potenziale: Eine Maschine kann Innovationen unterstützen, aber nicht selbst generieren.

c) Wettbewerbsfähigkeit durch Flexibilität und Anpassung

- Standorte, die sich durch starkes kollektives Wissen auszeichnen, sind anpassungsfähiger in Krisensituationen. Wissen ermöglicht schnellere Reaktionen auf Veränderungen, wie z. B. den Übergang zu klimaneutralen Technologien oder den Umgang mit globalen Lieferkettenproblemen.

Die multidimensionale Verflechtung von Wirtschaft und Gesellschaft:

a) Grenzen zwischen Sektoren verschwimmen

- Die Verflechtung von Wirtschaft und Gesellschaft nimmt zu, weil wirtschaftliche Entscheidungen immer auch soziale, kulturelle und ökologische Auswirkungen haben.
  Beispiel: Eine Schließung eines großen Unternehmens hat nicht nur ökonomische, sondern auch gesellschaftliche Folgen, wie Arbeitslosigkeit oder den Rückgang lokaler Dienstleistungen.

b) Globale Ereignisse beeinflussen lokale Standorte

- Durch die **Globalisierung und Digitalisierung** wirken sich Ereignisse, die scheinbar weit entfernt sind, direkt oder indirekt auf jeden Standort aus. Beispiele:
  - Eine Finanzkrise in einem anderen Land kann lokale Exportfirmen treffen.
  - Politische Instabilität oder Umweltkatastrophen beeinflussen globale Lieferketten und führen zu Engpässen vor Ort.

c) Standorte als integraler Teil von Netzwerken

- Kein Standort agiert isoliert. Erfolg entsteht durch die Fähigkeit, sich in globale Netzwerke einzubinden, Wissen zu importieren und Kooperationsbeziehungen zu pflegen. Eine Vernachlässigung dieser Netzwerke führt zur Standortschwächung, unabhängig davon, wie viele Maschinen oder Gebäude vorhanden sind.

Schlussfolgerung und Handlungsempfehlung:

a) Warum Wissen und Kooperation Vorrang haben sollten

- **Materielle Ressourcen** sind ersetzbar und haben eine begrenzte Lebensdauer, während kollektives Wissen und Netzwerke die Grundlage für nachhaltiges Wachstum und Resilienz bilden.
- Standorte, die auf Wissensaustausch und Kooperation setzen, ziehen Talente und Investitionen an, was die Basis für langfristige Wertschöpfung bildet.

b) Praktische Implikationen für die Standortentwicklung

- Investitionen sollten nicht nur in Infrastruktur fließen, sondern auch in Bildung, Forschung und die Schaffung von Plattformen für Kooperation (z. B. Cluster, Innovationszentren).
- Ein Bürgermeister kann Brückenbauer zwischen lokalen Akteuren werden, indem er den Dialog zwischen Unternehmen, Verwaltung und Gesellschaft fördert.

c) Die Zukunft im Blick

- Durch die multidimensionale Verflechtung von Wirtschaft und Gesellschaft wird die Fähigkeit, Wissen zu vernetzen und Kooperationen zu fördern, zunehmend der entscheidende Faktor für die Wettbewerbsfähigkeit eines Standorts.

Mit diesen Argumenten könnte der Berater dem Bürgermeister klar machen, warum der Schwerpunkt auf Wissen und Kooperation gelegt werden sollte, um den Standort zukunftsfähig zu machen.

KI Ende

Ohne ein Roboter zu sein, könnte man als Mensch vielleicht meinen:

Fiktive Dialoge - ein paar Stunden Intensivcoaching

Denkanstöße

Wissensmanagement

Storytelling

Content

Inspiration

Diskurs

DecisionSupport

Gehirntraining - wenn es gut werden soll

Verstehen lernen
Vernetzt denken
Potenziale ausschöpfen
Komplexität reduzieren
Gestaltbar machen
Wissen transferieren
Proaktiv agieren

Executive Coaching
Denkstudio für strategisches Wissensmanagement
SMART - Ziele sollten SMART (spezifisch, messbar, erreichbar, relevant und zeitgebunden) sein.

Wichtig für die Festlegung von Indikatoren: absolute oder relative Kennzahl, wird immer gleich berechnet, muss eindeutig definiert sein, kann auch mehreren Einflussfaktoren gleichzeitig zugeordnet werde, macht die Selbstbewertung auch für Außenstehende überprüfbar, ermöglicht die kontinuierliche Überwachung von Maßnahmen.

Es ist nicht immer möglich, für jeden Einflussfaktor auch einen passenden Indikator zu definieren: trotzdem sollte versucht werden, wichtige Faktoren messbar zu machen, d.h. es sollten alle Informationen genutzt werden, um neue Zahlen für die Messung aufzuspüren.

Wirkungsmethodik nach Stärke und Dauer: in den nächsten Jahren wird es zwischen Standorten zu weiteren Verschiebungen kommen, d.h. es wird dabei nicht nur Gewinner sondern auch Verlierer geben. Dabei wird zwischen den Kommunen der Wettbewerb um begehrte Gewerbesteuerzahler noch mehr zunehmen. Für die Standortwahl werden die ertragsunabhängigen Faktoren noch stärker als bisher ins Gewicht fallen. Ohne ein auf Standortfragen geeichtes Verfahren geraten die politisch und fachlich Verantwortlichen in Gefahr, ein so komplexes und vernetztes Gebilde wie einen Standort mit allen seinen Besonderheiten wie im Blindflug steuern zu müssen.

Dabei ist es meist recht selten so, als ob über dem Standort ein Schleier von alles verhüllenden Standortfaktoren und undurchsichtigen Erfolgsgeheimnissen läge. Vielmehr ist es allzu oft ein eher lückenhaftes Netz an nur unvollständig oder in ihrer Wirkungsbeziehung untereinander gänzlich unbekannten Faktoren und Prozesse. D.h. oft ist das eigentliche Standortgeschehen kaum für Schlüsselpersonen vor Ort und noch weniger für Außenstehende wie beispielsweise dringend benötigte Investoren durchschaubar, geschweige denn anhand einer auch quantitativ nachvollziehbaren Darstellung transparent nachvollziehbar. D.h. je nach einer der vielfältigen Standortfragen richtet man den Blick bzw. die Analyse immer nur auf einige hierzu herausgepickte Aspekte, lässt alles Andere außen vor oder überlässt es anderen Paralleluntersuchungen, -gutachten und -programmen.

Die Begründung und Rechtfertigung hierfür klingen immer gleich oder ähnlich: andere Vorgehensweisen sind zu kompliziert, nicht machbar, zu aufwendig, nicht praktikabel usw. Ein in der Sache weiterführender, innovativer methodischer Ansatz kann in einer umfassenden Standortbilanzierung bestehen. D.h., alle in Frage kommenden Standortfaktoren zu identifizieren, in eine Ordnung und Relation zu bringen und dann einem einheitlichen Bewertungsprozess sowie einem Messprozess mit jeweils darauf zugeschnittenen Indikatoren und Kennzahlen zuzuführen.

Salve,
Nichts ist mehr so wie es war

wenn wir einmal die allgegenwärtige KI fragen würden……

Erkläre, warum das eigentliche Standortgeschehen oft kaum für Schlüsselpersonen vor Ort und noch weniger für Außenstehende wie beispielsweise dringend benötigte Investoren durchschaubar ist, geschweige denn anhand einer auch quantitativ nachvollziehbaren Darstellung transparent nachvollziehbar ist.

Das Standortgeschehen, also die wirtschaftlichen, sozialen und infrastrukturellen Entwicklungen eines Ortes, ist oft schwer durchschaubar, weil verschiedene komplexe Faktoren ineinandergreifen und die notwendige Transparenz fehlt. Hier sind einige Hauptgründe, warum dies der Fall ist:

Mangelnde Datenverfügbarkeit und -qualität

- **Fehlende Daten**: Viele relevante Daten, wie etwa über Investitionen, Beschäftigungszahlen oder die Entwicklung der Infrastruktur, sind nicht zentral erfasst oder öffentlich zugänglich.
- **Unstrukturierte Informationen**: Daten sind oft verstreut, unvollständig oder liegen in Formaten vor, die schwer vergleichbar sind.
- **Verzögerte Aktualisierung**: Statistiken und Berichte hinken häufig hinter den tatsächlichen Entwicklungen hinterher.

Komplexität der Standortfaktoren

- **Vielzahl an Einflussfaktoren**: Das Standortgeschehen wird durch ökonomische, politische, soziale und ökologische Aspekte beeinflusst, die oft schwer in ihrer Gesamtheit zu überblicken sind.
- **Wechselwirkungen**: Die Faktoren interagieren miteinander, z. B. können politische Entscheidungen sowohl die wirtschaftliche Entwicklung als auch die soziale Struktur beeinflussen.

Intransparenz lokaler Entscheidungsprozesse

- **Mangelnde Kommunikation**: Informationen über lokale Projekte, Investitionen und Pläne werden oft nur begrenzt oder gar nicht kommuniziert.
- **Interessenkonflikte**: Schlüsselpersonen vor Ort könnten Entscheidungen aus Eigeninteresse oder politischem Kalkül treffen, was die Nachvollziehbarkeit erschwert.

Fehlende standardisierte Berichtsformate

- **Keine einheitliche Darstellung**: Es gibt selten einheitliche und standardisierte Methoden zur Darstellung des Standortgeschehens, die eine quantitative Analyse ermöglichen.
- **Unklare Kennzahlen**: Oft fehlen klare, allgemein anerkannte Indikatoren, die den Erfolg oder die Probleme eines Standorts messbar machen.

Geringe Beteiligung von Außenstehenden

- **Schwieriger Zugang für Investoren**: Investoren haben oft keinen direkten Zugang zu entscheidenden Informationen und können die tatsächlichen Potenziale oder Risiken eines Standorts nicht klar bewerten.
- **Unzureichende Einbindung der Öffentlichkeit**: Entscheidungen und Entwicklungen werden oft hinter verschlossenen Türen getroffen, ohne die Bevölkerung oder potenzielle Investoren einzubeziehen.

Fazit

Um das Standortgeschehen transparenter zu machen, wären eine bessere Datenerhebung, standardisierte Berichtssysteme und eine proaktive Kommunikation seitens der Schlüsselpersonen notwendig. Dies würde nicht nur die Nachvollziehbarkeit für Außenstehende wie Investoren verbessern, sondern auch das Vertrauen in die lokale Entwicklung stärken.

KI Ende

Ohne ein Roboter zu sein, könnte man als Mensch vielleicht meinen:

Fiktive Dialoge - ein paar Stunden Intensivcoaching

Denkanstöße

Wissensmanagement

Storytelling

Content

Inspiration

Diskurs

DecisionSupport

Gehirntraining - wenn es gut werden soll

Verstehen lernen

Vernetzt denken

Potenziale ausschöpfen

Komplexität reduzieren

Gestaltbar machen

Wissen transferieren

Proaktiv agieren

Executive Coaching

Denkstudio für strategisches Wissensmanagement

SMART - Ziele sollten SMART (spezifisch, messbar, erreichbar, relevant und zeitgebunden) sein.

Verknüpfung der Standortfaktoren: die Erstellung einer Verknüpfungs-Matrix gibt gleichzeitig einen Anlass, um sich systematisch mit den zwischen Standortfaktoren bestehenden Verbindungen auseinanderzusetzen, die Wirkungen hinsichtlich ihrer Stärke und Dauer einmal genauer zu analysieren und in graphische Netzformen zu übersetzen. Bereits Diskussionen hierüber können nützliche Hinweise für Entscheidungsgrundlagen generieren.

Standortfaktor- Wirkungsnetz: zwischen einzelnen Standortfaktoren bestehen vielfältige Wirkungsbeziehungen von unterschiedlicher Stärke und Dauer. In ihren Einzelheiten sind solche Verknüpfungen kaum bekannt. Für eine fundierte Diskussions- und Entscheidungsgrundlage fehlen übersichtliche und je nach Bedarf flexibel anpassbare Darstellungsformen. Die Standortbilanz schafft Abhilfe. Es bleibt ein zentrales Anliegen, für das gesamte Geschehen nie den übergeordneten Zusammenhang, d.h. die dynamischen Wirkungsbeziehungen innerhalb der Standortfaktoren, aus den Augen zu verlieren.

Es kommt darauf an zu erkennen, an welchen Stellen sich möglicherweise positive Hebeleffekte nutzen lassen. Im komplexen Geflecht eines Standortes wirken von Standortfaktor zu Standortfaktor zahlreiche Informationsaustauschbeziehungen mit mehr oder weniger starken Signalweiterleitungen. Diese Wirkungsbeziehungen zwischen den Faktoren eines Standortes sind nicht fest verdrahtet, denn ein Standort ist in ständiger Bewegung und Veränderung. Gleiches gilt für die vielfältigen Netzwerkbeziehungen eines Standortes mit der ihn umgebenden Umwelt.

Salve,
Nichts ist mehr so wie es war

wenn wir einmal die allgegenwärtige KI fragen würden……

Ohne ein spezifisch auf Standortfragen ausgerichtetes Verfahren laufen politisch und fachlich Verantwortliche, wie z. B. ein Bürgermeister, Gefahr, ein komplexes und vernetztes System wie einen Standort unzureichend zu verstehen und zu steuern. Dies kann schwerwiegende Folgen für die lokale Entwicklung, die Lebensqualität und die Wirtschaftskraft haben. Hier sind die wesentlichen Gründe:

Mangel an systematischer Entscheidungsgrundlage

- **Unvollständige Informationen**: Ohne ein standardisiertes Verfahren werden oft nur isolierte Daten oder oberflächliche Eindrücke berücksichtigt. Wichtige Zusammenhänge, etwa zwischen Wirtschaft, Infrastruktur, Bildung und sozialer Entwicklung, bleiben unentdeckt.

- **Fehlende Prioritäten**: Ein Standort hat begrenzte Ressourcen, und ohne klare Analysen werden Mittel oft ineffizient eingesetzt, was notwendige Projekte verzögert oder unwirtschaftliche Entscheidungen begünstigt.

Verzerrte Wahrnehmung und Fehleinschätzungen

- **Subjektive Einschätzungen**: In der Abwesenheit eines objektiven Verfahrens basiert die Entscheidungsfindung häufig auf persönlichen Wahrnehmungen oder politischen Präferenzen, anstatt auf fundierten Daten und Analysen.
- **Unterschätzung kritischer Probleme**: Strukturelle Schwächen, wie eine stagnierende Wirtschaft oder abnehmende Attraktivität für Fachkräfte, können unerkannt bleiben, bis es zu spät ist, effektiv gegenzusteuern.

Fehlende langfristige Perspektive

- **Kurzfristige Reaktionen statt strategischer Planung**: Ohne systematische Verfahren sind Bürgermeister und Entscheidungsträger oft gezwungen, nur auf aktuelle Herausforderungen zu reagieren, anstatt langfristige Ziele zu verfolgen.
- **Nachhaltigkeit bleibt auf der Strecke**: Die langfristige Sicherung der wirtschaftlichen und sozialen Attraktivität eines Standorts erfordert fundierte, vorausschauende Entscheidungen, die ohne belastbare Analysen kaum möglich sind.

Gefahr des Vertrauensverlusts

- **Kritik durch Intransparenz**: Unklare oder widersprüchliche Entscheidungen können das Vertrauen der Bevölkerung und potenzieller Investoren in die lokale Verwaltung untergraben.
- **Widerstand gegen Maßnahmen**: Ohne transparente Entscheidungsprozesse und nachvollziehbare Begründungen stoßen neue Projekte oder Investitionen häufig auf Skepsis und Widerstand.

Erhöhtes Risiko für Fehlentscheidungen

- **Blindes Navigieren durch Unsicherheit**: Ein Standort ist ein komplexes System mit vielen Akteuren, Interessen und Abhängigkeiten. Ohne ein geeignetes Verfahren wird die Steuerung dieses Systems zu einer gefährlichen Mischung aus Vermutungen und Improvisation.
- **Schwerwiegende Konsequenzen**: Fehlentscheidungen können dazu führen, dass wichtige Chancen nicht genutzt oder vorhandene Ressourcen falsch eingesetzt werden, was die Entwicklung des Standorts langfristig beeinträchtigen kann.

Fazit: Warum ein Bürgermeister handeln muss

Ein auf Standortfragen geeichtes Verfahren ist unverzichtbar, um die Komplexität und Vernetzung eines Standorts zu verstehen und zielgerichtet zu steuern. Es ermöglicht eine fundierte Analyse der Stärken, Schwächen, Chancen und Risiken sowie die Entwicklung klarer Strategien. Ohne ein solches Verfahren läuft der Bürgermeister Gefahr, den Standort nicht effektiv führen zu können, was wirtschaftliche Stagnation, soziale Probleme und einen Verlust an Wettbewerbsfähigkeit zur Folge haben kann.

KI Ende

Ohne ein Roboter zu sein, könnte man als Mensch vielleicht meinen:

Fiktive Dialoge - ein paar Stunden Intensivcoaching

Denkanstöße

Wissensmanagement

Storytelling

Content

Inspiration

Diskurs

DecisionSupport

Gehirntraining - wenn es gut werden soll

Verstehen lernen

Vernetzt denken

Potenziale ausschöpfen

Komplexität reduzieren

Gestaltbar machen

Wissen transferieren
Proaktiv agieren

Executive Coaching
Denkstudio für strategisches Wissensmanagement
SMART - Ziele sollten SMART (spezifisch, messbar, erreichbar, relevant und zeitgebunden) sein.

Jeder Standortfaktor kann jeweils mit allen anderen Faktoren nach aktivem Wirkungseinfluss, passivem Wirkungseinfluss sowie der Dauer, bis eine Änderung in der Faktorenbeziehung wirksam wird, verknüpft und analysiert werden. Es geht u.a. um folgende Fragen: mit welchen Standortfaktoren kommt es zu Wirkungsbeziehungen? wie stark sind jeweils solche Wirkungsbeziehungen? wie lange dauert es, bis die von einem Standortfaktor ausgehenden Wirkungen zu wirken beginnen?

zu Frage 1.: Werden zwischen Standortfaktoren Wirkungsbeziehungen festgestellt, so können diese graphisch mittels Pfeilen angezeigt werden. Dabei zeigt der eingezeichnete Pfeil von dem die Wirkung ausübenden Faktor mit seiner Spitze in Richtung auf denjenigen Faktor, auf den diese Beziehung einwirkt.

zu Frage 2.: wurden zwischen Faktoren Beziehungen festgestellt und mit Hilfe entsprechender Wirkungspfeile angezeigt, so stellt sich die Frage nach der Stärke der jeweiligen Wirkungsbeziehung: -3 = eher stark negative Wirkung, -2 = negative Wirkung, -1 = eher schwach negative Wirkung, 0 = keine Wirkung, +1= eher schwach positive Wirkung, +2= positive Wirkung, +3= eher stark positive Wirkung (in graphischen Wirkungsnetzen kann die Wirkungsstärke mit Hilfe der Pfeil-Dicke angezeigt werden: dünner Pfeil = schwache Wirkung (positiv oder negativ), dicker Pfeil = starke Wirkung (positiv oder negativ)).

zu Frage 3.: es soll zusätzlich erfasst werden, wie lange es dauert, bis die von einem Faktor ausgehende Beziehung bei dem hiervon betroffenen Gegenpart bemerkbar wird und sich die entsprechende Wirkung (schwach, mittel oder stark) zeigt.

Mit einem Instrumentarium von graphischen Wirkungsnetzen kann versucht werden, mehr Klarheit in das zeitweise nebulöse „Irgendwie" dieser gegenseitigen Abhängigkeiten und Korrelationen zu bringen. Neben aktiver und passiver Stärke der gegenseitigen Wirkungseinflüsse soll in Form der Wirkungsdauer-Analyse als zusätzliche Komponente der Faktor Zeit einbezogen werden.

Bei solchen Wirkungsnetzen geht es zunächst einmal um den Standort als Gesamteinheit. Einzelbereiche und -funktionen werden also nicht isoliert für sich, sondern nur aus ihrem Gesamtzusammenhang heraus betrachtet. Da keiner der Prozess-, Erfolgs-, Human-, Struktur- und Beziehungsfaktoren für sich eine Insel ist, stehen im Rahmen von Hebeleffekten die zwischen ihnen bestehenden Schnittstellen im Blickpunkt.

Zwischen Standortfaktoren gibt es eine Vielzahl von sich teilweise überlagernden dynamischen Wirkungsbeziehungen. Auf dieser Ebene kann man eines erreichen: nämlich Anregungen für notwendige Denk- und Entscheidungsprozesse. Solche übersichtlichen Wirkungsnetze erleichtern den Einstieg in Diskussionen und Abstimmungen und können somit als allgemein verstehbare Kommunikationsplattform für Beteiligte mit oft unterschiedlichen Interessenlagen und Informationsständen eingesetzt werden.

Salve,
Nichts ist mehr so wie es war

wenn wir einmal die allgegenwärtige KI fragen würden……

Schildere eine Diskussionsrunde, in der der Bürgermeister erklärt, dass es ihm darauf ankommt zu erkennen, an welchen Stellen des Standortes sich möglicherweise positive Hebeleffekte nutzen lassen. Weil in seinen Augen im komplexen Geflecht eines Standortes von Standortfaktor zu Standortfaktor zahlreiche Informationsaustauschbeziehungen mit mehr oder weniger starken Signalweiterleitungen wirken.

Szenario: Diskussionsrunde im Rathaus

Der Bürgermeister hat die Vertreterinnen und Vertreter der Wirtschaft, Kultur, Bildung, sowie engagierte Bürgerinnen und Bürger zur Diskussionsrunde eingeladen. Der große Sitzungssaal ist gefüllt, die Stimmung gespannt, aber aufgeschlossen.

Bürgermeister:
„Meine Damen und Herren, ein Standort ist kein starres Gebilde – er lebt, atmet und entwickelt sich durch die Dynamik seiner Akteure und Faktoren. Ob Wirtschaft, Bildung, Verkehr oder soziale Netzwerke – alles hängt zusammen, alles beeinflusst sich gegenseitig. In diesem komplexen Geflecht wirken Informationsaustauschbeziehungen, wie ich sie nenne. Signale werden weitergeleitet, verstärkt oder manchmal auch gedämpft. Es ist unsere Aufgabe, herauszufinden, wo wir diese Signalwege so optimieren können, dass sie positive Hebeleffekte erzeugen.

Beispiel gefällig? Nehmen wir den Ausbau des öffentlichen Nahverkehrs. Eine bessere Infrastruktur bedeutet nicht nur kürzere Wege zur Arbeit, sondern stärkt auch den Einzelhandel und macht unseren Standort für Unternehmen attraktiver. Oder denken Sie an Bildung: Eine starke Schule kann Talente fördern, die später als Fachkräfte hierbleiben und investieren.

Doch solche Hebeleffekte erkennen wir nur, wenn wir die Wechselwirkungen zwischen den Faktoren verstehen. Deshalb müssen wir gemeinsam analysieren: Wo fließen Informationen? Wo gibt es Blockaden? Und wo können wir gezielt ansetzen, um eine Kettenreaktion positiver Entwicklungen auszulösen?“

Vertreter der Wirtschaft:
„Das klingt gut, Herr Bürgermeister. Aber wie genau wollen Sie diese Hebelpunkte identifizieren? Braucht es da nicht eine fundierte Datenbasis?“

Bürgermeister:
„Genau, das ist der nächste Schritt. Wir werden eine Art Standort-Kontrollsystem entwickeln, das Daten aus allen relevanten Bereichen bündelt und visualisiert. So können wir erkennen, welche Maßnahmen die größten Auswirkungen haben könnten. Gemeinsam können wir dann gezielt investieren und den Standort nachhaltig stärken.“

Die Diskussion entwickelt sich weiter, erste Ideen werden eingebracht, und die Teilnehmenden spüren: Hier geht es nicht um bloße Worte, sondern um einen echten Plan zur positiven Veränderung.

KI Ende

Ohne ein Roboter zu sein, könnte man als Mensch vielleicht meinen:

Fiktive Dialoge - ein paar Stunden Intensivcoaching

Denkanstöße

Wissensmanagement

Storytelling

Content

Inspiration
Diskurs
DecisionSupport
Gehirntraining - wenn es gut werden soll
Verstehen lernen
Vernetzt denken
Potenziale ausschöpfen
Komplexität reduzieren
Gestaltbar machen
Wissen transferieren
Proaktiv agieren

Executive Coaching
Denkstudio für strategisches Wissensmanagement
SMART - Ziele sollten SMART (spezifisch, messbar, erreichbar, relevant und zeitgebunden) sein.

Der Bürgermeister als Startup-Leader für einen Standort, an dem in Zukunft vieles besser werden soll? Warum nicht!

Der Standort ist das Team, die Vision das Licht.
Doch Achtung, der Aufbruch klingt nach Raketenstart,
ist aber ein Marathon, zäh und hart.

Die ersten Schritte? Voller Energie,
Ideen sprudeln, Euphorie wie nie.

Doch schon bald kommen Hindernisse ins Spiel,
der Weg zum Erfolg wird steinig und viel.

Die Infrastruktur stockt, der Haushalt ist knapp,
Investoren zögern, es braucht den richtigen Schlag.
Wie ein Captain im All behältst du den Kurs,
trotz Turbulenzen und so manchem Frust.

Die Menschen? Deine Crew, ihr Herz schlägt hier,
gemeinsam arbeitet ihr für ein besseres Wir.
Du baust Netzwerke, knüpfst Fäden geschickt,
damit aus der Vision ein starkes Fundament erblickt.

Strategie ist der Treibstoff, Geduld der Motor,
Transparenz und Mut öffnen jedes Tor.
Nicht die schnelle Lösung zählt, sondern Beständigkeit,
der Standort wächst mit Zeit und Klarheit.

Also, Bürgermeister: Sei Visionär und Lenker,
Führe den Standort als Vorbild und Denker.
Denn der Raketenstart allein macht noch kein Ziel,
erst der Marathon bringt den langfristigen Gewinn ins Spiel.

Googles Algorithmen bestimmten heute, was relevant ist. Behörden sitzen auf einem Berg gigantischer Datenmengen. Heute bestimmen Algorithmen nicht nur die Rangfolge von Suchmaschinen-Ergebnissen, sondern dringen immer weiter auf alle Ebenen des Gemeinwesens bis in die politische Sphäre und den Bereich der Hoheitsrechte hinein vor. Parkautomaten erheben individuelle Parkgebühren nach Uhrzeit gesteuert. Geschwindigkeitsbegrenzungen werden je nach Wetterlage und Verkehrsdichte algorithmisch gesteuert. Bürger teilen als Teil eines Sensoren-Netzwerkes Schlaglöcher auf Straßen, Staus im Verkehrsfluss u.a. mit. Autobahnraser werden über GPS automatisch geortet und mit einer Geldbuße belegt. Überwachungskameras erfassen Daten zu Standorten verschiedener Einsatzfahrzeuge von Polizei, Müllabfuhr, Feuerwehr u.a. In Amerika würden menschliche Polizisten bereits durch automatisierte Systeme ersetzt (hoffentlich eher verstärkt), die über automatische Auswertungen riesiger Datenhalden und vernetzt mit allen möglichen sonstigen Datenbanken jedes vorbeikommende Gesicht oder Nummernschild erfassen, auswerten und darauf basierende Entscheidungen treffen könnten.

Man hofft und erwartet, dass eine datengesteuerte Verwaltung schnellere und bessere Entscheidungen treffen könnte. In der Digitalwelt soll möglichst viel (fast alles) allein von Software erledigt werden. Mit jedem Tag werden Milliarden solcher Datenhäppchen produziert, verbunden mit Fortschritten bei der Auswertung: gigantische Datenmengen lassen sich in Echtzeit durchforsten. Der Traum vom vorausschauenden Computer, der nicht nur die Vergangenheit, sondern auch die Zukunft kennt, für den mit seiner Intelligenz nichts mehr ungewiss wäre, scheint manchen möglich. Wenn er aber trotz immenser Technologien die Realität in Vorhersagemodellen trotzdem nur ungenügend abzubilden vermag, wird als Entschuldigung gleich mitgeliefert, dass man eben immer noch zu wenige Daten habe. Für manche Experten hat sich der politische Raum bereits in ein kybernetisches System mit einer Verwaltung als Automatismus verwandelt. Algorithmen entscheiden selbständig, an welchen Stellschrauben gedreht werden soll. D.h. solche Entscheidungen kommen nicht mehr als Ergebnisse von Beratungen oder demokratischer legitimierter Prozesse zustande.

Salve,
Nichts ist mehr so wie es war

wenn wir einmal die allgegenwärtige KI fragen würden……

Das Standortmanagement benötigt Verfahren. die ein hohes Maß an methodischer Unsicherheit beseitigen und bereits durch die Konzipierung und Systematisierung einen hohen Bedarf an Standards setzenden Initiativen erfüllen. Beschreibe Überlegungen eines Bürgermeisters, wie er hierbei Komplexität mit Komplexität verarbeiten könnte

Gedanken eines Bürgermeisters: Komplexität mit Komplexität begegnen

Der Bürgermeister sitzt in seinem Büro, umgeben von Unterlagen, Berichten und Statistiken. Ihm ist bewusst: Die Herausforderungen seines Standorts sind vielschichtig, und einfache Lösungen reichen nicht aus. Doch wie kann er die enorme Komplexität der Standortentwicklung effektiv angehen?

Analyse der bestehenden Dynamiken
„Zuerst müssen wir verstehen, wie unsere Standortfaktoren – von Wirtschaft und Bildung bis zur Infrastruktur – miteinander verknüpft sind. Dazu brauchen wir datenbasierte Modelle, die diese Verbindungen sichtbar machen. Je genauer wir die Wechselwirkungen kennen, desto besser können wir Hebelpunkte identifizieren.“

Einsatz moderner Tools und Methoden
„Digitale Tools wie Simulationssoftware oder KI-gestützte Analysen könnten helfen, Szenarien durchzuspielen und die Auswirkungen verschiedener Entscheidungen zu bewerten. Damit bringen wir Komplexität in eine systematische Ordnung, ohne sie zu vereinfachen.“

Systemisches Denken fördern
„Komplexität mit Komplexität verarbeiten heißt auch, verschiedene Perspektiven einzubeziehen. Wir müssen Experten aus verschiedenen Bereichen – von Stadtplanung bis Umweltmanagement – zusammenbringen, um interdisziplinär zu arbeiten. Ein Standort ist ein Netzwerk, und genauso sollten wir auch denken.“

Entwicklung flexibler Standards
„Ein statisches Regelwerk bringt uns nicht weiter. Stattdessen brauchen wir dynamische Standards, die sich an veränderte Rahmenbedingungen anpassen lassen. Zum Beispiel könnten wir ein modulares Standortmanagement-System entwickeln, das in verschiedenen Bereichen flexibel einsetzbar ist.“

Iterative Prozesse statt starrer Pläne
„Unsere Verfahren müssen so gestaltet sein, dass sie fortlaufend

überprüft und angepasst werden können. Ein Schritt nach dem anderen – lernen, anpassen, verbessern. So bleiben wir handlungsfähig, selbst wenn unvorhersehbare Herausforderungen auftreten."

Beteiligung und Transparenz
„Die Bürgerinnen und Bürger sind Teil dieser Komplexität. Durch offene Kommunikation und Partizipation schaffen wir nicht nur Akzeptanz, sondern gewinnen wertvolle Ideen und Impulse. Gemeinsam meistern wir auch die schwierigsten Herausforderungen."

Fazit
„Komplexität ist keine Bürde, sondern eine Chance. Indem wir systematisch, datenbasiert und flexibel vorgehen, können wir sie nicht nur bewältigen, sondern auch nutzen, um innovative und nachhaltige Lösungen zu entwickeln."

Mit dieser klaren Strategie im Kopf ist der Bürgermeister entschlossen, seinen Standort zukunftsfähig zu gestalten – Schritt für Schritt, im Dialog mit allen Beteiligten.

KI Ende

Ohne ein Roboter zu sein, könnte man als Mensch vielleicht meinen:

Wissensmanagement
Storytelling
Content
Inspiration
Diskurs
DecisionSupport
Gehirntraining - wenn es gut werden soll
Verstehen lernen
Vernetzt denken
Potenziale ausschöpfen
Komplexität reduzieren
Gestaltbar machen
Wissen transferieren
Proaktiv agieren

Executive Coaching
Denkstudio für strategisches Wissensmanagement
SMART - Ziele sollten SMART (spezifisch, messbar, erreichbar, relevant und zeitgebunden) sein.

Smart City? Und die anderen? Ohne einen solch´ schmucken Beinamen? Wie nennt man die?

Alle reden von der Smart City, modern und vernetzt,
doch was ist mit den anderen, wo man's nicht gleich schätzt?

Dörfer, Kleinstädte, Quartiere, die Namen oft schlicht,
doch auch dort pulsiert Leben, nur sieht man es nicht.

Nicht jede Stadt hat den Glanz und das Label,
doch jede hat Potenzial, das ist keine Fabel.
Die „Smart City" mag digital glänzen,
doch wahre Stärke liegt im Engagement der Menschen.

Die „Connected Village", das „lebendige Tal",
sie wachsen mit Herz, nicht nur durch das Portal.
Die „Green Town", die „Cultural Base",
jeder Standort spielt seine eigene Ace.

Brauchen wir Namen, um Wirkung zu zeigen?
Oder zählt, was wir schaffen, ohne uns zu verneigen?
Denn eine Stadt wird nicht smart nur durch Technik allein,
es sind Visionen, die leiten, und Köpfe, die es meinen.

Also, sei mutig, egal wie du heißt,
ob Großstadt, ob Dorf – dein Ziel, das bleibt.
Smart ist, wer Chancen erkennt und sie nutzt,
wer Wandel gestaltet und Gemeinschaft schützt.

Denn wahre Intelligenz, das zeigt uns die Zeit,
liegt in Vielfalt und Mut, in Gemeinschaft und Klarheit.
Ob mit oder ohne schicken Namen, das Ziel bleibt gewiss:
Zukunft gestalten, damit jeder Standort smart ist!

Algorithmen werden von wenigen (d.h. mehr oder weniger autoritär) festgelegt, d.h. in dieser Konsequenz wird ein Code zum

Gesetz. Aufgrund dieses Black-Box-Charakters von Algorithmen sehen manche Insider am Horizont bereits so etwas wie eine Algokratie heraufziehen. Danach würden mit Algorithmen, die sich nur schwer demokratisieren lassen, Normen durch die Hintertür implementiert. Wenn dem so wäre: Codes sind kein Äquivalent für Gesetze und sollten nicht darüber bestimmen dürfen, was für ein Gemeinwesen gut oder schlecht ist. Im Grunde genommen ist somit jedermann dazu aufgerufen, sich möglichst genau anzusehen und (wenn überhaupt möglich) darüber zu informieren, wie alle genau alle diese Systeme (vor allem auch im Zusammenspiel ihrer Einzelkomponenten) funktionieren.

Kennzahlen definieren: Bestimmung von Kennzahlen, die eine Steuerung der analysierten Prozesse ermöglichen, Bestimmung geeigneter Messmethoden für die entsprechenden Kennzahlen.

Analyse von Verknüpfungen: welche Kennzahlen beeinflussen sich gegenseitig (Ursache-Wirkungs-Netzwerke). Festlegung von Verantwortlichkeiten für Beobachtung und Steuerung der Kennzahlen. Die Analyse der Verknüpfungen der Kennzahlen ergibt ein erkenntnisreiches Kausalnetz von Früh- bis hin zu darauf aufbauenden Spätindikatoren. Aus dem Gesamtsystem sollte jederzeit ein aktueller Indikatoren-Bericht abgerufen werden können. Innerhalb der methodisch durchgängigen Systematik müssen Änderungen bei den Standortfaktoren über entsprechend angelegte Verknüpfungen auch bei den zugehören Indikatoren berücksichtigt werden (und umgekehrt).

Die Beurteilung von Indikatoren des Standortes kann insbesondere durch die Bildung von Zeitreihen unterstützt werden. Die Beobachtung der zeitlichen Indikatoren-Entwicklung liefert für Wirtschaftsförderer und Standortentscheider wertvolle Hinweise.

Checkliste*:* welche Kennzahlen sind zur Beschreibung einzelner Einflussfaktoren und ihre 3 Bewertungsdimensionen (Quantität, Qualität, Systematik) geeignet? Welche Kennzahlen wurden bereits genutzt? Welche Berechnungsvorschrift gilt? Wie werden Indikatoren erhoben, aus welchen Datenquellen stammen sie? Wie sind Indikatoren zu interpretieren (wann ist ein Wert gut, wann schlecht)? Welche Werte haben Indikatoren? Liegen bereits Zeitreihen vor?

Nichts ist mehr so wie es war

wenn wir einmal die allgegenwärtige KI fragen würden……

Beschreibe eine Diskussionsrunde, in der es darum geht, dass Algorithmen von wenigen (d.h. mehr oder weniger autoritär) festgelegt werden, das heißt in dieser Konsequenz wird ein Code zum Gesetz. Aufgrund dieses Black-Box-Charakters von Algorithmen sehen manche der Diskutanten am Horizont bereits so etwas wie eine Algokratie heraufziehen.

Diskussionsrunde: „Vom Code zum Gesetz – Die Gefahr der Algokratie“

Der Raum ist erfüllt von angeregten Stimmen, als die Diskussionsrunde beginnt. Die Teilnehmenden – darunter Wissenschaftler, Politiker, Unternehmer und Ethiker – sitzen an einem runden Tisch, auf dem Notizen, Laptops und leuchtende Wasserflaschen liegen. An den Wänden hängen Projektionen mit Diagrammen, die die wachsende Macht algorithmischer Systeme veranschaulichen.

Moderatorin: „Wir leben in einer Welt, in der Algorithmen zunehmend über unseren Alltag entscheiden. Ob in der Kreditvergabe, bei der Personalauswahl oder in der Strafjustiz – sie wirken oft wie eine unsichtbare Hand. Doch wer programmiert diese Systeme, und nach welchen Prinzipien? Werden Algorithmen zum neuen Gesetz?“

Diskutant 1 (Datenethiker): „Das Problem liegt im Black-Box-Charakter vieler Algorithmen. Nur eine Handvoll Entwickler versteht die genauen Mechanismen, und selbst sie können nicht immer die Ergebnisse vorhersagen. Hier entsteht ein Machtgefälle, das demokratische Strukturen untergräbt.“

Diskutantin 2 (KI-Forscherin): „Aber Algorithmen sind auch Werkzeuge. Sie sind so neutral wie die Hände, die sie programmieren. Wir sollten uns fragen: Wer kontrolliert diese Hände? Und welche Werte werden in den Code eingeschrieben?“

Diskutant 3 (Politiker): „Das ist genau der Punkt. Wenn wenige Konzerne oder staatliche Akteure die Kontrolle über diese Algorithmen haben, riskieren wir eine ‚Algokratie‘ – eine Herrschaft des Codes. Wir brauchen Transparenz und gesetzliche Regelungen, um solche Machtkonzentrationen zu verhindern."

Diskutantin 4 (Philosophin): „Doch wie regelt man etwas, das man selbst kaum versteht? Wenn der Code zum Gesetz wird, verliert der Mensch seine Souveränität. Wir stehen vor einer ethischen Herausforderung, die weit über technische Lösungen hinausgeht."

Publikumsfrage: „Was kann getan werden, um diese Entwicklungen zu steuern? Brauchen wir mehr Bildung oder stärkere staatliche Eingriffe?"

Diskutant 1: „Bildung ist essenziell, keine Frage. Aber ohne rechtliche Rahmenbedingungen riskieren wir eine Situation, in der Algorithmen de facto die Spielregeln des Zusammenlebens festlegen."

Die Debatte zieht sich in die Tiefe. Die Stimmen schwanken zwischen Sorge und Optimismus. Einigkeit besteht darin, dass die Gestaltung der Zukunft der Algorithmen nicht nur eine technische, sondern vor allem eine gesellschaftliche und politische Aufgabe ist.

KI Ende

Ohne ein Roboter zu sein, könnte man als Mensch vielleicht meinen:

Fiktive Dialoge - ein paar Stunden Intensivcoaching

Denkanstöße

Wissensmanagement

Storytelling

Content

Inspiration

Diskurs

DecisionSupport

Gehirntraining - wenn es gut werden soll

Verstehen lernen

Vernetzt denken

Potenziale ausschöpfen

Komplexität reduzieren

Gestaltbar machen

Wissen transferieren

Proaktiv agieren

Executive Coaching

Denkstudio für strategisches Wissensmanagement

SMART - Ziele sollten SMART (spezifisch, messbar, erreichbar, relevant und zeitgebunden) sein.

Das Potential-Bild eines Standortes macht deutlich, wie der Standort in seinem Inneren mit allen seinen mehr oder weniger versteckten Wirkungsbeziehungen funktioniert, gemeinsame Zielsetzungen können damit besser aufeinander abgestimmt werden. Das gewählte Verfahren könnte ein hohes Maß an methodischer Unsicherheit beseitigen und erfüllt bereits durch die Konzipierung und Systematisierung einen hohen Bedarf an Standard setzenden Initiativen.

Die Standortfaktoren können zusätzlich noch mit Indikatoren belegt werden, d.h. mit Kennzahlen beschrieben werden, um ihre Aussagekraft noch zu erhöhen. Anhand der Indikatoren können auch Externe nachvollziehen, nach welchen Kriterien die jeweiligen Standortfaktoren bewertet wurden. Mit Hilfe der Indikatoren bliebe die Bewertungsgrundlage über Jahre hinweg transparent und könnte mit aktuellen Auswertungen verglichen werden. Ein wichtiger Bereich unseres Lebens, der sich von außen nicht jedem und nicht auf den ersten Blick erschließen mag, wurde auch bis in seine inneren Verzweigungen hinein durchleuchtet.

So weit, so gut: Aus einer Top-Down-Betrachtung von der Standortebene aus betrachtet, gibt es damit weniger Entschuldigungen, aufgrund fehlender Informationen und Handlungsempfehlungen gegebenenfalls falsche Entscheidungen getroffen oder überhaupt notwendige Entscheidungen versäumt zu haben.

Blieben noch zwei weitere Blickrichtungen offen: wo liegen die Prioritäten mit den größten Hebeleffekten? welche Nebenwirkungen sind bei bestimmten Maßnahmen zu erwarten? Wie und nach welchen Kriterien sind einzelne Faktoren und Indikatoren aufzugliedern? Wie und mit welchen Mitteln können sie möglichst transparent dargestellt werden? Auf welcher Kommunikationsplattform könnte man gegebenenfalls anstehende Maßnahmen vorbereiten und allgemeinverständlich kommunizieren? Die Liste dieser Fragen ließe sich ohne Schwierigkeiten noch um Einiges fortführen und erweitern.

Wenn es um konkrete Umsetzungs- und Ausgestaltungsperspektiven vor Ort geht, können die Standortverantwortlichen immer nur aus einer ganzheitlichen Sicht heraus verantwortungsbewusste Entscheidungen treffen. Es muss also in erster Linie darauf geschaut werden, wie sich die an zahlreichen Stellen auffindbaren Indikatoren in das sie umgebende Netz der Standortfaktoren einfügt. Dieses noch im Rohbau befindliche Gedankengebäude sollte fortgeführt werden, indem die Instrumente für eine Standortbilanz an anderer Stelle auch genutzt werden, um sie gegebenenfalls von der lokalen Standort-Gesamtsteuerung ganz gezielt auf die Detail-Steuerung von Einzelbereichen eines bestimmten Standortes zu übertragen.

Nichts ist mehr so wie es war

wenn wir einmal die allgegenwärtige KI fragen würden……

Algorithmen bestimmten heute, was relevant ist. Behörden sitzen auf einem Berg gigantischer Datenmengen. Was soll man einem Bürgermeister raten, ob und wie er solche Daten für sich und seine Gemeinde nutzen kann?

Beratung für einen Bürgermeister: Daten sinnvoll und verantwortungsvoll nutzen

Analyse der Ausgangslage
Zunächst sollte der Bürgermeister verstehen, welche Daten in der Gemeinde verfügbar sind. Dazu gehören:

- Bevölkerungsstatistiken
- Verkehrsdaten
- Energieverbrauch
- Umweltdaten (z. B. Luftqualität, Wasserverbrauch)
- Soziale Daten (z. B. Bildungsstand, Arbeitslosigkeit)

Ein Überblick über die Datenquellen und ihre Qualität ist entscheidend, um fundierte Entscheidungen zu treffen.

Klare Ziele definieren
Daten sollten kein Selbstzweck sein. Der Bürgermeister sollte festlegen, welche Probleme gelöst oder welche Chancen genutzt werden sollen, z. B.:

- Verkehrsfluss optimieren
- Energieeffizienz steigern
- Bürgerdienste verbessern
- Sozialen Zusammenhalt fördern

Algorithmen verantwortungsvoll einsetzen
Es ist wichtig, Algorithmen gezielt und transparent einzusetzen. Beispiele könnten sein:

- Verkehrslenkungsalgorithmen zur Reduzierung von Staus.
- KI-gestützte Analyse sozialer Daten, um gezielte Förderprogramme zu entwickeln.
- Vorhersagemodelle für den Energiebedarf, um nachhaltiger zu planen.

Datenschutz und Ethik beachten
Der Umgang mit Daten muss stets im Einklang mit den Datenschutzgesetzen stehen (z. B. DSGVO). Darüber hinaus sollte der Bürgermeister ethische Grundsätze berücksichtigen:

- Keine Diskriminierung durch algorithmische Entscheidungen.
- Transparente Kommunikation darüber, wie und warum Daten genutzt werden.

Bürgerbeteiligung fördern
Datenprojekte sollten nicht über die Köpfe der Bürger hinweg entschieden werden. Bürgerforen oder Online-Plattformen könnten genutzt werden, um Feedback einzuholen und die Akzeptanz zu fördern.

Partnerschaften aufbauen
Der Bürgermeister könnte Kooperationen mit Universitäten, Start-ups oder Technologieunternehmen eingehen,

um von deren Expertise zu profitieren. Auch interkommunale Zusammenarbeit kann sinnvoll sein.

Schulung der Mitarbeiter
Um Daten effektiv nutzen zu können, sollten Mitarbeiter in der Verwaltung entsprechend geschult werden. Ein Datenkompetenzzentrum auf kommunaler Ebene könnte langfristig hilfreich sein.

Erfolge sichtbar machen
Um die Akzeptanz in der Bevölkerung zu fördern, sollten Erfolge und positive Auswirkungen datenbasierter Projekte regelmäßig kommuniziert werden – sei es durch Bürgerbriefe, soziale Medien oder Veranstaltungen.

Mit einem klaren Plan, ethischen Prinzipien und transparenter Kommunikation kann der Bürgermeister Daten sinnvoll nutzen, um die Lebensqualität in der Gemeinde zu verbessern und die Verwaltung moderner zu gestalten.

KI Ende

Ohne ein Roboter zu sein, könnte man als Mensch vielleicht meinen:

Fiktive Dialoge - ein paar Stunden Intensivcoaching

Denkanstöße

Wissensmanagement

Storytelling
Content
Inspiration
Diskurs
DecisionSupport
Gehirntraining - wenn es gut werden soll
Verstehen lernen
Vernetzt denken
Potenziale ausschöpfen
Komplexität reduzieren
Gestaltbar machen
Wissen transferieren
Proaktiv agieren

Executive Coaching
Denkstudio für strategisches Wissensmanagement
SMART - Ziele sollten SMART (spezifisch, messbar, erreichbar, relevant und zeitgebunden) sein.

Mit einer Standortanalyse geht es darum, ein möglichst vollständiges Karten- und Messbild mit allen verfügbaren Sensoren der Indikator-Landschaft eines Standortes zusammenzusetzen. Die Flughöhe würde von der Bundesebene aus stufenweise abgesenkt, um quasi zum Tiefflug übergehend bis hin zu Indikatoren auf der untersten Standortebene zu gelangen.

Indikatoren auf Bundesebene: Attraktivität Deutschlands als Investitionsstandort, die attraktivsten Standorte weltweit, die wichtigsten Kriterien bei der Standortwahl, Standortpolitik im Urteil der Investoren, Entwicklungsprognose Standort Deutschland, bevorzugte Regionen in Deutschland, Lebensqualität-Index, Economic- Freedom Index, wissensintensive Dienstleistungen, Bruttoinlandprodukt pro Einwohner, Anzahl Insolvenzen, Entwicklung KfW-Ifo- Mittelstandbarometer, Qualität der Gesundheitsversorgung, Medizinklimaindex, Gesundheitsdaten beim Statistischen Bundesamt, behandelnd tätige Zahnärzte je 100.000 Einwohner, Apotheken je 100.000 Einwohner, Global Entrepreneurship-Index, Arbeitslosenquoten, Erwerbstätigkeit und sozialversicherungspflichtige Beschäftigung, gemeldete Arbeitsstellen, Laboratory Demographic Change, Altersstruktur Bevölkerung nach Standort, Bevölkerungswachstum nach Standort, RDX-Index: Demografische Veränderung nach Standort, Durchschnittsalter Bevölkerung nach Standort, Bevölkerungsdichte nach Standort, Labor Supply Location Risk, Arbeitsproduktivität Location Risk, Human Capital Location Risk, Ifo-Geschäftsklimaindex, GfK-Konsumklimaindex, ZEW-Konjunkturerwartungen, Arbeitsmarktflexibilität, Erfolgsindex, Aktivitätsindex, Armutsquote, Bildungsquote, Ausgaben je Schüler, beruflicher Bildungsabschluss, Bildungsausgabenquote, soziale Lage, subjektiver Wohlstand, Familienstand, Partnerschaft, Haushaltsgröße nach Altersgruppen, demografische Haushaltsgröße, Ausländeranteil, Zufriedenheit mit ausgewählten Lebensaspekten, Gesamtmobilität, vertikale-horizontale

Mobilität, Auf-/ Abstiegsraten, Verbrechen und Vergehen nach Deliktgruppen, polizeilich registrierte Straftaten, Straftaten und Aufklärungsquote, Kriminalitätsangst, Einbruchsopfer, Überfallopfer, Zufriedenheit mit lokaler Polizeiarbeit, Verkehrsflughäfen, Erreichbarkeit über Autobahn, Erreichbarkeit per Bahn, Erreichbarkeit Flughafen, Erreichbarkeit IC/ICE-Bahnhof, PKW-Erreichbarkeit Agglomerationszentren, IKT-Monitor.

Indikatoren im Umfeld des Bundeslandes: Bundesländerranking, Anzahl Straftaten je 100.000 Einwohner, Entwicklung Arbeitnehmerentgelte, Schuldenquote, Entwicklung Arbeitsmärkte, Patentintensität, Investitionsquote öffentlicher Haushalte, Steuerkraft je Einwohner, verfügbare Einkommen je Einwohner, Hochqualifiziertenquote, Armutsquote, Quote Privatschüler, Flugzeugbewegungen, ausländische Direktinvestitionen, Kaufkraftindex, Bildungsmonitor, Bildungssysteme Rangliste, Bildung – Internationalisierung, Bildung – Schulqualität, Bildung – Integration, Bildung – Arbeitsmarktorientierung, Bildung – MINT-Förderung, Bildung – Forschungsorientierung, welches Land hat Bildung verbessert, Dynamikranking nach Inputeffizienz, Dynamikranking nach Zeiteffizienz, Dynamikranking nach Schulqualität, Dynamikranking nach Arbeitsmarktorientierung, Dynamikranking nach Akademisierung, Dynamikranking nach MINT-Förderung, Dynamikranking nach Forschungsorientierung.

Indikatoren im Umfeld des spezifischen Standortes: Altersgruppenstruktur, Einzelhandelsumsatz je Einwohner, Arbeitslosenquoten, Beschäftigungsquote, Entwicklung der Beschäftigung, Anteil der Jüngeren an den Arbeitslosen, Krankenhausbetten, Armutsquoten, IHK Familien- und Demographieatla, Teilzeitquote, Frauenbeschäftigtenquote, Kinder von 0-15 Jahren in Kindertagesstätten, Kita-Plätze für unter 3-Jährige, Tagespflegplätze für unter 3-Jährige, Versorgungsquote für unter 3-Jährige, Bevölkerungswachstum Gemeinden, Jugend- und Altersanteil, Wanderungssaldo von Familien und Senioren, Verschuldung pro Kopf, Jugendarbeitslosenquote und SGB II-Empfänger, Unternehmensinsolvenzverfahren, Gewerbeanzeigen, unbeschränkt Lohn- und Einkommensteuerpflichtige, Finanzen der Gemeinden, PVI- Privatverschuldungsindex, PVI-Risikobereich grün, PVI-Risikobereich gelb, PVI-Risikobereich orange, PVI-Risikobereich rot, PVI-Verschuldung zu-/abnehmend, Demografie-Index, Kriminalität-Index, Lebensbedingungen am Wohnort, Einwohnerdichte, Städtebauförderung, Zufriedenheit mit Wohnort Stadt, Zufriedenheit mit Umweltbedingungen im Wohngebiet, Immobilienwirtschaft- Indikatoren, Immobilienuhr, regionale Standort- Marktattraktivität, Preise für baureifes Land, Neubau 1- und 2-Familienhäuser, Neubau Mehrfamilienhäuser, Eigentümerquote, Wohnungsbestandsentwicklung, Prognose Wohnungs-Leerstandrisiko, Miete bei Neu-/Wiedervermietung, Preise für Standardhäuser, Hauspreis- Einkommensrelation.

Nichts ist mehr so wie es war

wenn wir einmal die allgegenwärtige KI fragen würden……

Man hofft und erwartet, dass eine datengesteuerte Verwaltung schnellere und bessere Entscheidungen treffen könnte. In der Digitalwelt soll möglichst viel (fast alles) allein von Software erledigt werden. Wie kann ein Bürgermeister feststellen, wo im Rathaus die größten Schwachstellen der Digitalisierung sind?

Schritte zur Identifizierung der größten Schwachstellen der Digitalisierung im Rathaus

Digitalisierungs-Check durchführen
Der Bürgermeister sollte eine umfassende Analyse der aktuellen digitalen Infrastruktur und Arbeitsprozesse in der Verwaltung beauftragen. Dies könnte beinhalten:

- Überprüfung der genutzten Software und IT-Systeme
- Bewertung des Digitalisierungsgrades einzelner Abteilungen
- Identifikation von Medienbrüchen (z. B. Papierprozesse neben digitalen Systemen)

Mitarbeiterbefragung
Die Mitarbeiter sind die besten Quellen, um Schwachstellen zu erkennen. Eine anonyme Umfrage könnte klären:

- Welche Arbeitsprozesse ineffizient oder veraltet sind
- Wo technische Unterstützung fehlt
- Welche Systeme als kompliziert oder unzuverlässig empfunden werden

Bürgerfeedback einholen
Durch eine Bürgerbefragung kann der Bürgermeister herausfinden, wo die digitale Interaktion mit der Verwaltung verbessert werden muss, z. B.:

- Wie benutzerfreundlich sind Online-Formulare?
- Sind Wartezeiten bei Anfragen zu lang?
- Gibt es Dienste, die die Bürger komplett digital abwickeln möchten?

Benchmarking mit anderen Kommunen
Der Vergleich mit ähnlich großen oder innovativen Gemeinden kann Schwachstellen aufdecken. Dabei können Fragen wie diese geklärt werden:

- Welche digitalen Lösungen setzen andere Kommunen ein?
- Wie effizient sind deren Prozesse im Vergleich?

IT-Sicherheitsaudit
Schwachstellen in der IT-Sicherheit könnten die gesamte Digitalisierung gefährden. Ein externes Sicherheitsaudit kann helfen, Lücken in der Infrastruktur zu finden und zu beheben.

Prozessmapping
Alle Verwaltungsprozesse sollten visuell dargestellt werden, um Engpässe, redundante Arbeitsschritte und ineffiziente Abläufe zu identifizieren. Dies zeigt auf, wo Digitalisierung Prozesse vereinfachen könnte.

Technische Ausstattung prüfen
Veraltete Hardware, mangelnde Netzwerkinfrastruktur oder fehlende mobile Arbeitsmöglichkeiten könnten Schwachstellen sein. Eine Bestandsaufnahme der technischen Ausstattung ist essenziell.

Externe Beratung hinzuziehen
Ein externer Digitalisierungsberater kann die Prozesse und Systeme des Rathauses objektiv bewerten und gezielt Vorschläge zur Optimierung machen.

Pilotprojekte analysieren
Falls bereits digitale Lösungen implementiert wurden, sollten deren Erfolg und Akzeptanz evaluiert werden. Wurden sie von Mitarbeitern und Bürgern gut angenommen? Wo gab es Schwierigkeiten?

Priorisierung der Maßnahmen
Nach der Schwachstellenanalyse sollten die identifizierten Probleme nach Dringlichkeit und Wirkung priorisiert werden, um eine gezielte und schrittweise Optimierung einzuleiten.

Durch diesen systematischen Ansatz kann der Bürgermeister nicht nur Schwachstellen aufdecken, sondern auch eine klare

Digitalisierungsstrategie entwickeln, die sowohl die Effizienz der Verwaltung als auch die Zufriedenheit der Bürger steigert.

KI Ende

Ohne ein Roboter zu sein, könnte man als Mensch vielleicht meinen:

Fiktive Dialoge - ein paar Stunden Intensivcoaching

Denkanstöße

Wissensmanagement

Storytelling

Content

Inspiration

Diskurs

DecisionSupport

Gehirntraining - wenn es gut werden soll

Verstehen lernen

Vernetzt denken

Potenziale ausschöpfen

Komplexität reduzieren

Gestaltbar machen

Wissen transferieren

Proaktiv agieren

Executive Coaching
Denkstudio für strategisches Wissensmanagement

SMART - Ziele sollten SMART (spezifisch, messbar, erreichbar, relevant und zeitgebunden) sein.

So wie damals die Dampfmaschine das Ausüben von Arbeitskraft verstärkt hat, so erweitert heute der Computer die Möglichkeiten, Wissen aufzufinden. Das Starten einer digitalen Suchmaschine zur Erschließung von Wissen im Internet geht schneller und leichter als die Befragung eines Experten. Die Welt wird quasi am Bildschirm lesbar, das Wirkliche zum Bestand gemacht.

Die Automatisierung von Expertenwissen bringt in einer informationsüberfluteten Gesellschaft Vorteile. Aber so wenig, wie Menschen vollständig von Dampfmaschinen abgelöst wurden, so wenig wird man auch trotz Internet auf Experten verzichten können. Aber weil jeder Wissen googeln kann, bleibt nicht alles so wie es ist. Auch Experten, Journalisten, Ärzte, Lehrer oder eben auch Standortakteure stehen mitten im Wandel der Digitalisierung. Die Autorität von Experten basiert jetzt weniger auf dem Umstand, mehr zu wissen. Als vielmehr darauf, den strukturellen Überblick zu besitzen, um neues Wissen angemessen und sachgerecht bewerten und einordnen zu können.

Denn Suchmaschinen automatisieren das Finden von Wissen, nicht aber seine Produktion. Die Entwicklung aber steht nicht still: digitalisierte Wissensmaschinen können aus Daten vollautomatisch neues Wissen errechnen, Algorithmen können Suchtexte zu Fließtexten verarbeiten, anstelle von Menschen schreiben Rechner. Nicht alles Wissen dieser Welt wird nur von Menschen gedacht und aufgeschrieben, sondern aus verschiedenen Datensätzen neu zusammengefügt und errechnet werden. Die gute Seite daran: die Vernetzung von Datensätzen, bisher eine dem Menschen vorbehaltene Tätigkeit, kann ausgelagert werden, das Gehirn entlasten. Um Freiraum für Neues, Kreatives zu ermöglichen.

***Wirkungsbeziehungen**:* mit Hilfe eines Wirkungsnetzes können die Wirkungszusammenhänge der Einflussfaktoren dargestellt werden: wechselseitige Abhängigkeiten können über die netzförmige Darstellung identifiziert werden. Sich gegenseitig verstärkende Einflussfaktoren können computergestützt über Generatoren dargestellt werden. Ein Generator beschreibt einen Regelkreis im Wirkungsnetz. Er besteht aus 2 oder mehr Einflussfaktoren, die sich durch Rückkoppelung gegenseitig verstärken. Maßnahmen in diesen Einflussfaktoren sind besonders wirkungsvoll. Man erhält damit Anhaltspunkte, was die einzelnen Faktoren für die angestrebten Veränderungen bedeuten und wie über die Wirkungszusammenhänge der Standortfaktoren der Erfolg beeinflusst werden kann. Es wird der Wirkungszusammenhang zwischen zwei unterschiedlichen Einflussfaktoren betrachtet, also der Einfluss eines Faktors auf einen anderen (paarweise). Statt positiver müssen zusätzlich auch negative Wirkungen untersucht werden, d.h. Verschlechterungen innerhalb der Standortressourcen: was kann unter den gegebenen Umständen mit dem jeweiligen Einflussfaktor im negativen Fall passieren? *Ergebnis*: es werden zusätzliche Erkenntnisse über interne Standort-Risiken erlangt.

Nicht allein intellektuell kann man die Welt begreifen – als Mensch und nicht zuletzt als homo politicus

Die Welt erschließt sich nicht allein dem Kopf,
sie fordert das Herz, die Hände, den ganzen Menschen.
Denn wer nur denkt,
ohne zu fühlen oder zu handeln,
sieht nur die Hälfte des Bildes.

Der Mensch ist mehr als Verstand,
er ist Wesen aus Emotion,
aus Geist und aus Gemeinschaft geformt.
Er ist homo politicus,
Mitgestalter des Lebensraums,
Verantwortlicher für das Miteinander.

Verstehen heißt auch empfinden,
die Welt mit all ihren Facetten berühren.
Es braucht den Blick nach innen und außen,
das Gespür für das Unsichtbare,
die Kraft, Position zu beziehen.

Nicht die reine Logik,
sondern das Zusammenspiel
von Vernunft, Gefühl und Handlung
macht uns zu Gestaltern der Zukunft.

Als homo politicus tragen wir Verantwortung,
nicht nur für uns,
sondern für die Gemeinschaft,
für die Balance von Denken und Tun.

Nur wer die Welt mit Kopf, Herz und Hand begreift,
kann sie wirklich verändern.

Nichts ist mehr so wie es war

wenn wir einmal die allgegenwärtige KI fragen würden……

Beschreibe, so wie damals die Dampfmaschine das Ausüben von Arbeitskraft verstärkt hat, so erweitert heute der Computer die Möglichkeiten, Wissen aufzufinden:

Von der Dampfmaschine zum Computer: Eine neue Dimension der Erweiterung

Wie die Dampfmaschine einst die Muskelkraft des Menschen revolutionierte, so transformiert der Computer heute die geistige Arbeit. Die Dampfmaschine machte es möglich, Energie effizienter zu nutzen, große Maschinen anzutreiben und damit Produktionsprozesse zu beschleunigen. Sie war der Motor der industriellen Revolution, der die physische Leistungsfähigkeit des Menschen potenzierte und eine Ära des Fortschritts einleitete.

Der Computer hingegen ist der Katalysator der digitalen Revolution. Er erweitert nicht die physische, sondern die kognitive Reichweite des Menschen. Wo früher Wissen mühsam in Bibliotheken gesucht oder durch Erfahrung erworben werden musste, ermöglicht der Computer einen direkten Zugang zu nahezu unbegrenzten Informationsquellen.

Dampfmaschine: Verstärkung der Arbeitskraft

- Überwindung physischer Grenzen
- Ermöglichung neuer Industrien wie Textil, Eisenbahn und Bergbau
- Ersetzung von Handarbeit durch maschinelle Präzision

Computer: Erweiterung des Wissenszugangs

- Sofortiger Zugriff auf weltweites Wissen durch das Internet
- Automatisierte Datenanalyse, die Muster erkennt und Vorhersagen trifft
- Unterstützung bei Entscheidungsprozessen durch Algorithmen und Künstliche Intelligenz

Beide Technologien sind Werkzeuge, die den Menschen entlasten und seine Fähigkeiten potenzieren. Die Dampfmaschine befreite ihn von harter körperlicher Arbeit, der Computer befreit ihn von der Begrenzung des menschlichen Gedächtnisses und der Informationsverarbeitung.

Doch wie bei der Dampfmaschine gibt es auch beim Computer Herausforderungen: Während die industrielle Revolution soziale Ungleichheiten und Umweltprobleme mit sich brachte, wirft die digitale Revolution Fragen nach Datenschutz, ethischem Einsatz von KI und digitaler Abhängigkeit auf.

Letztlich bleibt die zentrale Frage, wie der Mensch diese Werkzeuge nutzt – als Befreiung oder als neue Form der Abhängigkeit. Doch eines ist klar: Der Computer hat das Wissen demokratisiert und eröffnet Möglichkeiten, die zuvor undenkbar waren, ganz so, wie die Dampfmaschine einst die physische Welt veränderte.

Bildung Wissen – Kunst hilft zu begreifen, das Holz alles andere als braun ist, und dass Fenster mitnichten stets himmelblau daher leuchten.

Bildung ist mehr als Wissen,
mehr als Zahlen und Fakten.
Sie öffnet Türen,
macht den Blick frei für das Wesentliche,
für das, was hinter der Oberfläche liegt.

Die Kunst zeigt uns,
dass Holz in tausend Farben schimmert,
dass Braun nur ein Name
für unzählige Nuancen ist.
Sie lehrt uns,

dass Fenster nicht bloß blau leuchten,
sondern im Licht des Augenblicks tanzen.

Kunst bricht die starren Muster,
erweitert die Wahrnehmung,
macht das Unsichtbare sichtbar.
Sie lässt uns begreifen,
dass die Welt kein starres Bild,
sondern ein lebendiges Gefüge ist.

Bildung im Einklang mit Kunst
schärft unsere Sinne,
öffnet Herz und Verstand zugleich.
Denn nur wer hinter die Kulissen sieht,
lernt wirklich zu verstehen:
Die Welt ist voller Farben,
voller Tiefe und Widerspruch –
ein unendliches Spiel des Begreifens.

KI Ende

Ohne ein Roboter zu sein, könnte man als Mensch vielleicht meinen:

Fiktive Dialoge - ein paar Stunden Intensivcoaching

Denkanstöße

Wissensmanagement

Storytelling

Content
Inspiration
Diskurs
DecisionSupport
Gehirntraining - wenn es gut werden soll
Verstehen lernen
Vernetzt denken
Potenziale ausschöpfen
Komplexität reduzieren
Gestaltbar machen
Wissen transferieren
Proaktiv agieren

Executive Coaching
Denkstudio für strategisches Wissensmanagement
SMART - Ziele sollten SMART (spezifisch, messbar, erreichbar, relevant und zeitgebunden) sein.

Collaborative Geschäftsprozesse im Wandel:
eine Voraussetzung für die Bewältigung des Wandels durch Globalisierung ist für Unternehmen die Reorganisation der Supply Chain, d.h. die Reorganisation des gesamten Material-, Informations- und Zahlungsflusses entlang der Wertschöpfungskette: vom Lieferanten bis hin zum Kunden. Die größten

Markterfolge haben Unternehmen, die alle Wertschöpfungsstufen regelmäßig überwachen und messen können.

Auf den zunehmend internationalen Märkten treten Virtual Corporations stärker in Erscheinung. Virtual Corporations entstehen, wenn sich große Unternehmen in kleinere autonome Unternehmenseinheiten aufspalten und auf dem Markt als Wettbewerber auftreten, da sie durch ihre Autonomie effizienter agieren. Um den Kunden jedoch ein herausragendes Servicepaket zu bieten, verknüpfen sich diese autonomen Unternehmenseinheiten für bestimmte Märkte oder Kunden und treten als Virtual Corporation auf. Oder mehrere Partner verbinden sich ziel- und projektorientiert, um gemeinsam Produkte und Services zu entwickeln, beispielsweise: kleine, selbständige Geschäftseinheiten bauen auf wenigen Kernkompetenzen auf. Die übrigen Geschäftsfunktionen werden entweder in selbständige Einheiten ausgelagert oder von spezialisierten Unternehmen bezogen (z.B. Logistik). Die verbleibenden Geschäftseinheiten werden überschaubarer und können neue Marktchancen schneller aufgreifen. Und: vernetzte Unternehmen kombinieren die Beweglichkeit und Effizienz von Kleinbetrieben mit den Synergien (economies of scale) großer Unternehmen.

Große Teile der bisher rein innerbetrieblichen Kommunikation werden im Sinne der „Extended Company“ auf Kunden und Lieferanten angewendet. Die elektronische Kommunikation erlaubt die Verselbständigung von Unternehmenseinheiten, ohne die Integration der Prozesse aufgeben zu müssen. Die Orientierung erfolgt grundsätzlich am Business und nicht an den Legal Entities oder der Business Function.

Salve,
Nichts ist mehr so wie es war

wenn wir einmal die allgegenwärtige KI fragen würden……

Warum das Potential-Bild eines Standortes deutlich macht, wie der Standort in seinem Inneren mit allen seinen mehr oder weniger versteckten Wirkungsbeziehungen funktioniert und wie gemeinsame Zielsetzungen damit besser aufeinander abgestimmt werden können.

Ein **Potential-Bild eines Standortes** dient als eine Art visuelle und systemische Landkarte, die die inneren Strukturen, Beziehungen und Wirkungszusammenhänge eines Standorts aufzeigt. Es hat das Ziel, die Dynamik und die Kräfte sichtbar zu machen, die den Standort prägen und beeinflussen. Dieses Bild kann helfen, die Komplexität zu reduzieren und einen klaren Überblick über die inneren Mechanismen zu geben.

Funktionsweise des Potential-Bildes

1. **Erfassung der Wirkungsbeziehungen**:
   Alle relevanten Faktoren, die den Standort beeinflussen, werden identifiziert. Dazu gehören:

- Wirtschaftliche Akteure (z. B. Unternehmen, Start-ups)
    - Infrastruktur (z. B. Verkehr, Energieversorgung)
    - Soziale Netzwerke (z. B. lokale Gemeinschaften, Bildungsinstitutionen)
    - Natürliche Ressourcen und Umweltfaktoren
2. **Visualisierung der Wechselwirkungen**:
   Die Beziehungen zwischen diesen Faktoren werden in einer grafischen Darstellung aufgezeigt, z. B. durch Netzwerke, Flussdiagramme oder Kreislaufsysteme. Dabei werden Stärke und Richtung der Wechselwirkungen sichtbar gemacht.
3. **Hervorhebung von Synergien und Konflikten**:
    - Synergien: Bereiche, in denen verschiedene Akteure oder Faktoren zusammenarbeiten und gegenseitig verstärken.
    - Konflikte: Spannungen oder Zielkonflikte, die das Potenzial hemmen könnten.

Vorteile für die Zielsetzung

- **Ganzheitliches Verständnis**:
  Durch das Potential-Bild wird deutlich, wie die einzelnen Teile des Systems zusammenwirken. So können gemeinsame Zielsetzungen besser auf die Realität des Standorts abgestimmt werden.
- **Förderung der Zusammenarbeit**:
  Akteure erkennen durch die Visualisierung, wie sie voneinander profitieren können, und sind motivierter, zusammenzuarbeiten.
- **Effizientere Ressourcennutzung**:
  Ressourcen können gezielter eingesetzt werden, weil die

Schlüsselstellen und Hebelpunkte des Standorts klar ersichtlich sind.

- **Bessere Entscheidungsfindung**:
  Das Potential-Bild dient als Grundlage für fundierte Entscheidungen, indem es die Konsequenzen verschiedener Handlungsoptionen aufzeigt.

Beispielhafte Anwendung

Ein Standort mit hohem Innovationspotenzial könnte durch das Potential-Bild sichtbar machen, dass eine stärkere Vernetzung zwischen Hochschulen, Unternehmen und Förderinstitutionen notwendig ist. Diese Erkenntnis würde dazu führen, dass gemeinsame Zielsetzungen wie die Schaffung eines Innovationsclusters klarer formuliert und effektiver umgesetzt werden.

KI Ende

Ohne ein Roboter zu sein, könnte man als Mensch vielleicht meinen:

Fiktive Dialoge - ein paar Stunden Intensivcoaching

Denkanstöße

Wissensmanagement

Storytelling

Content

Inspiration

Diskurs
DecisionSupport
Gehirntraining - wenn es gut werden soll
Verstehen lernen
Vernetzt denken
Potenziale ausschöpfen
Komplexität reduzieren
Gestaltbar machen
Wissen transferieren
Proaktiv agieren

Executive Coaching
Denkstudio für strategisches Wissensmanagement
SMART - Ziele sollten SMART (spezifisch, messbar, erreichbar, relevant und zeitgebunden) sein.

e-Business integriert Geschäftsprozesse*:*
die schnelle Entwicklung der Informations- und Kommunikationstechnologien hat die Basis für neue Anwendungs- und Einsatzgebiete wie den elektronischen Geschäftsverkehr geschaffen. Schlüsselmerkmale des eCommerce: Sprengung geographischer Grenzen, Außerkraftsetzen von Geschäftszeiten und Zeitzonen, allgemeine Verfügbarkeit für unterschiedlichste Gruppen, Veränderung traditioneller Wertschöpfungsprozesse, Entstehung spezieller Internet-Geschäftsmodelle. *Konsequente Ausschöpfung des Zeitpotenzials*: durch die Freiheiten hinsichtlich

Informations- und Kapitalfluss, Güter- und Dienstleistungsbewegungen sind für alle Beteiligten Zugänge zu unterschiedlichen Leistungen und Technologien möglich, d.h. die Marktdynamik nimmt weiter dramatisch zu. Der Aspekt der Geschwindigkeit gewinnt im Hinblick auf die Wettbewerbsfähigkeit eines Standortes somit immer mehr an Bedeutung.

Zero latency enterprise:
neben dem elektronischen Handel im Business-to-Customer-Bereich (B2C) gewinnt auch die elektronische Beschaffung im Business-to-Business-Bereich (B2B) an Bedeutung. Die Möglichkeit einer direkten und damit effektiveren Endkundenkommunikation, verbunden mit kurzen Bestell- und Lieferzyklen, sowie die vereinfachte Bildung von Kooperationsnetzwerken mit externen Geschäftspartnern zur Optimierung von Liefer- und Prozessketten verlangt flexible Organisationsstrukturen, um schnell auf die Veränderungen reagieren zu können. Voraussetzung hierfür ist die Integration des Front-Office mit den dahinterstehenden Geschäftsprozessen.

Voraussetzung für Markterfolg ist die durchgängige Integration von Geschäftsprozessen und Anwendungen. Um nach dem Konzept der „zero latency enterprise“ über die Daten in Echtzeit verfügen zu können, müssen neue Anwendungen in die bestehende IT-Struktur eingebunden werden. Die für eCommerce-Modelle aufzubauende Infrastruktur erfordert eine Verflechtung der Anwendungen, damit die Prozesse ohne Unterbrechungen und somit systemübergreifend ablaufen können.

Optimierung der Logistikverfahren:
innerhalb einzelner Wertschöpfungsketten geht es um optimale Arbeitsteilung zwischen den Gliedern, um Verbesserungen der Zulieferer-Abnehmer- Beziehungen. Der intensivierte Informationsaustausch trägt dazu bei, enge und interaktive Geschäftsbeziehungen aufzubauen, die Effektivität der Lieferkette zu erhöhen und die Profitabilität zu steigern. Daraus realisierbare Vorteile sind u.a. Verringerung der Bestandsmengen in der Versorgungskette, Verringerung der Durchlaufzeiten in der Versorgungskette, Erhöhung der Auslastung der Transportkapazitäten sowie und Erhöhung der Warenverfügbarkeit an den Verkaufsstellen.

Salve,
Nichts ist mehr so wie es war

wenn wir einmal die allgegenwärtige KI fragen würden……

Mit dem Starten einer **digitalen Suchmaschine** wird die Welt auf eine neue Art und Weise lesbar und zugänglich. Daten, Informationen und Zusammenhänge werden sichtbar, die zuvor nur schwer greifbar oder unsichtbar waren. Für einen Bürgermeister bedeutet dies eine tiefgreifende Veränderung in der Art und Weise, wie er seine Aufgaben wahrnimmt und gestaltet.

Transparenz und Entscheidungsfindung

Eine digitale Suchmaschine bietet die Möglichkeit, umfassende Daten in Echtzeit abzurufen. Dies hat für den Bürgermeister mehrere Konsequenzen:

- **Zugänglichkeit von Daten**: Informationen über soziale, wirtschaftliche oder ökologische Entwicklungen in der Gemeinde können jederzeit abgerufen werden.
- **Bessere Analysen**: Entscheidungen können auf der Grundlage von datenbasierten Erkenntnissen getroffen werden, z. B. über Verkehrsströme, demografische Trends oder Umweltbelastungen.
- **Erhöhte Rechenschaftspflicht**: Transparente Daten erleichtern es den Bürgern, die Entscheidungen und Maßnahmen der Verwaltung nachzuvollziehen und kritisch zu hinterfragen.

Verbesserte Bürgerbeteiligung

Eine digitale Suchmaschine ermöglicht den Bürgern, sich eigenständig zu informieren und aktiv an Diskussionen teilzunehmen. Für den Bürgermeister bedeutet dies:

- **Mehr informierte Bürger**: Die Bevölkerung hat Zugang zu detaillierten Informationen über kommunale Projekte, Finanzen oder Pläne.
- **Stärkere Interaktion**: Der Dialog zwischen Bürgern und Verwaltung wird intensiver, da Fragen, Wünsche und Beschwerden konkreter und fundierter eingebracht werden können.

- **Partizipative Entscheidungsprozesse**: Bürgerbeteiligung kann durch digitale Plattformen gefördert werden, auf denen Informationen einfach geteilt und diskutiert werden können.

Effizientere Verwaltung und Planung

Eine Suchmaschine erleichtert die Organisation und Steuerung der städtischen Prozesse:

- **Schnelle Problemerkennung**: Herausforderungen wie ein erhöhtes Verkehrsaufkommen oder Infrastrukturprobleme werden schneller identifiziert.
- **Ressourcenschonung**: Effizienter Einsatz von Zeit und Budget durch zielgerichtete Planung und Priorisierung auf Basis von Daten.
- **Vorausschauendes Handeln**: Durch Datenanalyse können Trends frühzeitig erkannt und präventive Maßnahmen eingeleitet werden.

Neue Herausforderungen für den Bürgermeister

- **Datenhoheit und Datenschutz**: Der Umgang mit sensiblen Daten erfordert klare Richtlinien und Verantwortlichkeiten, um die Privatsphäre der Bürger zu schützen.
- **Erwartungshaltung der Bürger**: Die Transparenz kann zu höheren Erwartungen an die Effizienz und Reaktionsschnelligkeit der Verwaltung führen.
- **Kompetenzentwicklung**: Der Bürgermeister und sein Team müssen sich kontinuierlich weiterbilden, um die neuen technologischen Möglichkeiten optimal nutzen zu können.

Fazit

Die Welt wird durch die digitale Suchmaschine lesbarer und transparenter. Für einen Bürgermeister bedeutet dies, dass er Entscheidungen fundierter treffen, Bürger stärker einbinden und die Verwaltung effizienter gestalten kann. Gleichzeitig muss er sich den Herausforderungen einer datengetriebenen Welt stellen und sicherstellen, dass technologische Innovationen stets im Einklang mit den Bedürfnissen und Rechten der Bürger stehen.

KI Ende

Ohne ein Roboter zu sein, könnte man als Mensch vielleicht meinen:

Fiktive Dialoge - ein paar Stunden Intensivcoaching

Denkanstöße

Wissensmanagement

Storytelling

Content

Inspiration

Diskurs

DecisionSupport

Gehirntraining - wenn es gut werden soll

Verstehen lernen

Vernetzt denken

Potenziale ausschöpfen
Komplexität reduzieren
Gestaltbar machen
Wissen transferieren
Proaktiv agieren

Executive Coaching
Denkstudio für strategisches Wissensmanagement
SMART - Ziele sollten SMART (spezifisch, messbar, erreichbar, relevant und zeitgebunden) sein.

Die zunehmende Globalisierung der Märkte hat in den letzten Jahren die Flexibilisierung von Organisationsstrukturen, Prozessen und Systemen beschleunigt. Collaborative Business unterstützt dies dabei im virtuellen Raum des Internets, d.h. unabhängig von zeitlichen und geografischen Gegebenheiten und unter Einbeziehung beliebig vieler Geschäftspartner, die Integration von Geschäftsabläufen über Unternehmensgrenzen hinweg. Prozess- und Datenintegrität sind zusammen mit guten Geschäftsbeziehungen der beste Weg zu einer funktionierenden unternehmensübergreifenden Zusammenarbeit.

In einer solchen „Virtual Corporation“ verbinden sich mehrere Partner ziel- und projektorientiert, um gemeinsam Produkte, Dienstleistungen und Services auf den Märkten anzubieten. Positive Auswirkungen hat die Collaboration mit Partnern, Lieferanten und Kunden durch Potenziale wie beispielsweise: Förderung von Innovationen, Prozessoptimierung, Gewinnung neuer Kunden, Verbesserung der Verkaufs- und Marketingchancen, Verbesserung der Kommunikation, engere Bindung der Kunden, höhere Kundenzufriedenheit, höhere Wettbewerbsfähigkeit, Ausschöpfung von Gewinnpotenzialen, Reduktion von Kosten, neue Lieferanten und Prozessbeschleunigungen. Alles dies tangiert auf breiter Front auch Standortanalysen und Standortentscheidungen. Der Decision Support für alles dies verlangt im Kontext mit Standorten nach einer breiten und tragfähigen Palette von Indikatoren und Sensoren.

Salve,
Nichts ist mehr so wie es war

wenn wir einmal die allgegenwärtige KI fragen würden……

Die Automatisierung von Expertenwissen bringt in einer informationsüberfluteten Gesellschaft Vorteile:

Vorteile für einen Bürgermeister

Fallbeispiele, wie ein Bürgermeister dieses Wissen nutzen und davon profitieren kann:

Stadtplanung und Verkehrsmanagement

Fallbeispiel:
Ein Bürgermeister steht vor der Herausforderung, den Verkehr in der Innenstadt zu optimieren. Mithilfe einer KI-basierten Verkehrsmanagementsoftware, die auf Expertenwissen von Verkehrsplanern aufbaut, können Verkehrsströme in Echtzeit analysiert und reguliert werden.
Vorteile:

- Vermeidung von Staus durch adaptive Ampelschaltungen
- Verbesserung der Luftqualität durch Reduktion des Stop-and-Go-Verkehrs
- Effiziente Nutzung von Daten für zukünftige Infrastrukturprojekte

---

Krisenmanagement bei Naturkatastrophen

Fallbeispiel:
Bei drohenden Überschwemmungen greift der Bürgermeister auf ein automatisiertes Frühwarnsystem zurück, das auf hydrologischem Expertenwissen basiert. Die KI berechnet präzise, welche Gebiete besonders gefährdet sind, und schlägt Maßnahmen vor.
Vorteile:

- Schnelle Evakuierungspläne basierend auf verlässlichen Daten

- Vermeidung von Schäden durch gezielte Präventionsmaßnahmen
- Bessere Kommunikation mit Bürgern durch konkrete Handlungsempfehlungen

---

Kommunale Finanzen und Haushaltsplanung

Fallbeispiel:
Eine Software zur automatisierten Finanzanalyse, die auf wirtschaftlichem Expertenwissen beruht, hilft dem Bürgermeister, die Haushaltsplanung zu optimieren. Sie identifiziert Einsparpotenziale und zeigt Fördermöglichkeiten auf.
Vorteile:

- Effizientere Nutzung von Steuergeldern
- Höhere Transparenz gegenüber den Bürgern
- Verbesserte Investitionen in öffentliche Projekte

Gesundheitsförderung in der Gemeinde

Fallbeispiel:
Zur Bekämpfung von gesundheitlichen Problemen wie Adipositas setzt der Bürgermeister auf eine Plattform, die medizinisches Expertenwissen automatisiert. Die Plattform bietet personalisierte Empfehlungen für gesunde Ernährung und Bewegung.
Vorteile:

- Prävention von Gesundheitsproblemen durch gezielte Programme
- Entlastung des kommunalen Gesundheitssystems
- Förderung einer gesünderen und aktiveren Gemeinschaft

Fazit

Die Automatisierung von Expertenwissen gibt einem Bürgermeister Werkzeuge an die Hand, mit denen er schneller, effizienter und fundierter Entscheidungen treffen kann. Dies führt zu besseren Ergebnissen für die Gemeinde und stärkt das Vertrauen der Bürger in die Verwaltung.

KI Ende

Ohne ein Roboter zu sein, könnte man als Mensch vielleicht meinen:

Fiktive Dialoge - ein paar Stunden Intensivcoaching

Denkanstöße

Wissensmanagement

Storytelling

Content

Inspiration

Diskurs

DecisionSupport

Gehirntraining - wenn es gut werden soll

Verstehen lernen

Vernetzt denken

Potenziale ausschöpfen

Komplexität reduzieren

Gestaltbar machen

Wissen transferieren

Proaktiv agieren

Executive Coaching

Denkstudio für strategisches Wissensmanagement

SMART - Ziele sollten SMART (spezifisch, messbar, erreichbar, relevant und zeitgebunden) sein.

Generierung von Standort-Handlungsempfehlungen: aus der Systematik der Standortbilanz heraus können bereits Handlungsempfehlungen generiert werden. Dies sind keine Muss-Anweisungen, stellen aber trotzdem für eine Vielzahl von Anwendungen im Bereich der Standortentwicklung wertvolle Hinweise bereit. Aus allen vier, im Rahmen der Standort-Vermessung ermittelbaren Strategietypen können sich wichtige Konsequenzen für die zukünftige Standortarbeit ergeben, die akuten Handlungsdruck signalisieren.

Des weiteren lassen sich Verantwortungsbereiche für die Entwicklung des Standortes klarer fassen und definieren, daraus abzuleitende Teilziele des Standortes können präziser formuliert werden. An dieser Stelle geht es besonders darum, wichtige Funktionen und Merkmale der zu bearbeitenden Indikatoren mit ihren Wirkungsbeziehungen im Gesamtsystem des Standortes aufzuzeigen. Für diese Klammerfunktion wird das ganzheitliche System und Instrumentarium einer Standortbilanz genutzt.

Kapital ist nicht gleich Kapital: das materielle Kapital steht in der Bilanz. Darüber hinaus sind aber auch Wissen, Prozesse, Beziehungen etc. auch Kapital, das in der Regel aber nicht in der Bilanz steht. In keiner Bilanz taucht auf, welches Image oder welche Ausstrahlungskraft ein Standort nach außen hin aufweist. In keiner Bilanz taucht auf, in welcher Größenordnung Impulse bestimmter Faktoren speziell auf einzelne Wirtschaftszweige oder aber auf die Stadt- und Standortentwicklung insgesamt wirken. Bislang gibt es nur vereinzelte Ansätze wie solche immateriellen Ressourcen zu messen sind.

Die Behandlung allein der finanziellen Werttreiber genügt heute nicht mehr, um den Erfolg zu messen. Die finanzielle Perspektive sollte deshalb um eine strukturierte Darstellung auch immaterieller Vermögenswerte erweitert werden. Oder anders ausgedrückt: die nichtfinanziellen Werttreiber sind wie ein Sockel (Vermögenswerte, die einen Beitrag zum Erfolg des Standortes leisten und weder materielle Güter noch Finanzanlagen sind) unter der Wasseroberfläche, der oft den größeren Teil des Eisberges der Standortperformance ausmacht.

Salve,
Nichts ist mehr so wie es war

wenn wir einmal die allgegenwärtige KI fragen würden……

So wenig, wie Menschen vollständig von Dampfmaschinen abgelöst wurden, so wenig wird man auch trotz Internet auf Experten verzichten können

Warum ein Bürgermeister nicht durch KI ersetzt werden kann

Ein Bürgermeister ist mehr als ein Verwaltungsleiter – er ist das **menschliche Gesicht** einer Gemeinde, das komplexe Aufgaben bewältigt, die weit über die Kapazitäten einer KI hinausgehen. Hier sind die wichtigsten Gründe, warum ein Bürgermeister unersetzlich bleibt:

Vertrauensperson und Vermittler

Ein Bürgermeister ist ein Ansprechpartner für die Sorgen und Wünsche der Bürger. Er hört zu, vermittelt in Konflikten und baut Vertrauen auf.

- **Beispiel:** Bei einer Kontroverse über den Bau eines Windparks kann nur eine menschliche Führungskraft die unterschiedlichen Standpunkte empathisch moderieren und eine Lösung finden, die soziale, wirtschaftliche und ökologische Interessen berücksichtigt.

Moralische und ethische Entscheidungen

Viele Entscheidungen erfordern nicht nur Datenanalysen, sondern auch ethische Abwägungen.

- **Beispiel:** Bei der Priorisierung von Investitionen, z. B. in Bildung oder Gesundheit, muss der Bürgermeister die Werte und Bedürfnisse der Gemeinschaft berücksichtigen – etwas, das eine KI nicht leisten kann, da sie keinen moralischen Kompass besitzt.

Kulturelles und historisches Verständnis

Ein Bürgermeister kennt die Geschichte, Traditionen und kulturellen Eigenheiten seiner Gemeinde. Dieses Wissen ist entscheidend für Entscheidungen, die auf langfristigen Entwicklungen basieren.

- **Beispiel:** Die Planung eines Stadtjubiläums oder die Erhaltung historischer Gebäude erfordert tiefes Verständnis für die Identität der Gemeinde.

Krisenmanagement und Improvisation

In Krisensituationen wie Naturkatastrophen oder gesellschaftlichen Unruhen ist schnelles, intuitives Handeln gefragt.

- **Beispiel:** Ein Bürgermeister kann spontan Entscheidungen treffen und Verantwortung übernehmen, während eine KI nur vorprogrammierte Szenarien analysieren kann.

Emotionale Intelligenz und Empathie

Der Bürgermeister versteht nicht nur Fakten, sondern auch die emotionalen Zustände der Menschen. Er kann motivieren, trösten und inspirieren.

- **Beispiel:** Bei öffentlichen Veranstaltungen oder Trauerreden spielt die persönliche Ansprache eine essenzielle Rolle, um die Gemeinschaft zu stärken.

Fazit

Eine KI kann Prozesse optimieren und Informationen liefern, aber sie ersetzt nicht die menschliche Fähigkeit, Verantwortung zu übernehmen, Empathie zu zeigen und eine Gemeinschaft zu führen. Der Bürgermeister bleibt unersetzlich, weil er die Brücke zwischen Technik und Menschlichkeit bildet.

KI Ende

Ohne ein Roboter zu sein, könnte man als Mensch vielleicht meinen:

Fiktive Dialoge - ein paar Stunden Intensivcoaching

Denkanstöße

Wissensmanagement

Storytelling

Content

Inspiration

Diskurs

DecisionSupport

Gehirntraining - wenn es gut werden soll

Verstehen lernen

Vernetzt denken

Potenziale ausschöpfen

Komplexität reduzieren

Gestaltbar machen

Wissen transferieren

Proaktiv agieren

Executive Coaching

Denkstudio für strategisches Wissensmanagement

SMART - Ziele sollten SMART (spezifisch, messbar, erreichbar, relevant und zeitgebunden) sein.

Das Instrumentarium der Wirtschaftsförderung sollte maßgeschneidert um nichtfinanzielle Werttreiber erweitert werden, um schneller und erfolgreicher auf Änderungen des Umfeldes reagieren zu können. Neben der systematischen Erfassung der relevanten nichtfinanziellen Werttreiber ist allerdings die Darstellung von Zusammenhängen anspruchsvoll, mit der ihre Auswirkungen auf Ergebnisse auch quantitativ nachvollziehbar gemacht werden sollen. Aber erst dann lassen sich die wichtigsten Hebel zur Wertsteigerung erkennen, um die Ressourcen gezielt dorthin lenken zu können.

Grundsätzlich vorteilhaft ist die Erfassung des Intellektuellen Kapitals vor allem deshalb, weil übliche Berechnungen nur die finanzielle und materielle Vergangenheit widerspiegeln. Es ist aber auch immer das Ungewisse, d.h. die sogenannten „weichen" Faktoren, die einen Standort vorantreiben, d.h. Standorte, die sich einzig auf materielle Faktoren verlassen, werden träge und weniger sensibel gegenüber Veränderungen. Ein dynamischer Standort setzt in dieser schnelllebigen Zeit daher für seine Zukunft vor allem auf erfolgsrelevantes Wissen, d.h. immaterielle Vermögenswerte, über die i.d.R. wenige oder keine verlässliche Daten vorliegen.

Wenn der Wettbewerb immer weniger über Faktoren wie Gewerbesteuern bestritten werden kann, muss nach anderen, tiefer liegenden, bisher noch ungenutzten Faktoren gesucht werden. Das Geschäftsumfeld wird dem Standort mit seinen Akteuren immer mehr eine positive Grundhaltung zum Wandel abverlangen, d.h.: wenn diese sich nicht selbst der Zukunft stellen, werden es andere tun. Es wird sich dann schnell herausstellen, wer Probleme lösen kann und wer nicht.

Schwierigkeiten ergeben sich dadurch, wenn es darum geht etwas zu bewerten, das man nicht mit dem Millimetermaß des Kämmerers angehen kann. Nicht alles was gemessen wird, muss deshalb auch von Bedeutung sein; nicht alles was wichtig ist, muss deshalb auch zu messen sein. Die wichtige Frage lautet somit: ist ein Standort überhaupt messbar? Die Antwort ist: Ja, denn auch Bewertungen hierzu sind fassbare, erfragbare Realitäten. Wer Transparenz scheut, hat meist nur geringes Vertrauen in sein eigenes Beurteilungsvermögen und hat in einer immer mehr wissensorientierten Wirtschaftswelt immer weniger Chancen. Mit einer Portfolio-Aufteilung der Standortfaktoren soll danach gefragt werden, wo für diese vorrangige Handlungsempfehlungen abgeleitet werden könnten: sollte man den Standortfaktor eher entwickeln, analysieren, stabilisieren oder besteht für ihn aufgrund der derzeitigen Lage vielleicht kein Handlungsbedarf?

Salve,
Nichts ist mehr so wie es war

wenn wir einmal die allgegenwärtige KI fragen würden……

Kapital ist nicht gleich Kapital: das materielle Kapital steht in der Bilanz. Beschreibe, warum darüber hinaus für einen Standort aber auch Wissen, Prozesse, Beziehungen etc. auch Kapital, das in der Regel aber nicht in der Bilanz steht, existenzbestimmend sind.

Kapital jenseits der Bilanz: Die Bedeutung immaterieller Werte für einen Standort

In der klassischen Bilanz werden vor allem materielle Vermögenswerte wie Gebäude, Maschinen, Lagerbestände und finanzielle Mittel ausgewiesen. Diese bilden jedoch nur einen Teil des tatsächlichen Kapitals eines Unternehmens oder Standorts. Immaterielle Werte wie Wissen, Prozesse, Beziehungen und die Unternehmenskultur spielen eine ebenso entscheidende Rolle, obwohl sie in der Regel nicht in der Bilanz erscheinen. Warum sind sie existenzbestimmend?

Wissen als Kapital: Der Wert des Humankapitals

- **Innovationskraft:** Wissen ist die Grundlage für Innovationen, die Unternehmen wettbewerbsfähig halten. Ohne kontinuierliche Weiterbildung und Expertise riskieren Standorte, technologisch und strategisch zurückzufallen.

- **Problemlösungskompetenz:** Die Fähigkeit, komplexe Herausforderungen zu meistern, hängt stark von der Qualifikation und Erfahrung der Mitarbeitenden ab.

Prozesse als Kapital: Effizienz und Anpassungsfähigkeit

- **Effizienzsteigerung:** Gut strukturierte und optimierte Prozesse reduzieren Kosten und erhöhen die Produktivität. Dies verschafft Unternehmen einen Wettbewerbsvorteil.
- **Anpassungsfähigkeit:** Flexible Prozesse ermöglichen eine schnelle Reaktion auf Marktveränderungen, neue Technologien oder Krisensituationen.

Beziehungen als Kapital: Netzwerke und Vertrauen

- **Kundenbindung:** Langfristige Beziehungen zu Kunden sichern stabile Umsätze und erleichtern die Einführung neuer Produkte.
- **Partnerschaften:** Kooperationen mit Lieferanten, Forschungseinrichtungen oder anderen Unternehmen fördern Innovationen und schaffen Synergien.
- **Reputation:** Ein guter Ruf kann den Zugang zu neuen Märkten erleichtern und die Loyalität von Stakeholdern stärken.

Unternehmenskultur als Kapital: Die innere Stärke

- **Motivation und Identifikation:** Eine positive Unternehmenskultur steigert die Mitarbeiterzufriedenheit und reduziert Fluktuation.

- **Widerstandsfähigkeit:** Werte wie Vertrauen, Offenheit und Teamgeist helfen Unternehmen, auch in Krisenzeiten stabil zu bleiben.

Fazit

Immaterielle Werte sind häufig schwer zu messen, aber von unschätzbarem Wert. Sie entscheiden darüber, wie gut ein Standort auf Veränderungen reagiert, Innovationen hervorbringt und langfristig erfolgreich bleibt. Die Balance zwischen materiellem und immateriellem Kapital ist daher entscheidend für die nachhaltige Wettbewerbsfähigkeit eines Unternehmens oder Standorts.

KI Ende

Ohne ein Roboter zu sein, könnte man als Mensch vielleicht meinen:

Fiktive Dialoge - ein paar Stunden Intensivcoaching

Denkanstöße

Wissensmanagement

Storytelling

Content

Inspiration

Diskurs

DecisionSupport

Gehirntraining - wenn es gut werden soll
Verstehen lernen
Vernetzt denken
Potenziale ausschöpfen
Komplexität reduzieren
Gestaltbar machen
Wissen transferieren
Proaktiv agieren

Executive Coaching
Denkstudio für strategisches Wissensmanagement
SMART - Ziele sollten SMART (spezifisch, messbar, erreichbar, relevant und zeitgebunden) sein.

Im ganzheitlichen Ansatz einer Standortbilanz wird nie isoliert nach nur einem Standortfaktor gefragt, sondern immer auf das aus allen Faktoren zusammengeknüpfte Wirkungsnetz geachtet. Dabei wird auf der horizontalen Achse eines Portfolios die Bewertung des jeweiligen Standortfaktors angezeigt. Dieser Wert wird als Durchschnitt aus den drei Dimensionen „Quantität“, „Qualität“ und „Systematik“ ermittelt.

Auf der zweiten vertikalen Achse des Tableaus wird das Einflussgewicht des Faktors aufgetragen. Dies ermöglicht eine anschauliche und auf einen Blick erfassbare Zuordnung und Abgrenzung der Standortfaktoren nach unterschiedlichen Handlungsfeldern: *Oben rechts 1. Quadrant* = Stabilisieren (der Faktor hat ein relativ hohes Einflussgewicht und wurde relativ hoch bewertet). *Oben links 2. Quadrant* = Entwickeln (der Faktor hat ein relativ hohes Einflussgewicht, wurde aber relativ gering bewertet). *Unten links 3. Quadrant* = Analysieren (der Faktor hat ein relativ niedriges Einflussgewicht und wurde auch nur relativ gering bewertet). *Unten rechts 4. Quadrant* = Kein Handlungsbedarf (der Faktor hat ein relativ niedriges Einflussgewicht, wurde aber relativ hoch bewertet).

Die Standortfaktoren werden mit einer zusammengefassten Bewertung für alle drei Dimensionen Quantität, Qualität und Systematik dargestellt. Je nach vorgenommener Bewertung erfolgt eine Zuordnung auf einen der vier Empfehlungs-Quadranten „Analysieren“, „Entwickeln“, „Stabilisieren“ oder „Kein Handlungsbedarf“. Auf einen Blick wird sichtbar, welche Standortfaktoren das größte Entwicklungspotenzial versprechen.

Salve,
Nichts ist mehr so wie es war

wenn wir einmal die allgegenwärtige KI fragen würden……

Beschreibe grundsätzliche Überlegungen einer Kommune zur Reform der Grundsteuer

Grundsätzliche Überlegungen einer Kommune zur Reform der Grundsteuer

Die Reform der Grundsteuer ist ein komplexes Thema, das erhebliche Auswirkungen auf die Finanzen der Kommune, die Grundstückseigentümer und die Mieter hat. Grundsteuern sind eine wichtige Einnahmequelle für Kommunen, da sie zur Finanzierung von Infrastruktur, Bildung, öffentlichen Dienstleistungen und sozialen Projekten beitragen. Im Zuge einer Reform gibt es mehrere grundlegende Überlegungen, die Kommunen berücksichtigen müssen:

Ziele der Grundsteuerreform

- **Finanzielle Stabilität:** Die Grundsteuer soll weiterhin stabile und planbare Einnahmen für die Kommune sicherstellen.
- **Gerechtigkeit und Gleichbehandlung:** Eine zentrale Zielsetzung ist, dass die Steuerbelastung fair verteilt wird und die Steuerpflichtigen nach ihrer tatsächlichen wirtschaftlichen Leistungsfähigkeit besteuert werden.
- **Rechtskonformität:** Die Reform muss den Vorgaben des Bundesverfassungsgerichts entsprechen, das eine veraltete Bewertung von Grundstücken als verfassungswidrig eingestuft hat.

Auswirkungen auf die Bürger und Wirtschaft

- **Belastung von Eigentümern und Mietern:** Die Kommune muss prüfen, wie sich die Reform auf die Grundsteuerlast für unterschiedliche Bevölkerungsgruppen auswirkt, z. B. für Einfamilienhausbesitzer, Landwirte oder Unternehmen.
- **Sozialverträglichkeit:** Es gilt, übermäßige Belastungen für Haushalte mit geringem Einkommen zu vermeiden, da die Grundsteuer oft auf die Miete umgelegt wird.

Bewertungsmodelle zur Ermittlung der Grundsteuer

Es gibt verschiedene Modelle, die bei der Reform der Grundsteuer in Betracht kommen:

- **Wertorientiertes Modell:** Die Steuer wird auf Basis des Grundstücks- und Gebäudewertes berechnet. Dies reflektiert den aktuellen Marktwert, ist aber aufwendiger in der Ermittlung.
- **Flächenorientiertes Modell:** Hier zählen die Größe des Grundstücks und die Nutzfläche des Gebäudes, unabhängig vom Wert. Dieses Modell ist einfacher und transparenter, könnte aber als ungerecht empfunden werden, da die Lage des Grundstücks unberücksichtigt bleibt.
- **Kombinationsmodell:** Eine Mischung aus Flächen- und Wertorientierung, um Gerechtigkeit und Praktikabilität zu verbinden.

Erhebung und Verwaltung der Grundsteuer

- **Technische Infrastruktur:** Kommunen müssen ihre IT-Systeme anpassen, um die neue Bewertung der Grundstücke und Gebäude zu verwalten.
- **Personalaufwand:** Die Umsetzung der Reform erfordert möglicherweise zusätzliche Schulungen und Ressourcen für die zuständigen Verwaltungsstellen.

Kommunale Autonomie und Gestaltungsspielräume

- **Hebesätze:** Kommunen können ihre Hebesätze anpassen, um Einnahmeverluste oder -steigerungen auszugleichen. Die Reform bietet somit auch die Chance, die lokale Steuerpolitik gezielt zu gestalten.
- **Förderung bestimmter Ziele:** Kommunen könnten Anreize für nachhaltige Bauweise, sozialen Wohnungsbau oder wirtschaftliche Entwicklung schaffen, indem sie bei bestimmten Grundstücksarten niedrigere Hebesätze anwenden.

Kommunikation und Akzeptanz

- **Transparenz:** Eine klare Kommunikation der Reformziele und der Auswirkungen auf die Bürger ist entscheidend, um Akzeptanz zu schaffen und Missverständnisse zu vermeiden.
- **Beteiligung der Bürger:** Eine frühzeitige Einbindung von Bürgern und Interessenvertretern kann helfen, potenzielle Konflikte zu entschärfen und Reformvorschläge anzupassen.

Fazit

Die Reform der Grundsteuer ist eine komplexe, aber notwendige Aufgabe. Sie bietet Kommunen die Möglichkeit, ein gerechteres und zukunftsfähiges Steuersystem zu etablieren, das den veränderten wirtschaftlichen und gesellschaftlichen Rahmenbedingungen entspricht. Dabei müssen die finanziellen, sozialen und verwaltungstechnischen Aspekte sorgfältig abgewogen werden, um eine tragfähige und akzeptierte Lösung zu finden.

Beschreibe, in welcher Weise der Bürgermeister, der Magistrat die für den Standortgeltende Grundsteuer konkret berechnet

Wie der Bürgermeister und der Magistrat die für den Standort geltende Grundsteuer berechnen

Die Berechnung der Grundsteuer auf kommunaler Ebene erfolgt in einem festgelegten Prozess, bei dem verschiedene Ebenen und Akteure eine Rolle spielen. Der Bürgermeister und der Magistrat sind für die Festlegung der konkreten Höhe der Grundsteuer in der Kommune verantwortlich, während die rechtlichen Rahmenbedingungen und Bewertungsgrundlagen auf Landes- und Bundesebene geregelt sind.

Grundlagen der Grundsteuerberechnung

Die Berechnung der Grundsteuer erfolgt in drei Schritten:

a) Ermittlung des Grundsteuerwerts

Der Grundsteuerwert wird von den Finanzbehörden (Finanzamt) auf Grundlage eines Bewertungsmodells ermittelt. Dabei gibt es verschiedene Ansätze, je nach Bundesland:

- **Wertorientiertes Modell**: Marktwert des Grundstücks und Gebäudes.
- **Flächenmodell**: Größe des Grundstücks und der Immobilie.
- **Kombinationsmodell**: Mischung aus Fläche und Wert.

b) Anwendung der Steuermesszahl

Der ermittelte Grundsteuerwert wird mit einer gesetzlich festgelegten Steuermesszahl multipliziert, die bundeseinheitlich oder landesrechtlich geregelt ist. Die Steuermesszahl ist ein Prozentsatz, der je nach Art der Immobilie variiert (z. B. Wohngebäude, Gewerbeimmobilien, landwirtschaftliche Flächen). Das Ergebnis ist der sogenannte **Steuermessbetrag**.

c) Hebesatzfestlegung durch die Kommune

Der Hebesatz ist ein Prozentsatz, den die Kommune eigenständig festlegt und der auf den Steuermessbetrag angewendet wird. Die konkrete Höhe des Hebesatzes bestimmt letztlich die tatsächliche Grundsteuerlast für die Eigentümer.

Rolle des Bürgermeisters und des Magistrats

a) Festlegung des Hebesatzes

- Der **Magistrat** unterbreitet einen Vorschlag für den Hebesatz, der auf den Steuermessbetrag angewendet wird.

- Der **Bürgermeister** leitet diesen Vorschlag an die Gemeindevertretung (z. B. den Stadtrat) weiter, die den Hebesatz in einer öffentlichen Sitzung diskutiert und beschließt.
- Die Hebesatzentscheidung basiert auf einer Abwägung der finanziellen Bedürfnisse der Kommune (z. B. für Infrastruktur, Bildung, soziale Projekte) und der Belastbarkeit der Steuerpflichtigen.

b) Berücksichtigung lokaler Besonderheiten

Der Bürgermeister und der Magistrat berücksichtigen bei der Festlegung des Hebesatzes:

- **Haushaltslage der Kommune**: Höhere Hebesätze könnten erforderlich sein, um Haushaltsdefizite zu decken.
- **Struktur des Standorts**: In einer wirtschaftsstarken Region könnten höhere Steuern leichter tragbar sein.
- **Soziale und wirtschaftliche Auswirkungen**: Um Mieter und Eigentümer nicht übermäßig zu belasten, könnten moderate Hebesätze gewählt werden.

c) Kommunikation und Transparenz

Der Bürgermeister spielt eine wichtige Rolle in der Kommunikation der Grundsteuerpolitik. Durch öffentliche Informationsveranstaltungen und Pressemitteilungen soll die Reform und die Festlegung des Hebesatzes nachvollziehbar gemacht werden, um Akzeptanz in der Bevölkerung zu schaffen.

Beispielhafte Berechnung

Angenommen, ein Grundstück hat einen **Grundsteuerwert** von 200.000 Euro, und die **Steuermesszahl** beträgt 0,34 %. Der **Steuermessbetrag** wäre dann:

200.000 Euro×0,0034=680 Euro200.000 \, \text{Euro} \times 0,0034 = 680 \, \text{Euro}200.000Euro×0,0034=680Euro

Wenn die Kommune einen **Hebesatz** von 400 % festlegt, ergibt sich die zu zahlende Grundsteuer wie folgt:

680 Euro×4=2.720 Euro680 \, \text{Euro} \times 4 = 2.720 \, \text{Euro}680Euro×4=2.720Euro

In diesem Beispiel würde der Grundstückseigentümer 2.720 Euro Grundsteuer pro Jahr zahlen.

---

4. Fazit

Der Bürgermeister und der Magistrat spielen eine zentrale Rolle bei der Festlegung der konkreten Grundsteuer für den Standort, insbesondere durch die Bestimmung des Hebesatzes. Ihre Entscheidungen beeinflussen die Einnahmen der Kommune und die finanzielle Belastung der Bürger. Ein ausgewogener Hebesatz ist entscheidend, um sowohl die kommunalen Aufgaben zu finanzieren als auch die Standortattraktivität zu bewahren.

Überlegungen des Bürgermeisters und des Magistrats zur Festsetzung des Hebesatzes

Der Hebesatz ist ein zentrales steuerpolitisches Instrument, das die Kommune eigenständig festlegen kann. Er hat direkte Auswirkungen auf die finanzielle Situation der Kommune sowie auf die Bürger und Unternehmen. Bei der Festsetzung des Hebesatzes wägen Bürgermeister und Magistrat verschiedene Faktoren sorgfältig ab. Hier sind die zentralen Überlegungen sowie die Vor- und Nachteile unterschiedlicher Hebesatzhöhen:

Finanzielle Bedürfnisse der Kommune

Für einen hohen Hebesatz

- **Deckung des Haushaltsbedarfs:** Höhere Hebesätze generieren mehr Einnahmen und sichern die Finanzierung wichtiger kommunaler Aufgaben wie Bildung, Infrastruktur und soziale Dienstleistungen.
- **Schuldenabbau:** Ein höherer Hebesatz kann helfen, bestehende Schulden schneller abzubauen und die finanzielle Stabilität der Kommune zu stärken.
- **Rücklagenbildung:** Die zusätzlichen Einnahmen können Rücklagen für zukünftige Investitionen oder unerwartete Ausgaben bilden.

Wider einen hohen Hebesatz

- **Belastung der Bürger und Unternehmen:** Ein hoher Hebesatz erhöht die Steuerlast für Grundstückseigentümer, was vor allem für einkommensschwache Haushalte und kleine Unternehmen problematisch sein kann.

- **Gefahr der Abwanderung:** Zu hohe Steuern könnten Unternehmen und wohlhabende Bürger dazu bewegen, den Standort zu verlassen, was langfristig die wirtschaftliche Basis der Kommune schwächt.

Wettbewerbsfähigkeit des Standorts

Für einen niedrigen Hebesatz

- **Attraktivität für Investoren:** Ein niedriger Hebesatz macht die Kommune als Standort für Unternehmen und Gewerbetreibende attraktiv, was zu neuen Investitionen und Arbeitsplätzen führen kann.
- **Belebung des Wohnungsmarkts:** Niedrigere Grundsteuern können die Baukosten senken und so den Bau neuer Wohnungen oder den Erwerb von Wohneigentum fördern.
- **Sozialverträglichkeit:** Eine geringere Steuerbelastung entlastet insbesondere Mieter, da die Grundsteuer oft auf die Miete umgelegt wird.

Wider einen niedrigen Hebesatz

- **Einnahmeverluste:** Niedrige Hebesätze führen zu geringeren Einnahmen, was die finanzielle Handlungsfähigkeit der Kommune einschränken kann.
- **Abhängigkeit von externen Finanzhilfen:** Die Kommune könnte bei einem niedrigen Hebesatz auf finanzielle Unterstützung von Land oder Bund angewiesen sein, was die kommunale Autonomie mindert.

Struktur des Standorts und soziale Gerechtigkeit

Für einen differenzierten Hebesatz

- **Ausgleich unterschiedlicher Belastungen:** Der Hebesatz kann gezielt angepasst werden, um beispielsweise den sozialen Wohnungsbau zu fördern oder landwirtschaftliche Betriebe zu entlasten.
- **Standortgerechte Steuerpolitik:** Ein differenzierter Hebesatz berücksichtigt die wirtschaftlichen und sozialen Unterschiede innerhalb der Kommune, etwa zwischen urbanen und ländlichen Gebieten.

Wider eine Differenzierung

- **Verwaltungsaufwand:** Eine differenzierte Festsetzung des Hebesatzes erfordert eine komplexere Verwaltung und führt zu höheren Kosten.
- **Gefahr von Ungleichbehandlung:** Unterschiedliche Hebesätze könnten als ungerecht empfunden werden und zu Konflikten zwischen verschiedenen Gruppen führen.

Politische und gesellschaftliche Akzeptanz

Für einen moderaten Hebesatz

- **Kompromisslösung:** Ein mittlerer Hebesatz balanciert die finanziellen Bedürfnisse der Kommune und die Belastbarkeit der Bürger und Unternehmen aus.
- **Politische Stabilität:** Ein moderater Hebesatz ist meist besser vermittelbar und führt seltener zu politischen oder gesellschaftlichen Konflikten.

Wider einen moderaten Hebesatz

- **Unzureichende Einnahmen:** Ein zu niedriger Hebesatz könnte langfristig nicht ausreichen, um den steigenden Finanzbedarf der Kommune zu decken, insbesondere bei unerwarteten Kostensteigerungen.

Fazit: Die Balance finden

Der Bürgermeister und der Magistrat müssen bei der Festsetzung des Hebesatzes eine **Balance zwischen finanzieller Stabilität, sozialer Gerechtigkeit und der Standortattraktivität** finden. Eine fundierte Entscheidung erfordert die Berücksichtigung wirtschaftlicher, sozialer und politischer Aspekte sowie eine transparente Kommunikation mit den Bürgern. Letztlich soll der Hebesatz eine nachhaltige Entwicklung der Kommune ermöglichen, ohne die Steuerpflichtigen übermäßig zu belasten.

KI Ende

Ohne ein Roboter zu sein, könnte man als Mensch vielleicht meinen:

Fiktive Dialoge - ein paar Stunden Intensivcoaching

Denkanstöße

Wissensmanagement

Storytelling

Content

Inspiration

Diskurs
DecisionSupport
Gehirntraining - wenn es gut werden soll
Verstehen lernen
Vernetzt denken
Potenziale ausschöpfen
Komplexität reduzieren
Gestaltbar machen
Wissen transferieren
Proaktiv agieren

Executive Coaching
Denkstudio für strategisches Wissensmanagement
SMART - Ziele sollten SMART (spezifisch, messbar, erreichbar, relevant und zeitgebunden) sein.

Dynamik, Stärke und Dauer von Zusammenhängen können mit Hilfe von Indikatoren mess- und nachvollziehbar gemacht werden Grundstruktur „weicher" Standortfaktoren: insbesondere die Standortökonomie weicher Faktoren ist kein exotisches Thema, sondern kann in den planenden Verwaltungen erhebliche Aktivitäten unterstützen.

Obwohl manche wichtigen Standortfaktoren nicht direkt greifbar sind, sind sie für die weitere Entwicklung des Standortes von entscheidender Bedeutung, d.h. die systematische Steuerung solcher "weichen" Erfolgsfaktoren rückt immer stärker in den Vordergrund. An sich bekannte Prozesse können unter völlig neuen Gesichtspunkten durchleuchtet werden: Zusammenhänge zwischen Standortzielen, Geschäftserfolgsfaktoren und Geschäftsprozessen einerseits sowie Standortfaktoren wie Human-, Struktur- und Beziehungskapital andererseits werden sichtbar gemacht.

Angesichts der Komplexität und Vielfalt der in die Standortanalyse einfließenden Eingangsdaten liefert diese überraschend klare und strukturierte Aussagen, Hinweise auf geeignete Maßnahmenoptionen. Der Stellenwert der für den Standort wichtigen Erfolgsfaktoren wird deutlich und damit die notwendige Voraussetzung für die Prioritätensetzung von erforderlichen Aktivitäten geschaffen. Es wird untersucht, wie gut der Standort tatsächlich aufgestellt ist und wo sich durch Bündelung der Kräfte zusätzliche Profilierungschancen bieten.

Salve,
Nichts ist mehr so wie es war

wenn wir einmal die allgegenwärtige KI fragen würden......

Nur weil jeder Wissen googeln kann, bleibt trotzdem nicht alles so wie es ist. Erkläre, warum selbst Experten, Journalisten, Ärzte, Lehrer mitten im Wandel der Digitalisierung stehen

Warum selbst Experten, Journalisten, Ärzte und Lehrer mitten im Wandel der Digitalisierung stehen

Die Digitalisierung verändert nicht nur den Zugang zu Wissen, sondern auch die Art und Weise, wie Experten ihre Berufe ausüben, Entscheidungen treffen und mit anderen kommunizieren. Obwohl Wissen heute leicht verfügbar ist, führt dies nicht automatisch dazu, dass „alles so bleibt, wie es ist". Hier sind die wichtigsten Gründe, warum Experten in verschiedenen Berufen mitten im Wandel der Digitalisierung stehen:

Veränderte Rolle von Wissen und Expertise

- **Zugang zu Wissen für alle:** Früher war Fachwissen Experten vorbehalten, während heute viele Informationen öffentlich zugänglich sind. Dies führt dazu, dass Experten ihre Rolle neu definieren müssen: Statt reiner Wissensvermittlung sind kritische Einordnung, Analyse und Interpretation gefragt.
- **Überflutung durch Informationen:** Die Menge an verfügbaren Daten erfordert die Fähigkeit, relevante Informationen von Fehlinformationen oder veralteten Inhalten zu unterscheiden.

Technologische Werkzeuge und Automatisierung

- **Journalisten:** Automatisierte Textgenerierung (z. B. durch KI) verändert den Journalismus. Journalisten müssen lernen, komplexe Themen zu vertiefen, statt nur

Nachrichten zu berichten, die Algorithmen schneller generieren können.
- **Ärzte:** Medizinische Diagnosen werden zunehmend durch KI unterstützt. Ärzte müssen sich an neue Technologien anpassen, um Diagnosetools effizient zu nutzen, während sie weiterhin Empathie und Kommunikation mit Patienten pflegen.
- **Lehrer:** Digitale Lernplattformen und KI-gestützte Lehrmittel fordern Lehrkräfte, neue Unterrichtsmethoden zu entwickeln und individualisiertes Lernen zu ermöglichen.

Veränderte Kommunikations- und Arbeitsweisen

- **Interaktive Plattformen:** Experten stehen in direkterem Kontakt mit der Öffentlichkeit, etwa über soziale Medien oder Webinare. Dies erfordert neue Kommunikationsfähigkeiten und den Umgang mit direktem Feedback oder Kritik.
- **Remote-Arbeit:** Viele Berufe, etwa in der Wissenschaft oder im Journalismus, verlagern sich in virtuelle Räume. Die Fähigkeit, digital zu arbeiten und sich in virtuellen Teams zu organisieren, wird essenziell.

Neue ethische und gesellschaftliche Herausforderungen

- **Verantwortung im Umgang mit KI:** Experten müssen die ethischen Implikationen digitaler Technologien berücksichtigen, z. B. bei der Nutzung von Algorithmen in der Medizin oder der Bildung.

- **Fake News und Desinformation:** Journalisten und Lehrer tragen eine besondere Verantwortung, Falschinformationen entgegenzuwirken und Medienkompetenz zu fördern.

Kontinuierliche Weiterbildung und Anpassung

- **Lebenslanges Lernen:** Experten können sich nicht mehr auf einmal erworbenes Wissen verlassen. Sie müssen sich ständig weiterbilden, um mit den neuesten Entwicklungen Schritt zu halten.
- **Interdisziplinäre Zusammenarbeit:** Die Digitalisierung erfordert oft die Zusammenarbeit zwischen verschiedenen Fachgebieten, z. B. zwischen Ärzten und IT-Spezialisten bei der Implementierung neuer Diagnosetools.

Fazit

Die Digitalisierung ist nicht nur ein technischer Wandel, sondern ein tiefgreifender gesellschaftlicher Transformationsprozess, der die Arbeitsweisen und Rollen aller Experten verändert. Während Wissen leichter zugänglich ist, bleibt die Fähigkeit, dieses Wissen kritisch zu nutzen, innovative Lösungen zu entwickeln und menschliche Werte zu bewahren, der Schlüssel zur Zukunftsfähigkeit von Expertenberufen.

KI Ende

Ohne ein Roboter zu sein, könnte man als Mensch vielleicht meinen:

Fiktive Dialoge - ein paar Stunden Intensivcoaching

Denkanstöße

Wissensmanagement

Storytelling

Content

Inspiration

Diskurs

DecisionSupport

Gehirntraining - wenn es gut werden soll

Verstehen lernen

Vernetzt denken

Potenziale ausschöpfen

Komplexität reduzieren

Gestaltbar machen

Wissen transferieren

Proaktiv agieren

Executive Coaching

Denkstudio für strategisches Wissensmanagement

SMART - Ziele sollten SMART (spezifisch, messbar, erreichbar, relevant und zeitgebunden) sein.

Vor allem kleinere Standorte stehen vor der Frage, wie sie in einem sich immer mehr verschärfenden internationalen Wettbewerbsumfeld ihre wirtschaftliche Zukunft sichern können. Allen gemeinsamer strategischer Eckpfeiler: ihre jeweils spezifischen Standortvorteile. In der Praxis bedeutet dies die Konzentration auf eine begrenzte Anzahl von Aktivitäten sowie eine gezielte Pflege der für den Erfolg besonders wichtigen Standortfaktoren. Die Standortanalyse der weichen Faktoren macht deutlich, wie der Standort in seinem Inneren und seinen Außenbeziehungen funktioniert, gemeinsame Zielsetzungen können damit besser aufeinander abgestimmt werden. Die konsequente Systematik weicher Faktoren beseitigt ein hohes Maß an methodischer Unsicherheit und erfüllt bereits durch die Konzipierung (z.B. eines Bewertungs- und Indikatoransatzes) einen hohen Bedarf an Standard setzenden Initiativen.

Bildung Standortfaktoren-Cluster

Die identifizierten Standortfaktoren werden jeweils einem der fünf Cluster „GP Geschäftsprozesse“, „GE Erfolgsfaktoren“, „HK Humanfaktoren“, SK Strukturfaktoren“ oder „BK Beziehungsfaktoren“ zugeordnet:

Standort-				
Geschäfts-prozesse	**Erfolgs-faktoren**	**Human-faktoren**	**Struktur-faktoren**	**Beziehungs-faktoren**
GP-1	GE-1	HK-1	SK-1	BK-1
GP-2	GE-2	HK-2	SK-2	BK-2
GP-3	GE-3	HK-3	SK-3	BK-3
GP-4	GE-4	HK-4	SK-4	BK-4
GP-5	GE-5	HK-5	SK-5	BK-5

Diese Vorgehensweise unterstützt, erleichtert, ermöglicht u.a.:

- *Zuordnung von Verantwortlichkeiten auf Standortfaktoren*
- *Zuordnung von Ressourcen auf Standortfaktoren*
- *Zuordnung von Maßnahmen auf Standortfaktoren*
- *Zuordnung von Indikatoren auf Standortfaktoren*

Im Rahmen der Gewichtung von Standortfaktoren wird der Einbau einer zusätzlichen zweiten Gewichtsstufe durch den eindeutigen Bezug auf einen bestimmten Cluster von Standortfaktoren systematisch sauber ausführbar.

Mehrere Standortbewertung-Dimensionen

Die Bewertung von Standortfaktoren erfolgt nicht nur eindimensional, sondern durchgängig nach drei verschiedenen Dimensionen

1. *Quantität*
2. *Qualität*
3. *Systematik*

Mit der Dimension „Quantität“ wird die Menge und Verfügbarkeit eines Standortfaktors zum Ausdruck gebracht. Die Dimension „Qualität“ gibt an, ob und wie vorhandene Standortfaktoren den an sie gestellten Anforderungen (Vgl. hierzu auch Eigen- und Fremdbild des Standortes) entsprechen. Die Dimension „Systematik“ spiegelt Beurteilungen wider, ob ein Standortfaktor systematisch ausgebaut und nachhaltig weiterentwickelt wird (Hinweise auf die Zukunftsfähigkeit des Standortes).

Für Handlungsempfehlungen im Rahmen von Potenzial-Portfolios werden diese drei Blickwinkel, aus denen jeweils ein Standortfaktor betrachtet wird, zu einem Gesamtwert zusammengefasst.

Wenn somit jeder Standortfaktor nicht nur aus einer, vielleicht begrenzten oder eingeengten Blickrichtung in Augenschein genommen wird, werden die Bewertungen einzelner Aspekte des Standortes zwar komplexer aber auch sicherer und aussagefähiger.

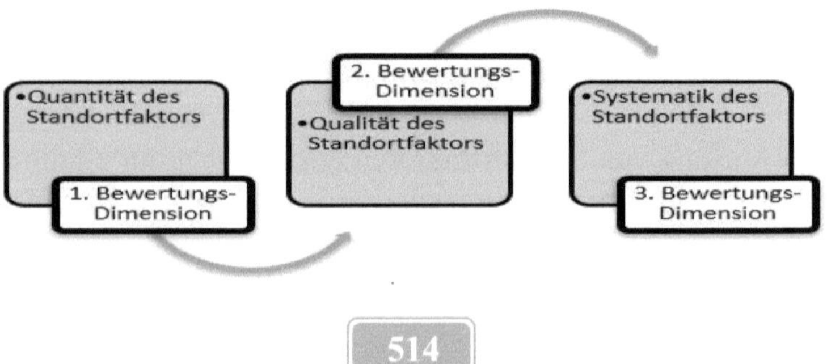

Salve,
Nichts ist mehr so wie es war

wenn wir einmal die allgegenwärtige KI fragen würden……

Beschreibe eine Diskussion im Magistrat, wie am Standort in Zukunft verschiedene Formen der Energieversorgung für Bürger und Unternehmen geplant werden

Eine Diskussion im Magistrat über die zukünftige Energieversorgung am Standort könnte folgendermaßen ablaufen:

Thema der Sitzung: Zukunftsfähige Energieversorgung für Bürger und Unternehmen

Vorsitzender:
„Kolleginnen und Kollegen, heute steht die Frage im Mittelpunkt, wie wir die Energieversorgung in unserer Stadt nachhaltig, sicher und bezahlbar gestalten können. Ziel ist es, verschiedene Formen der Energieversorgung zu evaluieren und eine langfristige Strategie zu entwickeln. Ich bitte die Energiebeauftragte, Frau Dr. Müller, um einen Überblick."

Dr. Müller (Energiebeauftragte):
„Vielen Dank. Wir stehen vor der Herausforderung, fossile Energieträger schrittweise durch erneuerbare Energien zu ersetzen. Der aktuelle Energiemix besteht zu 60 % aus Gas, 20 % aus Strom aus erneuerbaren Quellen und 20 % aus extern zugekauf-

ter Energie. Folgende Ansätze könnten eine nachhaltige Versorgung sicherstellen:

1. **Solarenergie:** Ausbau von Photovoltaik-Anlagen auf öffentlichen und privaten Gebäuden.
2. **Windkraft:** Installation von Windkraftanlagen in geeigneten Randgebieten.
3. **Wärmeversorgung:** Einsatz von Geothermie und Nahwärmenetzen.
4. **Wasserstoff:** Aufbau einer Infrastruktur für grünen Wasserstoff, insbesondere für Industrie und Logistik."

Stadtrat Meyer (FDP):
„Ich unterstütze den Ausbau erneuerbarer Energien, aber wir müssen auch die Wirtschaftlichkeit im Auge behalten. Unternehmen brauchen verlässliche und kostengünstige Energie. Wie garantieren wir das?"

Dr. Müller:
„Eine mögliche Lösung wäre ein Energieverbundsystem, das verschiedene Quellen kombiniert. Wir könnten auch Förderprogramme und steuerliche Anreize einführen, um Investitionen in effiziente Technologien zu erleichtern."

Stadträtin Weber (Grüne):
„Ich sehe vor allem in der Bürgerbeteiligung Potenzial. Energiegenossenschaften könnten dazu beitragen, Akzeptanz zu schaffen und gleichzeitig die Eigenversorgung der Bürger fördern. Zudem sollten wir dringend die Verkehrswende mitdenken und mehr Ladestationen für Elektrofahrzeuge errichten."

Unternehmensvertreter Herr Berger:
„Für uns in der Industrie ist Versorgungssicherheit entscheidend. Können wir sicherstellen, dass die Infrastruktur für Wasserstoff und Strom auch bei wachsendem Bedarf standhält?“

Dr. Müller:
„Das erfordert Investitionen in intelligente Netze und Speichertechnologien. Außerdem sollten wir Partnerschaften mit regionalen Energieversorgern und Forschungseinrichtungen eingehen, um innovative Lösungen zu entwickeln.“

Vorsitzender:
„Ich danke Ihnen allen. Zusammenfassend schlagen wir vor, eine Arbeitsgruppe einzusetzen, die konkrete Projekte zur Umsetzung der genannten Maßnahmen entwickelt. Stimmen wir über diesen Vorschlag ab.“

KI Ende

Ohne ein Roboter zu sein, könnte man als Mensch vielleicht meinen:

Fiktive Dialoge - ein paar Stunden Intensivcoaching

Denkanstöße

Wissensmanagement

Storytelling

Content

Inspiration

Diskurs

DecisionSupport

Gehirntraining - wenn es gut werden soll

Verstehen lernen

Vernetzt denken

Potenziale ausschöpfen

Komplexität reduzieren

Gestaltbar machen

Wissen transferieren

Proaktiv agieren

Executive Coaching

Denkstudio für strategisches Wissensmanagement

SMART - Ziele sollten SMART (spezifisch, messbar, erreichbar, relevant und zeitgebunden) sein.

Generierung von Standort-Handlungsempfehlungen

Aus der Systematik der Standortbilanz heraus können bereits Handlungsempfehlungen generiert werden. Dies sind keine Muss-Anweisungen, stellen aber trotzdem für eine Vielzahl von Anwendungen im Bereich der Standortentwicklung wertvolle Hinweise bereit.

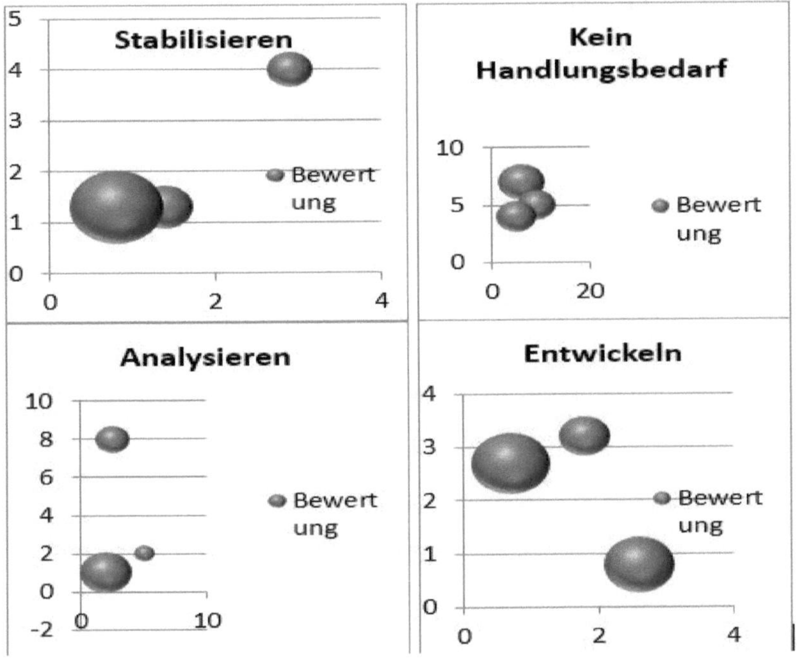

Aus allen vier, im Rahmen der Standort-Vermessung ermittelbaren Strategietypen können sich wichtige Konsequenzen für die zukünftige Standortarbeit ergeben, die akuten Handlungsdruck signalisieren. Des weiteren lassen sich Verantwortungsbereiche für die Entwicklung des Standortes klarer fassen und definieren, daraus abzuleitende Teilziele des Standortes können präziser formuliert werden.

Gewichtete Standortfaktoren

1. Einfache Gewichtung innerhalb Gesamt-Standort	
GP-1	%
GP-2	%
…….	…….
BK-4	%
BK-5	%
Alle Faktoren GESAMT	= 100%

2. Gewichtung innerhalb der Standort-Cluster	
GP-1	%
…….	………
Alle Faktoren im Cluster GP	= 100 %
GE-1	%
……	……….
Alle Faktoren im Cluster GE	= 100 %
HK-1	%
……..	……….
Alle Faktoren im Cluster HK	= 100 %
SK-1	%
………	……….
Alle Faktoren im Cluster SK	= 100 %
BK-1	%
………..	………..
Alle Faktoren im Cluster BK	= 100 %

3. Zusätzliche Gewichtung der Cluster		
GP-1	%	
…….	………	

Alle Faktoren im Cluster GP	= 100 %	Gewicht Cluster GP = %
GE-1	%	
……	……….	
Alle Faktoren im Cluster GE	= 100 %	Gewicht Cluster GE = %
HK-1	%	
……..	……….	
Alle Faktoren im Cluster HK	= 100 %	Gewicht Cluster HK = %
SK-1	%	
………	……….	
Alle Faktoren im Cluster SK	= 100 %	Gewicht Cluster SK = %
BK-1	%	
………..	………..	
Alle Faktoren im Cluster BK	= 100 %	Gewicht Cluster BK = %
	GESAMT	Alle Cluster = 100 %

Verknüpfung der Standortfaktoren

Die Erstellung einer Verknüpfungs-Matrix gibt gleichzeitig einen Anlass, um sich systematisch mit den zwischen Standortfaktoren bestehenden Verbindungen auseinanderzusetzen, die Wirkungen hinsichtlich ihrer Stärke und Dauer einmal genauer zu analysieren und in graphische Netzformen zu übersetzen. Bereits Diskussionen hierüber können nützliche Hinweise für Entscheidungsgrundlagen generieren.

Verknüpfung nach Wirkungsstärke:

Wirkungsstärke -3 bis - 3									
	GP-1	....	GE-1	....	HK-1	....	SK-1	....	BK-1....
GP-1		3	3	-1	0	1	1	2	3
......	1	2	2	-2	3	3	2	-1	0
GE-1	3	-1		0	1	-3	2	2	2
......	2	-3	1	0	3	2	1	3	1
HK-1	2	1	2	3		1	2	2	-2
....	1	2	3	1	3	0	1	3	1
SK-1	3	1	3	-2	3	1		2	3
.....	1	1	3	1	3	2	3	2	0
BK-1	1	3	0	1	3	2	-1	-3	
......	-2	1	2	3	0	2	2	1	3

Verknüpfung nach Wirkungsdauer:

Wirkungsdauer a - d									
	GP-1	....	GE-1	....	HK-1	....	SK-1	....	BK-1....
GP-1		d	a	a	a	b	a	a	a
......	a	a	a	c	c	d	a	c	c
GE-1	d	c		c	b	d	c	c	c
......	c	d	a	b	c	d	d	a	a
HK-1	c	a	a	b		c	c	c	c
....	a	a	b	c	a	a	a	c	c
SK-1	a	c	c	d	a	a		a	d
.....	a	c	b	c	b	b	a	d	a
BK-1	b	c	a	d	a	a	a	a	
......	a	a	d	a	a	d	a	d	a

Salve,
Nichts ist mehr so wie es war

wenn wir einmal die allgegenwärtige KI fragen würden……

In keiner Bilanz taucht auf, welches Image oder welche Ausstrahlungskraft ein Standort nach außen hin aufweist. Beschreibe, warum dies für die Arbeit eines Bürgermeisters so extrem wichtige Werte sein sollen

Das Image und die Ausstrahlungskraft eines Standorts sind essenzielle Werte für die Arbeit eines Bürgermeisters, weil sie entscheidend zur Attraktivität der Stadt beitragen und deren wirtschaftliche, soziale und kulturelle Entwicklung beeinflussen. Zum Beispiel:

Anziehungskraft für Investoren und Unternehmen

Ein Standort mit einem positiven Image wirkt wie eine Visitenkarte für potenzielle Investoren. Unternehmen suchen nicht nur günstige wirtschaftliche Rahmenbedingungen, sondern auch eine Umgebung, die Innovationskraft, Stabilität und Zukunftsfähigkeit signalisiert. Eine Stadt, die als modern, umweltfreundlich und wirtschaftsfreundlich wahrgenommen wird, zieht Unternehmen an und schafft Arbeitsplätze.

Attraktivität für Fachkräfte und Bürger

Fachkräfte entscheiden sich zunehmend für Lebensorte, die nicht nur berufliche, sondern auch persönliche Lebensqualität bieten. Ein gutes Image – geprägt von kulturellem Reichtum, einer lebendigen Gemeinschaft und attraktiven Freizeitangeboten – macht die Stadt zu einem begehrten Wohnort. Zufriedene Bürger tragen wiederum zum positiven Ruf der Stadt bei.

Wettbewerb zwischen Städten

Im Zeitalter der Globalisierung konkurrieren Städte nicht nur regional, sondern weltweit um Ressourcen, Talente und Fördermittel. Ein gutes Image kann den entscheidenden Vorteil im Wettbewerb um Fördergelder, internationale Partnerschaften und Großprojekte bringen.

Förderung des Tourismus

Städte mit einer starken Ausstrahlung ziehen Touristen an, was lokale Unternehmen wie Hotels, Restaurants und Einzelhandel stärkt. Tourismus wiederum belebt die lokale Wirtschaft und trägt zur Steigerung der Steuereinnahmen bei.

Identität und Stolz der Bevölkerung

Ein positives Image stärkt das Gemeinschaftsgefühl und den Stolz der Bürger. Wenn Menschen stolz auf ihren Wohnort sind, engagieren sie sich aktiver in der Stadtentwicklung und tragen dazu bei, das positive Bild weiter zu festigen.

Krisenfestigkeit und Vertrauen

In Zeiten von Herausforderungen oder Krisen – sei es durch wirtschaftliche Probleme oder Umweltkatastrophen – spielt das Image eine Schlüsselrolle. Eine Stadt mit einem guten Ruf wird als handlungsfähig und vertrauenswürdig wahrgenommen, was die Unterstützung durch externe Partner und die Bevölkerung erleichtert.

Fazit

Für einen Bürgermeister sind Image und Ausstrahlungskraft Werte, die langfristig über den Erfolg der Stadt entscheiden. Sie beeinflussen Investitionen, Lebensqualität, wirtschaftliche Stabilität und das Vertrauen in die kommunale Verwaltung. Ein gezieltes Standortmarketing und der Aufbau eines positiven Stadtimages sollten daher integrale Bestandteile der strategischen Planung sein.

KI Ende

Ohne ein Roboter zu sein, könnte man als Mensch vielleicht meinen:

Storytelling
Content
Inspiration
Diskurs
DecisionSupport

Gehirntraining - wenn es gut werden soll

Verstehen lernen
Vernetzt denken
Potenziale ausschöpfen
Komplexität reduzieren
Gestaltbar machen
Wissen transferieren
Proaktiv agieren

Executive Coaching
Denkstudio für strategisches Wissensmanagement
SMART - Ziele sollten SMART (spezifisch, messbar, erreichbar, relevant und zeitgebunden) sein.

Eigen- und Fremdbild des Standortes

Es gibt keine guten und schlechten, sondern nur geeignete oder ungeeignete Standorte. D.h. je nach Sichtweise, Problematik und Anforderungen wird ein und derselbe Standort immer aus unterschiedlichen Perspektiven heraus gesehen. Mit ihrem me-

thodisch gleichen Aufbau stellt die Standortbilanz Instrumente bereit, um unterschiedliche Ansichten, Bewertungen und Sichtweisen abgleichen und sich gegebenenfalls darstellende Lücken interpretieren zu können. Die Innensicht der Standortes wird durch die entsprechende Außensicht erweitert.

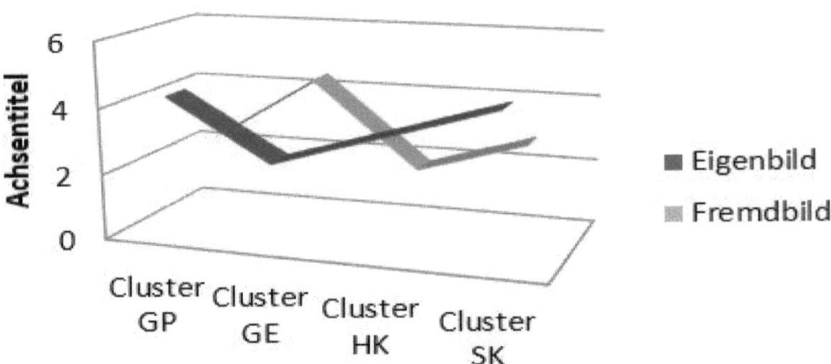

Gerade Investoren und Kapitalgeber dürften bei großen Bewertungsabweichungen zwischen Innen- und Außenansichten des Standortes hellhörig werden und gegebenenfalls ein umfassenderes Bild bezüglich der Vermessung des Standortes einfordern.

Standortprofil-Diagramm

Das gesamte Profil des Standortes wird mit allen Facetten, d.h. allen in Betracht kommenden Standortfaktoren auf einen Blick erfassbar dargestellt.

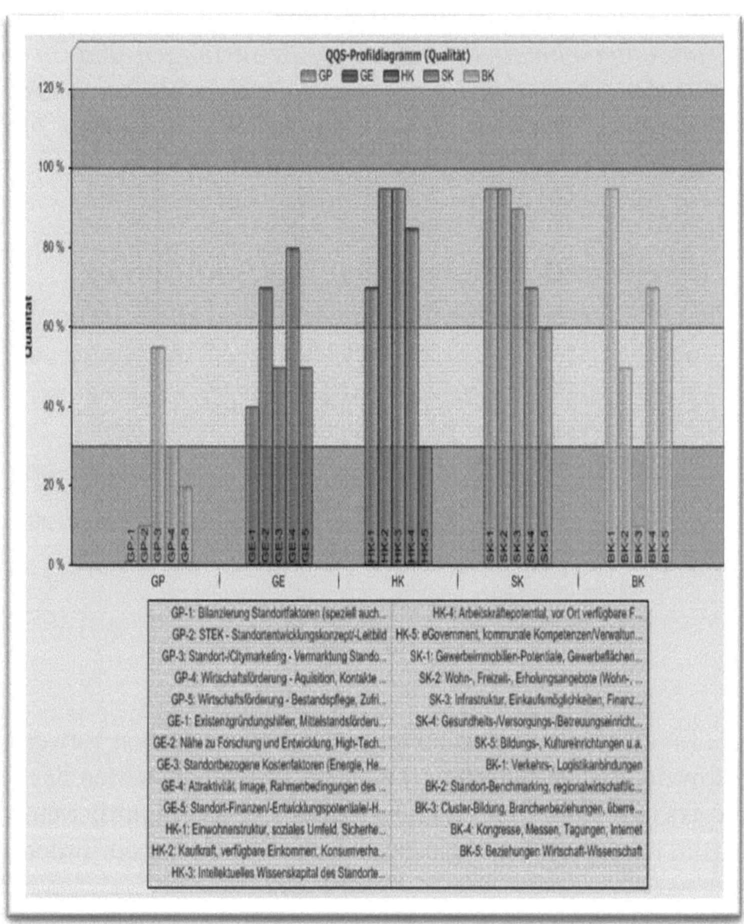

Standortportfolio nach Bewertungsdimension

Die Standortfaktoren werden auf Basis der drei unterschiedlichen Bewertungsdimensionen Quantität, Qualität und Systematik übersichtsweise in einem 4-Quadranten-Portfolio abgebildet.

Die Größe der Kreise zeigt die Bewertung des Standortfaktors je nach gewählter Bewertungsdimension an. Die Lage des Kreises, d.h. ob er sich im 1., 2., 3. oder 4. Quadranten befindet, gibt Hinweise auf weitere Handlungsnotwendigkeiten und -potenziale des Faktors.

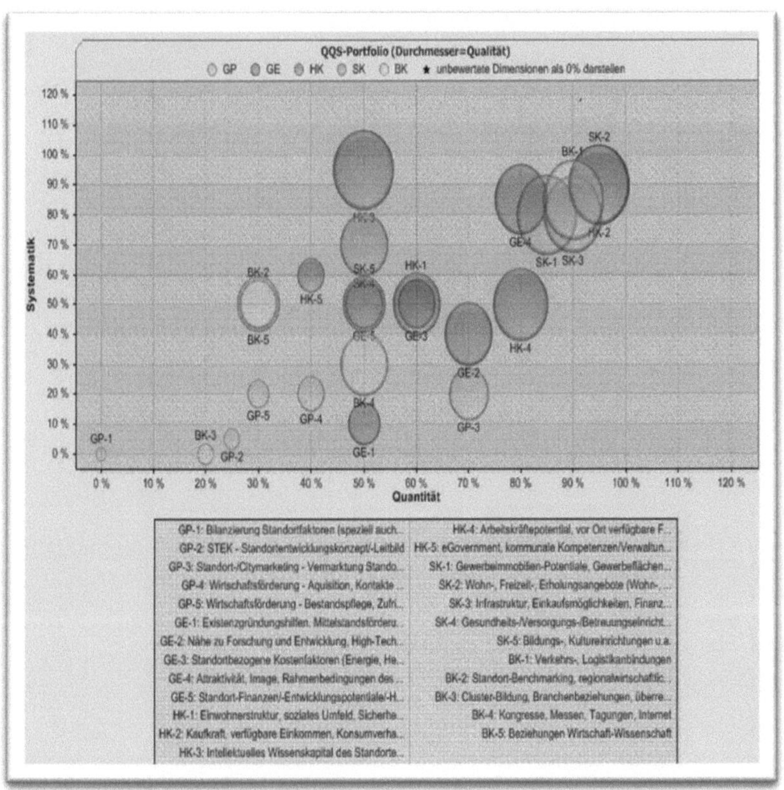

Standort-Ampeldiagramm

Nach dem für jedermann verstehbaren Prinzip der Ampel wird auf einen Blick klar, welche Standortfaktoren jeweils im grünen oder gelben oder sogar im roten Bereich liegen.

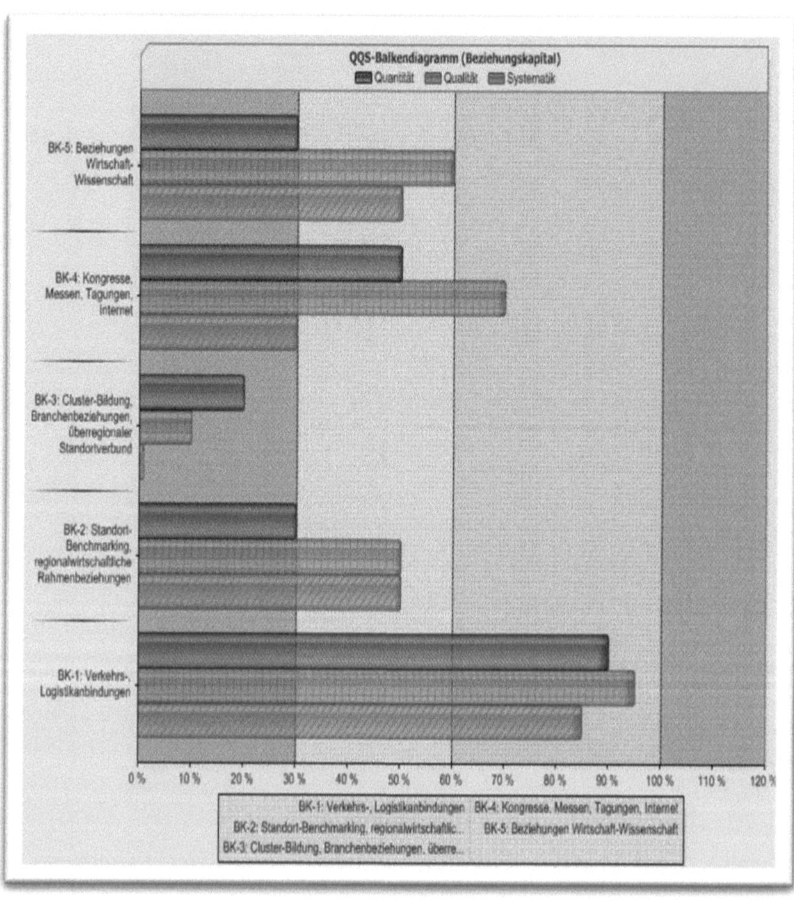

Standortfaktor-Wirkungsnetz

Zwischen einzelnen Standortfaktoren bestehen vielfältige Wirkungsbeziehungen von unterschiedlicher Stärke und Dauer. In ihren Einzelheiten sind solche Verknüpfungen kaum bekannt. Für eine fundierte Diskussions- und Entscheidungsgrundlage fehlen übersichtliche und je nach Bedarf flexibel anpassbare Darstellungsformen. Die Standortbilanz schafft Abhilfe.

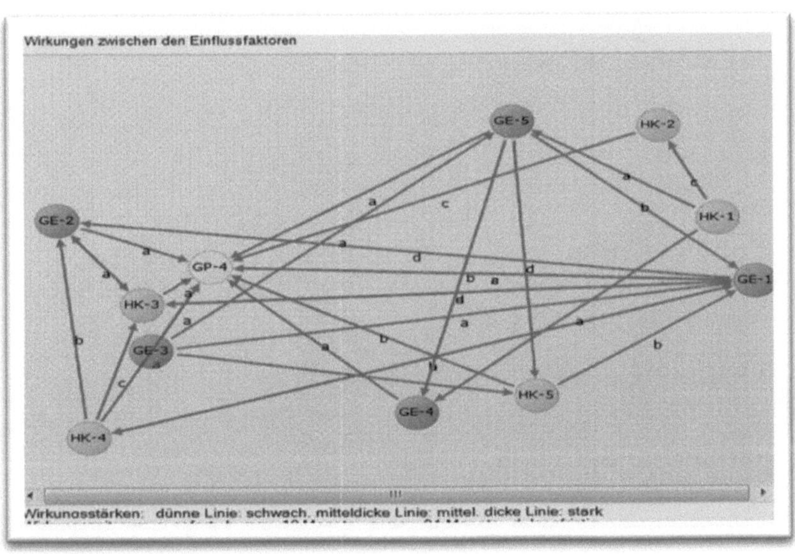

Standortpotenzial-Portfolio

Die Standortfaktoren werden mit einer zusammengefassten Bewertung für alle drei Dimensionen Quantität, Qualität und Systematik dargestellt. Je nach vorgenommener Bewertung erfolgt eine Zuordnung auf einen der vier Empfehlungs-Quadranten

„Analysieren“, „Entwickeln“, „Stabilisieren“ oder „Kein Handlungsbedarf“. Auf einen Blick wird sichtbar, welche Standortfaktoren das größte Entwicklungspotenzial versprechen.

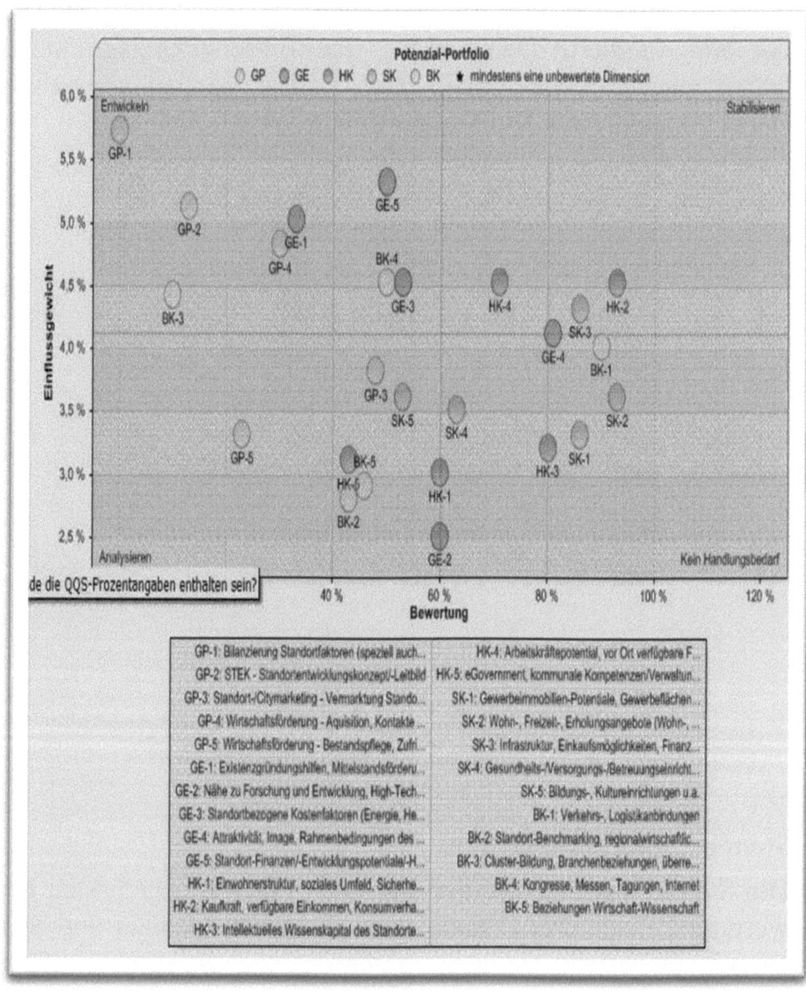

Salve,
Nichts ist mehr so wie es war

wenn wir einmal die allgegenwärtige KI fragen würden……

Ein Arbeitskreis zum Thema Recycling von Wertstoffen und Kreislaufwirtschaft könnte eine Reihe konkreter Vorschläge erarbeiten, um die Plastikmüllproblematik vor Ort anzugehen. Diese Vorschläge könnten folgende Maßnahmen umfassen:

Optimierung der Mülltrennung und Recycling-Infrastruktur

- **Verbesserte Sammelsysteme:** Einführung zusätzlicher Wertstofftonnen für spezifische Plastikarten, um die Recyclingquote zu erhöhen.
- **Zentrale Sammelstellen:** Errichtung von Sammelstellen für schwer recycelbare Kunststoffe wie Verbundmaterialien.
- **Sensortechnologie:** Einsatz smarter Müllbehälter, die Füllstände überwachen und die Abholung optimieren.

Förderung von Mehrweg-Systemen

- **Mehrwegverpackungen:** Einführung eines lokalen Pfandsystems für Plastikverpackungen und -behälter, ähnlich wie bei Glasflaschen.

- **Unterstützung von Unverpackt-Läden:** Förderung von Geschäften, die den Verkauf ohne Einwegverpackungen anbieten.
- **Mehrwegbecher im Gastronomiebereich:** Verbindliche Einführung von wiederverwendbaren Bechern in Cafés und bei Veranstaltungen.

Bildung und Öffentlichkeitsarbeit

- **Aufklärungskampagnen:** Sensibilisierung der Bürger für die richtige Mülltrennung und die Bedeutung von Recycling.
- **Workshops und Schulprogramme:** Veranstaltungen für Schulen und Vereine, um Kinder und Jugendliche für Umweltschutz zu begeistern.
- **Transparenz im Recyclingprozess:** Regelmäßige Berichte über die Recyclingquoten und den Verbleib der gesammelten Wertstoffe.

Förderung von Innovationen und Start-ups im Bereich Recycling

- **Innovationswettbewerbe:** Auslobung eines Preises für kreative Lösungen zur Reduzierung von Plastikmüll.
- **Förderprogramme:** Unterstützung von Unternehmen, die innovative Recyclingtechnologien oder biologisch abbaubare Alternativen entwickeln.

Einführung eines lokalen Plastikmonitorings

- **Erhebung von Daten:** Regelmäßige Analyse des Plastikmüllaufkommens und Identifikation der Hauptquellen.
- **Kunststoffvermeidungskonzepte:** Entwicklung spezifischer Maßnahmen zur Reduzierung von Plastik in den identifizierten Problemfeldern, wie Verpackungsmaterialien oder Einwegartikeln.

Förderung der Kreislaufwirtschaft in der lokalen Wirtschaft

- **Verpflichtung für Unternehmen:** Einführung von Vorgaben, die Unternehmen dazu anregen, recycelte Materialien in der Produktion einzusetzen.
- **Reparaturcafés:** Unterstützung von Initiativen, die defekte Kunststoffprodukte reparieren und wiederverwenden.
- **Kooperationen mit Handel und Industrie:** Entwicklung von Programmen, um Verpackungsabfälle zu reduzieren und recyclingfreundliche Materialien zu fördern.

Kommunale Vorschriften zur Müllvermeidung

- **Verbot von Einwegplastik bei städtischen Veranstaltungen:** Verpflichtung zu nachhaltigen Alternativen bei Events.
- **Gebührenanreize:** Einführung gestaffelter Müllgebühren, die Anreize zur Reduktion und besseren Trennung bieten.

- **Förderung von plastikfreien Produkten:** Bevorzugung von Unternehmen und Anbietern, die plastikfreie Produkte und Verpackungen verwenden.

Fazit

Der Arbeitskreis könnte eine umfassende Strategie entwickeln, die sowohl kurzfristige als auch langfristige Maßnahmen umfasst. Ziel ist es, den Plastikmüll vor Ort zu minimieren, die Recyclingquote zu steigern und eine Vorbildfunktion für andere Kommunen einzunehmen.

KI Ende

Ohne ein Roboter zu sein, könnte man als Mensch vielleicht meinen:

Fiktive Dialoge - ein paar Stunden Intensivcoaching

Denkanstöße

Wissensmanagement

Storytelling

Content

Inspiration

Diskurs

DecisionSupport

Gehirntraining - wenn es gut werden soll
Verstehen lernen
Vernetzt denken
Potenziale ausschöpfen
Komplexität reduzieren
Gestaltbar machen
Wissen transferieren
Proaktiv agieren

Executive Coaching
Denkstudio für strategisches Wissensmanagement
SMART - Ziele sollten SMART (spezifisch, messbar, erreichbar, relevant und zeitgebunden) sein.

Je nachdem, wer jeweils befragt wird, hat oft unterschiedliche Standortfaktoren in seinem Blickfeld oder vertritt eine andere Ansicht, welche hiervon für ihn nun wichtig oder weniger wichtig sind. Die größte Unterschiedslinie dürfte dabei zwischen Innen- und Außenansichten eines Standortes verlaufen. D.h. zwischen bereits vor Ort befindlichen Einwohnern und Firmen, die sich tagtäglich mit der Alltagspraxis des Standortes konfrontiert sehen und für die manchmal auch schon beim ersten Hinsehen nur als Kleinigkeiten erscheinende Standortfaktoren von immenser Bedeutung sein können. Und jenen, die wie beispielsweise die meisten Ansiedlungsinteressierten zunächst quasi nur aus der Vogelperspektive von außen oder oben auf einen

Standort schauen und „innere“ Faktoren und mehr unter der Oberfläche verlaufende Wirkungsbeziehungen noch gar nicht richtig wahrnehmen können bzw. nur eine geringe Aufmerksamkeit schenken.

Übersichtlichkeit und Transparenz

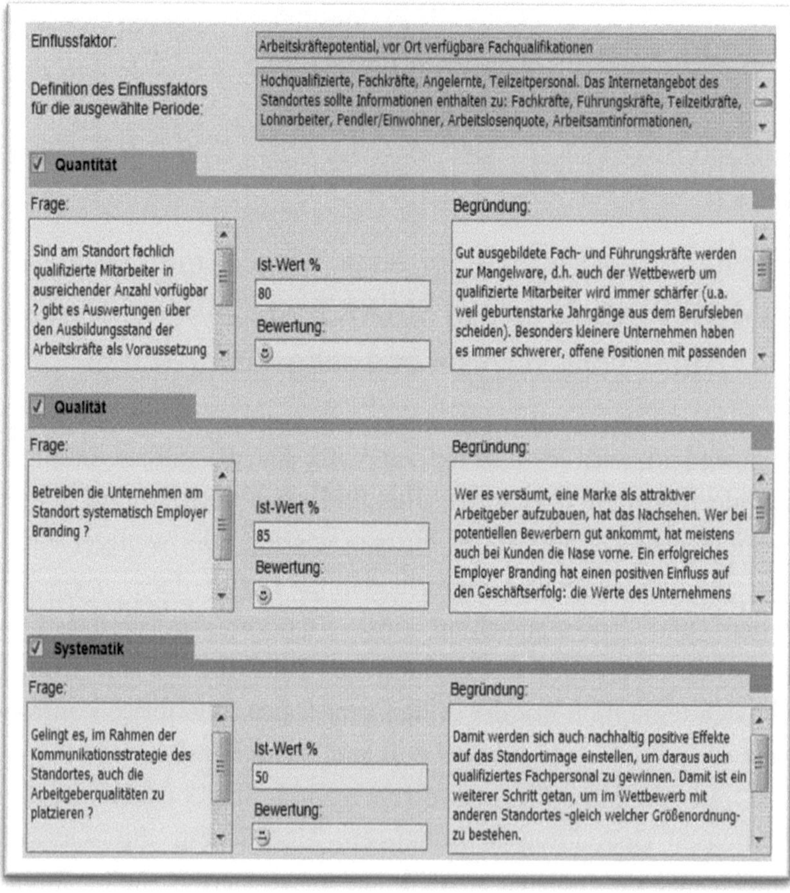

Sowohl die für Standortfaktoren vorgenommenen Bewertungen als auch die diesen Faktoren zugeordneten Indikatoren sind nach einem einheitlichen Muster strukturiert und einfach nachvollziehbar, d.h. somit auch überprüfbar.

Einflussfaktoren

ID	Einflussfaktor	Aktiv	Qn-Ist %	Ql-Ist %	Sy-Ist %
GE-6	Standort-Finanzen/-Entwicklungspotentiale/-Handlungsspielräume/-Risiken	☑	50	50	50
HK-1	Einwohnerstruktur, soziales Umfeld, Sicherheit	☑	60	70	50
HK-2	Kaufkraft, verfügbare Einkommen, Konsumverhalten	☑	95	95	90
HK-3	Intellektuelles Wissenskapital des Standortes, Kompetenznetzwerke	☑	50	95	95
HK-4	Arbeitskräftepotential, vor Ort verfügbare Fachqualifikationen	☑	80	85	50

Zugeordnete Indikatoren des oben ausgewählten Einflussfaktors

Indikator	Maßeinheit	Aktiv	Ist-Wert
Arbeitslosenquote	%	☑	7,5
Arbeitskostenindex, Lohn-/Gehaltsniveau	Bewert. Ziffer	☑	3
Arbeitskräfteverfügbarkeit	Bewert. Ziffer	☑	3
Verfügbares Fachkräftepotential	%	☑	25
Verfügbares Teilkräftepotential	%	☑	10
Verfügbares Anlernkräftepotential	%	☑	9
Entwicklung Zahl der Erwerbstätigen	Bewert. Ziffer	☑	2
Stundenproduktivität	Ziffer	☑	2
Arbeitskosten pro Stunde	Ziffer	☑	3
Geleistete Arbeitsstunden pro Einwohner	Anzahl	☑	650

Auch innerhalb eines Standortes ist die Wahrnehmung von Standortfaktoren kaum einheitlich. Zu differenziert sind nicht nur die Interessen, sondern auch die Wahrnehmungsbilder. Um nur einige der wichtigsten Gruppen zu nennen: zum einen sind da die Standort-Verantwortlichen mit ihren unterschiedlichen Verwaltungsfunktionen und politischen bzw. kommunalpolitischen Ansichten und Meinungen.

Leicht verständliche Darstellung

Beispiele, auf welche Weise auch komplizierte Standort-Sachver-halte leicht verständlich dargestellt werden, sind Smiley- oder Ampel-Darstellungen:

Qn-Ist %		Ql-Ist %		Sy-Ist %	
0		0		0	
25		10		5	
70		55		20	
40		30		20	
30		20		20	
50		40		10	
70		70		40	
60		50		50	
80		80		85	
50		50		50	
60		70		50	
95		95		90	
50		95		95	
80		85		50	
40		30		60	
85		95		80	
95		95		90	
90		90		80	
50		70		70	
50		60		50	
90		95		85	
30		50		50	
20		10		0	
50		70		30	
30		60		50	

Bestimmt nicht weniger wichtig wird die mit Abstand zahlenmäßig größte Gruppe durch die Einwohnerschaft mit ihren unterschiedlichen sozialen und altersmäßigen Gruppierungen gebildet. Und die Haushalte des Standortes werden zu großen Teilen von den vor Ort tätigen Gewerbesteuerzahlern getragen. Allein aus diesen Beispielen wird deutlich, welche Schwierigkeiten auftreten können, eine klare Aussage darüber zu treffen, was ein Standort ist und (noch schwieriger) was ein Standort sein will.

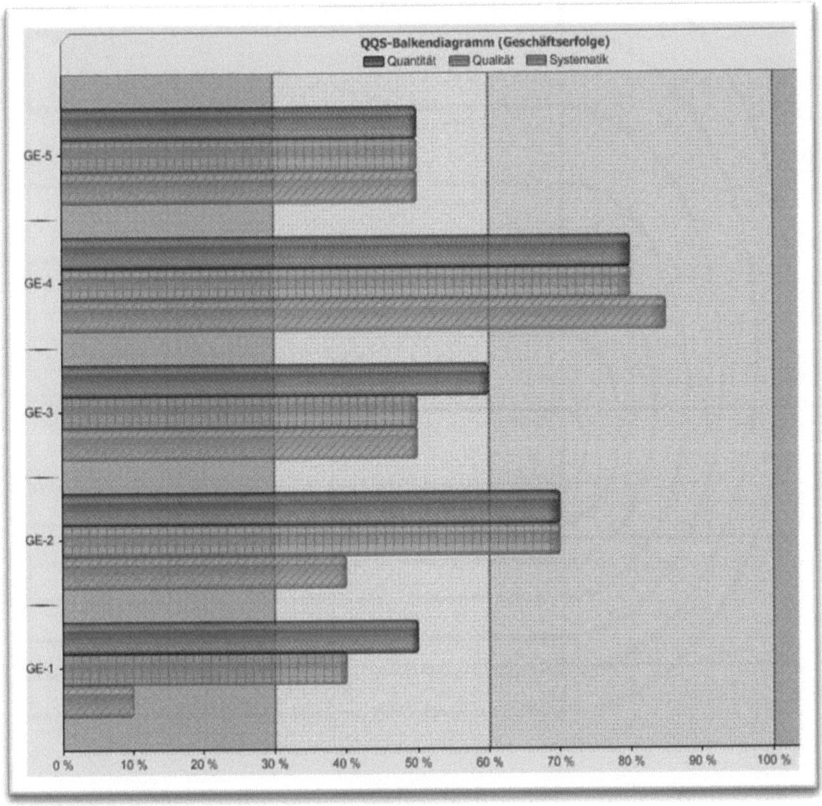

Einheitlicher Aufbau

Standortbilanzen können aus unterschiedlichen Sichtweisen (z.B. Innen- oder Außenbetrachtung), von unterschiedlichen Personen oder Stellen, für unterschiedliche Standorte oder auch nur Bereiche hiervon, für unterschiedliche Zeiträume und Zeitpunkte aufge-nommen und zusammengestellt werden. Aufbau und Struktur bleiben hiervon unabhängig immer gleich.

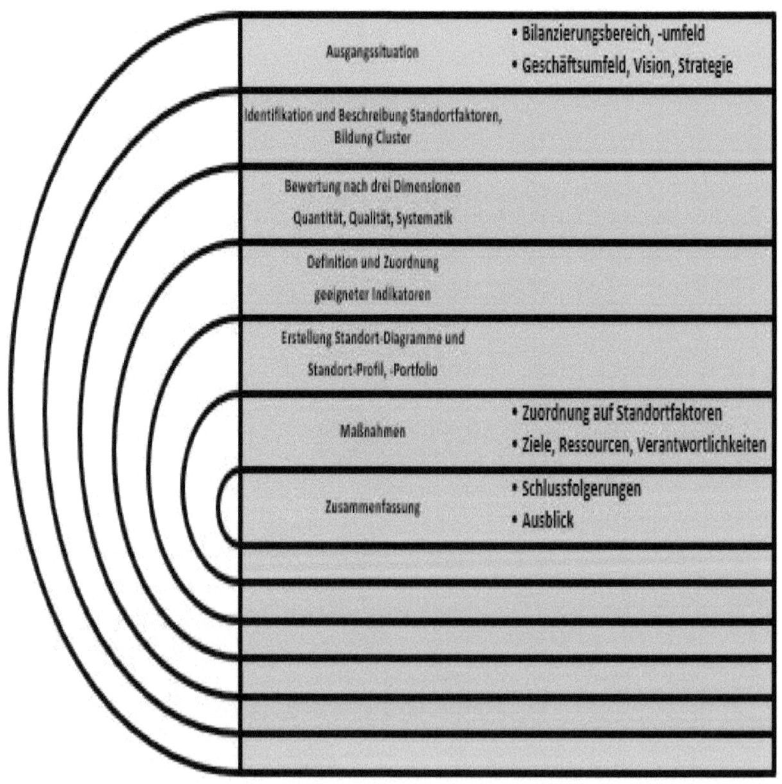

Durchgängig bruchfreie Systematik und Abstimmbarkeit

a) *Einheitliche Abgrenzung und Zuordnung auf Faktoren-Cluster*
b) *Einheitliche Bewertungsmethoden nach Quantität, Qualität und Systematik*
c) *Eindeutige Zuordnung von Indikatoren von Standortfaktoren*
d) *Einheitliche Definition und Interpretation von Indikatoren*
e) *Eindeutige Zuordnung von Maßnahmen auf Standortfaktoren*
f) *Einheitliche Strukturierung von Maßnahmen*
g) *Eindeutige Verknüpfung von Faktoren nach Wirkungsstärke und –dauer*
h) *Alle Einzel-Tatbestände im System durchgängig abstimmfähig*
i) *Zeitlich oder lokal unterschiedliche Standortbilanzen immer vergleichbar*

Salve,
Nichts ist mehr so wie es war

wenn wir einmal die allgegenwärtige KI fragen würden……

Die Autorität von Experten basiert weniger auf dem Umstand, mehr zu wissen. Als vielmehr darauf, den strukturellen Über-

blick zu besitzen, um neues Wissen einordnen zu können. Beschreibe, welche Schlussfolgerungen der Bürgermeister hieraus für seine Standortpolitik zieht

Aus der Erkenntnis, dass die Autorität von Experten auf ihrem strukturellen Überblick und der Fähigkeit zur Einordnung neuen Wissens basiert, kann ein Bürgermeister folgende Schlüsse für seine Standortpolitik ziehen:

Förderung interdisziplinärer Zusammenarbeit

Experten aus verschiedenen Bereichen (Wirtschaft, Umwelt, Bildung, Infrastruktur) sollten regelmäßig in Arbeitskreisen zusammenkommen. Dies ermöglicht es, neue Entwicklungen und Herausforderungen ganzheitlich zu betrachten und Lösungen zu entwickeln, die verschiedene Perspektiven berücksichtigen.

Aufbau eines Kompetenzzentrums

Ein Kompetenzzentrum für Standortentwicklung könnte eingerichtet werden, in dem Experten unterschiedlicher Fachrichtungen ihr Wissen bündeln. Dieses Zentrum würde nicht nur Daten sammeln und analysieren, sondern auch neue Erkenntnisse in den Kontext der lokalen Gegebenheiten setzen, um fundierte Entscheidungen zu ermöglichen.

Dynamisches Wissensmanagement

Die Standortpolitik sollte flexible Mechanismen schaffen, um neues Wissen kontinuierlich zu integrieren. Das könnte durch die Einführung eines digitalen Wissensportals geschehen, das als Plattform für den Austausch von Informationen, Forschungsergebnissen und Best Practices dient.

Strategische Bildung von Netzwerken

Der Bürgermeister sollte gezielt Netzwerke mit Universitäten, Forschungsinstituten und Unternehmen fördern. Dadurch wird sichergestellt, dass neue wissenschaftliche und technologische Erkenntnisse frühzeitig erkannt und in die lokale Entwicklung eingebunden werden.

Förderung von Weiterbildung und Qualifizierung

Die Kompetenz der städtischen Mitarbeiter muss stetig weiterentwickelt werden, damit sie in der Lage sind, strukturelle Zusammenhänge zu erkennen und innovative Lösungsansätze zu erarbeiten. Regelmäßige Schulungen und Weiterbildungsprogramme können diesen Überblick fördern.

Priorisierung von Pilotprojekten und Experimentierfeldern

Die Standortpolitik sollte Raum für Experimente bieten, um neue Ideen und Technologien auf ihre Praxistauglichkeit zu testen. Pilotprojekte, etwa im Bereich der Energieversorgung oder der Mobilität, erlauben es, strukturelle Erkenntnisse zu gewinnen und fundierte Entscheidungen für eine breitere Umsetzung zu treffen.

Kommunikation und Bürgerbeteiligung

Expertenwissen muss in verständlicher Weise kommuniziert werden, damit es für Bürger nachvollziehbar und glaubwürdig ist. Dies stärkt die Akzeptanz von Maßnahmen. Ein partizipativer Ansatz, bei dem Bürger in Entscheidungsprozesse eingebunden werden, schafft Vertrauen und stärkt das Gemeinschaftsgefühl.

Krisenprävention durch Weitblick

Ein Bürgermeister sollte durch den Überblick seiner Experten vorausschauend agieren und auf potenzielle Herausforderungen wie demografischen Wandel, Klimawandel oder technologische Disruptionen vorbereitet sein. Eine strukturierte Analyse ermöglicht es, frühzeitig präventive Maßnahmen zu ergreifen.

Fazit

Die Standortpolitik sollte nicht nur auf kurzfristige Erfolge abzielen, sondern durch strukturellen Überblick und die Einordnung neuen Wissens langfristig tragfähige und innovative Lösungen entwickeln. Der Bürgermeister wird so zum Impulsgeber, der strategische Leitlinien setzt und den Standort zukunftsfähig macht.

KI Ende

Ohne ein Roboter zu sein, könnte man als Mensch vielleicht meinen:

Fiktive Dialoge - ein paar Stunden Intensivcoaching

Denkanstöße

Wissensmanagement

Storytelling

Content

Inspiration

Diskurs

DecisionSupport

Gehirntraining - wenn es gut werden soll

Verstehen lernen

Vernetzt denken

Potenziale ausschöpfen

Komplexität reduzieren

Gestaltbar machen

Wissen transferieren

Proaktiv agieren

Executive Coaching

Denkstudio für strategisches Wissensmanagement

SMART - Ziele sollten SMART (spezifisch, messbar, erreichbar, relevant und zeitgebunden) sein.

Zahlenorientierte Denkweise

Mit Hilfe von klar strukturierten Bewertungsansätzen und weitestmöglicher Einbeziehung von zahlenmäßig kontrollierbaren Indikatoren erfolgt eine möglichst weite Annäherung an in der Wirtschaftswelt übliche Denkweisen. Besonders gegenüber der Investoren- und Kreditgeberseite können damit Akzeptanz und Glaubwürdigkeit verbessert werden. Vielfach vorausgesetzten Anforderungen bezüglich der Darstellung des Standortes in seinen qualitativen Bereichen und Potenzialen kann damit besser entsprochen werden.

Vollständigkeit

Die Standortbilanz ist bereits vom Ansatz her auf eine ganzheitliche Betrachtungsweise hin angelegt. Das Schwergewicht wird insbesondere auf die sogenannten „weichen“ Standortfaktoren gelegt. Da bereits standardmäßig immer die fünf Cluster Geschäftsprozesse, Erfolgsfaktoren, Humanfaktoren, Strukturfaktoren und Beziehungsfaktoren vorstrukturiert sind, kann ein Standort nicht auf mehr oder weniger willkürlich herausgesuchte Einzelaspekte reduziert werden. Somit können sowohl vielseitige Informationsanforderungen aus unterschiedlichsten Richtungen als auch zahlreiche Planungs- und Entscheidungszwecke abgedeckt werden.

Zusammenfassung Vorgehen und Nutzen

Wer seinen Standort erfolgreich durch schwieriges Gewässer steuern will muss wissen, wo er steht. Ausgangspunkt und Basis einer systematischen Vorgehensweise ist daher:

1. Beschreibung des Standort-Umfeldes

Hierzu gehören folgende Unterpunkte:

1a.
Wirtschaftsförderung definiert im Detail, welcher Bereich, welche Funktionen des Standortes durch eine Analyse mit daraus entwickelter Standortbilanz abgedeckt werden sollen (**Bilanzierungsbereich**).

1b.
Wirtschaftsförderung stellt eine aktuelle Bestandsaufnahme (Status Quo) des **aktuellen Geschäftsumfeldes** zusammen (z.B. SWOT- Analyse, Benchmarking).

1c.
Wirtschaftsförderung stellt alle Unterlagen über eine für den Standort für die weitere Zukunft verfolgte **Vision** (= Leitbild des Standortes) zusammen.

1d.
Wirtschaftsförderung stellt Ausarbeitungen über **Strategie** zusammen, die verfolgt werden sollen, um die Vision, das Leitbild des Standortes auch in die Praxis umsetzen zu können.

(Über Punkt 1a. sollte von Beginn an Klarheit bestehen, die Punkte 1b. – 1d. können auch parallel zu späteren Schritten erarbeitet oder falls nicht anders möglich, später ergänzt werden)

Grundlage und Voraussetzung für eine praktische Umsetzung der beschriebenen Vorgehenssystematik ist eine möglichst vollständige Identifizierung und klare Strukturierung aller in Frage kommender Standortfaktoren. Vorgeschlagen wird hierzu eine Aufteilung und Abgrenzung nach Standort-Geschäftsprozessen, Standort-Erfolgs-faktoren, Standort-Humanfaktoren, Standort-Strukturfaktoren und Standort-Beziehungsfaktoren. Auf diesem Weg würde erarbeitet:

2. Identifizierungssystematik für Standortfaktoren, -prozessen

(1. Standort-Geschäftsprozesse, 2. Standort-Erfolgsfaktoren, 3. Standort-Humanfaktoren, 4. Standort-Strukturfaktoren, 5. Standort- Beziehungsfaktoren)

Hierzu gehören folgende Unterpunkte:

2a.
Entwurf, Abstimmung der Inhalte und Erhebungsziele, beispielsweise

- Erhebungsbogen für interne Zwecke der Eigenbildanalyse einsetzbar machen
- Erhebungsbogen einsetzen für externe Zwecke der Fremdbildanalyse einsetzbar machen
- Aufbau des Erhebungsbogen als Vorbereitung für die spätere Erstellung einer Standortbilanz vorbereiten

2b.
Wirtschaftsförderung stellt alle Angaben zu abgefragten Standortfaktoren und -prozessen zusammen:

a) interne Angaben = Eigenbildanalyse,
b) externe Angaben, falls verfügbar = Fremdbildanalyse

2c.
Wirtschaftsförderung erstellt detaillierte Beschreibungen der identifizierten Standortfaktoren, -prozesse u. -erfolgsfaktoren

(Punkt 2c. kann unter Umständen auch später ergänzt und vervollständigt werden)

3. Entwicklung Grundgerüst für spätere Standortbilanz.

Aufgrund der identifizierten Faktoren und Prozesse soll für den Standort die Struktur seiner Bilanzierung entwickelt werden. Dies beinhaltet eine detaillierte Vorstellung darüber, was anschließend bewertet, gemessen und in seinen Wirkungsbeziehungen analysiert werden soll.

4. Bewertungsbogen für Standortfaktoren und -prozessen

Hierzu gehören folgende Unterpunkte:

4a.
Festlegung eines Bewertungsschemas nach Quantität, Qualität, Systematik

4b.
Entwurf, Abstimmung Bewertungsbogen
4c.
Wirtschaftsförderung koordiniert Ablauf und Durchführung der internen Bewertungen
4d.
Erfassung der durch die Wirtschaftsförderung bereit gestellten Bewertungen im Grundgerüst der Standortbilanz

5. Ermittlung der Wirkungsstärke zwischen Standortfaktoren

Hierzu gehören folgende Unterpunkte:

5a.
Entwurf, Abstimmung eines Bewertungs- und Erfassungsschemas für Wirkungsstärken
5b.
Wirtschaftsförderung koordiniert Ablauf und Durchführung der internen Bewertung von Wirkungsstärken
5c.
Erfassung der Bewertungen im Grundgerüst der Standortbilanz

6. Ermittlung der Wirkungsdauer zwischen Standortfaktoren

Hierzu gehören folgende Unterpunkte:

6a.
Entwurf, Abstimmung eines Bewertungs- und Erfassungsschemas für Wirkungsdauer

6b.
Wirtschaftsförderung koordiniert Ablauf und Durchführung der internen Bewertung von Wirkungsdauer
6c.
Erfassung der Bewertungen im Grundgerüst der Standortbilanz

7. Vorläufige Analyse-Diagramme für den Standort

Hierzu gehören folgende Unterpunkte:

7a.
Erstellung von vorläufigen **Standort-Portfolios** nach Qualität, Quantität, Systematik/Nachhaltigkeit von Standortfaktoren/ -prozessen

7b.
Erstellung von vorläufigen **Diagrammen nach dem Ampel-prinzip**, mit denen auf einen Blick erkennbar gemacht werden soll, welche Faktoren mit welchen Merkmalen im grünen, gelben oder roten Bereich liegen

7c.
Erstellung von vorläufigen **Standort-Potentialanalysen**, mit denen auf einen Blick erkennbar gemacht werden soll, welche Faktoren analysiert werden sollten, ein Eingreifen erfordern oder stabilisiert werden sollten.

8. Vorläufige graphische Wirkungsnetze für Standortfaktoren

Hierzu gehören folgende Unterpunkte

8a.
Wirtschaftsförderung definiert, welche Standortfaktoren vorrangig auf ihre Wirkungsbeziehungen (Stärke und Dauer) untereinander hin analysiert und dargestellt werden sollen

8b.
Erstellung graphische Wirkungsnetze der Standortfaktoren gemäß Pkt. 8a.

Die Standortbilanz ist eine zentrale Studie, die eine ganzheitlich ausgerichtete **Standortbestimmung** auf lokaler, regionaler Ebene erlaubt.

Die Standortbilanz ist ein Instrument, mit dessen Hilfe der Standort eine **Schärfung seines Profils** (sowohl in der Breite als auch in der Tiefe der Darstellung) im überregionalen Benchmarking und Standortwettbewerb bewirken kann.

Die Standortbilanz funktioniert als **360-Grad-Radarschirm** für verschiedene Beobachtungszwecke und -ebenen, mit dem insbesondere auch „weiche" Standortfaktoren umfassend identifiziert, differenziert abgebildet sowie systematisch bewertet werden können.

Aus den Ergebnissen der Standortbilanz (beispielsweise einem Potenzial-Portfolio) können für den Standort fundierte, abstimmungsfähige **Maßnahmen- und Handlungsempfehlungen** abgeleitet werden.

Die Standortbilanz unterstützt die Früherkennung künftiger Chancen und Risiken. Da eine reine Status-quo-

Berichterstattung auf Dauer nicht ausreicht, kann diese für zukünftige Perspektiven des Standortes um **Prognoseziele** erweitert werden.

Viele Formen der Darstellungsweise, wie z.B. Ampel-Diagramme mit rot-gelb-grün-Bereichen für die Bewertung von Standortfaktoren, sind **einfach verstehbar** und können gegenüber außenstehenden Dritten auch dadurch die Glaubwürdigkeit und Akzeptanz erhöhen.

Die Standortbilanz ist auf einer auch in der Wirtschaft gängigen Systematik aufgebaut und kommt daher der **Denkweise von potenziellen Investoren**, Finanzleuten u.a. entgegen.

Es wird ein wirksames Instrument des Standortmarketing geschaffen, mit dem **aktiv (nicht nur reaktiv) gehandelt** und auf möglicherweise für den Standort zu gewinnende Firmen bzw. deren Entscheidungsträger zugegangen werden kann.

Die Standortbilanz kann als **breite Kommunikationsplattform** für die Moderation von Planungsverfahren des Standortes eingesetzt werden. Nichts ist so überzeugend wie eine **Anschaulichkeit**, wie sie in Form von Portfolio-, Ampeldiagramm- und Wirkungsnetz-Darstellungen geboten wird.

Die Standortbilanz kann den **Informationsaustausch/-abgleich zwischen verschiedenen politischen Ebenen** und Funktionsträgern des Standortes (interne Abstimmungsprozesse mit meist unterschiedlichem Kenntnisstand) erleichtern und beschleunigen. Dabei werden auch ganzheitliche, strategische Denkweisen gefördert.

Die **Systematik und logische Strukturierung** der Standortbilanz erzwingt eine Vorgehensweise, mit der Bruchstellen und Widersprüchlichkeiten in der Bewertung und Steuerung von Standortfaktoren vermieden werden können.

Die Darstellung legt auch die **Dynamik der Wirkungsbeziehungen** zwischen Standortfaktoren mit Hebel- und Rückkoppelungseffekten offen (graphische Netzdarstellung).

Die für die Erstellung einer Standortbilanz notwendigen **Kosten fallen nicht wiederholt an**, da einmal erfasste Grunddaten und -strukturen bei einer Aktualisierung nur noch ergänzt und fortgeschrieben werden müssen.

Auf der Zeitachse können durch den Vergleich fortgeschriebener Bilanzen **Entwicklungen und Trends des Standortes ablesbar** gemacht werden. Das Monitoring der Standortbilanz ist ein **Gradmesser**, der zeigt, wie der Standort auf der Wegstrecke zwischen zwei Untersuchungszeitpunkten vorangekommen ist.

Das Verfahren der Bilanzerstellung kann im Rahmen von Expertenbefragungen (Fremdbildanalyse) auch als **Instrument der Bestandspflege** eingesetzt und genutzt werden.

Mit Hilfe der Standortbilanz kann nicht nur das „Was-ist", sondern auch das **„Was-sein-könnte" (Potenziale, Perspektiven** des Standortes) verdeutlicht werden.

Im Wettbewerb der Standorte spielen „weiche", oft als nicht bewertbar beurteilte Standortfaktoren eine immer wichtigere Rolle. Über die Standortbilanz können diese „Intangibles" einer

transparent nachvollziehbaren und einheitlich durchgängigen Bewertungssystematik zugeführt werden.

Wenn man einen Standort umfassend, transparent und nachvollziehbar bewerten kann, erlangt er dadurch auch für potenzielle Investoren ein **größeres Interesse und einen höheren Aufmerksamkeitsgrad**.

Ob der oben beschriebene Vorteil- und Nutzenkatalog in dieser Form umgesetzt werden kann, hängt einzig und allein von Qualität und Vollständigkeit seitens des Standortes, d.h. in der Regel von den seitens der Wirtschaftsförderung bereit gestellten Informationen und Daten ab. Die Standortbilanz kann immer nur so gut sein wie die in sie eingespeisten Strukturen, Bewertungen, Messungen und Beschreibungen. Die Qualität der aus dem Verfahren der Standortbilanzierung ableitbaren Maßnahmen- und Handlungsempfehlungen ist ebenso abhängig von der Qualität der Interpretationen von Bilanzierungsergebnissen.

Eines ist bereits im Vorfeld gesichert: die für die Erstellung einer Standortbilanz entwickelte Vorgehenssystematik erzwingt eine intensive Beschäftigung und Auseinandersetzung mit allem, was mit Standortfaktoren zusammenhängt. Allein durch die hierbei geleisteten Vorarbeiten fällt allen Beteiligten ein gesicherter Gewinn an entsprechendem Erkenntniswissen zu.

Salve,
Nichts ist mehr so wie es war

wenn wir einmal die allgegenwärtige KI fragen würden......

Praktikable Modelle und Verfahren der Kreislaufwirtschaft für Kommunen und Bürgermeister

Die Kreislaufwirtschaft (Circular Economy) bietet Kommunen die Möglichkeit, Ressourcen effizient zu nutzen, Abfälle zu minimieren und nachhaltige Wirtschaftsmodelle zu fördern. Hier sind praktikable Ansätze, die ein Bürgermeister umsetzen könnte:

Ressourcenmanagement und Abfallvermeidung

1.1. Einführung eines Pfandsystems auf kommunaler Ebene

- **Modell:** Ein Pfandsystem für Mehrwegverpackungen (z. B. Getränkeflaschen, Take-away-Behälter).
- **Vorteil:** Reduzierung von Einwegplastik und Anreiz zur Rückgabe.
- **Umsetzung:** Kooperation mit lokalen Gastronomiebetrieben und Einzelhändlern.

1.2. Zero-Waste-Initiativen

- **Modell:** Einführung einer „Zero-Waste"-Strategie in öffentlichen Einrichtungen (Rathaus, Schulen, Sportstätten).
- **Verfahren:** Schulung der Mitarbeiter, Verzicht auf Einwegprodukte, Nutzung von kompostierbaren Materialien.
- **Vorteil:** Vorbildfunktion der Kommune für Bürger.

Förderung nachhaltiger Wirtschaftskreisläufe

2.1. Aufbau eines kommunalen Reparatur-Cafés

- **Modell:** Einrichtung von Werkstätten, in denen Bürger defekte Geräte oder Möbel reparieren können.
- **Vorteil:** Verlängerung der Produktlebensdauer, Förderung sozialer Begegnungen.
- **Umsetzung:** Zusammenarbeit mit Handwerkern und ehrenamtlichen Reparaturhelfern.

2.2. Förderung lokaler Tauschbörsen und Sharing-Modelle

- **Beispiele:** Plattformen für den Austausch von Kleidung, Spielzeug oder Werkzeugen.
- **Verfahren:** Einrichtung eines Online-Portals oder physischer Treffpunkte.
- **Vorteil:** Ressourcenschonung und Stärkung der Gemeinschaft.

Recycling und Wiederverwendung

3.1. Einrichtung eines kommunalen Wertstoffhofs

- **Modell:** Sammelstelle für getrennte Wertstoffe wie Metalle, Glas, Plastik, Elektrogeräte.
- **Verfahren:** Sicherstellung einer effizienten Sortierung und Wiederverwertung durch zertifizierte Recyclingunternehmen.
- **Vorteil:** Verringerung des Restmülls und Rückgewinnung wertvoller Rohstoffe.

3.2. Urban Mining

- **Modell:** Rückgewinnung wertvoller Materialien aus bestehenden Bauwerken oder stillgelegten Anlagen.
- **Verfahren:** Zusammenarbeit mit Bauunternehmen, um Baumaterialien wie Stahl oder Beton zu recyceln.
- **Vorteil:** Einsparung von Ressourcen und Reduzierung des Abbruchabfalls.

Bildung und Sensibilisierung

4.1. Schulprogramme zur Kreislaufwirtschaft

- **Modell:** Einführung von Umweltbildungskonzepten in Schulen, z. B. durch Workshops und Projekte zur Mülltrennung oder Kompostierung.
- **Vorteil:** Frühzeitige Sensibilisierung der nächsten Generation.

4.2. Öffentlichkeitskampagnen

- **Verfahren:** Organisation von Aktionstagen (z. B. Clean-Up Days), Wettbewerben oder Informationsveranstaltungen.
- **Ziel:** Bewusstsein der Bürger für die Vorteile der Kreislaufwirtschaft schärfen.

Unterstützung von Unternehmen und Start-ups

5.1. Anreize für Kreislaufwirtschafts-Initiativen

- **Modell:** Steuerliche Vergünstigungen oder Zuschüsse für Unternehmen, die Recyclingtechnologien entwickeln oder nachhaltige Produkte herstellen.
- **Vorteil:** Förderung regionaler Innovation und Arbeitsplätze.

5.2. Förderung von Cradle-to-Cradle-Produkten

- **Verfahren:** Unterstützung von Unternehmen, die Produkte herstellen, deren Materialien vollständig recycelbar sind.
- **Beispiel:** Einrichtung einer Plattform zur Vermarktung solcher Produkte.

Energie- und Wassermanagement

6.1. Nutzung von Biomüll zur Energiegewinnung

- **Modell:** Aufbau einer Biogasanlage zur Umwandlung von organischen Abfällen in Energie.

- **Vorteil:** Nachhaltige Energieproduktion und Reduzierung von Deponiemüll.

6.2. Kreislaufwassersysteme

- **Modell:** Regenwasser- und Grauwassernutzung in öffentlichen Gebäuden und Parks.
- **Vorteil:** Einsparung von Frischwasser und Reduzierung der Abwassermenge.

Fazit

Ein Bürgermeister kann durch die Einführung dieser Modelle und Verfahren nicht nur Ressourcen schonen und die Umwelt schützen, sondern auch die Lebensqualität der Bürger verbessern. Entscheidend ist eine enge Zusammenarbeit mit Bürgern, Unternehmen und Bildungseinrichtungen, um die Kreislaufwirtschaft erfolgreich zu etablieren.

KI Ende

Ohne ein Roboter zu sein, könnte man als Mensch vielleicht meinen:

Storytelling
Content
Inspiration
Diskurs
DecisionSupport

Gehirntraining - wenn es gut werden soll

Verstehen lernen
Vernetzt denken
Potenziale ausschöpfen
Komplexität reduzieren
Gestaltbar machen
Wissen transferieren
Proaktiv agieren

Executive Coaching

Denkstudio für strategisches Wissensmanagement

SMART - Ziele sollten SMART (spezifisch, messbar, erreichbar, relevant und zeitgebunden) sein.

Bilder einer datenmäßig ungewissen Zukunft - nicht immer direkt greifbar, trotzdem wirksam – notwendige Voraussetzungen für richtige Prioritäten: Aus der Sicht eines Standortes stellen sich Risiken umso komplexer dar, da sie quasi zeitgleich wirksam werden, sich wechselseitig beeinflussen und in ihrer Wirkung teils auch gegenseitig verstärken/beeinträchtigen können.

Es geht darum, Bilder einer möglichen, datenmäßig vielfach noch ungewissen Zukunft abzubilden.

Die Namensgebung für Szenariotechniken erfolgt in Anlehnung an die Szenenbeschreibungen in Filmdrehbüchern: ein Szenario ist die Beschreibung einer vorstellbaren zukünftigen Situation. Ziel der Szenariotechnik ist es, auf Standort-Problematiken übertragen, ebenfalls Bilder einer möglichen Zukunft darzustellen.

Von der Gegenwart ausgehend werden in einer Lageanalyse Wahrscheinlichkeitsgrade ermittelt, nach denen sich sowohl interne als auch externe Einflussfaktoren innerhalb der nächsten Zeit verändern werden. Es wird ein Entwicklungsverlauf aufgezeigt, der zu einer bestimmten Zukunftssituation führt: jeweils unter der Annahme, dass die Einflüsse heute geltender Tatbestände mit fortschreitender Zukunft immer mehr abnehmen werden. Technische Entwicklungen, demographische Veränderungen oder politische Krisen/ Umbrüche können zu Diskontinuitäten des Umfeldes führen, auf die Standorte kaum Einfluss haben. Was sie aber in der Hand haben, ist die hierauf am besten geeignete Reaktion.

Im Denkmodell der Szenariotechnik gibt es nämlich nicht: „die" Zukunft. D.h. es gibt immer mehrere Zukünfte, mit denen man rechnen muss: denn während sich die eigene Vorstellungskraft häufig auf ein lineares Weiterdenken konzentriert, kann sich die

Situation aufgrund o.a. Umwälzungen plötzlich auch ganz anders darstellen.

Salve,
Nichts ist mehr so wie es war

wenn wir einmal die allgegenwärtige KI fragen würden……

In keiner Bilanz taucht auf, in welcher Größenordnung Impulse bestimmter Faktoren speziell auf einzelne Wirtschaftszweige oder aber auf die Stadt- und Standortentwicklung insgesamt wirken. Beschreibe, warum ein Bürgermeister diese Größen trotzdem kennen und beachten sollte

Ein Bürgermeister sollte die Auswirkungen bestimmter Faktoren auf einzelne Wirtschaftszweige und die Stadt- und Standortentwicklung kennen und beachten, auch wenn diese nicht explizit in einer Bilanz auftauchen, aus folgenden Gründen:

Strategische Stadtentwicklung

- **Wirtschaftsplanung:** Ein Bürgermeister muss verstehen, wie verschiedene Branchen von externen Faktoren wie Infrastruktur, Digitalisierung oder Umweltauflagen beeinflusst werden. Dies hilft bei der gezielten Förderung bestimmter Sektoren.

- **Attraktivität der Stadt:** Faktoren wie Bildungsangebote, Kultur, Verkehrsanbindung oder Wohnqualität beeinflussen, ob Unternehmen und Fachkräfte in die Stadt kommen. Diese Impulse sind für langfristiges Wachstum entscheidend.

Arbeitsmarkt und soziale Stabilität

- **Beschäftigung sichern:** Kennt der Bürgermeister die Abhängigkeit einzelner Wirtschaftszweige von bestimmten Entwicklungen (z. B. Tourismus von Wetterbedingungen), kann er Maßnahmen ergreifen, um Arbeitsplätze zu stabilisieren oder neue zu schaffen.
- **Soziale Folgen minimieren:** Schließen Unternehmen aufgrund externer Einflüsse, entstehen soziale Probleme wie Arbeitslosigkeit, die sich negativ auf die gesamte Stadt auswirken.

Finanzielle Planung und Steueraufkommen

- **Kommunale Einnahmen:** Die Gewerbesteuer und andere Einnahmen hängen von der Stabilität der örtlichen Wirtschaft ab. Ein plötzlicher Rückgang in einem wichtigen Sektor kann Haushaltslöcher verursachen.
- **Investitionsentscheidungen:** Die Priorisierung von Projekten wie dem Bau eines Gewerbegebiets oder einer touristischen Infrastruktur erfordert ein Verständnis der wirtschaftlichen Dynamik.

Resilienz gegenüber Krisen

- **Krisenprävention:** Wissen über die Verwundbarkeit einzelner Wirtschaftszweige erlaubt frühzeitige Maßnahmen, um Krisen zu verhindern oder abzufedern, wie z. B. durch Diversifizierung der Wirtschaft.
- **Schnelle Reaktion:** In einer Wirtschaftskrise (z. B. Pandemie) können gezielte Unterstützungsprogramme helfen, die Auswirkungen zu mildern.

Langfristige Vision und Bürgerwohl

- **Nachhaltigkeit:** Ein Bürgermeister sollte Impulse verstehen, die sich auf Umwelt, Lebensqualität oder die demografische Entwicklung auswirken, um eine nachhaltige Stadtpolitik zu gestalten.
- **Akzeptanz der Bevölkerung:** Bürger erwarten, dass ihre Stadt sich positiv entwickelt. Das Verstehen und Nutzen dieser Impulse zeigt Weitsicht und stärkt das Vertrauen in die Verwaltung.

Fazit: Obwohl solche Faktoren nicht in Bilanzen auftauchen, bilden sie das Fundament für eine erfolgreiche Stadtführung. Ein Bürgermeister, der diese Größen berücksichtigt, kann die Stadt strategisch entwickeln und sowohl kurzfristige als auch langfristige Herausforderungen meistern.

KI Ende

Ohne ein Roboter zu sein, könnte man als Mensch vielleicht meinen:

Fiktive Dialoge - ein paar Stunden Intensivcoaching

Denkanstöße

Wissensmanagement

Storytelling

Content

Inspiration

Diskurs

DecisionSupport

Gehirntraining - wenn es gut werden soll

Verstehen lernen

Vernetzt denken

Potenziale ausschöpfen

Komplexität reduzieren

Gestaltbar machen

Wissen transferieren

Proaktiv agieren

Executive Coaching

Denkstudio für strategisches Wissensmanagement

SMART - Ziele sollten SMART (spezifisch, messbar, erreichbar, relevant und zeitgebunden) sein.

Wie die Zukunft objektiv aussehen wird, kann heute keine Methode feststellen, denn sie wird erst gestaltet. Es ist jedoch möglich, bereits jetzt bestimmte Entwicklungen einzuschätzen, sie kollektiv zu überprüfen, zu diskutieren und dann Maßnahmen zu überlegen, sich in geeigneter Weise darauf einzustellen.

Beispielsweise liefern sogenannte Delphi-Studien nicht einfach ein realistisches Bild von der Zukunft, sondern eine Informationsgrundlage für die Entscheidung, was jetzt zu tun oder zu lassen ist. Der Kern des Verfahrens besteht aus zwei sogenannten Befragungsrunden: Dabei werden Listen von Standortvisionen, die in der Zukunft für möglich gehalten werden, einer großen Zahl von Experten vorgelegt. Deren Antworten werden eingeholt, statistisch zusammengestellt und demselben Personenkreis erneut zugeschickt. In dieser zweiten Runde sollen die Experten ihre Antworten unter dem Einfluss der Einschätzungen ihrer Fachkollegen noch einmal überdenken und ggf. korrigieren.

Szenariotechnik: analysiert mehrdimensional alternative Zukunftspfade. Visionsszenario: wird ausschließlich auf der Entscheiderebene eingesetzt. Strategische Visionen werden in Form der Szenariodarstellung vornehmlich intuitiv entwickelt und oft stark normativ ausgerichtet. Megatrendszenario: untersucht die Auswirkungen relevanter Trends und Veränderungen auf die verschiedenen Lebens- und Wirtschaftsbereiche. Langfristig übergeordnete Trends werden in spezielle Bereiche projiziert. Es wird ein schnelles Erkennen sich verändernder Umfeldbedingungen unterstützt.

"Direct- Writing"-Szenario: ist eine Kombination des Megatrend- mit einem Visionsszenario, in diesem Szenario werden die Wandlungsbereiche (Environmental Forces --- was geschieht aufgrund der Megatrends?) mit den Handlungsbereichen (Division Factors --- wie soll sich der Standort verhalten?) direkt verbunden und hieraus konkrete Strategiemaßnahmen entwickelt.

Modellorientiertes Szenario: Rechnergestützte Modelle, die quantitative Ergebnisse liefern, Wirkungszusammenhänge werden in quantifizierter Form in Simulationsmodelle eingegeben.

Determiniertes Szenario: Ein bestimmtes Zukunftsbild wird auf seine Konsequenzen hin untersucht. Z.B: welche Maßnahmen müssen aufgrund der Globalisierung ergriffen werden? Grundlage ist ein bereits entwickeltes Zukunftsbild.

Umfeldszenario: beinhaltet eine Zukunftsbetrachtung, die nicht von der Entwicklung des zu betrachtenden Untersuchungsfeldes ausgeht. Stattdessen werden die für den Standort relevanten Umfelder und deren Entwicklung analysiert und zu in sich konsistenten Zukunftsbildern zusammengesetzt.

Salve,
Nichts ist mehr so wie es war

wenn wir einmal die allgegenwärtige KI fragen würden……

Suchmaschinen automatisieren das Finden von Wissen, nicht aber seine Produktion. Was heißt das für die Arbeit eines Bürgermeisters und die für ihn verfügbaren Standortinformationen?

Die Tatsache, dass Suchmaschinen das Finden von Wissen automatisieren, aber nicht dessen Produktion, hat für die Arbeit eines Bürgermeisters und die Nutzung von Standortinformationen folgende zentrale Implikationen:

Schneller Zugang zu Daten, aber keine Interpretation

- **Effiziente Recherche:** Ein Bürgermeister kann mit Suchmaschinen rasch auf eine Vielzahl von Informationen über demografische Trends, wirtschaftliche Kennzahlen oder Best-Practice-Beispiele anderer Städte zugreifen.
- **Fehlende Einordnung:** Die Informationen aus Suchmaschinen sind jedoch oft unstrukturiert, unvollständig oder kontextlos. Ihre Bedeutung und Relevanz müssen durch menschliche Analyse und Interpretation erschlossen werden.

Konsequenz: Ein Bürgermeister benötigt kompetente Teams und Werkzeuge, um die verfügbaren Informationen zu sichten, zu bewerten und strategisch zu nutzen.

Abhängigkeit von Qualität der Quellen

- **Verlässlichkeit der Daten:** Die Qualität der Ergebnisse hängt stark von den verwendeten Quellen ab. Verzerrte oder veraltete Informationen können zu Fehlentscheidungen führen.
- **Quellenkritik erforderlich:** Es ist wichtig, zwischen seriösen und fragwürdigen Informationen zu unterscheiden, was Suchmaschinen allein nicht leisten können.

Konsequenz: Ein Bürgermeister sollte sicherstellen, dass Daten aus vertrauenswürdigen Quellen stammen, etwa von statistischen Ämtern, Wirtschaftsinstituten oder spezialisierten Beratern.

Kein Ersatz für lokale Expertise

- **Besonderheiten des Standorts:** Suchmaschinen können keine spezifischen lokalen Gegebenheiten oder Stimmungen erfassen, die für politische und wirtschaftliche Entscheidungen essenziell sind.
- **Dialog mit der Bevölkerung:** Standortentscheidungen erfordern das Wissen und die Erfahrungen lokaler Akteure wie Unternehmer, Bürger oder Vereine, die ihre Perspektiven einbringen können.

Konsequenz: Ein Bürgermeister muss Suchmaschinenergebnisse durch direkte Kommunikation und lokal erhobene Daten ergänzen.

Notwendigkeit zur kreativen Nutzung von Informationen

- **Innovative Lösungen:** Suchmaschinen liefern standardisierte Informationen, aber keine neuen, auf den Standort zugeschnittenen Ideen. Ein Bürgermeister muss aus den gefundenen Daten kreative und innovative Ansätze für die Stadtentwicklung ableiten.
- **Proaktive Wissensproduktion:** Eigene Studien, Bürgerumfragen oder die Zusammenarbeit mit Universitäten können Wissenslücken schließen und Standortvorteile besser sichtbar machen.

Konsequenz: Der Bürgermeister sollte in die Produktion neuer, standortspezifischer Daten und Analysen investieren.

Vorteile durch datengetriebene Entscheidungen

- **Trendanalyse:** Suchmaschinen erleichtern den Zugang zu großen Mengen an Informationen über wirtschaftliche, soziale und ökologische Trends, die für die Standortentwicklung relevant sind.
- **Fundierte Entscheidungen:** Diese Daten helfen, faktenbasierte und vorausschauende Entscheidungen zu treffen.

Konsequenz: Der Bürgermeister sollte moderne Analysetools nutzen, um die aus Suchmaschinen gewonnenen Daten systematisch auszuwerten und in die Stadtplanung einzubinden.

Fazit:
Suchmaschinen sind wertvolle Werkzeuge für den schnellen Zugang zu Wissen, ersetzen aber nicht die notwendige Analyse, Interpretation und kreative Nutzung von Informationen. Ein Bürgermeister muss die automatisiert gefundenen Daten durch lokale Expertise und eigenständige Wissensproduktion ergänzen, um fundierte und zukunftsorientierte Entscheidungen für die Standortentwicklung treffen zu können.

KI Ende

Ohne ein Roboter zu sein, könnte man als Mensch vielleicht meinen:

Fiktive Dialoge - ein paar Stunden Intensivcoaching

Denkanstöße

Wissensmanagement

Storytelling

Content

Inspiration

Diskurs

DecisionSupport

Gehirntraining - wenn es gut werden soll

Verstehen lernen

Vernetzt denken

Potenziale ausschöpfen

Komplexität reduzieren

Gestaltbar machen

Wissen transferieren

Proaktiv agieren

Executive Coaching

Denkstudio für strategisches Wissensmanagement

SMART - Ziele sollten SMART (spezifisch, messbar, erreichbar, relevant und zeitgebunden) sein.

Während in den Strukturen der Gegenwart Störereignisse meist noch keine Rolle spielen, nehmen mit zunehmender Erweiterung dieses Zukunfts-/Zeittrichters gleichzeitig die Ungewissheit von Informationen und damit auch die Unsicherheit hinsichtlich des Eintreffens von Voraussagen zu: in der ganz weiten Zukunftsferne wird nahezu alles möglich. Die Ausführungen zeigen, dass die Standortökonomie weicher Faktoren kein exotisches Thema ist, sondern in den planenden Verwaltungen erhebliche Aktivitäten unterstützen kann. Obwohl manche wichtigen Standortfaktoren nicht direkt greifbar sind, sind sie für die weitere Entwicklung des Standortes von entscheidender Bedeutung, d.h. die systematische Steuerung solcher "weichen" Erfolgsfaktoren rückt immer stärker in den Vordergrund. An sich bekannte Prozesse können unter völlig neuen Gesichtspunkten durchleuchtet werden: Zusammenhänge zwischen Standortzielen, Geschäftserfolgsfaktoren und Geschäftsprozessen einerseits sowie Standortfaktoren wie Human-, Struktur- und Beziehungskapital andererseits werden sichtbar gemacht.

Dynamik, Stärke und Dauer von Zusammenhängen werden mit Hilfe von Indikatoren mess- und nachvollziehbar gemacht. Angesichts dieser Komplexität und Vielfalt der in die Standortökonomie einfließenden Eingangsdaten liefert diese überraschend klare und strukturierte Aussagen, Hinweise auf geeignete Maßnahmenoptionen. Der Stellenwert der für den Standort wichtigen Erfolgsfaktoren wird deutlich und damit die notwendige Voraussetzung für die Prioritätensetzung von erforderlichen Aktivitäten geschaffen. Es wird untersucht, wie gut der Standort tatsächlich aufgestellt ist und wo sich durch Bündelung der Kräfte zusätzliche Profilierungschancen bieten.

Vor allem kleinere Standorte stehen vor der Frage, wie sie in einem sich immer mehr verschärfenden internationalen Wettbewerbsumfeld ihre wirtschaftliche Zukunft sichern können. Ein allen gemeinsamer strategischer Eckpfeiler: ihre jeweils spezifischen Standortvorteile. Zur besseren Steuerung wird das "Standortkapital" in die Dimensionen Human-, Struktur- und Beziehungskapital gegliedert. In der Praxis bedeutet dies die Konzentration auf eine begrenzte Anzahl von Aktivitäten sowie eine gezielte Pflege der für den Erfolg besonders wichtigen Standortfaktoren.

Salve,
Nichts ist mehr so wie es war

wenn wir einmal die allgegenwärtige KI fragen würden……

Beschreibe ein Gespräch des Bürgermeisters mit potenziellen Investoren, bei dem es um collaborative Geschäftsprozesse nach dem Konzept der „zero latency enterprise" geht, das heißt wie vernetzte Unternehmen im Sinne einer „Extended Company" am hiesigen Standort die Beweglichkeit und Effizienz von Kleinbetrieben mit den Synergien (economies of scale) großer Unternehmen kombinieren können.

Fiktives Gespräch zwischen dem Bürgermeister und potenziellen Investoren

Bürgermeister:
„Meine Damen und Herren, herzlich willkommen in unserer Stadt! Es freut mich, Sie heute hier begrüßen zu dürfen. Unser Ziel ist es, eine Plattform für innovative und zukunftsorientierte Geschäftsmodelle zu schaffen. Lassen Sie uns über die Möglichkeiten sprechen, wie das Konzept der *zero latency enterprise* eine Schlüsselrolle dabei spielen kann."

Investor 1:
„Herr Bürgermeister, das Konzept klingt vielversprechend. Wie genau stellen Sie sich die Implementierung vor?"

Bürgermeister:
„Wir verstehen die *zero latency enterprise* als ein Ökosystem, in dem Informationen, Entscheidungen und Prozesse ohne Verzögerung zwischen Unternehmen ausgetauscht werden. Unsere Vision ist die Schaffung einer *Extended Company*, bei der lokale Kleinbetriebe mit großen Unternehmen vernetzt werden. Das ermöglicht schnelle Anpassungen an Marktveränderungen und steigert gleichzeitig die Effizienz durch geteilte Ressourcen und Daten."

Investor 2:
„Interessant. Welche Infrastruktur planen Sie, um diese Vernetzung zu ermöglichen?"

Bürgermeister:
„Wir wollen ein hochmodernes digitales Backbone errichten, das auf Cloud-Technologie und Edge-Computing basiert. Zusätzlich fördern wir die Integration von KI-gestützten Analyse- und Entscheidungsplattformen, die den Betrieben Echtzeit-Einblicke bieten. Darüber hinaus soll ein lokales Innovationszentrum entstehen, in dem Unternehmen gemeinsam an Lösungen arbeiten können."

Investor 3:
„Und wie stellen Sie sicher, dass kleinere Betriebe von diesen Synergien profitieren und nicht von großen Playern verdrängt werden?"

Bürgermeister:
„Wir setzen auf klare Regelungen und Partnerschaftsmodelle. Zum Beispiel könnte ein kleiner Maschinenbauer durch die Nutzung gemeinsamer Datenplattformen effizienter produzieren und gleichzeitig über das Netzwerk auf internationale Märkte zugreifen. Um diese Zusammenarbeit zu fördern, werden wir Pilotprojekte unterstützen und finanzielle Anreize schaffen."

Investor 1:
„Das klingt vielversprechend. Aber wie sieht es mit der Datensicherheit und der rechtlichen Rahmenbedingungen aus?"

Bürgermeister:
„Ein entscheidender Punkt! Wir werden strikte Sicherheitsstandards einführen und die Daten nach den Prinzipien von *Data Sovereignty* schützen. Unsere rechtlichen Rahmenbedingungen orientieren sich an den höchsten EU-Datenschutzrichtlinien und bieten zudem Raum für innovative Geschäftsmodelle."

Investor 2:
„Welche Branchen sehen Sie besonders im Fokus?"

Bürgermeister:
„Wir sehen großes Potenzial in der Automobilzulieferindustrie, der Medizintechnik und der Agrartechnologie. Diese Sektoren profitieren besonders von einer engen Zusammenarbeit und kurzen Innovationszyklen."

Investor 3:
„Welche Erwartungen haben Sie an uns als potenzielle Investoren?"

Bürgermeister:
„Wir suchen Partner, die bereit sind, gemeinsam mit uns ein Netzwerk zu schaffen, das nicht nur wirtschaftlich, sondern auch sozial und ökologisch nachhaltig ist. Wir bieten Ihnen die Möglichkeit, an einem zukunftsweisenden Modell teilzuhaben, das den Standort und Ihre Unternehmen stärkt."

Investor 1:
„Wir sind interessiert. Lassen Sie uns die Details weiter besprechen."

Bürgermeister:
„Sehr gern. Gemeinsam können wir die Grundlage für eine innovative und erfolgreiche Zukunft legen."

KI Ende

Ohne ein Roboter zu sein, könnte man als Mensch vielleicht meinen:

Fiktive Dialoge - ein paar Stunden Intensivcoaching

Denkanstöße

Wissensmanagement

Storytelling

Content

Inspiration

Diskurs

DecisionSupport

Gehirntraining - wenn es gut werden soll

Verstehen lernen

Vernetzt denken

Potenziale ausschöpfen

Komplexität reduzieren

Gestaltbar machen

Wissen transferieren

Proaktiv agieren

Executive Coaching

Denkstudio für strategisches Wissensmanagement

SMART - Ziele sollten SMART (spezifisch, messbar, erreichbar, relevant und zeitgebunden) sein.

Die Standortökonomie der weichen Faktoren macht deutlich, wie der Standort in seinem Inneren und seinen Außenbeziehungen funktioniert, gemeinsame Zielsetzungen können damit besser aufeinander abgestimmt werden. Die konsequente Systematik weicher Faktoren beseitigt ein hohes Maß an methodischer Unsicherheit und erfüllt bereits durch die Konzipierung (z.B. eines Bewertungs- und Indikatoransatzes) einen hohen Bedarf an Standard setzenden Initiativen.

Eine genaue und übereinstimmende Definition dessen, was unter dem jeweiligen Standort zu verstehen ist, dürfte am einfachsten bei seiner räumlichen Abgrenzung zu erreichen sein. Denn die rein geographischen Grenzen lassen sich meist eindeutig, transparent nachvollziehbar und damit zweifelsfrei bestimmen. Bei weiteren Standortfaktoren wird die Sachlage schon komplizierter.

Alles zuvor Gesagte ändert jedoch nichts an der Notwendigkeit, über das Instrument der Standortfaktoren einen gemeinsamen Nenner finden zu müssen. Erst Standortfaktoren machen einen Standort nicht nur fühl- und erlebbar, sondern geben dem Standort auch ein Bild, das nicht nur vor Ort, sondern auch nach außen gegenüber Dritten vermittelbar ist. Viele der vermeintlich nur „gefühlten“ Tatbestände können über Standortfaktoren eine auch transparent nachvollziehbare Quantität erhalten: Standorte sind auch nicht an sich einfach gut oder schlecht. Vielmehr sind sie geeignet oder nicht geeignet. Dieser Zustand lässt sich am besten durch Vergleiche verschiedener Standorte, d.h. die Relation ihrer Eigenschaften zueinander, feststellen. Diese Vergleichbarkeit, d.h. die Brücke zwischen verschiedenen Standorten oder die Brücke intern zwischen Sektoren und Segmenten eines Standortes, lässt sich am schnellsten, einfachsten und übersichtlichsten über Standortfaktoren herstellen.

Salve,
Nichts ist mehr so wie es war

wenn wir einmal die allgegenwärtige KI fragen würden……

Der Bürgermeister ist sich insgeheim bewusst, dass nicht alles Wissen dieser Welt nur von Menschen gedacht und aufgeschrieben wird, sondern mit zunehmender Digitalisierung auch aus verschiedenen Datensätzen neu zusammengefügt wird

Wenn das einzig Beständige der Wandel ist, so steht ein Bürgermeister mit einem dynamischen Gebilde wie einem Standort mittendrin, Beschreibe, wie die Beherrschung des Wandels zum Tagesgeschäft einer Kommunalverwaltung im Allgemeinen sowie der Wirtschaftsförderung im Besonderen gehört

Ein Bürgermeister steht im Spannungsfeld zwischen Tradition und Innovation, Bewahren und Erneuern. Im Folgenden eine Beschreibung, wie dieser Wandel gemeistert wird:

Kommunalverwaltung: Wandel als Tagesgeschäft

1. **Planung und Anpassung von Infrastruktur**
   Der Wandel spiegelt sich in der Entwicklung von Stadtteilen, Verkehrskonzepten und digitaler Infrastruktur wider. Die Verwaltung muss flexibel auf Bevölkerungswachstum, Umweltanforderungen oder neue Mobilitäts-

konzepte reagieren. Regelmäßige Bürgerbeteiligungen und Bedarfsanalysen sind dafür essenziell.

2. **Regulierung und Gesetzgebung**
   Kommunale Regelungen müssen regelmäßig überarbeitet werden, um neuen gesellschaftlichen, wirtschaftlichen und technologischen Realitäten gerecht zu werden. Das erfordert schnelle Reaktionen auf Landes- oder Bundesgesetze.
3. **Krisenmanagement**
   Ob Pandemien, Umweltkatastrophen oder wirtschaftliche Schocks – Kommunalverwaltungen müssen auf plötzliche Veränderungen vorbereitet sein und agil reagieren können.

Wirtschaftsförderung: Wandel als Wachstumsmotor

1. **Förderung innovativer Branchen**
   Eine moderne Wirtschaftsförderung erkennt frühzeitig Trends wie die Digitalisierung, grüne Technologien oder Start-up-Kultur. Durch gezielte Förderung dieser Bereiche werden Arbeitsplätze geschaffen und die Attraktivität des Standorts gesteigert.
2. **Standortmarketing und Netzwerkarbeit**
   Der Wettbewerb zwischen Städten und Regionen um Investoren und Talente ist intensiv. Wirtschaftsförderung muss kontinuierlich neue Strategien entwickeln, um den Standort zu vermarkten und durch Kooperationen Synergien zu schaffen.
3. **Förderung von Resilienz**
   Wirtschaftsförderung bedeutet auch, Unternehmen zu befähigen, sich an wandelnde Rahmenbedingungen anzupassen – etwa durch Weiterbildungsprogramme, Inno-

vationsförderung oder den Ausbau nachhaltiger Produktionsweisen.

Erfolgsfaktoren für die Beherrschung des Wandels

- **Partizipation und Dialog**: Eine offene Kommunikation mit Bürgern, Unternehmen und anderen Interessengruppen ermöglicht Akzeptanz und innovative Ideen.
- **Datengestützte Entscheidungen**: Durch Nutzung von Big Data und KI können fundierte Entscheidungen getroffen und Entwicklungen frühzeitig erkannt werden.
- **Flexibilität und Innovationskultur**: Ein dynamisches Umfeld erfordert eine Verwaltung, die nicht nur reagiert, sondern proaktiv gestaltet.

Ein Bürgermeister wird damit zum „Dirigenten des Wandels“, der verschiedene Interessen orchestriert und die Stadt durch dynamische Zeiten führt.

KI Ende

Ohne ein Roboter zu sein, könnte man als Mensch vielleicht meinen:

Fiktive Dialoge - ein paar Stunden Intensivcoaching

Denkanstöße

Wissensmanagement

Storytelling

Content

Inspiration
Diskurs
DecisionSupport
Gehirntraining - wenn es gut werden soll
Verstehen lernen
Vernetzt denken
Potenziale ausschöpfen
Komplexität reduzieren
Gestaltbar machen
Wissen transferieren
Proaktiv agieren

Executive Coaching
Denkstudio für strategisches Wissensmanagement
SMART - Ziele sollten SMART (spezifisch, messbar, erreichbar, relevant und zeitgebunden) sein.

Wandel ist nichts Neues, sondern hat zu allen Zeiten stattgefunden. Was sich aber am Prozess des Wandels, nicht zuletzt ausgelöst durch eine globale Finanz- und Wirtschaftskrise, in jüngster Zeit geändert hat: der Wandel wird offenbar weniger vorhersehbar, der Wandel erfolgt in immer kürzeren Abständen, der Wandel zeigt sich in immer heftigeren Ausschlägen, der Wandel ist nicht mehr lokal begrenzt, der Wandel zeitigt immer gravierende Folgen und Auswirkungen für die gesamte Bevölkerung.

Ähnlich dem Klimawandel müssen sich somit auch Standorte auf Wandel einstellen. Auch hier wird es Verlierer und Gewinner geben. Was in der Wirtschaft unter dem Oberbegriff „Changemanagement“ verstanden wird, muss somit auch für einen Standort und dessen Wirtschaftsförderung zur Selbstverständlichkeit werden. Für die Wirtschaftsförderung dürfte es hierbei schwierig werden, solange sie nicht über ein ausgefeiltes Indikatoren-Instrument verfügt.

Bündeln der Standortfaktoren, Grundzüge der Segmentierung: Die Wegstrecke, die zwischen beispielsweise Wirtschaftsförderung und Standortmarketing liegt, ist verschwindend klein. In der Praxis sind beides eng miteinander verbundene Geschwister mit dem gleichen Ziel, nämlich einen Standort nach vorne zu bringen und seine Potenziale zum Wohle seiner Bewohner bestmöglich auszunutzen und zur Geltung zu bringen. Ganz ähnlich verhält es sich unter räumlicher Betrachtungsweise mit der Stellung zwischen Standortmarketing und dem allgemeinen Marketing im wirtschaftlichen Umfeld der Unternehmen. In beiden Fällen haben wir es auch hier mit Märkten und Zielgruppen zu tun. Vergleichbar den Unternehmen, die ihre Produkte und Dienstleistungen auf Märkten anbieten und dabei unterschiedliche Zielgruppen von Nachfragern, Interessenten und Kunden im Blickfeld haben müssen, sind Standorte darauf angewiesen, den unterschiedlichen Interessenlagen verschiedener Zielgruppen wie beispielsweise denen von Einwohnern, sozialen

Gruppen, ortsansässigen Firmen, ansiedlungsinteressierten Unternehmen und Investoren Rechnung tragen zu müssen.

Um sich besser auf zielgruppenspezifische Anforderungen einstellen zu können, bedient sich das Marketing der Unternehmen mit Verfahren der Segmentierung seit langem der Bildung von homogenen Zielgruppen, um möglichst zielgenau operieren zu können. Insofern erscheint es angebracht, sich auch im Zusammenhang mit Fragen der Wirtschaftsförderung und Standortentwicklung mit aus dem Marketing der Unternehmen stammenden Grundzügen der Segmentierung vertraut zu machen.

Salve,
Nichts ist mehr so wie es war

wenn wir einmal die allgegenwärtige KI fragen würden……

Beschreibe, warum mit einer Potentialmethodik mit Handlungsempfehlungen für die planende Verwaltung keiner der Standortfaktoren für sich alleine eine Insellösung ist, sondern für einen Bürgermeister eine volle Außenwirkung erst im Zusammenspiel mit allen übrigen Faktoren des Standortes entfalten kann

Der ganzheitliche Ansatz der Potentialmethodik

Standortfaktoren – wie Infrastruktur, Bildung, Wirtschaftsförderung, Umweltqualität oder Kulturangebote – sind keine isolierten Einheiten, sondern bilden ein komplexes Netzwerk, das sich gegenseitig beeinflusst. Eine **Potentialmethodik mit Handlungsempfehlungen** ermöglicht es der planenden Verwaltung, diese Wechselwirkungen systematisch zu analysieren und zu nutzen.

Synergien zwischen den Standortfaktoren

Keiner der Standortfaktoren kann seine volle Wirkung entfalten, ohne die Unterstützung anderer. Eine attraktive Infrastruktur steigert den Wert von Bildungseinrichtungen, während kulturelle Angebote die Lebensqualität und somit die Attraktivität für Fachkräfte erhöhen. Diese Synergien zu erkennen und zu fördern, ist essenziell, um das Potenzial eines Standorts voll auszuschöpfen.

Ganzheitliche Entwicklung für maximale Außenwirkung

Ein Bürgermeister repräsentiert nicht nur einzelne Projekte, sondern die gesamte Identität und Stärke des Standorts. Die Außenwirkung eines Standorts hängt davon ab, wie gut die Faktoren aufeinander abgestimmt sind. Ein erstklassiges Verkehrsnetz allein lockt keine Investoren an, wenn Bildungseinrichtungen oder die digitale Infrastruktur unzureichend sind. Erst die harmonische Kombination aller Elemente macht den Standort attraktiv und wettbewerbsfähig.

Vermeidung von Insellösungen

Insellösungen entstehen, wenn ein Standortfaktor übermäßig gefördert wird, ohne die Wechselwirkungen zu anderen Bereichen zu berücksichtigen. Ein Beispiel: Eine technologisch hochmoderne Gewerbezone bleibt ungenutzt, wenn es keine ausreichende Wohninfrastruktur oder Freizeitmöglichkeiten für Fachkräfte gibt. Die Potentialmethodik hilft, solche Ungleichgewichte zu vermeiden.

Dynamische Anpassung an neue Herausforderungen

Standorte stehen unter ständigem Wandel. Die Potentialmethodik ermöglicht es, frühzeitig auf Veränderungen zu reagieren und Handlungsempfehlungen anzupassen. Dies stärkt die Resilienz des Standorts und sichert dessen langfristigen Erfolg.

Die Rolle des Bürgermeisters

Für einen Bürgermeister bedeutet dies, nicht nur einzelne Faktoren zu optimieren, sondern das **Gesamtsystem des Standorts** zu verstehen und zu gestalten. Nur durch das Zusammenspiel aller Standortfaktoren kann der Standort seine volle Außenwirkung entfalten – sei es im Wettbewerb um Investoren, Talente oder Fördermittel. Die Potentialmethodik wird so zum unverzichtbaren Werkzeug für eine ganzheitliche und zukunftsorientierte Standortentwicklung.

KI Ende

Ohne ein Roboter zu sein, könnte man als Mensch vielleicht meinen:

Fiktive Dialoge - ein paar Stunden Intensivcoaching

Denkanstöße

Wissensmanagement

Storytelling

Content

Inspiration

Diskurs

DecisionSupport

Gehirntraining - wenn es gut werden soll

Verstehen lernen

Vernetzt denken

Potenziale ausschöpfen

Komplexität reduzieren

Gestaltbar machen

Wissen transferieren

Proaktiv agieren

Executive Coaching

Denkstudio für strategisches Wissensmanagement

SMART - Ziele sollten SMART (spezifisch, messbar, erreichbar, relevant und zeitgebunden) sein.

***Rasterung von Aktionsfeldern*:** Märkte wie auch Standorte sind keine monolithischen Blöcke, sondern bestehen aus einer Vielzahl von unterschiedlichen Segmenten. Es kommt darauf an, dass ein Unternehmen respektive ein Standort in seinen eigenen Marktsegmenten über genügend Ressourcen und Potenziale verfügt, um erfolgreich sein zu können. Die Segmentierung eines Zielmarktes, d.h. die genaue Definition und Abgrenzung des Aktionsfeldes ist ein grundlegendes Planungselement für die Zukunft. Im Vordergrund der Segmentierung steht immer die möglichst detaillierte Kundenanalyse.

Wer als Kunde zu betrachten und dementsprechend zu behandeln ist, zählt im Marketing der Unternehmen mehr oder weniger zu den alltäglichen Selbstverständlichkeiten. Nicht ganz so selbstverständlich dürfte dies im Bereich und Handeln eines Standortes sein. Ganz abgesehen davon, dass die Zielgruppen eines Standortes im Normalfall nur sehr viel unschärfer definiert sein dürften, könnte in manchen Fällen auch bezweifelt werden, ob überhaupt eine Erkenntnis und Bereitschaft darüber genügend gereift und ausgebildet ist, dass man den unterschiedlichen Interessengruppen eines Standortes überhaupt einen Kundenstatus zusprechen will.

Genauso wie der Markt letztlich bestimmte Verhaltensweisen von Unternehmen erzwingen kann, wird sich auch auf der verantwortlichen Standortebene über kurz oder lang der Zwang verstärken, wenn nicht aus eigener Erkenntnis und Einsicht heraus, dann doch den Gesetzen des Marktes folgend, sich diesem

Kundengedanken und den damit verbundenen Marketinginstrumenten zu

öffnen. Dabei sind Standorte keine monolithischen Blöcke, sondern bestehen aus einer Vielzahl von unterschiedlichen Segmenten. Es kommt darauf an, dass ein Standort in seinen Zielsegmenten über genügend Ressourcen und Potenziale verfügt, um erfolgreich sein zu können. Die Segmentierung, d.h. die genaue Definition und Abgrenzung des Aktionsfeldes ist ein grundlegendes Planungselement für die Zukunft. Die Ordnung der Standortfaktoren erhöht die Transparenz und ermöglicht das Erkennen von Potenzialen. Aufgabe der Segmentierung ist die Bildung von Faktorengruppen mit einer weitgehend homogenen Problemlandschaft, weitgehend homogenen Leistungsvorstellungen. Und: Auflösung heterogener Strukturen, d.h. Zerlegung des Standort-Portfolios in homogene Teilgruppen, Analyse von Segmentierungsmerkmalen zur Beschreibung des strategischen Handlungsspielraums.

Vielleicht müssen im Bereich von Standorten die Segmente nicht bis auf kleinste Merkmalseinheiten hin unterschieden werden. Trotzdem gilt auch hier, dass eine später zu entwickelnde Standortstrategie umso erfolgreicher gestaltet werden kann, je zielgenauer und trennschärfer die einzelnen Segmente auf spezifische Bedürfnisse und Anforderungen hin ausgerichtet werden können.

Mit Hilfe von Segmentierungsverfahren können die wichtigsten Kriterien und Stärken herausgearbeitet werden: für jedes Segment können bestimmte Strategien unterlegt werden, nach denen unterschiedliche Aktivitäten entwickelt werden, in Verbindung mit derart aufgebauten Segmenten lassen sich Hinweise für differenzierte Maßnahmen gewinnen. Zum Abschluss dieses aus dem Marketing übernommenen Ansatzes: ausgehend von Clustern, die jeweils nur einen der zu klassifizierenden Standortfaktoren enthalten, werden die verbleibenden Faktoren sukzessive denjenigen Clustern zugeordnet, zu deren Zentrum sie den geringsten Abstand aufweisen. D.h. mit der Clusteranalyse können Elemente (Fälle) so in Gruppen gebündelt werden, dass einerseits die Gruppen in sich möglichst homogen sind, andererseits die Unterschiede zwischen den Gruppen möglichst hoch (heterogen) sind.

Salve,
Nichts ist mehr so wie es war

wenn wir einmal die allgegenwärtige KI fragen würden……

Die gute Seite an der KI: Freiraum des Bürgermeisters für Neues, Kreatives zu ermöglichen

Ein Ansatz! Denn Künstliche Intelligenz kann dazu beitragen, den Handlungsspielraum von Entscheidungsträgern wie Bürgermeistern zu erweitern. Indem KI Routineaufgaben und Datenanalysen übernimmt, wird Zeit für Visionen und kreative Projekte geschaffen. Einige konkrete Beispiele könnten sein:

- **Bürgerdialoge fördern:** KI kann Umfragen auswerten und Stimmungen analysieren, sodass Bürgermeister gezielter auf Bürgerwünsche eingehen können.
- **Effiziente Stadtplanung:** Durch die Simulation von Bauprojekten oder Verkehrsflüssen mit KI wird der Prozess beschleunigt und innovativer.
- **Kultur und Gemeinschaft stärken:** KI-gestützte Plattformen könnten Ideenwettbewerbe oder Bürgerinitiativen leichter umsetzbar machen.

Der Freiraum für Neues entsteht also, wenn technologische Unterstützung Menschen entlastet und inspiriert.

Beschreibe die Situation eines Bürgermeisters, in der derjenige, der in einem dynamischen Umfeld standortinterne und -externe Informationen schneller generieren und sie für strategische und operative Entscheidungen und Prozesse nutzen kann, hieraus am sichersten Wettbewerbsvorteile schöpfen kann

Die Rolle des Bürgermeisters in einem dynamischen Umfeld wird zunehmend komplex, da er nicht nur lokale Herausforderungen bewältigen, sondern auch globale Entwicklungen und Trends berücksichtigen muss. Ein Bürgermeister, der in der Lage ist, standortinterne und -externe Informationen schnell und effektiv zu generieren und zu nutzen, kann aus dieser Fähigkeit bedeutende Wettbewerbsvorteile ziehen.

Die Situation im Detail:

1. **Dynamisches Umfeld:**
   - Der Bürgermeister steht unter Druck, in Echtzeit auf wirtschaftliche, gesellschaftliche und ökologische Veränderungen zu reagieren.
   - Beispielsweise können globale Lieferkettenprobleme, technologische Disruptionen oder unerwartete Krisen wie Pandemien lokale Auswirkungen haben.
2. **Informationsgenerierung:**
   - **Standortintern:** Durch den Einsatz von IoT-Geräten und Sensoren können Echtzeitdaten über Verkehrsströme, Energieverbrauch, Umweltbelastungen oder die Nutzung öffentlicher Einrichtungen gesammelt werden.
   - **Standortextern:** KI-gestützte Systeme können externe Faktoren wie Markttrends, Investitionsmöglichkeiten, demografische Entwicklungen oder politische Veränderungen analysieren.
3. **Strategische und operative Nutzung:**
   - **Strategisch:** Mit diesen Daten kann der Bürgermeister langfristige Entwicklungspläne erstellen, z. B. eine nachhaltige Stadtentwicklung, die den Standort für Investoren und Talente attraktiv macht.
   - **Operativ:** Daten helfen, tägliche Entscheidungen zu optimieren, etwa durch intelligente Verkehrssteuerung, schnellere Reaktionszeiten bei Notfällen oder die effiziente Verteilung öffentlicher Ressourcen.

4. **Wettbewerbsvorteile:**
   - **Attraktivität des Standorts:** Durch innovative und datenbasierte Ansätze wird die Stadt zu einem Vorreiter in Bereichen wie Klimaschutz, Digitalisierung oder Bürgerbeteiligung.
   - **Bessere Entscheidungsqualität:** Präzisere und faktenbasierte Entscheidungen minimieren Risiken und erhöhen die Effizienz.
   - **Bürgerzufriedenheit:** Ein höheres Maß an Transparenz, Servicequalität und Einbindung der Bevölkerung schafft Vertrauen und erhöht die Lebensqualität.

Beispiel:

Ein Bürgermeister nutzt KI, um den Wohnungsmarkt zu analysieren. Dadurch erkennt er frühzeitig, dass die Nachfrage nach bezahlbarem Wohnraum steigt. Er initiiert rechtzeitig Bauprojekte und schafft Anreize für Investoren. Gleichzeitig entwickelt er Programme zur Förderung von Smart Homes und nachhaltigem Bauen.

Durch den Informationsvorsprung und die strategische Nutzung der Daten positioniert er die Stadt als attraktiven Wohn- und Arbeitsort, was letztlich zu einem starken wirtschaftlichen und gesellschaftlichen Vorteil führt.

KI Ende

Ohne ein Roboter zu sein, könnte man als Mensch vielleicht meinen:

Fiktive Dialoge - ein paar Stunden Intensivcoaching

Denkanstöße

Wissensmanagement

Storytelling

Content

Inspiration

Diskurs

DecisionSupport

Gehirntraining - wenn es gut werden soll

Verstehen lernen

Vernetzt denken

Potenziale ausschöpfen

Komplexität reduzieren

Gestaltbar machen

Wissen transferieren

Proaktiv agieren

Executive Coaching

Denkstudio für strategisches Wissensmanagement

SMART - Ziele sollten SMART (spezifisch, messbar, erreichbar, relevant und zeitgebunden) sein.

Greift der Standort auch auf Fremdeinschätzungen zurück, so wird er quasi automatisch dazu gezwungen sich nicht ständig nur von innen, sondern verstärkt durch die Brille des Marktes (potentiellen Ansiedlern) zu sehen. Die standortverantwortlichen Entscheidungsträger erhalten Maßstäbe und Kennzahlen, die ihnen Hinweise geben, was intern zu machen ist, um den Erwartungen des Marktes zu genügen. Hat der Standort die Möglichkeit, die Ausprägungen seiner eigenen Standortfaktoren mit anderen Standorten zu vergleichen? Wo steht der eigene Standort im Wettlauf um die klügsten Köpfe und innovativsten Ideen? Dadurch wird ermöglicht, Hinweise auf seine Positionierung zu anderen zu erhalten und den Eindruck des "Was machen die anderen?" als Ausgangspunkt für das kritische Hinterfragen der eigenen Aktivitäten heranzuziehen. Lässt sich aus Beispielen der Umfeld-Beobachtung so etwas wie ein Muster herauskristallisieren? aus dem sich vielleicht Handlungsstränge für den eigenen Standort ableiten lassen? Standort-Benchmarking liefert Anhaltspunkte und lehrreiche Hilfestellung für die Gestaltung wirtschaftlicher Entwicklung am eigenen Standort:

Es soll ein Werkzeug zum Vergleich von Indikatoren sowie zur Unterstützung von Best-Practice-Verfahren entwickelt werden: es sollen Leistungsabweichungen zu anderen Standorten identifiziert werden, es sollen Praktiken entdeckt und verstanden werden, die bessere Ergebnisse ermöglichen. Durch Entdeckung von bereits bestehenden, besseren Lösungswegen soll das Aufbrechen ineffizienter, verkrusteter Strukturen unterstützt werden.

Vorbereitungsphase: Festlegung des Benchmarking-Standortes, Festlegung des Benchmarking-Teams, Festlegung von Indikatoren zur Leistungsbeurteilung. Analyse: Sammlung von Informationen, Indikatoren-Vergleiche, Suche nach Best Practices, Aufbereitung der Ergebnisse. *Umsetzung*: Auswertung der Analyse, Planung von Umsetzungsmaßnahmen, Realisierung der Umsetzungsplanung, Kontrolle des Umsetzungsprozesses. Der Standort erhält Hinweise auf seine Positionierung im Vergleich zu ähnlichen Standorten und einen Eindruck des "Was machen die anderen ?" als Ausgangspunkt für das kritische Hinterfragen der eigenen Aktivitäten. Die Methode Benchmarking ist Kern eines kontinuierlichen Verbesserungsprozesses: Benchmarking-Werte und Best-Practice- Vorgehensweisen liefern wichtige Restrukturierungs-Impulse. Benchmarks dienen als Ziel- und Orientierungsgrößen zur Positionierung und Richtungsbestimmung des Standortes. Im Gegensatz zu anderen Verfahren ist Benchmarking eine sehr wirtschaftliche Methode, um realistische Potenziale und Optimierungsideen zu generieren.

***Benchmarking-Vorteile*:** Ermöglichen einer Standortbestimmung der eigenen Leistungen im Vergleich zu anderen, Entwicklungspotenziale können im Vergleich mit anderen gezielt aufgespürt werden, der Blick über den Tellerrand beugt Standortblindheit vor, bereits anderswo erfolgreich umgesetzte Prozesse verkürzen die Umsetzung und geben Sicherheit, die für Benchmarking entwickelten Instrumente und Kennzahlen können für eigene Planungen genutzt werden.

Einholung ergänzender Dritt-Meinungen: nachdem die Standortanalyse zunächst vorwiegend aus eigener Sicht, quasi mit Blick von innen heraus, erstellt wurde, empfiehlt sich das Hinzuziehen von ergänzenden und möglicherweise korrigierenden Dritt-Meinungen. Es geht darum, das nur aus dem eigenen Blickwinkel intern erstellte Profil des Standortes analog mit dem Profil aus dem Blickwinkel von externen, möglichst unabhängigen Bewertungen, Ansichten und Meinungen zu vergleichen.

Aus den hierbei festgestellten Abweichungen und Bewertungslücken lassen sich wertvolle Hinweise, Erkenntnisse und Rückschlüsse für das weitere Vorgehen gewinnen (wie wird das Leistungs- und Angebotsprofil des Standortes von ortsansässigen Firmen, von ansiedlungsinteressierten Investoren beurteilt? wo ergeben sich beim direkten Vergleich zwischen Eigen- und Fremdbildanalyse Diskrepanzen? was sind die Gründe hierfür, welches sind die Auswirkungen? nach welchen wesentlichen Kriterien bewerten externe Dritte den Standort? wie bewerten Externe den Standort im Vergleich zu konkurrierenden Standorten? wo liegen für die Zukunft die Erwartungen an die weitere Entwicklung des Standortes ?).

Salve,
Nichts ist mehr so wie es war

wenn wir einmal die allgegenwärtige KI fragen würden……

Um dem Geheimnis erfolgreicher Standorte auf die Spur kommen ergänzt der Bürgermeister sein Standort-Benchmarking durch Einholung ergänzender Dritt-Meinungen, Beschreibe konkrete Vorteile einer umfassenden Konkurrenzanalyse und gebe Empfehlungen zur Umsetzung

Vorteile einer umfassenden Konkurrenzanalyse für den Bürgermeister

Erkennen von Stärken und Schwächen im Vergleich zu anderen Standorten

- Eine Konkurrenzanalyse zeigt, in welchen Bereichen der eigene Standort bereits stark ist (z. B. Infrastruktur, Lebensqualität) und wo Verbesserungsbedarf besteht (z. B. Digitalisierung, Fachkräftemangel).
- So können gezielt Maßnahmen entwickelt werden, um Schwächen zu beheben und Stärken auszubauen.

Identifikation von Best Practices

- Erfolgreiche Strategien anderer Städte oder Gemeinden können als Vorbild dienen. Beispielsweise können innovative Förderprogramme, nachhaltige Stadtentwicklung oder moderne Bürgerbeteiligungsmodelle übernommen und angepasst werden.

Bessere Positionierung im Wettbewerb um Investitionen und Talente

- Durch die Analyse der Konkurrenz wird klar, welche Standortfaktoren von Investoren und Fachkräften besonders geschätzt werden. Dies ermöglicht eine gezielte Vermarktung des eigenen Standorts.

Frühzeitiges Erkennen von Trends und Risiken

- Eine umfassende Konkurrenzanalyse hilft, sich auf zukünftige Herausforderungen wie den Klimawandel oder den demografischen Wandel vorzubereiten und geeignete Strategien zu entwickeln.

Stärkung der Entscheidungsfindung

- Objektive Daten und Meinungen von Drittparteien schaffen eine fundierte Grundlage für politische Entscheidungen und Prioritätensetzungen.

Empfehlungen zur Umsetzung

1. **Datenquellen nutzen**
    - Verwenden Sie öffentliche Berichte (z. B. Statistiken, Studien), Unternehmensdatenbanken und Marktanalysen, um ein umfassendes Bild der Konkurrenzstandorte zu erhalten.
    - Ergänzen Sie diese durch qualitative Informationen aus Experteninterviews und Umfragen.
2. **Einbindung externer Experten**
    - Ziehen Sie unabhängige Berater, Forschungsinstitute oder Universitäten hinzu, um objektive Drittmeinungen einzuholen und innovative Ansätze zu entwickeln.
3. **Indikatoren für den Vergleich festlegen**
    - Definieren Sie messbare Kriterien wie Infrastruktur, Bildung, Arbeitsmarkt, Innovationskraft oder Umweltfreundlichkeit, um eine fundierte Bewertung vorzunehmen.
4. **Workshops und Bürgerdialoge veranstalten**
    - Binden Sie Bürger und lokale Unternehmen ein, um zusätzliche Perspektiven und Vorschläge zu erhalten.
5. **Regelmäßige Aktualisierung der Analyse**
    - Konkurrenzanalysen sollten keine einmalige Aktion sein, sondern regelmäßig durchgeführt werden, um auf Veränderungen im Umfeld schnell reagieren zu können.

Mit einer systematischen Konkurrenzanalyse schafft der Bürgermeister die Grundlage, den Standort strategisch zu stärken und ihn im Wettbewerb zukunftssicher zu positionieren.

KI Ende

Ohne ein Roboter zu sein, könnte man als Mensch vielleicht meinen:

Fiktive Dialoge - ein paar Stunden Intensivcoaching

Denkanstöße

Wissensmanagement

Storytelling

Content

Inspiration

Diskurs

DecisionSupport

Gehirntraining - wenn es gut werden soll

Verstehen lernen

Vernetzt denken

Potenziale ausschöpfen

Komplexität reduzieren

Gestaltbar machen

Wissen transferieren

Proaktiv agieren

Executive Coaching

Denkstudio für strategisches Wissensmanagement

SMART - Ziele sollten SMART (spezifisch, messbar, erreichbar, relevant und zeitgebunden) sein.

Konzentration der Ressourcen: es geht darum, sich auf die zuvor identifizierten Einflussfaktoren mit dem größten Potenzial zu konzentrieren: aus den Analysen werden solche Maßnahmen abgeleitet, die für den Standort die beste Entwicklung versprechen. Ziel ist es, das Standortkapital weiterentwickeln, um den Geschäftserfolg zu steigern.

Einzelschritte: diskutieren, ob Maßnahmen sinnvoll sind, Namen und Ziele von Maßnahmen notieren, beschreiben, wie man vorgehen wird, Dauer der Maßnahme definieren, bestimmen, wann die Maßnahme umgesetzt werden soll, Wirkung der Maßnahme einschätzen und beschreiben, Verantwortliche benennen, Ressourcen festlegen. Definition von Maßnahmen auf Basis der Informationen aus den vorangegangenen Arbeitsschritten: mit Hilfe dieser Unterlagen stehen alle Informationen bereit, um im Detail nachzuvollziehen, welche Defizite bestehen, die durch die zu definierenden Maßnahmen ausgeglichen werden sollen und welche Auswirkungen diese Verbesserungen innerhalb der Standortfaktoren haben würden. Bevor konkrete Maßnahmen definiert werden, sollte geklärt werden, bei wie vielen Einflussfaktoren interveniert werden soll: dabei sollte bewusst eingegrenzt werden, denn zu viele Interventionen auf einmal können leicht zu unkontrollierbaren Nebeneffekten führen und die Umsetzung erschweren.

Aufbereitung von Indikatoren und Bewertungs-Checklisten auf verschiedenen Ebenen der Standortvermessung einbauen

Manche Indikatoren werden nur auf einer Ebene oberhalb des Standortes erhoben, d.h. Geltungsbereich der Indikatoren und Bilanzierungsbereich der Standort-Vermessung sind nicht deckungsgleich. In diesem Fall wären zunächst zwei Fragen zu prüfen: a) können die oberhalb der Standortebene, beispielsweise für Kreis, Region oder Land ermittelten Indikatoren ohne Änderungen für den Standort übernommen und übertragen werden? b) sollen oder müssen die für eine übergeordnete Ebene ermittelten Indikatoren für spezielle Zwecke des Standortes und seiner Vermessung noch weiter verfeinert und auf die Ebene der Vermessung herunter gebrochen werden? Wenn Indikatoren extern verfügbar sind, so sind sie dies nicht nur für den speziell zu vermessenden Standort, sondern auch für andere. D.h. für die Vermessung des Standortes müssen diese Indikatoren, um entsprechende Rückschlüsse ziehen zu können, weiter aufbereitet werden. Hierfür naheliegend wäre, zunächst einmal Durchschnitte zu bilden. Vorab ist zu überlegen, welche der Indikatoren in diesen Durchschnitt einbezogen werden sollen. Im nächsten Schritt wäre der zu vermessende Standort in Relation zu diesem Durchschnitt zu setzen, die jeweiligen Abweichungen hiervon sollten analysiert und interpretiert werden. Weiterführend könnten Vergleiche vorgenommen werden, in die gezielt etwa konkurrierende Einzelstandorte einbezogen werden. Sind den politisch oder fachlich Verantwortlichen andere Standorte bekannt, die als „Klassenbester“ eingestuft werden könnten, wäre für die Gewinnung weiterer Rückschlüsse eine Benchmark-Studie zu überlegen.

Salve,
Nichts ist mehr so wie es war

wenn wir einmal die allgegenwärtige KI fragen würden……

Beantworte dem Bürgermeister die Fragen: nach welchen wesentlichen Kriterien bewerten externe Dritte den Standort? wie bewerten Externe den Standort im Vergleich zu konkurrierenden Standorten? wo liegen für die Zukunft die Erwartungen an die weitere Entwicklung des Standortes?

Beantwortung der Fragen des Bürgermeisters:

1. Nach welchen wesentlichen Kriterien bewerten externe Dritte den Standort?

Externe Dritte bewerten einen Standort in der Regel anhand folgender Hauptkriterien:

- **Infrastruktur**: Verkehrsanbindung (Straßen, Schienen, Flughäfen), Energieversorgung und Digitalisierung (Breitband, 5G).

- **Wirtschaftliche Attraktivität**: Steuerpolitik, Förderprogramme, Ansiedlungsmöglichkeiten für Unternehmen, Verfügbarkeit von Fachkräften.
- **Lebensqualität**: Wohnraum, Sicherheit, Bildungs- und Gesundheitseinrichtungen, Freizeitangebote.
- **Nachhaltigkeit und Umweltfaktoren**: Klimafreundlichkeit, Grünflächen, Umweltverschmutzung.
- **Innovationspotenzial**: Verfügbarkeit von Forschungseinrichtungen, Netzwerke zwischen Wissenschaft und Wirtschaft.

2. Wie bewerten Externe den Standort im Vergleich zu konkurrierenden Standorten?

Die Bewertung erfolgt meist über Benchmarks und Rankings. Dabei werden spezifische Stärken und Schwächen herausgearbeitet:

- **Stärken**: Hat der Standort z. B. eine exzellente Verkehrsanbindung oder eine innovative Wirtschaft, hebt er sich positiv ab.
- **Schwächen**: Hohe Lebenshaltungskosten oder ein Mangel an Fachkräften können im Vergleich zu anderen Standorten als nachteilig bewertet werden.
  Externe setzen die Leistung des Standorts in Relation zu direkten Konkurrenten in der Region, national oder international, je nach Zielgruppe und Markt.

3. Wo liegen für die Zukunft die Erwartungen an die weitere Entwicklung des Standorts?

Die Erwartungen umfassen:

- **Digitalisierung**: Ausbau der digitalen Infrastruktur und Förderung digitaler Geschäftsmodelle.
- **Fachkräftegewinnung**: Maßnahmen zur Aus- und Weiterbildung sowie zur Attraktivität für internationale Fachkräfte.
- **Nachhaltigkeit**: Entwicklung grüner Technologien und Förderung einer klimafreundlichen Stadtentwicklung.
- **Innovationen und Start-ups**: Förderung von Forschung, Technologieparks und Gründungsinitiativen.
- **Lebensqualität**: Schaffung von bezahlbarem Wohnraum, Ausbau der Gesundheits- und Bildungseinrichtungen.
  Ein Standort, der sich flexibel und zukunftsorientiert entwickelt, wird langfristig wettbewerbsfähig bleiben.

KI Ende

Ohne ein Roboter zu sein, könnte man als Mensch vielleicht meinen:

Fiktive Dialoge - ein paar Stunden Intensivcoaching

Denkanstöße

Wissensmanagement

Storytelling

Content

Inspiration

Diskurs

DecisionSupport

Gehirntraining - wenn es gut werden soll

Verstehen lernen

Vernetzt denken

Potenziale ausschöpfen

Komplexität reduzieren

Gestaltbar machen

Wissen transferieren

Proaktiv agieren

Executive Coaching

Denkstudio für strategisches Wissensmanagement

SMART - Ziele sollten SMART (spezifisch, messbar, erreichbar, relevant und zeitgebunden) sein.

Jeder der zuvor gewichteten Standortfaktoren muss für sich einzeln bewertet werden. Jeder einzelnen Bewertung sollte ein möglichst ausführlicher Fragenkatalog vorangestellt werden, mit dem für jeden der Standortfaktoren quasi eine Bewertungs-Checkliste erstellt wird. Wenn also in dem System der Vermessung der Standorte diese Stufe der an jeden einzelnen Faktor zu formulierenden Fragen eingebaut wird, wird damit auch eine zwangsläufige Auseinandersetzung mit den Faktoren des Standortes in Gang gesetzt. Danach werden für jeden einzelnen Standortfaktor drei Bewertungen durchgeführt: a) nach seiner Quantität, b) nach seiner Qualität und c) nach seiner Systematik.

Jede dieser drei Bewertungen wird ihrerseits wiederum ausführlich begründet.

Wenn jeder der zuvor identifizierten und gewichteten Standortfaktoren dem mehrstufigen Bewertungsprozess unterzogen wird, entsteht hieraus ein durchdachtes und anhand konkreter Bewertungsziffern intern und extern nachvollziehbares Bild des Standortfaktors. Aus diesen zahlreichen Einzelbildern lässt sich für die Vermessung der Standorte ein ebenso konturscharfes wie auch genaues Gesamtbild erstellen.

Für die Bewertung der Standortfaktoren können beispielsweise %-Zahlen von 0 bis 120 % oder dementsprechende Punktzahlen von 0 bis 12 Punkten vergeben werden. Es kommt nicht immer nur unbedingt auf die absolute Höhe dieser Werte an. Wichtig ist vielmehr, dass die Werte in der richtige Relation zueinander vergeben werden. Wenn alle Werte immer nur im Höchstbereich liegen wäre dies eher ein Hinweis darauf, dass insgesamt zu hoch bewertet worden ist. Nur 100%-Bewertungen würden schlichtweg bedeuten, dass der Standort keine weiteren Potenziale mehr auszuschöpfen hat und man sich deshalb der Passivität hingeben könnte. D.h. es wäre ein kaum realistisches Bild das einer Überprüfung standhalten würde. Werte über 100 % oder 10 Punkte könnten auf eine Übererfüllung hindeuten. Hier sollte man hinterfragen, ob Möglichkeiten bestehen, Potenziale auch an anderer Stelle nutzen zu können.

Bewertung der definierten Standort-Geschäftsprozesse, beispielsweise Planung, Kontrolle, Messung, Bewertung, Wird der Standort zur Förderung des Fremdenverkehrs, des lokalen Einzelhandels u.a. attraktiv präsentiert und mit seinen Vorzügen akzentuiert in Szene gesetzt gibt es ein ausgebautes Citymarketing? gibt es im Internet eine auf relevante Zielgruppen punktgenau ausgerichtete Präsenz? ist bekannt, auf welche Standortfaktoren Unternehmen besonders achten und Wert legen? wird ein virtueller Marktplatz genutzt, um allen örtlichen Unternehmen (z.B. Arztpraxen, Handwerksbetriebe ohne eigene Homepage) eine Basisdarstellung zu ermöglichen? werden Unternehmen mit eigener Internet-Präsenz durch Links in den Internetauftritt des Standortes eingebunden? wird ein Gewerbemonitor durchgeführt, um in regelmäßigen Abständen die Standortzufriedenheit u. Loyalität der ortsansässigen Firmen zu ermitteln?

Salve,
Nichts ist mehr so wie es war

Rolle der Standortökonomie als Moderator und Impulsgeber

Standortökonomie als Moderator: Vermittlung zwischen Interessen

Die Standortökonomie übernimmt die Rolle eines neutralen Vermittlers in Debatten und Entscheidungsprozessen, indem sie:

- **Interessen verschiedener Akteure zusammenführt**: Dazu zählen Unternehmen, Bürger, Politik und Verwaltung. Sie hilft, gemeinsame Ziele zu definieren und Konflikte zu entschärfen.
- **Datenbasierte Fakten liefert**: Durch wirtschaftliche Analysen, Standortkennzahlen und Marktstudien schafft sie eine objektive Grundlage für Diskussionen.
- **Klarheit in komplexen Themen schafft**: Themen wie Verkehrsinfrastruktur, Umweltauflagen oder Standortmarketing werden durch verständliche Erklärungen für alle Beteiligten greifbar gemacht.

Standortökonomie als Impulsgeber: Anstoßen von Entwicklungen

Als Impulsgeber kann die Standortökonomie innovative Ideen und zukunftsweisende Maßnahmen anstoßen, indem sie:

- **Trends und Chancen aufzeigt**: Beispielsweise durch Analysen zu Digitalisierung, nachhaltiger Stadtentwicklung oder neuen Technologien.
- **Strategien entwickelt**: Sie erarbeitet Konzepte zur Verbesserung der Standortattraktivität, wie z. B. gezielte Förderprogramme oder Investitionen in die Infrastruktur.
- **Best Practices präsentiert**: Erfolgsmodelle anderer Standorte werden vorgestellt und auf die lokale Situation angepasst.

Mehr Transparenz und Nachvollziehbarkeit schaffen

Die Standortökonomie trägt dazu bei, Entscheidungsprozesse für alle Beteiligten transparenter zu machen:

- **Klare Kommunikationsstrategien**: Komplexe Sachverhalte werden verständlich aufbereitet, z. B. durch Infografiken, Berichte oder öffentliche Veranstaltungen.
- **Nutzung moderner Tools**: Mit digitalen Plattformen wie Dashboards oder interaktiven Karten werden Daten zugänglich und Entscheidungsgrundlagen visuell unterstützt.
- **Partizipative Ansätze fördern**: Bürger und Interessengruppen können in den Prozess einbezogen werden, was Akzeptanz und Vertrauen stärkt.

Fazit

Die Standortökonomie kann durch die Kombination von analytischer Expertise, strategischer Weitsicht und kommunikativer Stärke eine zentrale Rolle in der Entwicklung des Standorts spielen. Sie sorgt für fundierte Entscheidungen, die sowohl die wirtschaftliche Entwicklung fördern als auch die Bedürfnisse der Bürger berücksichtigen.

KI Ende

Ohne ein Roboter zu sein, könnte man als Mensch vielleicht meinen:

Fiktive Dialoge - ein paar Stunden Intensivcoaching

Denkanstöße
Wissensmanagement
Storytelling
Content
Inspiration
Diskurs
DecisionSupport

Gehirntraining - wenn es gut werden soll

Verstehen lernen
Vernetzt denken
Potenziale ausschöpfen
Komplexität reduzieren
Gestaltbar machen
Wissen transferieren
Proaktiv agieren

Executive Coaching

Denkstudio für strategisches Wissensmanagement

SMART - Ziele sollten SMART (spezifisch, messbar, erreichbar, relevant und zeitgebunden) sein.

Bewertung der definierten Standort-Erfolgsfaktoren, beispielsweise Existenzgründungshilfen, Mittelstandförderungen, Beratungshilfen, regionale Förderprogramme des Standortes. Nähe zu Forschung und Entwicklung, High-Tech-Strategien,

Innovationsmanagement. Standortbezogene Kostenfaktoren (Energie, Hebesätze, Gebühren u.a.). Attraktivität, Image, Rahmenbedingungen des Standortes. Standort-Finanzen/- Entwicklungspotenziale/-Handlungsspielräume/ - Risiken. (gibt es Hinweise, Links auf Förderdatenbanken? gibt es relevante Links zu Verbänden, IHK, Bund, Ländern? gibt es praktische Hilfen für ansässige Firmen und potentielle Ansiedlungswillige? gibt es lokale Förderhilfen/-mittel? gibt es Startup-Beratungen, Business-Angels? werden interaktive Werkzeuge (z.B. Marketing-, Finanzplaner) zur Verfügung gestellt? gibt es Forschungs- und Entwicklungskooperationen? wird die Zusammenarbeit zwischen Wirtschaft und Wissenschaft angeregt, gefördert? gibt es eine steuerliche Konkurrenz zu benachbarten Standorten? gibt es innerhalb des Ballungsraumes eine starke Differenzierung der Steuersätze? haben wir sehr gute Kenntnisse über die Konkurrenzsituation des Standortes? wird versucht, mögliche Aktivitäten von Standortkonkurrenten zu antizipieren? wird untersucht bzw. ist bekannt: warum wächst der Standort (Globaleffekte, Struktureffekte, Regionaleffekte)? Ist die Kommunalpolitik zuverlässig, sind politische Entscheidungen zu Rahmenbedingungen des Standortes berechenbar? gibt es Einflüsse von Zufälligkeiten?)

Regionalökonomische Verflechtungen - *In einem Agglomerationsraum können Teilregionen nicht mehr isoliert, sondern müssen im Kontext mit der Gesamtregion betrachtet werden – nach Checkliste vorgehen:* ein Wirtschaftsraum orientiert sich an dem ihm innewohnenden Beziehungsgeflecht. Administrativ gesteckte Grenzen spielen im Vergleich hierzu eine eher weniger bedeutsame Rolle. Beispielsweise überschneiden sich im Großraum Rhein-Main-Neckar zwei Metropolregionen, von denen bereits jede für sich gesehen über ein hohes Wirtschaftspotential verfügt. Schlussfolgerung hieraus: die Metropolregionen an Rhein-Main und Neckar können nicht getrennt voneinander gedacht werden. Die räumliche Nähe von Firmen und Einwohnern vernetzt über Kooperationen und persönliche Kontakte die Pendlerräume. Beispielsweise: der eng vernetzte Großraum Rhein-Main und Neckar umfasst die Standorte Hanau, Frankfurt, Mainz, Ludwigshafen, Heidelberg und Darmstadt (Südhessen ist weder in die eine noch in die andere Metropolregion so richtig integriert. Darmstadt hat so etwas wie eine Scharnierfunktion zwischen beiden Regionen). In einem solchen Agglomerationsraum können Teilregionen nicht mehr isoliert, sondern müssen im Kontext mit der Gesamtregion betrachtet werden. Interdependenzen lassen sich u.a. auch mit dynamischen Wirkungsnetzen von Standortbilanzen darstellen. Vor einem wirtschaftlichen Hintergrund geht es um Wertschöpfungsketten, Lieferbeziehungen, Standortentscheidungen der Firmen und Haushalte, Unternehmensstrategien, Clusterbeziehungen, Arbeitsmärkte und Pendlerströme.

Ballungsräume verfügen über eine starke Gravitation: die Agglomerationskräfte innerhalb einer Metropolregion verstärken sich gegenseitig (self reinforcing effects). Dabei entstehende Kostenvorteile werden an die im Wirtschaftsraum vernetzten Firmen weitergegeben. Innerhalb eines durchschnittlichen Fahrzeitpuffers von 50 Minuten gibt es Bereitschaft, zum Arbeitsplatz zu pendeln. Standorte im Bereich von Agglomerationsräumen weisen intensive Pendelbeziehungen auf und bieten damit die Möglichkeit, sich über eine große Fläche hinweg anzusiedeln. Weiter außerhalb liegende Standorte können kaum auf eine damit vergleichbare ökonomische Verflechtung verweisen: über die gemeinsame Nutzung der speziellen Ressourcen einer Metropolregion können Kostenvorteile erzeugt werden und diese wiederum innerhalb des Clusters weitergegeben werden. Das gute Entwicklungspotential der innerhalb eines Agglomerationsraumes liegenden Standorte ist die eine Seite. Die Ausschöpfung der vorhandenen Potenziale ist die andere Seite, die von den vor Ort verantwortlichen Standortakteuren nicht nur erkannt, sondern konsequent umgesetzt werden müsste

Nach Checkliste vorgehen: grundsätzlich muss eine Maßnahme im Vergleich zu mehreren Alternativen zweckmäßig sein, bewertet und kompetent beschlossen sein. Zur Umsetzung der betreffenden Maßnahme muss es einen Verantwortlichen, eine Durchführungskontrolle und einen möglichst genauen Terminplan geben. Die Ergebnisse einer solchen Maßnahmenplanung beinhalten eine Bewertung (Kosten-, Nutzenanalyse) und Abschätzung des jeweiligen Zielbeitrages. *Name der Maßnahme:* der Maßnahme einen sprechenden Titel geben. *Ziel/Ergebnis*: welche wesentlichen Ziele werden verfolgt? *Vorgehen:* was ist zu tun? In welcher Reihenfolge sollen welche Schritte umgesetzt werden? *Dauer (in Monaten):* Für welchen Zeitraum ist die Maßnahme angesetzt? Wann soll das Ziel erreicht sein? *Status*:

in Planung/in Bearbeitung/abgeschlossen. *Start:* wann wird angefangen? *Wirkungsprognose:* Welche Auswirkungen innerhalb des Standortkapitals sind zu erwarten? Was bewirkt die Maßnahme direkt/ indirekt? *Verantwortlich/Ressourcen*: Wer ist für die Umsetzung und die Zielerreichung verantwortlich? Wer arbeitet mit? *Einflussfaktoren:* auf welche Einflussfaktoren soll die Maßnahme wirken? Wie sind diese aktuell bewertet? *Indikatoren:* mit welchen Kennzahlen können die angestrebten Veränderungen am besten gemessen und überwacht werden? Welche Soll-Werte müssen die Indikatoren annehmen, um das Ziel zu erreichen?

Salve,
Nichts ist mehr so wie es war

wenn wir einmal die allgegenwärtige KI fragen würden……

Bei Erfolgsfaktoren dichter Wirtschaftsräume spricht man u.a. von knowledge spillovers (Austausch von Ideen und Wissen) oder urbanization economics (Agglomeration von Firmen aus verschiedenen Industrien):

Knowledge Spillovers: Austausch von Ideen und Wissen

Dieser Effekt tritt auf, wenn Menschen oder Unternehmen durch den Austausch von Ideen und Wissen in einem geografischen Raum innovativer und produktiver werden.

Beispiele:

- **Silicon Valley, USA**:
  Die Nähe von Technologieunternehmen, Startups, Investoren und Universitäten wie Stanford schafft ein Netzwerk, in dem Ideen schnell ausgetauscht und weiterentwickelt werden. Viele Innovationen in der Tech-Branche, wie Cloud Computing oder Künstliche Intelligenz, haben hier ihren Ursprung.
- **Cambridge Cluster, UK**:
  Die Nähe zur Universität Cambridge hat ein Ökosystem von High-Tech-Unternehmen geschaffen, die von der Forschung der Universität profitieren und gleichzeitig Wissen zurückgeben.
- **Biotech Valley, Schweiz**:
  In Städten wie Basel arbeiten Pharmakonzerne (z. B. Roche, Novartis) eng mit Universitäten und Forschungsinstituten zusammen, was zu Durchbrüchen in der Biotechnologie führt.

Urbanization Economics: Agglomeration von Firmen aus verschiedenen Industrien

Dieser Effekt entsteht, wenn unterschiedliche Branchen in einem dicht besiedelten Raum agieren und Synergieeffekte erzeugen.

Beispiele:

- **New York City, USA**:
  New York vereint Finanzdienstleistungen (Wall Street), Kreativindustrien (Broadway, Modeindustrie), Technologie (Silicon Alley) und Medien (z. B. New York Times). Diese sektorübergreifende Vielfalt führt zu wirtschaftlichem Wachstum und Innovationskraft.
- **Shenzhen, China**:
  Ursprünglich ein kleines Fischerdorf, hat sich Shenzhen durch die Agglomeration von Elektronikfirmen, Startups und Fertigungsunternehmen zu einem globalen Innovationshub entwickelt. Die Nähe zu Hongkong und der Austausch zwischen verschiedenen Industrien (z. B. Hardware, Software und Logistik) fördern den wirtschaftlichen Erfolg.
- **Berlin, Deutschland**:
  Die Stadt ist ein Zentrum für Kreativwirtschaft, Startups und traditionelle Industrien. Die Interaktion zwischen den verschiedenen Akteuren schafft eine dynamische Innovationskultur, die international sichtbar ist.

Verbindung beider Konzepte

- **Bangalore, Indien**:
  Bangalore ist ein Zentrum der IT-Industrie und beherbergt gleichzeitig Biotech-Unternehmen, Startups und Forschungseinrichtungen. Die Mischung aus Knowledge Spillovers (z. B. Zusammenarbeit zwischen Hochschulen und Unternehmen) und Urbanization Economics (z. B. Clusterbildung unterschiedlicher Branchen) macht die Stadt zu einem der führenden Wirtschaftsstandorte in Asien.

KI Ende

Ohne ein Roboter zu sein, könnte man als Mensch vielleicht meinen:

Fiktive Dialoge - ein paar Stunden Intensivcoaching

Denkanstöße

Wissensmanagement

Storytelling

Content

Inspiration

Diskurs

DecisionSupport

Gehirntraining - wenn es gut werden soll

Verstehen lernen

Vernetzt denken
Potenziale ausschöpfen
Komplexität reduzieren
Gestaltbar machen
Wissen transferieren
Proaktiv agieren

Executive Coaching
Denkstudio für strategisches Wissensmanagement
SMART - Ziele sollten SMART (spezifisch, messbar, erreichbar, relevant und zeitgebunden) sein.

Knowledge Spillovers und Urbanization Economics sind entscheidende Treiber für die Entwicklung von Innovationszentren und Wirtschaftsräumen weltweit. Ihre Stärke liegt in der gegenseitigen Verstärkung: Durch urbanes Wachstum wird der Wissensaustausch erleichtert, und durch den Wissensaustausch entstehen neue Ideen, die das urbane Wachstum weiter befeuern.

In einem methodisch durchgängigen System der Standortökonomie kommt es ebenfalls darauf an, dass alle für den Standort vorgesehenen Maßnahmen mit einer einheitlichen Struktur erfasst und verarbeitet werden können, beispielsweise mit Definition, Ziel/Ergebnis, Vorgehen, Dauer (Monate), Status (in Planung, in Bearbeitung oder abgeschlossen, Start-Termin, Wirkungsprognose, Verantwortlich/ Ressourcen. Die Standortökonomie hilft, die besten Maßnahmen zu planen, diese auf die richtigen Faktoren auszurichten und insbesondere den Maßnahmenerfolg in nachfolgenden Bilanzierungszyklen immer wieder zu überprüfen und mittels Indikatoren zu messen. Die Standortökonomie kann gleichzeitig als Moderator und Impulsgeber fungieren und für mehr Transparenz und Nachvollziehbarkeit in komplizierten Debatten und Entscheidungsprozessen sorgen.

Regionalisierung und Reurbanisierung - Renaissance der Stadtkerne*:* zwischen Stadtentwicklung und räumlicher Mobilität bestehen komplexe Wechselbeziehungen. Die Stadtentwicklung schafft Rahmenbedingungen für die Mobilität. Räumliche Mobilität ihrerseits verändert im Gegenzug wiederum die Stadt. Eine Renaissance der städtischen Kerne führt zur Abnahme der PKW-Verkehrsnachfrage. Ein gut ausgebauter öffentlicher Nahverkehr erübrigt Parkplatzsuche und Stehen im Stau. Standortentscheidungen (sowohl der Haushalte als auch der Unternehmen) stehen in dynamischen Wirkungsbeziehungen zu Entwicklungen von räumlichen Strukturen. Wichtige Bezugspunkte im Raum bestimmen wesentlich das Handlungsfeld für Standortentscheidungen. Die Alltagsmobilität unterliegt tiefgreifenden gesellschaftlichen Veränderungen. Es geht um unterschiedliche Entwicklungen u.a. bei Regionalisierung und Reurbanisierung. Wenn es um die Wechselbeziehungen zwischen Mobilitäts- und Standortfaktoren geht, stehen ältere Menschen und Jugendliche besonders im Fokus.

Beispielsweise wird beobachtet: nach einem Jahrhundert mit rasantem Verkehrswachstum sind Menschen heute eher weniger unterwegs. Der Stagnation der alltäglichen Wege steht ein Zuwachs im Fernverkehr gegenüber. Auf der einen Seite stehen Internet und Smartphone, auf der anderen Seite immer mehr Interkontinentalflüge und ein Rückgang alltäglicher Pendel-, Einkaufs- und Freizeitwege. Nicht selten gibt es eine multilokale Lebensweise an mehreren Orten: hybride Mobilitätsformen mit halb Pendelverkehr und halb Umzug. *Räumliche Wirkungen:* der PKW ermöglichte nach dem Kriege vieles für breite Bevölkerungsschichten: viele zogen ins Umland der Städte und verwandelten Dörfer in Vorstädte. Der ländliche Raum wechselte seinen Charakter zum suburbanen Raum: die lange wirkenden Zentrifugalkräfte der Suburbanisierung bewegen sich hin auf eine beginnende Reurbanisierung, die Attraktivität der Städte steigt: der Anschluss zur Fernreise über Flughafen oder ICE-Bahnhof liegt nicht weit. Städte sind als ökonomische Knotenpunkte enger in die immer stärker werdenden globalen Wirtschaftsverflechtungen eingebunden. Auch die Reurbanisierung hat ihre Grenzen: größerer Wohnflächenbedarf macht bereits heute Probleme. Auch der bereits spärliche Grünflächenbestand muss erhalten werden und kann kaum für den Bau zusätzlichen Wohnraums hergenommen werden. Der PKW ermöglichte nach dem Kriege vieles für breite Bevölkerungsschichten: viele zogen ins Umland der Städte und verwandelten Dörfer in Vorstädte.

Kommunikationsintensität wächst rasant: die Intensität der Kommunikation zwischen der Standort-Wirtschaftsförderung und potentiellen Investoren wird sich in Zukunft weiter verstärken: potentielle Investoren haben das größte Interesse daran sowohl die Visionen und Ziele als auch ggf. anzutreffende Standortfaktoren einschließlich aller Erfolgsindikatoren zu verstehen. Hierfür ist eine entsprechende Bereitstellung geeigneter Informationen seitens des Standortes unverzichtbar. Voraussetzung hierfür ist, dass der Standort über alle Fakten im eigenen Bereich genauestens informiert ist, Zahlen transparent aufbereiten und offen kommunizieren kann. Die Standortbilanz ist in diesem Zusammenhang ein äußerst effektives Instrument, für das vor allem kleinere Standorte noch großen Aufholbedarf haben. Die mit Hilfe der Standortökonomie systematisierten weichen Faktoren bilden zunehmend mehr eine wichtige Grundlage für erfolgreiche Investorenkontakte sowie ein positives Auswahl-Rating. Die Wirtschaftsförderung wird unterstützt, sich optimal auf das Investorengespräch vorzubereiten: schwarz auf weiß erhält man einen umfassenden Überblick über den Status des Standortes. Die hierbei anfallenden Auswertungen machen nicht nur auf mögliche Schwächen aufmerksam, sondern geben auch wertvolle Hinweise auf die einzuschlagende Richtung einschließlich hierbei realisierbarer Potentiale. Ergebnis: Das Procedere wird abgekürzt/erleichtert, d.h. für Investorengespräche bleibt somit mehr Zeit für das Wesentliche.

Bewertung der definierten Standort-Humankapitalfaktoren, beispielsweise Einwohnerstruktur, soziales Umfeld, Sicherheit. Kaufkraft, verfügbares Einkommen, Konsumverhalten. Intellektuelles Wissenskapital, Kompetenznetzwerke. Arbeitskräftepotential, vor Ort verfügbare Fachqualifikationen. eGovernment, kommunale Kompetenzen/Verwaltungsprozesse. Gibt es Initiativen, die es Menschen erleichtern, vor Ort Familie und Beruf miteinander zu verbinden?` wird eine Betreuung angeboten, die sowohl qualitativ als auch von den Zeiten her maßgeschneidert ist, um eine Berufstätigkeit mit Kindern zu vereinbaren? bezüglich der 3-T-Standortfaktoren Technologie, Talent, Toleranz: gibt es am Standort ein offenes, kreatives Umfeld? liegen aktuelle Kaufkraftkennziffern zum verfügbaren Einkommen vor? gibt es Informationen zum Konsumverhalten am Standort? wird das vorhandene Wissen des Standortes in einer Datenbank oder regelmäßigen Treffen zum Wissensaustausch zusammengeführt? werden am Standort verfügbare Kernkompetenzen gesichert, z.B. durch das Denken in Netzwerken? werden Kompetenzen in Netzwerken gebündelt? sind am Standort in ausreichender Anzahl fachlich qualifizierte Mitarbeiter verfügbar? gibt es Auswertungen über den Ausbildungsstand der Arbeitskräfte als Voraussetzung für die Innovationsfähigkeit des Standortes? gelingt es, im Rahmen der Kommunikationsstrategie des Standortes, auch Arbeitgeberqualitäten zu platzieren? können Genehmigungsverfahren elektronisch medienbruchfrei abgewickelt werden? gibt es das virtuelle Rathaus unabhängig von Öffnungszeiten?)

Bewertung der definierten Standort-Strukturkapitalfaktoren beispielsweise Dichte, Zustand des Wege- und Leitungsnetzes, Gewerbeflächen, Versorgungseinrichtungen, Schulen, Kindergärten, Bildungs- und Kultureinrichtungen, Gesundheitseinrichtungen, Sport- und Freizeitanlagen, Naherholungsgebiete u.a. Sind bei Gewerbeimmobilien die aktuellen Leerstandquoten bekannt? wird zwischen strukturellem Leerstand und zyklischen Angebotsüberhängen differenziert? sind die Anforderungen von Bestandsmietern mit sich ändernden Flächenanforderungsprofilen bekannt, werden diese umfassend betreut? wie ist das Verhältnis zwischen zusätzlichem Bedarf an Wohnungen zu neu gebauten Wohnungen? werden neue Wohnungen durch Nachverdichtungen im Bestand oder nach neuem Baurecht errichtet? gibt es Projekte für Mehrgenerationen-Häuser, Senioren-Wohngemeinschaften u.a.? gibt es Verbundlösungen, in denen betreutes Wohnen, ambulante Dienste, stationäre Pflege, Reha-Einrichtungen über alle Pflegestufen miteinander verzahnt arbeiten? richtet sich der Standort proaktiv auf demographische Entwicklungen ein? wird auf Gefahren der ethnischen und sozialen Gettobildung geachtet? wird das Knowhow von Stadtentwicklungsgesellschaften intensiv genutzt? werden Verfahren der privaten Stadtentwicklung eingesetzt? fungieren Stadtentwicklungsgesellschaften optimal als Scharnier zwischen Verwertungsinteressen von Immobilienbesitzern und städtebaulichen Interessen der Kommune? gibt es Unter-/Überversorgung mit Einzelhandel? werden in Innenstadtlage inhabergeführte Geschäfte aufgegeben? ist eine verbrauchernahe Versorgung gewährleistet? ist es Ziel, die Nahversorgung zu stärken, d.h. den Einzelhandel dort anzusiedeln, wo die Menschen wohnen? genügen die Marketing-/ Förderaktivitäten des Standortes den Anforderungen, um Innenstadtlagen zu fördern/unterstützen? werden Jugendliche beim Übergang ins Berufsleben betreut? werden Jugendliche auch nach ihrem Schulabschluss betreut? sind ausreichend Bildungseinrichtungen vor Ort vorhanden?

Bewertung der definierten Standort-Beziehungskapital-faktoren, beispielsweise Logistikanbindungen. Standort-Benchmarking, regionalwirtschaftliche Rahmenbeziehungen. Clusterbildung, überregionaler Standortverbund. Kongresse, Messen, Tagungen, Internet. Beziehungen Wirtschaft zu Wissenschaft. Verschärft sich durch die Globalisierung die Kluft zwischen Metropole und Umfeld? gibt es eine Spezialisierung des Standortes nach Branchen? gibt es eine Spezialisierung des Standortes nach Funktionen, z.B. Forschungs- und Entwicklungsabteilungen u.a.? gibt es am Standort Chancen zum Aufbau von Netzwerken, beispielsweise durch räumliche Nähe zwischen Politikern, Managern, Forschern? hat der Standort die Möglichkeit, die Ausprägung seiner eigenen Standortfaktoren mit anderen Standorten zu vergleichen? wo steht der eigene Standort im Wettlauf um die klügsten Köpfe und die innovativsten Ideen? gibt es ein ausgearbeitetes/bereits umgesetztes Konzept für Cluster-Bildung? sorgt der Standort dafür, dass für Unternehmen bestimmter Zielbranchen besonders gute Rahmenbedingungen hergestellt und Anstöße geliefert werden, damit sich entsprechende Cluster bilden? finden ansiedlungsinteressierte Firmen über das Internetangebot des Standortes alle benötigten Informationen? ist das Internetportal so gestaltet, dass es von potentiellen Investoren ohne Einschränkungen als Erstinformationsquelle bei der Standortsuche genutzt wird?

Salve,
Nichts ist mehr so wie es war

wenn wir einmal die allgegenwärtige KI fragen würden……

Beschreibe mit Fallbeispielen, wie im Strukturwandel der Standorte mit der Mobilität die Kommunikationsintensität wächst

Erkläre mit Fallbeispielen, warum potentielle Investoren das größte Interesse daran haben, sowohl die Visionen und Ziele als auch ggf. anzutreffende Standortfaktoren einschließlich aller Erfolgsindikatoren zu verstehen

Eine der großen Industrienationen wie Deutschland lässt sich nur schwer oder überhaupt nicht anhand einer doch immer begrenzten Zahl von Indikatoren abbilden - es können daher nur Teilaspekte oder Momentaufnahmen sein, auf die man sich für eine Standortanalyse konzentrieren kann

*K*ein Standort ist für sich alleine eine Insel oder unabhängig von dem, was um ihn herum geschieht. Zwischen Innen- und Außenwelt eines Standortes wirkt vielmehr eine kaum über- und durchschaubare Anzahl von gegenseitigen ***Indikatoren auf Bundesebene*** Beziehungen. Indikatoren sind somit auch keine isolierten Schalt-, Meß- und Regelkreise. Jeder Standort in

Deutschland, ob groß oder klein, ob zentral oder ablegen ist somit auf vielfältige Weise immer eng auch mit dem Standort Deutschland als Ganzes verknüpft. Besonders deutlich wird dies bei der Auslagerung von Betriebsteilen oder Neuansiedlung von Unternehmenseinheiten. Immer steht zuerst grundsätzlich der Standort Deutschland als Gesamtheit im Focus der Entscheidungen. Erst wenn eine Standortentscheidung für oder gegen Deutschland gefallen ist, verästeln sich die Entscheidungswege weiter in Richtung auf ein bestimmtes Bundesland, eine bestimmte Region oder einen ganz konkreten Standort. Es gibt somit ein Indikatorpaket, in das alle deutschen Standorte eingebettet sind und das mit ihren individuellen und ganz spezifischen Standortindikatoren in Beziehung steht. Direkt oder indirekt stehen diese Gesamtindikatoren also immer im Wettbewerb mit den entsprechenden Indikatoren anderer Länder.

Die jeweils ins Auge zu fassenden Indikatoren hängen stark von der zu behandelnden Thematik ab und werden meistens auch in Form allgemein zugänglicher Quellen beispielsweise der OECD, des Statistischen Bundesamtes und ähnlicher Institutionen in regelmäßigen Zeitabständen erhoben. Hierzu werden jedoch auch verstärkt kritische Fragen laut, beispielsweise: gibt es so etwas wie einen „BIP-Fetischismus“? Ist das BIP wirklich das Maß aller Dinge? Ist das BIP der optimale Index zur Messung von Wachstum und Wohlstand? Lässt sich das Wohlergehen der Menschen auf andere Weise nicht vielleicht besser und differenzierter messen? Wenn das BIP den Wert aller in einem Jahr in einer Volkswirtschaft produzierten Waren und Dienstleistungen abbildet: wie wird hierbei die Schattenwirtschaft berücksichtigt, die teilweise bis zu einem Fünftel der Wertschöpfung ausmacht? Was ist mit unbezahlten Leistungen in den Privathaushalten, der Pflege von Kindern und Angehörigen, den ehrenamtlichen Tätigkeiten? In diesem Zusammenhang gibt es Überlegungen dahingehend: etwa Maße zur Verteilung der Einkommen stärker zu betonen oder das BIP um soziale und ökologische Indikatoren zu ergänzen. Oder: wie können unerwünschte Nebenwirkungen der BIP-Messung ausgeschaltet werden? Beispielsweise: wenn Autofahrer im Stau stehen, erhöht das den Verbrauch an Treibstoffen, d.h. rein rechnerisch steigt das BIP obwohl hier eigentlich der entstehende Schaden zu messen wäre. Gefordert wird daher auch eine Nachhaltigkeitsrechnung, in der nicht nur Brutto-, sondern auch Nettowerte aufgeführt werden. Neue, zusätzliche Sozialindikatoren können daher ein differenzierteres Abbild der Gesellschaft liefern.

Salve,
Nichts ist mehr so wie es war

wenn wir einmal die allgegenwärtige KI fragen würden……

Nach Untersuchungen der OECD ist in Deutschland der staatliche Nutzen von Bildungsinvestitionen besonders hoch: Ausgaben von ca. 40.000 US-Dollar stehe jeweils ein Nutzen von ca. 170.000 US-Dollar gegenüber. Erkläre, warum je höher der Bildungsstand desto höher das individuelle Einkommen und der gesellschaftliche Ertrag ist und desto geringer auch das Arbeitslosigkeitsrisiko ist. Daheißt, der kernige Marketingsatz des „Change Knowledge into Cash" findet hier seine Berechtigung?

Ja, der Zusammenhang zwischen **Bildungsstand, individuellem Einkommen und gesellschaftlichem Nutzen** lässt sich wie folgt erklären:

Höherer Bildungsstand → Höheres Einkommen

- **Produktivität steigt**: Hochqualifizierte Arbeitskräfte verfügen über spezialisiertes Wissen und können komplexere, wertschöpfendere Tätigkeiten ausführen.
- **Wert auf dem Arbeitsmarkt steigt**: Unternehmen sind bereit, für gut ausgebildete Fachkräfte höhere Löhne zu zahlen, weil sie deren Kompetenz dringend benötigen.
- **Bessere Karrierechancen**: Höhere Bildung öffnet Türen zu Führungspositionen und innovationsgetriebenen Branchen mit hohen Gehältern.

Höherer Bildungsstand → Geringeres Arbeitslosigkeitsrisiko

- **Anpassungsfähigkeit**: Hochqualifizierte können sich leichter an neue technologische oder wirtschaftliche Veränderungen anpassen.

- **Geringere Konkurrenz**: Je höher die Qualifikation, desto kleiner der Pool an Wettbewerbern für dieselben Jobs.
- **Automatisierungsresistenz**: Berufe mit hohem Bildungsniveau sind schwerer durch KI oder Maschinen ersetzbar.

Höherer Bildungsstand → Gesellschaftlicher Ertrag steigt

- **Höhere Steuereinnahmen**: Besserverdienende zahlen mehr Einkommenssteuern und stärken so den Staatshaushalt.
- **Geringere Sozialausgaben**: Weniger Arbeitslosigkeit bedeutet weniger staatliche Unterstützungsleistungen.
- **Mehr Innovation und Wettbewerbsfähigkeit**: Hochgebildete Gesellschaften sind kreativer, innovativer und wirtschaftlich erfolgreicher.

Fazit: Wissen ist die beste Kapitalanlage

Investitionen in Bildung zahlen sich sowohl individuell als auch gesellschaftlich aus. Wer Wissen in wirtschaftlichen Nutzen umwandelt, profitiert doppelt: persönlich durch ein höheres Einkommen und stabilere Beschäftigung – und als Teil einer Gesellschaft, die durch höhere Produktivität, Innovation und Wohlstand gewinnt. **Bildung ist also nicht nur der Schlüssel zum persönlichen Erfolg, sondern auch zum wirtschaftlichen Fortschritt eines Landes.**

KI Ende

Ohne ein Roboter zu sein, könnte man als Mensch vielleicht meinen:

Fiktive Dialoge - ein paar Stunden Intensivcoaching
Denkanstöße
Wissensmanagement
Storytelling
Content
Inspiration
Diskurs
DecisionSupport
Gehirntraining - wenn es gut werden soll
Verstehen lernen
Vernetzt denken
Potenziale ausschöpfen
Komplexität reduzieren
Gestaltbar machen
Wissen transferieren
Proaktiv agieren

Executive Coaching
Denkstudio für strategisches Wissensmanagement
SMART - Ziele sollten SMART (spezifisch, messbar, erreichbar, relevant und zeitgebunden) sein.

Standortindikatoren Bildungsniveau, Arbeitslosigkeit, Einkommenspotential und Fachqualifikationen: zwanzig Prozent der jungen Erwachsenen erreichen ein höheres Bildungsniveau als ihre Eltern. Zweiundzwanzig Prozent der jungen Erwachsenen beenden ihre Ausbildung aber mit einem niedrigeren Bildungsabschluss als ihre Eltern. Richtig werten kann man solche Ergebnisse allerdings erst in Form einer Zeitreihenanalyse und in Relation zu anderen Länderstandorten. Deutschland ist laut OECD das einzige Land, in dem die Erwerbslosenquoten für alle Bildungsniveaus gesunken sind. Deutschland gibt mehr als fünf Prozent seines BIP für die Bildung aus. Voraussichtlich mehr als vierzig Prozent der jungen Menschen in Deutschland werden in ihrem Leben an längeren, mehr theoretisch orientierten Studiengängen teilnehmen. In Deutschland gibt es deutlich mehr als eine halbe Million Studienanfänger, die Quote der Hochschulabsolventen liegt bei dreißig Prozent. Insbesondere im Bereich hochqualifizierter Fachkräfte folgt der Stellenmarkt seinen eigenen Regeln, für die vermehrt Kreativität, Professionalität und stellen- bzw. unternehmensspezifische Bewertungsstrategien gefordert sind. Eine Standortbilanz kann hierbei als breite Kommunikationsplattform für persönliche Entwicklungsmaßnahmen eingesetzt werden: nichts wirkt so überzeugend wie eine Anschaulichkeit, wie sie in Form von Portfolio-, Ampeldiagramm- und Wirkungsnetz-Darstellungen geboten wird.

***Mehrwert und Alleinstellungsmerkmal**:* der Weg über eine Standortökonomie weicher Faktoren bietet eine Vielzahl von

Vorteilen, die anderen so nicht zugänglich sind: die Beschäftigung mit der Standortökonomie macht fit und verschafft Vorteile im Standortwettbewerb (mit der für Fragen der Standortentwicklung benötigten Problemlösungskraft kann man nicht auf Dauer in der untersten Bezirksligaklasse spielen). Haben sich Standortakteure erst einmal bis zu einem professionellen System durchgekämpft, so können sie dieses in späteren Perioden ohne größeren Aufwand (sofern IT-gestützt) immer wieder verwenden, d.h. es wären dann nur noch Aktualisierungen und Fortschreibungen nachzutragen. Damit hat man nicht nur jederzeit Zugriff auf eine aktuelle Momentaufnahme, sondern gleichzeitig die Möglichkeit zu Zeitreihenvergleichen und -analysen.

Salve,
Nichts ist mehr so wie es war

wenn wir einmal die allgegenwärtige KI fragen würden……

Bürgermeister Standortökonomie - Wissen schafft Handlungsspielraum, Gewinn und Mehrwert

Die Beschäftigung mit den **Instrumenten und Indikatoren der Standortökonomie** verschafft einem Bürgermeister wertvolle **Einsichten und praktische Vorteile**, indem sie ihm hilft, **fundierte Entscheidungen** zu treffen und die **wirtschaftliche**

Entwicklung seiner Gemeinde gezielt zu steuern. Dabei profitiert er auf mehreren Ebenen:

Logisches und strukturiertes Denken

- Die Analyse von **Standortindikatoren** (z. B. Wirtschaftskraft, Arbeitsmarkt, Infrastruktur) zwingt zu einer **klaren, datenbasierten Betrachtung** der Gemeinde.
- Das Arbeiten mit wirtschaftlichen Kennzahlen fördert **strukturiertes Problemlösen**, indem Herausforderungen und Chancen systematisch erkannt werden.

Vernetztes Denken und strategische Planung

- Standortökonomie verbindet **verschiedene Bereiche**: Wirtschaft, Bildung, Verkehr, Umwelt, Digitalisierung usw.
- Ein Bürgermeister erkennt so **Zusammenhänge**: Wie beeinflussen z. B. Bildungspolitik und Fachkräfteangebot die Ansiedlung neuer Unternehmen?
- Dadurch kann er **langfristige Strategien** entwickeln, anstatt nur kurzfristige Maßnahmen umzusetzen.

Praxisrelevante Werkzeuge für Standortentwicklung

- Die Beschäftigung mit Standortindikatoren zeigt, welche **Hebel** ein Bürgermeister gezielt nutzen kann, um seinen Standort attraktiver zu machen (z. B. Gewerbeflächenentwicklung, Innovationsförderung).
- Vergleichsstudien mit anderen Städten oder Regionen liefern **Benchmarks**, an denen sich die eigene Kommune messen kann.

- Ein gezieltes Monitoring hilft, **Fehlentwicklungen frühzeitig zu erkennen** und gegenzusteuern.

Bessere Kommunikation und Überzeugungskraft

- Ein Bürgermeister kann mit datenbasierten Argumenten besser gegenüber **Bürgern, Unternehmen und Investoren** auftreten.
- Eine fundierte Kenntnis der Standortfaktoren hilft, **Fördermittel und Investitionen gezielt einzuwerben**.
- Durch bessere Entscheidungsgrundlagen entsteht **Vertrauen in die Verwaltung**, da Entscheidungen nachvollziehbar und transparent begründet werden.

Langfristiger Mehrwert durch Erfahrung

- Durch die regelmäßige Auseinandersetzung mit Standortfaktoren entwickelt ein Bürgermeister **ein tieferes Verständnis für wirtschaftliche und gesellschaftliche Dynamiken**.
- Er kann auf **Erfahrungswerte** aus der Vergangenheit zurückgreifen, um zukünftige Entwicklungen besser zu antizipieren.
- Standortökonomie wird zu einem **strategischen Werkzeug**, um nicht nur auf Veränderungen zu reagieren, sondern aktiv **die Zukunft der Gemeinde zu gestalten**.

Ein Bürgermeister, der sich intensiv mit den **Instrumenten und Indikatoren der Standortökonomie** befasst, gewinnt nicht nur **mehr Wissen und Erfahrung**, sondern auch **konkrete Steuerungsmöglichkeiten** für die wirtschaftliche Entwicklung seiner Kommune. Dies stärkt die Wettbewerbsfähigkeit des Standorts und schafft eine **zukunftsfähige Perspektive für Bürger und Unternehmen**.

KI Ende

Ohne ein Roboter zu sein, könnte man als Mensch vielleicht meinen:

Fiktive Dialoge - ein paar Stunden Intensivcoaching

Denkanstöße

Wissensmanagement

Storytelling

Content

Inspiration

Diskurs

DecisionSupport

Gehirntraining - wenn es gut werden soll

Verstehen lernen

Vernetzt denken

Potenziale ausschöpfen

Komplexität reduzieren

Gestaltbar machen

Wissen transferieren

Proaktiv agieren

Executive Coaching
Denkstudio für strategisches Wissensmanagement
SMART - Ziele sollten SMART (spezifisch, messbar, erreichbar, relevant und zeitgebunden) sein.

Statt die Dinge immer nur eindimensional zu betrachten, können Prozesse, Erfolgsfaktoren, Kapitalarten, Maßnahmen untereinander verknüpft, vernetzt und damit mehrdimensional (multivariat) analysiert/durchgerechnet werden. Und vielleicht das Beste von allem: Weit und breit könnten vielleicht nur wenige etwas Vergleichbares vorweisen. Der Standort würde einen nur schwer einholbaren Wettbewerbs- und Wissensvorsprung (und schon allein damit ein herausragendes Alleinstellungsmerkmal USP) erlangen.

Eine Reihe von Vorteilen lassen sich bereits aus dem Prozess der Entwicklung herleiten: ganzheitliche Perspektive auf den Standort und Zusammenhänge zwischen externen und internen Strukturen, Identifizierung des Stellenwertes immaterieller Ressourcen für Möglichkeiten der weiteren Standortentwicklung, Prioritätensetzung für erforderliche Aktivitäten und Maßnahmen, Konzentration auf den Investor und dessen Anforderungen, Ausrichtung auf Wertschöpfungs- und Wettbewerbsprozesse, Standortbilanz kompatibel zu anderen Managementinstrumenten, Nachvollziehbarkeit (wie Ressourcen investiert werden und wo hieraus in welche Höhe eine entsprechende Wertschöpfung generiert wird).

Mit der Bewertung des „Unbewertbaren“ für Standortentscheidungen größtmögliche Transparenz schaffen - durch das Hinterfragen komplexer Prozesse wird die Basis für zukünftige Verbesserungsmöglichkeiten gelegt

Kein Standort kann es sich heute noch leisten, dass seine unter Umständen wertvollen Standortressourcen unentdeckt und damit unbrauchbar bleiben. Dabei kann heute allgemein eher über zu viel als zu wenig an Informationen verfügt werden. Was fehlt, ist die Fähigkeit, Transparenz in diese komplizierte Standortumwelt zu bringen, d.h. alle Standortfaktoren vollständig zu identifizieren.

Denn: ein Standort ist mehr als nur die Summe seiner Gebäude und Flächen. Es geht um eine Bewertung des „Unbewertbaren“, d.h. die Bewertung von (nach manchen Auffassungen) nicht bilanzierbaren Standortwerten. Eine wichtige Grundlage dafür stellt das Instrument einer Standortbilanz dar, mit dem sich eine umfassende Bestandsaufnahme und Bewertung auch von immateriellen Faktoren realisieren lässt: mit dem Konzept der Standortbilanz lässt sich zudem eine Systematik anwenden, die auch zu den (zahlenorientierten) Denkstrukturen des Finanzbereichs passt.

Die Standortbilanz macht Zusammenhänge zwischen Zielen, Geschäftsprozessen, Standortressourcen und Geschäftserfolg transparenter: die Verwendung der Standortressourcen wird dokumentiert und die Zielerreichung hieraus wird bilanziert. Da sich die Standorte nach Größe, wirtschaftlichem und sozialem Umfeld und nicht zuletzt auch hinsichtlich politischer Zielsetzungen unterscheiden, sollte jede Kommune eine eigene Lösung entwickeln, die ihrem individuellem Profil am besten entspricht und zur Differenzierung von anderen Standorten die Stärken überzeugend herausstellt, gleichzeitig aber mögliche Schwachpunkte nicht verschweigt. Dabei ist die Potenzialperspektive ein strategisches Kernelement: die Schwierigkeit des Erkennens von Potenzialen liegt vor allem darin, dass sie häufig mehr in Form von Visionen als in Form von exakt mess- und kontrollierbaren Zahlenwerten fassbar gemacht werden können.

Salve,
Nichts ist mehr so wie es war

wenn wir einmal die allgegenwärtige KI fragen würden……

Die Potenzialperspektive als strategisches Kernelement der Standortentwicklung

Für einen Bürgermeister ist die **Erkennung und Nutzung von Potenzialen** essenziell, um die **wirtschaftliche und gesellschaftliche Entwicklung** seiner Gemeinde aktiv zu steuern. Dabei besteht die zentrale Herausforderung darin, dass **Potenziale oft nicht in klaren Zahlen messbar**, sondern eher als **Visionen oder qualitative Trends** erkennbar sind.

Warum ist die Potenzialperspektive so wichtig?

- **Zukunftsfähigkeit sichern**: Wer nur auf bestehende Indikatoren setzt, reagiert eher auf Vergangenes als auf Zukünftiges. Potenzialerkennung bedeutet vorausschauendes Handeln.
- **Standortattraktivität steigern**: Gemeinden konkurrieren um Unternehmen, Fachkräfte und Investitionen. Wer früh Potenziale erkennt, kann sich strategisch besser positionieren.
- **Innovationsräume schaffen**: Potenziale liegen oft in neuen Technologien, gesellschaftlichen Trends oder ungenutzten Standortfaktoren.

Die Schwierigkeit der Messbarkeit

- **Harte Zahlen sind oft nur bedingt aussagekräftig**: Statistiken zu Wirtschaftskraft, Arbeitsmarkt oder Infrastruktur zeigen nur den aktuellen Status quo – sie sagen wenig über zukünftige Chancen aus.
- **Potenziale sind oft qualitativ erkennbar**: Eine Gemeinde mit einer jungen, kreativen Bevölkerung kann z. B. Potenzial für ein Startup-Ökosystem haben – auch wenn es dafür noch keine wirtschaftlichen Kennzahlen gibt.
- **Visionen sind entscheidend**: Ein Bürgermeister muss Trends interpretieren und darauf basierend eine langfristige Entwicklungsstrategie formulieren.

Strategien zur Identifikation und Nutzung von Potenzialen

- **Dialog mit Bürgern, Unternehmen und Experten**: Oft haben verschiedene Gruppen ein Gespür für zukünftige Entwicklungen, das Statistiken nicht erfassen können.
- **Zukunftstrends analysieren**: Megatrends wie Digitalisierung, Nachhaltigkeit oder demografischer Wandel bieten neue Chancen, die frühzeitig erkannt und genutzt werden müssen.
- **Experimentierräume schaffen**: Innovation entsteht oft in kleinen, risikofreien Bereichen. Testprojekte oder Förderprogramme können dabei helfen, Potenziale konkret zu entwickeln.
- **Flexibles Standortmanagement**: Strategien müssen regelmäßig überprüft und an neue Erkenntnisse angepasst werden.

Visionäre Potenziale gezielt nutzbar machen

Ein Bürgermeister muss Potenziale nicht nur **erkennen**, sondern auch den Mut haben, sie in konkrete Strategien zu überführen – auch wenn sie nicht sofort in Zahlen messbar sind. Die Fähigkeit, **Zukunftsbilder zu entwickeln, Trends frühzeitig zu deuten und strategisch zu handeln**, entscheidet über den langfristigen Erfolg einer Gemeinde

KI Ende

Ohne ein Roboter zu sein, könnte man als Mensch vielleicht meinen:

Fiktive Dialoge - ein paar Stunden Intensivcoaching

Denkanstöße

Wissensmanagement

Storytelling

Content

Inspiration

Diskurs

DecisionSupport

Gehirntraining - wenn es gut werden soll

Verstehen lernen

Vernetzt denken

Potenziale ausschöpfen

Komplexität reduzieren

Gestaltbar machen

Wissen transferieren

Proaktiv agieren

Executive Coaching

Denkstudio für strategisches Wissensmanagement

SMART - Ziele sollten SMART (spezifisch, messbar, erreichbar, relevant und zeitgebunden) sein.

In einer Bilanz mit auch immateriellen Standortwerten interessieren alle jene Kriterien, nach denen Unternehmen ihre Entscheidungen für und gegen Neu- bzw. Erweiterungsinvestitionen an einem bestimmten Standort treffen. Die Entwicklung eines Standortes ist immer das Ergebnis einer Vielzahl von Einflussfaktoren, die untereinander in dynamischen Wirkungsbeziehungen stehen: es kommt darauf an, Stärke und Dauer dieser Koppelungs- und Rückkoppelungseffekte möglichst genau zu kennen: um danach entsprechend entscheiden und handeln zu können.

Innovation: die Entwicklung eines Standortes ist eng mit der Entwicklung von Innovationsfähigkeit verknüpft. Da sich der Innovationsoutput schwerer messen lässt, sollte der Innovationsinput (beispielsweise Ausbildungsstand des Humankapitals, Ausgaben für Forschung & Entwicklung) als indirekte Messgröße erhoben werden. *Erreichbarkeit:* die Entwicklung eines Standortes wird im Zeitalter der Globalisierung wesentlich durch seine Erreichbarkeit bestimmt. Eine gute Verkehrsanbindung ist heute für nahezu alle konkurrenzstarken Standorte gegeben: sie wird als mehr oder weniger selbstverständlich vorausgesetzt. *Besteuerung*: Steuern stellen sowohl für Unternehmen als auch für Arbeitnehmer eine wichtige Kostenkomponente dar. Im Standortwettbewerb spielt die Höhe der Hebesätze eine große Rolle. *Regulierung:* untersucht werden sollte die Regulierungsdichte einschließlich bremsender oder fördernder Auswirkungen sowohl auf Produktmärkten als auch auf dem Arbeitsmarkt.

Über die Standortökonomie weicher Faktoren können auch dynamische Wirkungszusammenhänge erfasst werden: dabei geht es um die dynamischen Zusammenhänge der immateriellen Ressourcen. Mit einer Wirkungsanalyse können Wirkungszusammenhänge innerhalb der Standortfaktoren erkannt werden: es können Aussagen zur Steuerbarkeit einzelner Faktoren und zu zeitlichen Verzögerungen bei den Wirkungszusammenhängen getroffen werden. Es werden die Wechselwirkungen der Einflussfaktoren analysiert, d.h.: es wird der Wirkungszusammenhang zwischen zwei unterschiedlichen Einflussfaktoren betrachtet, also dem Einfluss eines Faktors auf einen anderen (paarweise). Statt positiver können zusätzlich auch negative Wirkungen untersucht werden, d.h. Verschlechterungen innerhalb des Standortkapitals: was kann unter den gegebenen Umständen mit dem jeweiligen Einflussfaktor im negativen Fall passieren? Ergebnis: es werden zusätzliche Erkenntnisse über interne Risiken erlangt.

So mühsam der Entwicklungsprozess einer umfassenden Standortökonomie auch sein mag: der Aufwand lohnt sich schon allein deshalb, weil alle Beteiligten neue Erkenntnisse über Zusammenhänge gewinnen und das Verständnis für Probleme wächst. Vor allem Visualisierungen mit entsprechenden Interpretationstexten könnten geeignet sein, um die Bewertungen zusammen zu fassen und nur die wesentlichen Punkte hervorzuheben. Die Glaubwürdigkeit lässt sich weiter steigern, indem auch Defizite offengelegt werden. Jedoch sollte man sich auf Schwächen konzentrieren, an denen man auch tatsächlich arbeitet und in den Folgeperioden mit großer Wahrscheinlichkeit Erfolge melden kann.

Sollen gezielt Investoren angesprochen werden, kann eine Auswahl der Indikatoren helfen, ein glaubwürdiges Zahlenwerk vorzulegen. Intern sollte auf Nachvollziehbarkeit geachtet werden und dann der Schwerpunkt auf diejenigen Indikatoren gelegt werden, die man entwickeln will. Standortbilanzen verschaffen nicht nur der Kommune selbst, sondern insbesondere auch ortsansässigen und ansiedlungsinteressierten Firmen einen konkreten Vorteil in Form qualifizierter, nachvollziehbarer Standortinformationen. Darüber hinaus können sie sich durchaus positiv auf Standortentscheidungen auswirken, die häufig auf der Grundlage von solchen strategischen Informationen getroffen werden: eine detaillierte Bilanzierung gibt eine Antwort darauf, wofür der Standort steht, wie er sich selbst wahrnimmt und wie er von ansässigen und ansiedlungsinteressierten Unternehmen wahrgenommen wird.

Salve,
Nichts ist mehr so wie es war

wenn wir einmal die allgegenwärtige KI fragen würden……

Auswirkungen des demografischen Wandels auf den Mittelstand und seine Standortbedingungen

Der demografische Wandel – insbesondere die **Alterung der Gesellschaft und der Rückgang der erwerbsfähigen Bevölkerung** – stellt den Mittelstand vor erhebliche Herausforderungen. Gleichzeitig entstehen neue Chancen für innovative Unternehmen und Standortstrategien.

Herausforderungen für den Mittelstand

Fachkräftemangel verschärft sich

- Sinkende Geburtenraten und eine alternde Bevölkerung führen dazu, dass **weniger junge Fachkräfte** nachkommen.
- Besonders **ländliche Regionen** verlieren Arbeitskräfte, weil junge Menschen in Städte oder ins Ausland abwandern.
- Unternehmen müssen stärker um qualifizierte Mitarbeiter konkurrieren, was Löhne und Sozialkosten erhöht.

Nachfolgeregelung wird schwieriger

- Viele **mittelständische Unternehmen sind familiengeführt** – doch oft fehlen Nachfolger aus der eigenen Familie.
- Ohne geeignete Käufer oder Nachfolger droht vielen Firmen die Schließung.
- Dies betrifft besonders das **Handwerk, den Einzelhandel und industrielle Zuliefererbetriebe**.

Regionale Ungleichheiten nehmen zu

- **Starke Wirtschaftsstandorte** ziehen Fachkräfte an, während ländliche Gebiete weiter ausbluten.
- Unternehmen an schwächeren Standorten müssen kreative **Anreize** bieten (z. B. flexible Arbeitsmodelle, Wohnraumförderung).

Steigende Sozialkosten und Kaufkraftveränderungen

- Eine alternde Bevölkerung erhöht die Sozialausgaben, was zu höheren Steuern oder Abgaben für Unternehmen führen kann.
- Die **Nachfrage verschiebt sich**: Weniger junge Verbraucher bedeuten z. B. weniger Umsatz in Bereichen wie Unterhaltung oder Mode, während Gesundheits- und Pflegedienstleistungen boomen.

Chancen für den Mittelstand

Automatisierung und Digitalisierung als Lösung

- **KI und Robotik** können helfen, Arbeitskräfteengpässe auszugleichen.
- **Flexible Arbeitsmodelle** (Homeoffice, Vier-Tage-Woche) machen Unternehmen für ältere Arbeitnehmer attraktiver.

Neue Geschäftsmodelle für eine alternde Gesellschaft

- **Gesundheitswirtschaft wächst**: Mittelständische Unternehmen können von neuen Produkten und Dienstleistungen für Senioren profitieren.
- **Barrierefreie Dienstleistungen und Produkte** werden wichtiger (z. B. Smart-Home-Technologie für ältere Menschen).

Attraktivität als Arbeitgeber steigern

- Mittelständische Unternehmen können durch eine **familienfreundliche Arbeitskultur, betriebliche Altersvorsorge und lebenslanges Lernen** attraktiver für Fachkräfte werden.
- **Internationale Fachkräfte und Migration** können als Chance genutzt werden, um den Personalmangel auszugleichen.

Auswirkungen auf die Standortbedingungen

Städte gewinnen, ländliche Regionen verlieren

- **Metropolen bleiben attraktiv**, weil sie Arbeitsplätze, Infrastruktur und Freizeitangebote bündeln.
- **Kleine und mittelgroße Städte müssen Anreize schaffen**, um Fachkräfte zu halten (z. B. günstiger Wohnraum, digitale Infrastruktur, Lebensqualität).

Infrastruktur und Innovation als Standortvorteile

- Regionen mit guter **Verkehrsanbindung, schnellem Internet und Bildungsangeboten** ziehen Unternehmen an.
- Kommunen müssen gezielt **Cluster für Zukunftsbranchen** (z. B. Medizintechnik, GreenTech, KI) aufbauen, um ihre Standortattraktivität zu sichern.

Wandel in der kommunalen Wirtschaftsförderung

- Statt reinem **Flächenwachstum** wird gezielt in **Bildung, Fachkräfteanwerbung und Innovationsförderung** investiert.
- Städte und Gemeinden müssen **Netzwerke zwischen Mittelstand, Forschung und Startups** fördern, um langfristig wettbewerbsfähig zu bleiben.

Das heißt: Mittelstand muss sich anpassen – Standortpolitik wird entscheidend

Der demografische Wandel bringt für den Mittelstand **große Herausforderungen, aber auch Chancen**. Erfolgreiche Unternehmen setzen auf **Automatisierung, attraktive Arbeitsbedingungen und neue Geschäftsmodelle für eine alternde Gesellschaft**. Gleichzeitig wird die **Standortpolitik immer wichtiger**, um Fachkräfte zu halten und Innovationen zu fördern. Wer sich frühzeitig anpasst, bleibt wettbewerbsfähig – sowohl als Unternehmen als auch als Wirtschaftsregion.

KI Ende

Ohne ein Roboter zu sein, könnte man als Mensch vielleicht meinen:

Fiktive Dialoge - ein paar Stunden Intensivcoaching

Denkanstöße

Wissensmanagement

Storytelling

Content

Inspiration

Diskurs

DecisionSupport

Gehirntraining - wenn es gut werden soll

Verstehen lernen

Vernetzt denken

Potenziale ausschöpfen

Komplexität reduzieren

Gestaltbar machen

Wissen transferieren

Proaktiv agieren

Executive Coaching

Denkstudio für strategisches Wissensmanagement

SMART - Ziele sollten SMART (spezifisch, messbar, erreichbar, relevant und zeitgebunden) sein.

Laboratory Demographic Change: in Zusammenarbeit von Großunternehmen wurde eine wissenschaftlich fundierte Datenbasis zu den Auswirkungen des demographischen Wandels auf die Regionen entwickelt: Rostocker Zentrum zur Erforschung des Demografischen Wandels: Bündelung und Vereinheitlichung vorhandenes Datenmaterial von Quellen wie dem statistischen Amt der EU, der OECD und nationalen Statistikämtern. Der demographische Wandel in den europäischen Ländern prägt deren Standorte und bewirkt damit auch erhebliche Einflüsse auf die dort ansässigen Firmen: die zunehmende Lebenserwartung und der spätere Eintritt in den Ruhestand führen rein rechnerisch zu einem höheren Durchschnittsalter der Beschäftigten.

An Standorten für die eine sinkende Bevölkerungszahl (beispielsweise aufgrund von Abwanderung, einer niedrigeren Geburtenrate u.a.) festzustellen ist, wird das Finden von geeignetem Nachwuchs dadurch schwieriger werden. Das in Karten verfügbare Datenmaterial kann in *Demographic Change Data* und *Demographic Location Risk* unterteilt werden.

Demographic Change Data: umfassen neben Angaben zur Entwicklung der Regionen auch Prognosen zur durchschnittlichen Alterung der Bevölkerung und zu ihrem Wachstum oder ihrer Abnahme bis 2030, Und: für die am stärksten wachsenden Regionen wird mit einer Zunahme bis zu 50 % gerechnet. Auf der anderen Seite wird für mache Regionen ein Rückgang um bis zu 36 % erwartet. Die Extremwerte beider Seiten können sogar in eng benachbarten Regionen auftreten, d.h. während der eine Standort mit Alterung zu kämpfen hat, verjüngt sich ein Standort in direkter Nachbarschaft.

Auf Basis des demografischen Datenmaterials haben die Demografen Einschätzungen entwickelt, wie sich die Standortfaktoren „Humankapital“, „Arbeitskräfteangebot“, Arbeitsproduktivität“ und „Forschung und Entwicklung“ entwickeln werden. Für die Einschätzung der Entwicklung o.a. Standortfaktoren wurden verschiedene weitere Indikatoren wie beispielsweise Anmeldung von Patenten aus der Hightech-Branche, Teilzeitarbeit von Frauen (ist sie hoch, wird dies positiv bewertet), relative Erwerbstätigkeit von Frauen und älteren Erwerbsfähigen (werden als Integrationsproblem bewertet) oder die Erreichbarkeit der Bevölkerung (Verkehrsanbindung) einbezogen.

Aus den Bewertungen und Einschätzungen ergibt sich für jeden Standortfaktor einer Region eine Punktzahl zwischen – 5 und + 5: Regionen bzw. Standorte mit einem Wert > + 3 erhalten das Prädikat „Gute Chancen“, Regionen bzw. Standorte mit einem Wert < -3 werden unter „Hohes Risiko“ eingestuft. Auf diese Weise entsteht ein Gesamtbild, aus dem sich eher risikobehaftete Regionen und solche ablesen lassen, die beste Chancen haben, den demographischen Wandel insgesamt gut zu überstehen.

Flüchtlingskrise setzt Welt unter Spannung*:* die moderne Ökonomie steht vor der Herausforderung von wichtigen, langfristigen Dynamiken: demografischer Wandel, Alterung der reichen Industrienationen, hohes Bevölkerungswachstum in vielen unterentwickelten Ländern Asiens und Afrikas. Experten sind der Meinung, dass sich die Hoffnung einiger Politiker nicht erfüllen würde: dass der Migranten-Zuzug aus Krisenländern am Standort Deutschland dessen demographische Probleme lösen könnte. „Ob Flüchtlinge längerfristig einen wirtschaftlichen Beitrag leisten oder eine finanzielle Belastung sein werden, sei ungeklärt: wenn die Flüchtlinge nur schlecht im Arbeitsmarkt unterkommen, dann werden die Probleme noch verschärft".

In den Industrieländern wurde die Wirtschaftsentwicklung einst durch sinkende Geburtenraten angeschoben. Diese machten es möglich, dass die kleinere Zahl der Kinder eine höhere Bildung bekam. „Und eine längere Lebenserwartung ermunterte die Menschen zu mehr Investitionen in ihr Humankapital". Diese demographische Rendite ist allerdings zeitlich beschränkt und kann sich in eine Negativrendite umkehren, wenn die Folgen der Alterung voll durchschlagen. Man nimmt an, „dass die Wiege der Menschheit in Afrika lag und dann einzelne Stämme etwa vor 70.000 bis 90.000 Jahren aus Afrika in andere Erdteile, nach Europa und Asien, wanderten.....in Afrika hat sich wegen der sehr viel längere Besiedlungsgeschichte eine größere genetische Vielfalt der Gesellschaften herausgebildet.

Diese „Diversität" ist für Wirtschaftswissenschaften ein Ansatzpunkt, um herauszufinden, warum einige Länder so reich geworden sind und andere arm geblieben sind. Nach dieser Meinung könne mehr „Diversität" sowohl Vor- als auch Nachteile haben: „zum einen wirken unterschiedliche Fähigkeiten und

Talente befruchtend und stoßen Innovationen an, doch zu große Heterogenität der Gesellschaft kann auch die Zusammenarbeit erschweren und zu Konflikten bis zum Zusammenbruch führen. Die nordamerikanische Gesellschaft und die europäischen Völker hätten für die heutige Zeit ein optimales Niveau an Diversität. Dies habe ihre Wirtschaftsentwicklung gestärkt.

Stadtplanung im Flüchtlingsstrom – sich gegen Änderungen des Marktumfeldes wappnen: die FAZ berichtete über das Gerangel um amerikanische Kasernen, die eine Chance für die Stadtentwicklung (beispielsweise von Bamberg) werden sollten: mehrere hundert Hektar in zentraler Lage, uni- und bahnhofsnah, mit Anbindung an die Autobahn sollten Wohnungen für mehrere tausend Menschen Platz bieten. Kommunale Planer wollten einstige amerikanische Militärflächen einer neuen Zukunft zuführen. Doch plötzlich wird dann alles anders: das Land will diese Flächen für ein Rückführungszentrum für Asylbewerber mit geringer Bleibewahrscheinlichkeit nutzen. Das laufende Verfahren zum Kauf des Gesamtgeländes, der (erfolgreich) abgeschlossene Bürgerbeteiligungsprozess, der fraktionsübergreifend erarbeitete Entwicklungsplan: alles dies wird jetzt auf Eis gelegt, die bisherigen kommunalen Ziele verschoben oder ganz aufgegeben. Alles in allem wäre diese eine eklatante Interessenkollision. Gerade in Mittel- und Großstädten (und auch anderswo) haben sich Konflikte um begehrte Flächen zusammen gebraut. „Die kommunale Planungshoheit gilt zwar als Schlüssel für sinnvolle Stadtentwicklung, dafür braucht es aber genau die Flächen, die höhere Ebenen den Städten nun verwehren“. Konversionsflächen werden außerhalb der langfristig angelegten Stadtplanung nunmehr anderweitig gebraucht. Eine im Gegensatz hierzu positive Entwicklung ist, dass sich während der letzten Jahre in Deutschland Einzelhandels-, Hotel- oder Logistikimmobilien als Anlageprodukte behaupten konnten: „Sie stellen schon lange keine Nischeninvestitionen mehr dar, sind im Gegenteil absolut etabliert und gelten – nicht nur aufgrund des Mangels an qualitativ hochwertigen Büroimmobilien an Topstandorten – zu Recht als wichtige Objektklasse“. Das A und O dabei bleibt nach wie vor, die Qualität der Immobilie im Blick zu behalten, um gegen Änderungen des Marktumfeldes (wie oben beschrieben) gewappnet zu sein. Neben notwendigem Knowhow werden hierfür die entsprechenden Indikatoren benötigt.

Salve,
Nichts ist mehr so wie es war

wenn wir einmal die allgegenwärtige KI fragen würden……

Wie wichtig sind Geschäftsklima-, Konsumklima-, Konjunktur-, Immobilienindikatoren für Strategien des Mittelstandes in Zeiten der KI?

KI verändert die Art und Weise, wie solche Indikatoren interpretiert und genutzt werden. Zum Beispiel:

Geschäftsklima- und Konsumklimaindizes

- **Bedeutung**: Diese Indikatoren, wie das ifo-Geschäftsklima oder das GfK-Konsumklima, geben Auskunft über die Stimmung in der Wirtschaft und im Verbraucherverhalten.
- **KI-Einfluss**: KI kann diese Daten mit Echtzeit-Sentimentanalysen aus Social Media und Online-Bewertungen anreichern und genauere Prognosen liefern.

Konjunkturindikatoren

- **Bedeutung**: BIP-Wachstum, Inflation, Arbeitslosigkeit und Zinsen beeinflussen Investitionen, Kreditaufnahme und Nachfrage.
- **KI-Einfluss**: KI-gestützte Simulationen und Machine-Learning-Modelle helfen, Konjunkturzyklen präziser vorherzusagen und Risiken frühzeitig zu erkennen.

Immobilienindikatoren

- **Bedeutung**: Besonders für Branchen, die stark von Standortfaktoren abhängen (Handel, Produktion, Logistik).
- **KI-Einfluss**: KI kann Marktanalysen, Preistrends und Standortbewertungen auf Basis großer Datenmengen (z. B. Verkehrsdaten, demografische Entwicklungen) verfeinern.

Globale Lieferketten, Rohstoffpreise, geopolitische Entwicklungen

- **Bedeutung**: Diese Faktoren bestimmen Kosten, Produktionsabläufe und Verfügbarkeit von Waren.
- **KI-Einfluss**: KI kann geopolitische Spannungen und Handelsströme in Echtzeit analysieren, was strategische Entscheidungen erleichtert.

Das heißt für den Mittelstand:

In der KI-Ära sind diese Indikatoren nicht nur weiterhin relevant, sondern gewinnen an Bedeutung, da KI die Analyse- und Prognosemöglichkeiten drastisch verbessert. Unternehmen, die KI-gestützte Analysen in ihre Strategie integrieren, haben einen Wettbewerbsvorteil durch präzisere Marktprognosen, bessere Risikosteuerung und optimierte Entscheidungsprozesse.

KI Ende

Ohne ein Roboter zu sein, könnte man als Mensch vielleicht meinen:

Fiktive Dialoge - ein paar Stunden Intensivcoaching

Denkanstöße

Wissensmanagement

Storytelling

Content

Inspiration

Diskurs

DecisionSupport

Gehirntraining - wenn es gut werden soll

Verstehen lernen

Vernetzt denken

Potenziale ausschöpfen

Komplexität reduzieren

Gestaltbar machen

Wissen transferieren

Proaktiv agieren

Executive Coaching

Denkstudio für strategisches Wissensmanagement

SMART - Ziele sollten SMART (spezifisch, messbar, erreichbar, relevant und zeitgebunden) sein.

Der *Geschäftsklimaindex* wird seit 1972 ermittelt. Als Grundlage dienen etwa 7.000 monatliche Einschätzungen von Unternehmen des Verarbeitenden Gewerbes, des Bauhauptgewerbes sowie des Groß- und Einzelhandels. Die Unternehmen werden gebeten, ihre aktuelle Geschäftslage zu beurteilen und eine Prognose für die nächsten sechs Monate abzugeben. Die aktuelle Lage kann mit „gut", „befriedigend" oder „schlecht" und die Geschäftserwartungen mit „günstiger", „gleichbleibend" oder „ungünstiger" bewertet werden. Die Auswahlmöglichkeiten „befriedigend" bzw. „gleichbleibend" werden als neutral gewertet. Gewichtet nach der Bedeutung der Branchen ergibt die Differenz der Kennzeichnungen „gut“ und „schlecht“ einen Saldowert für die gegenwärtige Geschäftslage. Entsprechend ergibt die Differenz der Prozentanteile zwischen „günstiger“ und „ungünstiger“ einen Saldowert für die Halbjahresprognose. Aus dem transformierten Mittelwert der Salden entsteht der Indexwert für das Geschäftsklima. Aus den Angaben ergeben sich somit drei Konjunkturdaten: Geschäftsklima, Geschäftslage und Geschäftsaussichten. Der ifo Geschäftsklimaindex gilt als vielbeachteter Frühindikator für die konjunkturelle Entwicklung in Deutschland. Er dient der Ergänzung von amtlich erhobenen Statistiken. So kommt ihm eine besondere Bedeutung bei der Prognose von Trendwenden im Wirtschaftswachstum zu. Wobei beachtet werden muss, dass eine Trendwende in der Konjunkturentwicklung erst nach einer dreimaligen Bewegung des Geschäftsklimaindex in die entsprechende Richtung zu erwarten ist. Der Vorteil liegt in der allmonatlichen Erhebung der Daten. Somit sind die resultierenden Werte zumeist schneller verfügbar als quartalsweise veröffentlichte amtliche Statistiken.

GfK-Konsumklimaindex: zur Klärung der Entwicklung des privaten Verbrauchs werden allmonatlich rund 2.000 Verbraucherinterviews mit Personen ab 14 Jahren geführt, die im Auftrag der EU-Kommission durchgeführt werden. Zu den wesentlichen und einflussreichsten Indikatoren gehören im Einzelnen die Konjunkturerwartung, Einkommenserwartung und die Anschaffungsneigung. Aus Berücksichtigung dieser Einzelindikatoren resultiert der Gesamtindikator Konsumklimaindex. Darüber hinaus werden darin auch Einzelinformationen über die Ausgabenvorhaben der Verbraucher für 20 Bereiche der Gebrauchsgüter, Verbrauchsgüter- und Dienstleistungsmärkte. Mit Hilfe von zwölf Fragen soll hierbei die Entwicklung des privaten Verbrauchs und somit des Konsumverhaltens erklärt werden. Beim Indikator für die Anschaffungsneigung wird den Verbrauchern beispielsweise folgende Frage gestellt. „Glauben Sie, dass es zur Zeit ratsam ist, größere Anschaffungen zu tätigen?“ Mögliche Antworten sind: „der Augenblick ist günstig“, „der Augenblick ist weder günstig noch ungünstig“ und „der Augenblick ist ungünstig“. Aus positiven und negativen Antworten ergibt sich ein Saldo, der dann in den einzelnen Index umgerechnet wird. Der langjährige Index lag auf der Nulllinie, d.h. bei etwa 0,0 Punkten. Der GfK-Konsumklimaindex gilt als vielbeachteter Indikator für die konjunkturelle Entwicklung in Deutschland. Zudem dient er der Ergänzung von weiteren amtlich erhobenen Statistiken wie dem EU-Verbrauchervertrauen. So kommt ihm eine besondere Bedeutung bei der Prognose von konjunkturellen Entwicklungen zu. Der Vorteil liegt in der allmonatlichen Erhebung der Daten. Somit sind die resultierenden Werte meistens schneller verfügbar als quartalsweise veröffentlichte Statistiken.

ZEW-Konjunkturerwartungen (Quelle: Zentrum für Europäische Wirtschaftsforschung): der Indikator ergibt sich aus dem ZEW-Finanzmarkttest als Saldo der prozentualen positiven und negativen Antworten auf die Frage nach der Konjunkturentwicklung mit Sicht auf sechs Monate. Die Antworten der bis zu 350 Finanzexperten bei der ZEW-Umfrage werden jeweils durch die

Richtungsaussagen „verbessern“, „nicht verändern“ oder „verschlechtern“ gegeben. Sind beispielsweise 30 Prozent der Umfrageteilnehmer der Meinung, die wirtschaftliche Lage wird sich verbessern und 40 Prozent sind der Ansicht, sie wird sich verschlechtern, so ergibt sich ein Saldo für die Konjunkturerwartungen von -10. Der Anteil derjenigen, die mit keiner Veränderung rechnen, spielt dabei keine Rolle. Der historische Mittelwert des Index liegt bei 27,5. Alle Ergebnisse darunter sind daher in der Tendenz eher negativ zu bewerten. Die ZEW-Konjunkturerwartungen gelten als vielbeachteter Frühindikator für die konjunkturelle Entwicklung in Deutschland. Der Vorteil liegt in der allmonatlichen Erhebung der Daten: Resultate sind meistens schneller verfügbar als quartalsweise veröffentliche Statistiken.

Immobilienpreise sind eine Frage des Standortes – Erschwinglichkeitsindex zeigt Verhältnis Kaufpreise zur Einkommensentwicklung: beispielsweise kostet in München der Quadratmeter um die fünftausend Euro. Und das auch nur, weil viele Immobilien in Randlagen zum Kauf angeboten werden (in Top-Lagen werden durchaus auch zehntausend Euro erreicht). Nach Erhebungen des Deutschen Instituts für Wirtschaftsforschung DIW treten spekulativen Preisblasen aber nur lokal und regional sehr begrenzt auf (nur in bestimmten Straßenzügen von großen Städten, den Szenevierteln). Zudem seien Preisblasen weitgehend auf das (relativ kleine) Neubausegment beschränkt. Die sogenannten A-Städte lagen bei der Preisentwicklung in den vergangenen Jahren hinter den kleinen B- und C-Städten zurück: weil sie konjunktur- und krisenanfälliger seien (im Vergleich zu kleineren Universitätsstädten). Im Rahmen einer guten wirtschaftlichen Entwicklung zögen daher die Metropolen dann auch schneller nach. Nach Meinung von Immobilienexperten muss man Immobilienpreise zudem immer auch in Relation zu anderen Preisentwicklungen analysieren und bewerten.

Immobilienpreise im Verhältnis zu den ortsüblichen Mieten: das Verhältnis vom Kaufpreis pro Quadratmeter zur Kaltmiete pro Quadratmeter gibt an, wie hoch die Risikobereitschaft von Immobilieninvestoren in einer Stadt ist (im Durchschnitt etwa das Zwanzigfache dessen, was der Besitzer als Jahresmiete mit dem gleichen Objekt erzielen würde). *Preis-Einkommen-Verhältnis*: zwar sind die Kaufpreise gestiegen, die Einkommen aber auch. Sinkt der sogenannte Erschwinglichkeitsindex, können Immobilien sogar dann vergleichsweise günstiger werden, wenn ihre Preise stagnieren oder gar steigen. *Zinsen*: sind der dritte Faktor, den es bei der Beurteilung von Immobilienpreisen zu berücksichtigen gilt. Sinkende Finanzierungskosten können unter dem Strich steigende Immobilienpreise zum Teil (ganz) wieder wett machen. Im internationalen Wettbewerb gesehen gelten die Immobilienpreise am Standort Deutschland nach wie vor als durchaus moderat. Selbst die Hochpreismetropole München rangiert hier erst weit hinten auf Platz fünfzehn.

Immobilienwirtschaft in der Big Data-Welt: wie zahlreiche andere Branchen auch, ist auch die Immobilienwirtschaft einem dynamischen Wandlungsprozess ausgesetzt. Nach Meinung von

Experten bieten Immobilien gute Voraussetzungen, um für Datenanalysten attraktiv zu sein. Die Betreiber von Einkaufszentren kennen beispielsweise die Umsatzentwicklung jedes einzelnen Shops, die Passantenfrequenz an jedem einzelnen Tag, zu jeder Stunde. Aber auch hier gilt: interessant ist Big Data eigentlich nur dann, wenn es gelingt, aufgrund der gesammelten Daten künftige Entwicklungen (präzise) vorherzusagen. Beispielweise: wenn man Daten zum Wirtschaftswachstum und zur Kaufkraftentwicklung mit dem Einkaufsverhalten im Internet kombiniert, um daraus (regional differenziert) abzuleiten, wie hoch der Bedarf an Logistik- und Einzelhandelsflächen sein wird. Oder: wenn Suchanfragen bei Wohnungsportalen im Internet, Buchungen bei Zimmervermittlern und die Handydichte miteinander kombiniert werden, um daraus die künftige Attraktivität bestimmter Stadtteile bei der Wohnortwahl zu berechnen. Wenn es in einem Gebiet mehr Handys als Einwohner gibt, wird dies von ‚Analysten als Zeichen dafür gewertet, dass dieses Gebiet an Attraktivität gewinnt.

Oder: es werden räumliche Modelle entwickelt, die Preisunterschiede von Wohnimmobilien adressgenau abbilden. Die Kunst dabei: herauszufinden, welches die richtigen Quellen (Big Data per se ist noch kein Mehrwert) und die richtigen Algorithmen sind. Schwierigkeiten ergeben sich daraus, dass Immobilien Einzelstücke sind, deren serielle ‚Erfassung und Bearbeitung nur beschränkt möglich ist. Genaue Daten zu Immobilientransaktionen werden zudem immer nur mit großer Verzögerung ausgewiesen. „Wer immer über geheime, wertvolle Informationen aus dem Immobilienmarkt verfügt, wird sie lieber für sich behalten und allein verwerten. Schließlich geht es fast immer ums große Geld.“

Salve,
Nichts ist mehr so wie es war

wenn wir einmal die allgegenwärtige KI fragen würden……

Beschreibe am Beispiel von Umwelt- und Energieeffizienzindikatoren eine Tool-Box, mit der Entscheidungen der Bürgermeister für ihre Analyse im Umgang mit undurchsichtigen Zusammenhängen im Zusammenwirkens mit Standortindikatoren durchgezielte Handlungsempfehlungen unterstützt werden können

KI-gestützte Tool-Box für nachhaltige Stadtentwicklung

Ziel: Unterstützung von Bürgermeistern durch datengetriebene Analysen und Handlungsempfehlungen für umwelt- und energieeffiziente Stadtplanung in Verbindung mit Standortfaktoren.

Datenquellen und Indikatoren

Umweltindikatoren

- Luftqualität (Feinstaub, NO_2, CO_2-Emissionen)
- Lärmbelastung
- Wasserqualität und Grundwasserspiegel
- Flächenversiegelung und Biodiversität

Energieeffizienzindikatoren

- Energieverbrauch pro Haushalt/Gewerbe
- Anteil erneuerbarer Energien
- Energieeffizienz öffentlicher Gebäude
- Wärmeinseln und Kühlbedarf

Standortindikatoren

- Bevölkerungsentwicklung & Pendlerströme
- Infrastruktur: ÖPNV, Ladeinfrastruktur für E-Mobilität
- Wirtschaftskraft & Fördermöglichkeiten
- Wohn- und Gewerbeentwicklung

KI-gestützte Analysetools

Geo-Intelligence-Dashboard

- Interaktive Karten zur Visualisierung von Umwelt- und Energiekennzahlen
- Szenario-Analysen für zukünftige Stadtentwicklung

Predictive Analytics für Stadtplanung

- KI-Modelle zur Prognose der Umweltauswirkungen geplanter Bauprojekte
- Simulationen zum Einfluss von Verkehrspolitik (z. B. Umweltzonen)

Ressourcenoptimierungstool

- Ermittlung von Potenzialen für Energieeinsparungen in Gebäuden
- Optimierung der Straßenbeleuchtung & Stromnetze mit Smart Grids

KI-gestützte Handlungsempfehlungen

- Anpassung von Förderprogrammen für Unternehmen & Bürger
- Standortbewertung für nachhaltige Gewerbeansiedlungen
- Identifikation von Quartieren mit hohem Dekarbonisierungspotenzial

Beispielhafte Handlungsempfehlungen für Bürgermeister

Verkehrssteuerung optimieren
Maßnahme: Ausbau von Radwegen & ÖPNV basierend auf Daten zur Luftqualität und Pendlerströmen
Effekt: CO_2-Reduktion & bessere Lebensqualität

Energieeffiziente Gewerbegebiete fördern
Maßnahme: Standortwahl für Gewerbeansiedlungen auf Basis von Stromnetzanbindung & Erneuerbaren-Potenzial
Effekt: Kostenreduktion für Unternehmen & CO_2-Senkung

Grünflächen gezielt ausbauen
Maßnahme: Identifikation von Wärmeinseln per KI & gezielte Begrünung
Effekt: Reduzierung des Energieverbrauchs für Kühlung

Smart-City-Technologien einführen
Maßnahme: Sensorbasierte Überwachung von Energieverbrauch und Luftqualität mit automatisierten Anpassungen
Effekt: Echtzeit-Steuerung für nachhaltige Stadtentwicklung

Fazit

Diese Tool-Box ermöglicht **datengetriebene Entscheidungen** für Bürgermeister, indem Umwelt-, Energie- und Standortindikatoren intelligent verknüpft werden. KI und Predictive Analytics helfen, **komplexe Zusammenhänge zu entschlüsseln und proaktive Maßnahmen** zur nachhaltigen Stadtentwicklung zu ergreifen.

KI Ende

Ohne ein Roboter zu sein, könnte man als Mensch vielleicht meinen:

Fiktive Dialoge - ein paar Stunden Intensivcoaching

Denkanstöße
Wissensmanagement
Storytelling
Content
Inspiration
Diskurs
DecisionSupport
Gehirntraining - wenn es gut werden soll
Verstehen lernen
Vernetzt denken
Potenziale ausschöpfen
Komplexität reduzieren
Gestaltbar machen
Wissen transferieren
Proaktiv agieren

Executive Coaching
Denkstudio für strategisches Wissensmanagement
SMART - Ziele sollten SMART (spezifisch, messbar, erreichbar, relevant und zeitgebunden) sein.

Decision Support - Umweltindikatoren - zur Verwirklichung eines wirkungsvollen Umweltschutzes sind Unternehmen und öffentliche Verwaltung auf zuverlässige und aktuelle Informationen über die Umwelt angewiesen. Zwischen Umweltzielen einerseits und Image-, Kommunikations- und Wettbewerbszielen andererseits bestehen starke, sich gegenseitig fördernde Beziehungen.

Offensive Öko-Controllingstrategien beziehen daher bewusst Reaktionen auf Wettbewerber-Umweltschutzaktivitäten mit ein. Je ausgeprägter der Wettbewerbsfaktor, mit dem sich ein Unternehmen konfrontiert sieht, desto marktbezogener müssen Anpassungen und Chancen im Hinblick auf den Umweltschutz wahrgenommen werden. Vorausschauendes Öko-Controlling als integraler Bestandteil der Zukunftsvorsorge bezieht sich dabei nicht nur auf punktuelles Handeln, sondern muss als Querschnittfunktion alle Phasen des Produkt-Lebenszyklus, d.h. von der Planung von Produktionsverfahren und Produktentwicklung über die Beschaffungsseite, Produktionsphase, Distributionsphase und Verwendungsphase bis hin zur Nach-Verwendungsphase einbeziehen.

Es geht darum, die gesamte Wertschöpfungskette von ertragsbelastenden Reststoffströmen zu entkoppeln und hieraus evtl. entstehende Innovationspotentiale freizusetzen. Zur Verwirklichung eines wirkungsvollen Umweltschutzes sind Unternehmen und öffentliche Verwaltung auf zuverlässige und aktuelle Informationen über die Umwelt angewiesen. Hierzu besteht ein wachsender Bedarf nach weitgehend automatisierten Lösungen, da sie ein entscheidender Faktor sind, um die Kosteneffizienz von Umweltschutzmaßnahmen zu erhöhen. Das Anwendungsgebiet Umweltinformationssysteme umfasst gleichermaßen Gebiete der Ökologie und Informationstechnologie. Je mehr verschiedene Substanzen in die Produktion einfließen desto unüberschaubarer werden die langfristigen ökologischen Auswirkungen. Das Rechnungswesen wird nur selten in der Lage sein, geeignete Informationen zur Kontrolle solcher Auswirkungen von Unternehmensaktivitäten auf die Umwelt bereitzustellen, d.h. sinnvoller Umweltschutz sowie eine Beurteilung komplexer Zusammenhänge aus verschiedenen Umwelt-Einflussfaktoren wie Luft, Wasser, Abfall, Strahlung etc. ist ohne Einsatz geeigneter Informationstechnologien nicht mehr denkbar.

Die Reststoffentsorgung muss anfallenden Abfall „von der Wiege bis zur Bahre“ verfolgen und darüber ein entsprechendes Begleitschein- und Entsorgungsnachweis-Wesen führen können. Nach den vorgeschriebenen betrieblichen Abfallwirtschaftskonzepten müssen eine Abfallstatistik über Art, Menge und Verbleib von Abfällen, die getroffenen und geplanten Maßnahmen zur Vermeidung und Verwertung von Abfällen, die Entsorgungssicherheit sowie die umweltverträgliche Entsorgbarkeit nach Ablauf der Produkt-Lebensdauer ausgewiesen werden.

Energieeffizienz-Indikatoren - Input-/Outputanalyse auf der Mikroebene - Energieverbrauchsindikatoren auf der Makroebene. Spezifische Energie-Kennzahlen ermöglichen Vergleichsmöglichkeiten für eine Positionsbestimmung im Wettbewerb. Weiter können durch Energie-Kennzahlen die Hauptemissionsquellen des Unternehmens und wichtige Einsparpotentiale aufgezeigt sowie wichtige Investitionsentscheidungen unterstützt werden. Die Verwendung von Energieverbrauchsindikatoren für Prognosen kann insbesondere dann einen Beitrag leisten, wenn die Indikatoren und die entsprechenden Leitgrößen auf dem passenden Aggregationsgrad gut prognostizierbar sind.

Für die Beurteilung von Szenarien können Indikatoren dazu beitragen, die Realitätsnähe und Konsistenz von Annahmen zu prüfen. Die zur Beurteilung der Energieeffizienz gebildeten Indikatoren sollten bestimmten Anforderungen genügen. *Datenverfügbarkeit*: die erforderlichen Daten sollten leicht verfügbar sein oder mit geringem Aufwand erhoben werden können.

Datenqualität: für Indikatoren sollten Daten mit geringen stochastischen Streuungen oder systematischen Verzerrungen verwendet werden.

***Aktualisierbarkeit*:** für die Indikatoren zugrundeliegenden Daten sollten vollständige Zeitreihen mit Jahresdaten vorliegen.

***Vergleichbarkeit*:** die Indikatoren sollten je nach Fragestellung sachlich und auch zeitlich vergleichbar sein.

***Konsistenz*:** das Indikatorsystem sollte konsistent strukturiert sein, d.h. Datenbasis und methodischen Ansätze sollten in sich widerspruchsfrei sein.

Analytische Fundierung: Indikatorsysteme sollten hinsichtlich Auswahl und Systematik von Indikatoren sowie der Spezifizierung der einzelnen Indikatoren analytisch fundiert sein.

Problemrelevanz: Indikatoren sollten hinsichtlich ihrer empirisch-quantitativen Bedeutung und der Repräsentanz für die betrachtete Grundgesamtheit gebildet werden.

Energieverbrauchsindikatoren auf der Makroebene: International üblich werden auf der gesamtwirtschaftlichen Makroebene folgende Energieverbrauchs- Indikatoren angewendet: Primärenergieverbrauch je Einwohner, Primärenergieverbrauch je Einheit Bruttoinlandsprodukt (gesamtwirtschaftliche Energieintensität), Bruttostromverbrauch je Einwohner, Bruttostromverbrauch je Einheit Bruttoinlandsprodukt. Die Veränderungen der Indikatoren ergeben sich aus den verbrauchssteigernden Wirkungen einer wachsenden Bevölkerung und einem steigenden Bruttoinlandsprodukt einerseits sowie aus den verbrauchsmindernden Effekten einer sinkenden Energie- und Stromintensität andererseits. Energieverbrauchsindikatoren für den Industriesektor (verarbeitendes Gewerbe ohne Mineralölverarbeitung, einschl. übriger Bergbau) müssen auch Aktivitätsentwicklung, industrieller Strukturwandel und technisch bedingte Veränderungen der Energienutzung als Einflusskomponenten berücksichtigten.

Input-/Outputanalyse auf der Mikroebene: Bei den Energieträgern wird zunächst zwischen Primär- und Sekundärenergie unterschieden: während Stoffe wie Kohle, Rohöl und Erdgas der Primärenergie zuzuordnen sind, bezeichnet man die vom Verbraucher eingesetzten aus Primärenergieträgern umgewandelten Energien als Sekundärenergie (z.B. aus Kohle erzeugter Strom, aus Erdöl gewonnenes Benzin oder Heizöl). Daraus wird die für das Unternehmen benötigte Nutzenergie wie Licht, Kraft, Wärme erzeugt. Die einzelnen Energieformen unterscheiden sich sowohl hinsichtlich ihres Energieinhalts als auch hinsichtlich ihrer unterschiedlichen Schadstoffwerte. In einer Stoff- und Energiebilanz nach der Systematik der Betriebsbilanz können einerseits Stoffe (Materialien, Hilfs- und Betriebsstoffe) und Energieträger (Strom, Öl u.a.) als Inputs und andererseits Emissionen als Outputs des Betriebes erfasst werden. In- und Outputs können für Produktionsprozesse bis hin zu einzelnen Prozessschritten weiter detailliert werden. Durch die Zuordnung der In- und Outputs zu einzelnen Prozessen oder Prozessstufen können Schwachstellen und Optimierungspotenziale genauer lokalisiert werden. Für den Input müssen hinsichtlich bezogenem Strom, selbsterzeugtem Strom, Wasser, Heizöl, Erdgas, Propangas, Schweröl u.a. zunächst die jährlich anfallenden Verbrauchsmengen und Kosten tabellarisch erfasst werden.

Zusätzlich zum Input der Energieträger muss auch der energetisch bedingte Output bezüglichLärm, Abluft, Abdampf einschließlich Abwärme und Abwasser erfasst werden. Ermittelt werden sollten energiebedingte Schadstoffemissionen wie CO_2, CO, SO_2, NO_X, Staub sowie organische Verbindungen aus Verbrennungsprozessen. Die Ermittlung dieser Werte kann entweder über direkte Messungen oder über die Berechnung von Emissionsfaktoren erfolgen.

Wenn zahlreiche, eng miteinander verknüpfte, zudem auch eigendynamische Variablen in einem zu analysierenden System wirksam sind, ist ein systematisches Durchprobieren aller Einflussfaktoren oft schon aus Zeit- und Kapazitätsgründen kaum möglich. Auch ein Versuch, unter Konstanthaltung aller Größen mit Ausnahme einer einzigen, die dann gezielt verändert wird bringt oft nicht das gewünschte Ergebnis, nämlich dem Gesamtsystem Reaktionen zum Zwecke der Identifikation von Wirkungszusammenhängen zu entlocken. Allein schon deshalb, weil es meistens nicht möglich ist, das gesamte Gefüge der Einflussfaktoren bis auf ein Element konstant zu halten. „Man kennt normalerweise gar nicht alle wirksamen Systemelemente, und von den bekannten entziehen sich wiederum einige dem direkten Zugriff. Ein an der sichtbaren Oberfläche ruhiges System lässt keineswegs immer den Schluss zu, dass sich im Innern ebenfalls nicht verändere“.

Aussichtsreicher wäre es, möglichst breitgefächert an die Analyse heranzugehen und ein nach den jeweiligen Schwerpunktkriterien ausgewähltes Bündel von Einflussfaktoren gleichzeitig zu manipulieren, um dabei Antworten auf dieses mehrdimensionale Eingriffsmuster zu beziehen. Monokausale Beziehungen sind in dynamischen Wirkungsnetzen ohnehin eher die Ausnahme. Auch können auf diesem Weg wesentliche Verbindungen zwischen ganzen Variablengruppen herausgearbeitet werden, über die eine Steuerung des Gesamtsystems möglich ist. Diese Methode wird mit der Entwicklung einer Standortbilanz gezielt verfolgt. Man erhält dadurch auch ein Gefühlt der Handlungsmacht, das zur Aufrechterhaltung aktiven Agieren notwendig ist. Ansonsten besteht die Gefahr, dass man sich ausgerechnet bei dramatischen Veränderungen ganzer Systembereiche zu sehr auf Einzelpositionen bezieht. Der ohnehin meistens nicht sehr ausgeprägte Blick auf das Zusammenwirken aller Einflussfaktoren würde sich noch weiter verengen. Denn gerade in einem Krisenmodus wäre eine solche Konzentration auf letztlich winzige und unbedeutende Nebenschauplätze des Geschehens unangemessen und auch Außenstehenden nicht nachvollziehbar zu vermitteln.

Im Falle von undurchsichtigen Zusammenhängen muss man oft von den unterschiedlichsten Erfahrungshorizonten der Akteure ausgehen. Besonders wenn sich Entscheider in hierarchischen Positionen befinden, in denen sie (zumindest bis zu einem gewissen Grad) Dinge nach ihren eigenen Vorstellungen gestalten können. Es herrscht zwar an der Oberfläche betriebsame Hektik, doch wirksam gehandelt wird in undurchsichtigen Situationen eher weniger. Hinter dem Schleier von Aktionismus verbirgt sich oft akuter Handlungsmangel. Der Charakter mancher Entscheidungen entspricht einer Fahrweise, die ständig zwischen Vollgas und Totalbremsung wechselt.

Gerade in schwierigen Situationen, wenn für das eigene Vorgehen keine klaren Vorgaben abrufbar sind, muss eine gezielte

Analyse des Zusammenwirkens von Werthaltungen und Handlungsabsichten methodische und thematisch mit einer hierfür geeigneten Tool-Box unterstützt werden können. Es geht um flexible Reaktionsoptionen und differenzierte Abstufungen von Meinungsunterschieden. Reichen hierfür die im konkreten Anwendungsfall isolierten Einflussfaktoren und deren Merkmale nicht aus, so sollten diese zu möglichst einheitlichen Bündeln strukturiert werden. Aus der Gleichzeitigkeit des Vorhandenseins bestimmter Einflussfaktoren kann auf deren Reaktions- und Verhaltensmuster geschlossen werden.

Gerade in Zeiten mit Schwierigkeiten eines Standortes brauchen Bürgermeister und Wirtschaftsförderer eine transparente und nachvollziehbare Kommunikationsplattform, mit der auch (oder gerade) in Situationen hoher Unsicherheit und Komplexität sinnvolle Orientierungshilfen für verantwortungsbewusstes Handeln festgemacht werden können.

KI-gestützte Kommunikationsplattform für Bürgermeister & Wirtschaftsförderung

Ziel: Eine **transparente, datengetriebene Plattform**, die in unsicheren Zeiten klare Orientierung bietet, indem sie Umwelt-, Energie- und Standortfaktoren mit Wirtschaftsdaten verknüpft.

Kernfunktionen

Datenbasierte Analyse

- Echtzeit-Dashboards mit Umwelt-, Energie-, Wirtschafts- und Standortindikatoren
- KI-gestützte Prognosen für Zukunftsszenarien
- Visuelle Aufbereitung komplexer Zusammenhänge (Heatmaps, Trends)

Bürger- und Unternehmensdialog

- Interaktive Bürger- und Unternehmerbefragungen
- Transparente Darstellung von Entscheidungsprozessen
- Digitales Feedback- & Beteiligungstool

Handlungsleitfaden für Krisenzeiten

- KI-gestützte Handlungsempfehlungen für verschiedene Szenarien
- Best-Practice-Beispiele aus anderen Städten
- Adaptive Strategien je nach Marktlage

Komponenten

Standort-Monitoring

- Wirtschaftliche Entwicklung (Gewerbesteuereinnahmen, Unternehmensansiedlungen)
- Energie- & Umweltindikatoren (Luftqualität, Energieverbrauch)

- Infrastruktur (Verkehr, Digitalisierungsgrad, Fördermittelverfügbarkeit)

Beteiligungs- und Kommunikationsmodul

- Bürger & Unternehmen können Prioritäten setzen (z. B. nachhaltige Gewerbegebiete, Energieeffizienzmaßnahmen)
- Direkte Rückmeldung zu geplanten Maßnahmen über Online-Umfragen

Frühwarnsystem für Krisensituationen

- KI erkennt sich anbahnende wirtschaftliche oder ökologische Krisen
- Automatische Handlungsempfehlungen für Bürgermeister & Wirtschaftsförderer

Fiktive Anwendungsszenarien

Beispiel: Wirtschaftsabschwung in der Region
Plattform-Analyse: KI erkennt sinkende Unternehmensinvestitionen & steigende Arbeitslosigkeit
Maßnahme: Wirtschaftsförderung startet gezielte Förderprogramme für betroffene Branchen

Beispiel: Hohe Energiepreise belasten Gewerbegebiete
Plattform-Analyse: Hohe Energiekosten in bestimmten Stadtteilen durch ungenutztes Solarpotenzial
Maßnahme: Stadt bietet Unternehmen gezielte Energieeffizienzberatungen & fördert lokale Energiegemeinschaften

Fazit

Eine KI-gestützte **Kommunikations- & Analyseplattform** hilft Städten, **komplexe Herausforderungen transparent zu bewältigen**, klare **Handlungsempfehlungen** abzuleiten und Bürger sowie Unternehmen aktiv einzubinden.